Joachim Schult
Notfälle an Bord
was tun?

Joachim Schult

NOTFÄLLE AN BORD was tun?

Ein Handbuch für den Bordgebrauch

Klasing & Co GmbH

Von Joachim Schult sind
im Delius Klasing Verlag folgende weitere Titel lieferbar:

Das ist Segeln
Mayday – Yachten in Seenot
Bootspflege selbst gemacht
Bootsreparaturen selbst gemacht – Kunststoffboote
Segeltechnik leicht gemacht
Richtig ankern
Segler-Lexikon
Notfälle an Bord – was tun?
So arbeitet das Segel
Bootsurlaub im Mittelmeer
Yachtpiraten
Festkommen und Abbringen, Stranden und Bergen
Segler-Wörterbuch Deutsch – Englisch – Französisch
Erstleistungen deutscher Segler 1890–1950

Die Deutsche Bibliothek – CIP-Einheitsaufnahme

Schult, Joachim:
Notfälle an Bord, was tun? : Ein Handbuch für den
Bordgebrauch / Joachim Schult. – 4., überarb. Aufl. – Bielefeld : Klasing, 1994
  (Yacht-Bücherei ; Bd. 72)
  ISBN 3-87412-125-9
NE: GT

ISBN 3-87412-125-9
4., überarbeitete Auflage

© Copyright by Klasing & Co. GmbH, Bielefeld
Fotos: Joachim Schult
Zeichnungen: Joachim Schult, Jochen Pape
Umschlaggestaltung: Siegfried Berning
Druck: Ludwig Auer GmbH, Donauwörth
Printed in Germany 1994

Alle Rechte vorbehalten! Ohne ausdrückliche Erlaubnis des Verlages darf das Werk, auch nicht Teile daraus, weder reproduziert, übertragen noch kopiert werden, wie z. B. manuell oder mit Hilfe elektronischer und mechanischer Systeme inklusive Fotokopieren, Bandaufzeichnung und Datenspeicherung.

Inhaltsverzeichnis

1	Manövrierunfähig und im Schlepp	17
2	Schäden in der Takelage	67
3	Notfälle beim Segeln	117
4	Selbsthilfe mit dem Ankergeschirr	167
5	Notlagen am Liegeplatz	216
6	Sinksicherheit und Leckbekämpfung	235
7	Feuer an Bord	287
8	Motorschaden	295
9	Gefahren des Schiffsverkehrs	317
10	Grundausrüstung für den Notfall und Verschiedenes	329
11	Gesundheit und Kondition	357
12	Seenot und Rettung	374
13	Seenot-Funkverkehr	416
14	Einbruch und Überfall	451
15	Rechtlicher Notstand	471

Unverhofft kommt oft

Häufiger als uns lieb ist, lesen wir von Notfällen auf Yachten, die zu tragischen Unglücksfällen wurden: Da starb vor kurzem erst der bekannte britische Hochseesegler Rob James, der zweimal große Hochseeyachten sicher rund um den Erdball gesegelt hatte, auf dem begrenzten Segelrevier des Solent durch Unterkühlung und Ertrinken. Er war von einem Trimaran beim Segelbergen über Bord gefallen, und die mehrköpfige Restcrew schaffte es in zahlreichen Anläufen nicht, ihren Schipper wieder an Bord zu holen. Oder da verlor ein Eigner seine Motoryacht nach der Frühjahrsinstandsetzung im Hamburger Hafengebiet, weil beim Würstchenbraten Fett aus der Pfanne spritzte und ein Feuer schnell um sich griff. Nicht einmal der Eigner, der selbst Feuerwehrmann von Beruf war, konnte es löschen. Totalverlust der Yacht – glücklicherweise ohne Personenschäden.

Es müssen nicht immer spektakuläre Fälle sein, die an die Öffentlichkeit gelangen, und es müssen nicht immer nur Notfälle sein, bei denen die Elemente eine meistens unvorbereitete Besatzung besiegen und sich ihre materiellen wie personellen Opfer holen. Es gibt auch genügend Beispiele, in denen Segler erfolgreich mit Notfällen fertig wurden und trotz unerwarteter Ausfälle ihre Fahrtenziele erreichten.

So habe ich beispielsweise von unserem kleinen Seekreuzer „Cormoran" erzählt, der beim Herauskreuzen aus der Amazonas-Mündung Ruderbruch hatte und von Sohn Jochen 1000 Seemeilen weit ohne Ruder nach Barbados gesegelt wurde. Ich habe die verzweifelten Anstrengungen geschildert, mit denen wir uns in stürmischem Wind nur hautnah von einem leeseitigen Riff in den Bahamas freihalten und durch Einsatz aller möglichen Ankergeschirre eine Strandung mit unvermeidlichem Totalverlust erfolgreich verhindern konnten. Von Fremdkörpern in Propellern habe ich berichtet, die unseren Motor in den Küstengewässern der Nordsee wie im Atlantik blockierten, von einem Verlust der Steuereinrichtung vor Island und vom Ausfall unseres Bootsmotors im Labyrinth enger Korallenbänke, in dem es keinen Raum zum Wenden unter Segeln gab, um nur einige meiner persönlichen Notfall-Erlebnisse zu erwähnen.

Alle diese Notfälle trafen uns unerwartet, aber niemals unvorbereitet. Wo es möglich war, haben wir bei uns an Bord eine sorgfältige Vorsorge getroffen, z. B. durch eine Mastleiter, um Takelageschäden jederzeit auf See und bei Nacht schnellstens zu reparieren, oder durch aufblasbare Auftriebskörper, mit deren Hilfe wir unseren kleinen Seekreuzer unsinkbar machen konnten. Das seit Jahr und Tag gepflegte System der „doppelten Sicherheit" habe ich in meinen Büchern „Wale, Wikinger und wir" und „Auf Blauwasserfahrt" ausführlich erläutert.

Noch nicht beschrieben habe ich, worauf sich dieses Sicherheitsverhalten gründet: Als 17jähriger Matrose und nahezu ein Jahrzehnt nach meinen ersten Segelstunden erlebte ich meinen ersten Schiffbruch: In einer kalten Januarnacht hing ich über eine Stunde lang verletzt, unterkühlt und ohnmächtig in meiner Schwimmweste, ehe man mich – mehr durch Zufall – aus den eisigen Wassern des Ärmelkanals fischte. Einige Jahre später gehörte ich als junger Schiffsoffizier selbst zu den Rettern, die bei drei genauso unerwartet gegebenen Hilfeleistungen innerhalb weniger Wochen insgesamt 38 Menschen vorm Tode des Ertrinkens und Erfrierens bewahrten.

Alle diese Erlebnisse haben mir hautnah und handgreiflich gezeigt, daß zwischen Leben und Tod eines Menschen nur ein einziger kostbarer Atemzug liegt sowie zwischen dem Schwimmen und Sinken einer Yacht nur eine 4 mm dünne verletzliche Rumpfschale. Sicher ist diese schwimmende Insel des Lebens nur, wenn wir die Gefahren kennen, die ihr drohen – ob sie durch ein Versagen der technischen und mechanischen Einrichtungen selbst bedingt sind, mit denen wir unser Boot bewegen, oder durch die Elemente verursacht werden, die wir in Sonnenstunden ganz selbstverständlich ausnutzen, deren übermächtige Gewalt uns gelegentlich aber auch zu schaffen machen kann.

Das vorliegende Buch soll zwei Aufgaben erfüllen: Zum einen soll es das weite Feld möglichen menschlichen und technischen Versagens darstellen, auf dem manchmal undenkbare Schäden unverhofft auftreten. Selbst dafür kann man eine entsprechende Vorsorge treffen. Man kann sich gegen Ausfälle wappnen und gefährliche Kettenreaktionen bereits im Ansatz stoppen.

Zum anderen soll nicht nur der Schipper, sondern jedes Mitglied der Besatzung in einem Notfall wissen, welche Maßnahmen empfehlenswert sind, wie man sie anwendet und in welchen Schritten man zur Beseitigung eines Notfalls vorgeht. Insoweit habe ich bei jeder Zeile, die ich geschrieben, und bei jeder Zeichnung, die ich entworfen habe, meine eigene Familienbesatzung vor Augen gehabt: Für sie ganz besonders habe ich dieses Buch geschrieben, und zum Nachschlagen in einem Notfall ist es ganz bewußt gestaltet worden. Denn was helfen mir meine eigenen Kenntnisse und Erfahrungen, wenn ich nicht der Leiter einer Notmaßnahme, sondern das Opfer bin. Was half dem eingangs genannten Rob James sein langjähriges seglerisches Können, als er in den letzten Sekunden seines Lebens nur das Unvermögen seiner Crew vor Augen und die rettende Bordwand in Sicht, aber nicht in Reichweite hatte!

Jede Notfallsituation ist ein strenges Examen insbesondere für den verantwortlichen Leiter, mag er nun Schipper, Wachführer oder nur überlebender Segler sein: Wie bei jeder Prüfung muß man eine Antwort wissen, und die Prüfungsfrage ist die jeweilige Herausforderung, die das Versagen irgendeines Teils der Bootsausrüstung darstellt. Hier wie dort muß man geistesgegenwärtig reagieren. Wie bei jeder zu bestehenden Prüfung muß es eine richtige Antwort sein. Sie muß nicht unbedingt das Prädikat „gut" tragen, aber sie muß zum Bestehen und Überleben ausreichen.

Seit meiner Seglerjugend beherzige ich das Wort, das mir einer meiner ersten Yachtschipper einhämmerte: „Die beste Seemannschaft ist zugleich die vorsichtigste!" Unter „Vorsicht" verstehen wir die Klugheit gegenüber einer Gefahr und die Besonnenheit, ihr zu begegnen, das Achtgeben bei unseren Entscheidungen und die Bedachtsamkeit für unser Tun. Möge dieses Buch im Sinne einer „vorsichtigen Seemannschaft" dazu beitragen, daß auch Sie einen Notfall besonnen und zuverlässig meistern können.

Ich habe die vorliegende vierte Auflage nicht nur um weitere eigene Tips und Erfahrungen bereichert, sondern auch einige neue Serienprodukte für die Sicherheit an Bord aufgenommen, die bei der Bewältigung von Notfällen nützlich sein könnten. Sollten Sie, verehrter Leser, eigene Erfahrungen in Notfällen gesammelt haben, die für den allgemeinen Erfahrungsaustausch unter Fahrtenseglern nützlich sind, so teilen Sie mir diese bitte mit. Ich werde sie ebenfalls gern bei der Fortführung dieses Titels als „Handbuch für den Bordgebrauch" berücksichtigen.

Frühjahr 1994
An Bord „Cormoran",
zur Zeit im Mittelmeer *Joachim Schult*

Notfall-ABC

Zum schnellen Aufschlagen der Tips zur Hilfe mit Bordmitteln oder zum Verhalten bei Fremdhilfe

A

Abbergen mit Fremdhilfe 188
Abbringen vom Grund, Selbsthilfe 170
Abbringen vom Grund, Fremdhilfe 188
Abgeschleppt werden, seemännisch 33
Abgeschleppt werden, rechtlich 477
Abschleppen eines anderen 33
Abschleppen achteraus 35
Abschleppen längsseits 52
Abschleppen mit Beiboot 49
Abwehr eines Einbrechers 460
Achterstag gebrochen 84
Achterstagsegel zum Beidrehen 143
Alarmanlage an Bord 452
Anker ausbringen mit Beiboot 185
Anker ausbringen ohne Beiboot 187
Anker schliert 200
Anker verkatten 204
Anker paßt nicht an Kette 206
Anker klemmt im Grund 207
Ankern im Sturm 197
Ankern mit Kettenhaken 211
Ankern in Strom und Seegang 214
Ankerplatz im Sturm 197
Arbeitsschutz in der Plicht 367
Arbeitstalje für Notfall 182
Aufgeben einer Yacht, seemännisch 403
Aufgeben einer Yacht, rechtlich 477

Aufgelaufen 168
Auftriebskörper, binnenbords 255
Auftriebskörper, außenbords 259
Auge in Schlepptrosse 341
Außenhaut gefährdet, Fender 222
Außenhaut gefährdet, Fenderbrett 224
Außenhaut gefährdet, Notfender 227

B

Baumniederholer im gerefften Segel . . . 128
Beiboot als Notschlepper 49
Beistand auf See erbeten 445
Beidrehen, Beiliegen 138
Bergelohn, rechtlich 477
Bergung, seemännisch 188
Bergung, rechtlich 477
Blinddarmentzündung 364
Blitzschutz 355
Bootsmannsstuhl 109
Bootsmannstasche 335
Bordfenster zerschlagen 270
Brandbekämpfung 288
Brand in der Kombüse 289
Brand im Motorraum 293
Brennendes Boot in Sicht 292
Brennstofftank hat Schwitzwasser 305
Bruch – siehe unter dem betreffenden Teil –
Bullentalje 118

D

Dieselmotor bleibt stehen 296
Dieselmotor läßt sich nicht abstellen 303
Doppelmotoren für Notfall 309
Drahtseilklemmen 100
Dringlichkeitsmeldung über UKW 437

E
Einbruch an Bord 452

F
Fall ausgeweht 71
Fall gebrochen 76
Fall klemmt 73
Federkraftstarter für Notfall 315
Fender an Schlengeln 222
Fenderbrett 224
Festmachen bei starkem Tidenhub 217
Festmachen und Schamfilgefahr 219
Festmachen mit Notfendern 227
Festmachen bei starker Leinenbelastung 230
Feuer an Bord 288
Fockfall klemmt 73
Funkarztberatung, Anforderung auf UKW 439
Funkarztberatung, Frageliste 447

G
Gestrandet 193
Gewitter vermeiden 352
Großfall klemmt 75
Großschot gebrochen 77
Großsegel gerefft zu bauchig 131
Großsegel steht nicht mehr 132

H
Haiangriffe gegen Schlauchboot 407
Haiangriffe gegen Überbordgefallene 409
Hilfeleistung annehmen, rechtlich 477
Hilfeleistung für eine brennende Yacht 292
Hilfeleistung für aufgelaufene Yacht 188
Hitzschlag 361

K

Kakerlaken an Bord	221
Knochenbrüche	362
Kollisionsgefahr bei Nacht	321
Kombüsenbrand	289

L

Laschen	102
Lebensgefahr, Dringlichkeitsmeldung über UKW	437
Leck im Boot	243
Leck in Rettungsinsel	282
Leck in Kraftstoffleitung	302
Leckdichtung mit Pasten	285
Lecksegel	280
Lecksegelschirm	278
Lecksicherungsscheibe	275
Leckstopper für Schlauchboot	283
Leine im Propeller	31
Leitung (Kraftstoff, Wasser) **leckt**	302
Lenzen bei Wassereinbruch	238
Lenzen vor Wind und See	138
Lenzeinrichtung, Vorsorge	241
Lenzleistung der Plicht	261
Liegeplatzgefahr	232
Log ausgefallen	348
Lukendeckel zerschlagen	270

M

Mann über Bord	148
Mann mit Sicherheitsgurt **über Bord**	145
Manövrierunfähig, Verhalten	17
Manövrierunfähig, Kennzeichnung	66
Mastbruch	92
Mastleiter	105
Mast scheppert	104
Mayday	432

Medizinischer Notfall, Beratungsbogen 447
Meuterei an Bord 471
Motor stoppt 296
Motor läßt sich nicht abstellen 303
Mückenplage 365
Muskelkraft bei Decksarbeiten 371

N

Notanlasser für Motor 315
Notantenne 419
Notarbeitstalje 182
Notaugspleiß 339
Notausrüstung im Relingskleid 382
Notstrom 306
Notbremsen 61
Notdichtung für Schlauchbootleck 282
Notfender 227
Nothelfer für Unterwasserarbeit 347
Notlenzpumpe 267
Notmeldung über UKW 432
Notpahlstek 337
Notrigg 92
Notruder 25
Notruf über UKW/GW 421
Notruf bei Einbruch 452
Notruf bei Überfall 462
Notruf bei Leck (im Hafen) 465
Notruf bei Bootsdiebstahl 466
Notsegel für Segelyachten 92
Notsegel für Motorboote 64
Notsignale 376

N

Notstand, rechtlich 471
Notstopper für Leinen 342
Nottreibanker 164

O

Oberwant gebrochen 86
Ohnmacht 361
Ölfilter läßt sich nicht wechseln 300

P

PAN PAN 437
Patenthalse, vorbeugen 118
Personeller Notstand 171
Platzwunden 360
Positionslaternen brennen nicht 320
Propellerschaden 29
Proviant für Seenotfall 389

R

Radarreflektoren 323
Radiomedical 433
Regenschutz 366
Regenwasser als Trinkwasser 394
Rettung durch Hubschrauber 411
Rettung durch Großschiff 413
Rettungsinsel, Reserve 384
Rettungsinsel, besetzen 405
Rettungstalje 155
Rettungswurfleine 56
Rücksicht auf See erbeten 445
Ruderschaden 25

S

Safelift-Taljenbefestigung 155
Saling gebrochen 90
Schiffssicherheit gefährdet 441
Schlafen mit offenen Luken 463
Schlauchboot als Rettungsinsel 384
Schleppleinen, Länge und belegen 39

Schnittwunden 360
Schutz gegen Sonne, Regen u. a. 333
Schutz gegen Überfall 468
Schwere Verletzung, Funkarztberatung 439
SÉCURITÉ 441
Seefunk-Buchstabiertafel 449
Seegang auf See, zu stark 138
Seegang am Ankerplatz 214
Seegang an offener Pier 232
Seekranke, sichere Schlafplätze 358
Seenot, Notmeldung über UKW 432
Seenot rechtlich 477
Seenot-Festproviant 389
Seenot-Funkgeräte 418
Seenot-Funkboje, Art und Einsatz 423
Seenot-Funkboje, Prüfung der Leistung 427
Seenot-GMDSS-System 430
Seenot-Persenning für Schlauchboote 387
Seenot-Satelliten-System 425
Seenot-Signale, Arten und Reichweite 376
Seenot-Signale, Aufbewahrung 380
Seeunfall, rechtlich 476
Seeventil läßt sich nicht schließen 272
Seewasser-Destillation 396
Sinksicherheit 243
Sicherheitsmeldung über UKW 441
Sicherheitsgurt, Befestigung 368
Sonnenstich 361
Steuer versagt 18
Strandung 191
Sturm auf See 136
Sturm am Ankerplatz 197

T
Takelageschäden 68
Topplicht brennt nicht 318

Treibanker	141
Treibanker, Ersatz	165
Trinkwasser, Mangel	390
Trinkwasser für Seenotfall	392
Trinkwasser aus Regenwasser	394
Trinkwasser aus Seewasser	396

U

Überbordgefallener, Bergung	151
Überbordgefallener, außer Sicht	157
Überbordgefallener, im Wasser überleben	160
Überfall an Bord	462
Unterkühlung	363
Unterwant gebrochen	88

V

Verbrennungen	362
Verbrühungen	361
Verletzte aus dem Wasser bergen	153
Verletzte, sichere Schlafplätze	358
Verletzte an Bord, Funkarztberatung	439
Verrenkungen	362
Vielzweck-Schutzsegel	330
Vorstag gebrochen	82

W

Want gebrochen	86
Wassereinbruch	237
Wind zu stark	136
Wrackbeseitigung einer Yacht, rechtlich	477
Wurfbeutel	56
Wurfleine	60

Z

Zurren	102

1 Manövrierunfähig und im Schlepp

Die Steuereinrichtung versagt	18
Notsteuerung mit Notruder	25
Fremdkörper im Propeller	28
Leine des eigenen Bootes im Propeller	31
Gefahren beim Abschleppen	33
Abschleppen achteraus – Übergabe der Schlepptrosse an einen Havaristen	35
Belegen von Schleppleinen	39
Verhalten im Schleppzug	45
Das Beiboot als Notschlepper	49
Längsseitschleppen	52
Weitwurfbeutel für den Notfall	56
Wurfleine mit Ring	60
Notbremsen	61
Notsegel für Motorboote	64
Kennzeichnen eines manövrierunfähigen Bootes	66

Die Steuereinrichtung versagt

Gefahrenlage:

Reagiert das Boot nicht mehr auf die Drehbewegung am Steuerrad oder folgt es nicht mehr der Arbeit mit der Pinne, ist folgende geistesgegenwärtige Reaktion geboten:
- Auf der freien See und unter Segeln beidrehen, d. h. auf einem Amwindkurs ohne Loswerfen der Vorschot über Stag gehen und das Boot zum Stillstand bringen.
- Unter Segeln in begrenztem Revier beidrehen, das Ankergeschirr klarmachen und in entsprechender Wassertiefe außerhalb des Fahrwassers ankern, ehe die Segel geborgen werden.

Erst anschließend geht man auf die Suche nach den Ursachen der Manövrierunfähigkeit und setzt zur Kennzeichnung dieses Zustandes gegebenenfalls zwei schwarze Bälle, wenn andere Yachten in der Nähe oder Schiffe in Sicht sind. Die Ursachen der Steuerlosigkeit werden anschließend festgestellt. Bei der Beseitigung des Schadens in einem solchen Notfall wird hier zwischen Schäden an der Steuereinrichtung bei intaktem Ruderblatt und den entsprechenden Reparaturmöglichkeiten einerseits und Beschädigung oder Verlust des Ruders mit dem Bau eines Notruderblattes und einer Notsteuereinrichtung andererseits unterschieden.

Nothilfe:

Unabhängig von der Art des Schadens und der Dauer seiner Beseitigung läßt sich ein gut getrimmtes Boot in einem solchen Notfall auch allein nur mit dem Segeln steuern:
- Ist das Boot luvgierig, fiert man die Großschot (Abb A). Auf Kursen nach Luv sorgt der Wind selbst ausreichend dafür, daß das Großsegel dann spitzer angeströmt wird und weniger zieht. Auf raumen Kursen schert man besser eine → Bullentalje, damit man von der Plicht aus das Großsegel auf jeden, genau gewünschten Anstellwinkel zum Wind trimmen kann (Abb. B).
- Ist das Boot ohne Steuereinrichtung leegierig, muß man die Fock fieren und mit der Fockschot steuern (Abb. C).

Ist zusätzlich eine konstante Ruderlage zu einer Seite (während der Reparatur oder durch das Ruderversagen bedingt) zu überwinden, muß ein provisorisches Hilfsruder gerigt werden. Es besteht aus einer Pütz, einer Niedergangstreppe, einem mit Leinen gefüllten Segelsack oder aus zwei bis drei Rocker-Stoppern, die man auf einer Seite des Hecks an einer Leine von halber Bootslänge nachschleppt, um die einseitige Ruderlage beim Steuern mit den Segeln zu kompensieren:

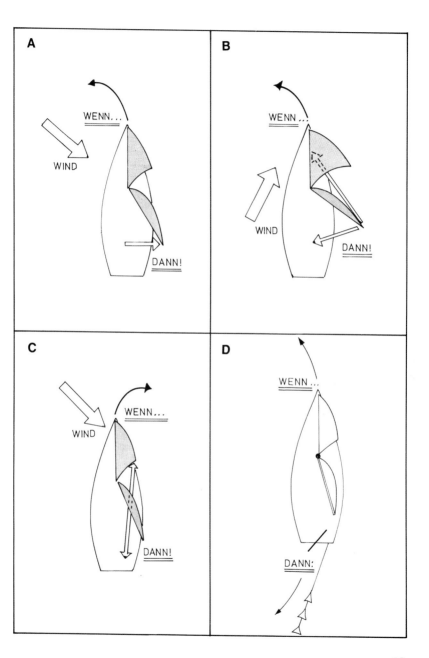

- Zeigt das Ruder nach Backbord, wird die Bremsvorrichtung an Steuerbord belegt (Abb. D).
- Klemmt das Ruderblatt zur Steuerbordseite, belegt man die Bremse an der Backbordseite des Hecks (Abb. E).

Die Benutzung der auf Seite 214 beschriebenen „mexikanischen Hüte" hat den Vorteil, daß man diese Korrekturwirkung für das Richtungsgleichgewicht durch die Wahl der entsprechenden Anzahl genau bemessen kann.
- Ist der erforderliche Korrekturabstand am Heck nicht groß genug, klemmt das Ruder in extremer Hartlage oder stehen nicht genügend Stopperteile zur Verfügung, muß man den Spinnakerbaum auf der entsprechenden Seite waagerecht am Mast ausbringen (Abb. F), damit man einen größeren Hebelarm für das erforderliche Gegenruder erhält.

Die hier unter Segeln genannten Notsteuermaßnahmen lassen sich im Prinzip auch unter Motor einsetzen.

Schadenssuche und Reparatur:

Bei einer Pinnensteuerung wird es sich schnell feststellen lassen, warum das Boot steuerlos ist, ohne daß das Ruder Schaden genommen hat:
- Ist die Pinne oder der Kopf eines außen angehängten Ruders beschädigt, muß man eine Hilfspinne herstellen und befestigen (Abb. G). Hierzu eignen

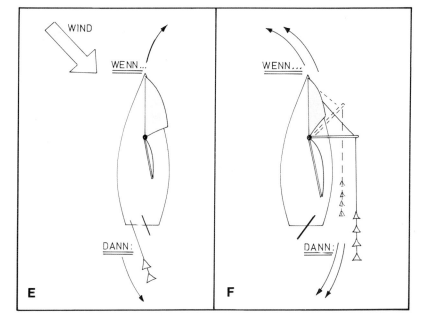

sich alle entsprechenden Holz- und Metallteile an Bord, die die ausreichende Länge und gewünschte Festigkeit haben. Zum Laschen verwendet man gegebenenfalls Segellatten und Takelgarn. Muß die Hilfspinne am Vierkant des Ruderschaftes befestigt werden, zurrt man einen entsprechend großen Schraubenschlüssel, einen „Engländer", einen großen Spanner oder eine Schraubzwinge ein. Auch ein kurzes Rohrstück läßt sich bei dieser Notsteuerung als Notpinne gut verwenden.

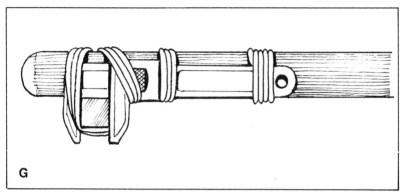

G

- Vor dieser Reparatur prüfe man jedoch, ob nicht vielleicht in der Achterpiek, durch die der Ruderschaft führt und wo sich ein Ruderquadrant drehen könnte, Leinen, Kanister oder andere Ausrüstungsteile gerutscht sind und das Ruder blockiert haben, so daß es aus diesem Grunde zur Beschädigung der Ruderpinne gekommen ist.
- Läßt sich die unbeschädigte Pinne legen, ohne daß jedoch das Ruderblatt ihren Bewegungen folgt, ist der Ruderschaft beschädigt. Man kann jetzt nur eine direkte Verbindung vom Ruderblatt zum Rudergänger herstellen (diese Art einer Notsteuerung ist natürlich auch möglich, wenn man keine Notpinne zimmern will):
- Am schnellsten wird der Schaden behoben, wenn das Ruderblatt für einen solchen Notfall vorbereitet war. Es enthält hierzu (bereits im Winterlager) eine mindestens 12 mm bis 18 mm dicke Bohrung nahe der achteren oberen Ecke, durch die eine Leine geschoren werden kann (Abb. H). Sie wird mit einem einfachen Überhandknoten fixiert und führt von hier aus mit je einer holenden Part an der Bordwand empor zur Plicht, wo man wahlweise zum Manövrieren des Bootes die Steuerbord- oder Backbordpart holen kann (Abb. I). Reicht die Muskelkraft hierzu (auf die Dauer) nicht aus, führt man sie über freie Schotwinden.
- Ist eine solche Bohrung nicht vorhanden, nimmt man einen Schäkel mit einer Öffnungsbreite, die auf das (profilierte) Ruderblatt an seiner (meistens spitz zulaufenden) Ablaßkante paßt, verbindet ihn mit den entsprechenden

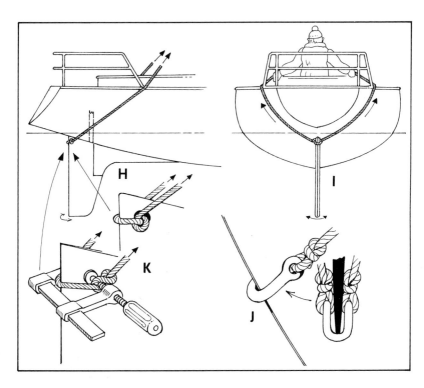

Enden und benutzt ihn als Haltevorrichtung (Abb. J) für die Steuerleinen.
• Besser hält eine Schraubzwinge, die man an gleicher Stelle nicht nur sicherer befestigen, sondern auch besser mit den Steuerleinen verbinden kann (Abb. K).
Bei einer Radsteuerung liegen die Ursachen für ihr Versagen meistens in den Verbindungselementen zwischen Ruderschaft und Steuerrad:
• Sind die Achsen gebrochen, um die sich die Umlenkrollen des Seilzugs drehen, lassen sich diese durch das beidseitige Einstecken von zwei Schraubendrehern und deren kräftige, mehrteilige Drahtbefestigung aneinander wieder an gleicher Stelle notdürftig haltern (Abb. L). Ähnliche Schnellreparaturen mit aneinandergelaschten Schraubendrehern sind möglich, wenn andere Befestigungen der entsprechenden Beschläge Schaden genommen haben (Abb. M).
• Ist das Steuerseil selbst gerissen, dann kann man es mit einem kurzen Drahtseilende und vier → Seilklemmen in unveränderter Länge flicken, wenn die Bruchstelle ausreichend weit von den nächsten Umlenkrollen entfernt liegt (Abb. N).
• Ist die Schadensstelle jedoch (erfahrungsgemäß) in Rollennähe, muß man

die gesamte Länge einer Seite oder das Steuerseil zumindest so weit austauschen, daß man die Seilklemmenverbindung ausreichend weit von dem Rollenbereich herstellen kann (Abb. O). Sinngemäß gilt das auch, wenn die Halterung eines Steuerseils am Ruderquadranten abgerissen oder das Seil hier durchgescheuert ist.
• Hat sich der Ruderquadrant vom Ruderschaft gelöst und ist dieser, wie üblich, oben mit einem Vierkant versehen, läßt sich hier ein „Engländer"

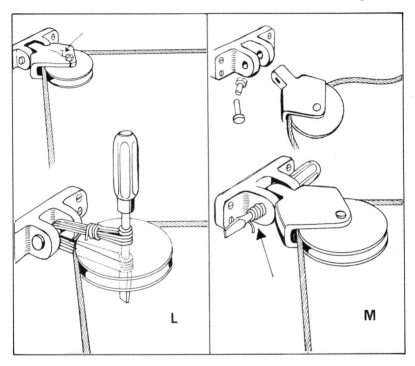

(Abb. P), ein großer Schraubenschlüssel oder gegebenenfalls eine Schraubzwinge ansetzen. Ein Spanner muß mit Tesaband gesichert werden. Mit aufgestecktem Rohr oder angelaschter Pinne läßt sich, wenn ausreichende seitliche Bewegungsmöglichkeit vorhanden ist, das Boot jetzt auch von hier aus steuern. Entprechende Ruderkommandos müssen von der Plicht gegeben werden.
• Jede Radsteuerung ist jedoch schon von der Konstruktion her für eine aufsteckbare Notpinne vorgesehen und auch werftseitig meistens dementsprechend ausgerüstet. Bei Booten mit Mittelplicht und Achterkajüte wird hierzu ein Verlängerungsstück vom Deck zum Ruderschaft (zum Ruderquadranten) und durch die Achterkajüte aufgesteckt, ehe die Pinne als zweites Teil der

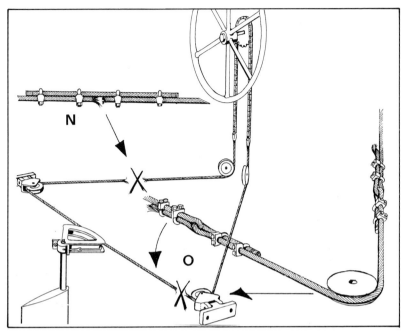

Notsteueranlage oben und über Deck aufgesetzt wird. Wird das Achterschiff bei Booten mit achterer Plicht nur als Stauraum benutzt, führt der Ruderschaft für die Notpinne meistens schon bis in Deckshöhe. Er ist hier nur durch einen wasserdichten Schraubverschluß gesichert.

Wie man bei Verlust des Ruderblattes oder bei seinem Blockieren verfährt, siehe → Notsteuerung mit Notruder.

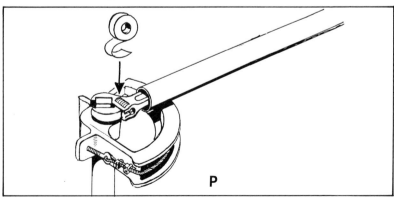

Notsteuerung mit Notruder

Gefahrenlage:

Ist von vornherein klar, daß sich das Boot nicht mehr steuern läßt, weil das Ruderblatt beschädigt, blockiert oder verlorengegangen ist, verfährt man wie unter → „Steuereinrichtung versagt" ausführlich erklärt wurde:
- Man dreht bei Feststellen der Manövrierunfähigkeit auf freier See bei
- und versucht gegebenenfalls, das Boot nur mit richtigem Trimmen der Segel auf dem gewünschten Kurs zu halten.

Nothilfe:

Prinzipiell gibt es folgende Möglichkeiten für die Notsteuerung:
- Man fertigt sich ein Notruderblatt, das an einem Notruderschaft befestigt und entweder direkt oder mit Hilfe von Steuerleinen bewegt wird. Jedes Boot sollte bereits ein Holzteil seiner Ausrüstung für einen solchen Notfall vorsehen und entsprechend vorbereiten: Das ist beispielsweise ein Fußbodenbrett angemessener Größe mit zwei oder drei Paar Bohrungen in der Mittellinie, die unter normalen Bordbedingungen als Fingeröffnungen zum Hochheben dienen (Abb. A). Durch diese Lochpaare hindurch werden im Notfall breite Schlauchschellen gezogen, damit man das Notruderblatt an seinem Notruderschaft, dem Spinnakerbaum, sicher und solide befestigen kann. Entsprechende

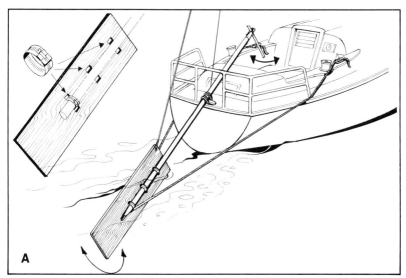

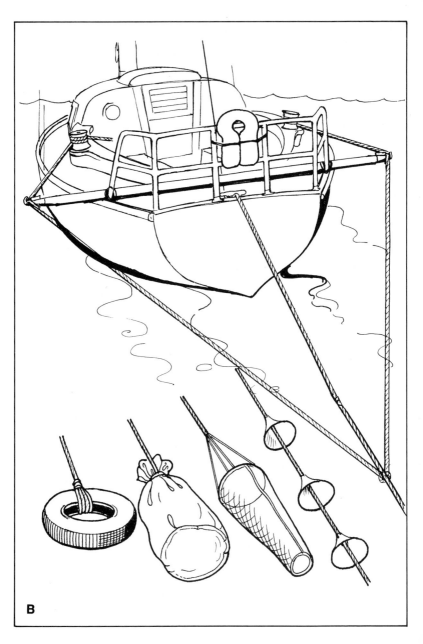

zusätzliche Randbohrungen zur möglichen Befestigung von Steuer- oder Halteleinen sind nützlich.
• Für den gleichen Zweck noch besser geeignet ist die solide Plichtgräting. Sie bietet die notwendigen Löcher zum Befestigen von (sehr viel mehr) Schlauchstellen schon von sich aus und läßt sich durch die zahlreichen Durchbrechungen als Notruderblatt leichter bewegen, ohne daß die Ruderwirkung dabei schlechter wird.
• Kleinere Yachten lassen sich natürlich auch mit einem Riemen steuern, den man am Heck befestigt.
• Die solideste Notsteuerung schafft man sich mit Hilfe des Spinnakerbaumes, der am Heck entweder auf Deck oder am Heckkorb querschiffs befestigt wird (Abb. B). Durch seine Beschläge für Toppnant und Niederholer läßt er sich mittschiffs gut befestigen. Auch entsprechende Zurrings an den seitlichen Außenkanten des Rumpfes und den Heckkorbstützen sind einfach zu fertigen. An die Nockbeschläge kommen Umlenkblöcke, über die dann ein im Kielwasser nachgeschleppter Stopper bei Bedarf mehr nach Steuerbord oder Backbord geholt wird, wenn man das eine Ende über die Schotwinsch der jeweiligen Seite dichtholt und die Gegenseite entsprechend fiert. Als solche Widerstandskörper können → Rocker-Stopper, eine kurze Niedergangstreppe, ein nachgeschleppter Leinenbansch (aufgeschossene Leine), ein eingebundenes Segel, ein Autoreifen, mit dem Beibootanker beschwerte Fender, ein Treibanker und viele ähnliche Teile dienen.
• Der nachgeschleppte Widerstandskörper muß mindestens eine Bootslänge hinter dem Heck schwimmen, damit die (gegebenenfalls mit einem Gewicht beschwerte) Steuerleine ihn mit größtmöglicher Bremswirkung wirklich senkrecht zum Wasserspiegel schleppen kann und er durch eine aufwärts zum Achterdeck gerichtete Zugrichtung einer zu kurzen Steuerleine keinen widerstandsmindernden Auftrieb erhält.
• Man bedenke bei der Bemessung der Widerstandsfläche auch dessen Größenverhältnis zur ausgefallenen Ruderfläche, die ja bei mittelgroßen Yachten bereits ca. einen Quadratmeter beträgt und dazu noch als Tragfläche mit kleinen Anstellwinkeln arbeitet. Die oft empfohlene Pütz mit einem Durchmesser von 25 Zentimetern ist hierzu kein geeigneter Widerstandskörper. Tatsächlich beträgt ihr Querschnitt nur 0,05 m^2, und von diesen 5% der ursprünglichen Ruderfläche läßt sich keine Steuerwirkung erwarten. Erst mehrere solcher Bremsflächen hintereinander wie zum Beispiel die Rocker-Stopper (Seite 142), von denen sieben mit 0,40 m Durchmesser eine Widerstandsfläche von 0,94 m^2 ergeben, oder ein Not-Treibanker (Seite 165) sorgen neben den anderen hier genannten Ausrüstungsteilen für die gewünschte Notsteuerwirkung.
• Für größere Yachten ist diese, von Fischkuttern entwickelte Notsteuermethode, bei der offene Fässer als Bremskörper benutzt werden, ohnehin die einzige Notsteuermöglichkeit.

Fremdkörper im Propeller

Gefahrenlage:

Plastikplanen, Tampen fremder Boote, treibende Netze und andere Fremdkörper, die unsichtbar unter Wasser treiben, können den Motor auf der freien See wie in Hafennähe blockieren. Das Boot ist dann manövrierunfähig, und wenn die Segel nicht einsatzklar sind oder kein Wind weht, kann die Gefahrenlage zu einer Notsituation werden.

Nothilfe:

Man erkennt diese Propeller-Blockade daran, daß entweder der Motor wie von Geisterhand berührt stehenbleibt, weil er durch den blockierenden Propeller abgewürgt wird, oder sich zumindest die Drehzahl (bei unveränderter Fahrhebelstellung) deutlich verringert, weil ein Fremdkörper vom Propeller mitgedreht werden muß.

Arbeitsweise:

Sie richtet sich danach, ob es sich um ein großes Boot (mit tiefliegendem Propeller) oder ein kleines Boot handelt bzw. der Notfall auf freiem tiefem Wasser oder in küstennahem Flachwasser erfolgte.
• Erste Maßnahme: Vor Anker gehen oder das Boot festmachen, wenn ein geeignetes Ufer in der Nähe ist.
• Zweite Maßnahme: Alle Personen der Crew gehen auf das Vorschiff und

postieren sich am Bug (Abb. A), damit sich das Heck anheben und der Propeller zu einer ersten Inspektion von oben sogar etwas austauchen kann. In den trüben, verschmutzen Revieren unserer Heimatküsten ist aber erfahrungsgemäß von Deck aus wenig zu erkennen.
• Dann geht ein Mann, der möglichst mit Naßbiber, Taucherbrille und Schnorchel ausgestattet ist, mit einer Sicherheitsleine außenbords, um den Propeller zu befreien. Das hierzu notwendige Werkzeug wird an dünnes Flaggleinengut angesteckt und über Bord gehängt: Bordmesser, Hackmesser (aus der Kombüse), Fuchsschwanz und Kombizange sind hierzu nützliche Werkzeuge.

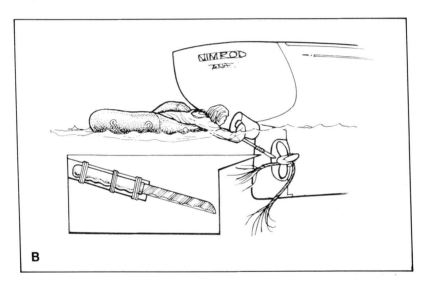

• Bei größeren Booten und unruhiger Wasseroberfläche schneidet man den Boden aus einer Pütz heraus (Abb. B) und hält diese in Blickrichtung schräg ins Wasser. Alle großen und kleinen Wellen, die sonst für die Brechung der Wasseroberfläche sorgen, werden jetzt abgehalten, und man kann den Propeller wie durch ein umrandetes Fenster gut erkennen.
• Das Messer, mit dem man gegebenenfalls einen Tampen abschneiden muß, lascht man an eine ca. 2 m lange Stange, beispielsweise den Bootshaken, an eine Segellatte oder ähnliche Leiste, damit man auch aus größerer Distanz arbeiten kann.
• Ist das Wasser kalt, dauert die Arbeit länger oder hat man keinen Kälteschutzanzug an Bord, bläst man das Schlauchboot mit etwa halbem Luftvolumen auf, legt es umgekehrt (mit dem Boden nach oben) aufs Wasser und

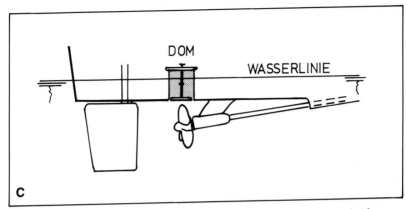

benutzt es als besonders nahe am Wasserspiegel gelegene Arbeitsplattform.
• Wer in verschmutzten Gewässern schippert, häufig unter Fremdkörpern im Propeller zu leiden hat und es baulich einrichten kann, sollte an Bord einen Reparaturdom über dem Propeller vorsehen (Abb C). Er muß einen Durchmesser von ca. 40 cm haben und ausreichend weit über die Schwimmwasserlinie des Bootes nach innenbords reichen. Hier wird er von oben durch einen Schraubdeckel mit Gummidichtung verschlossen. Eine Gelenkachse kann ihn mit einem entsprechenden Bodenteil verbinden, das den Schacht nach unten zwar nicht wasserdicht, aber so nahtlos abschließt, daß die Fahreigenschaften nicht durch ein Loch im Bootsboden beeinträchtigt werden.
Beachte: Arbeitet man auf der freien See im Wasser, dümpelt das Boot im Seegang und ist sein Unterwasserschiff bewachsen, sichert sich der Nothelfer noch zusätzlich durch Arbeitshandschuhe, Pudel bzw. Südwester und Taucherbrille gegen Verletzungen an den besonders gefährdeten Körperstellen.

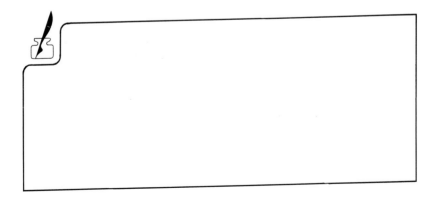

Leine des eigenen Bootes im Propeller

Gefahrenlage:

Nicht nur, wenn „Zustand" an Bord ist, kann sich eine Schot oder ein Festmacher im Propeller vertörnen, so daß dieser blockiert wird, der Motor stehenbleibt und das Boot manövrierunfähig wird. Auch ein nicht richtig festgemachtes Ende kann sich auf See losarbeiten und um die Propellerwelle wickeln.

Nothilfe:

Die Empfehlung, in einem solchen Falle an dem noch an Bord verbliebenen Teil der Leine einfach zu ziehen, die ausgekuppelte Welle dabei zu drehen und auf diese Weise den blockierten Propeller zu befreien, habe ich immer als eine „akademische Empfehlung" angesehen, der ein praktischer Beweis fehlte. Vor wenigen Monaten blieb mir keine Wahl, als diesen Tip selbst zu probieren: Eine nachgeschleppte Leine drehte sich beim Anlassen des Motors um den Propeller, und dieser stoppte, als die Leine steifkam.

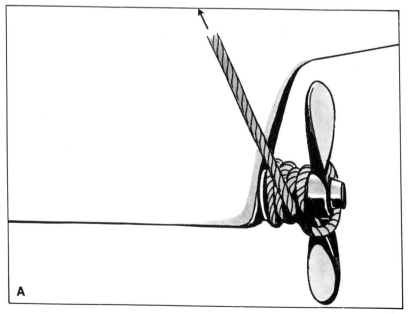

Arbeitsweise:

Bei zwei Mann Besatzung holt einer an Deck die Leine, die sich vertörnt hat, und der andere arbeitet an der ausgekuppelten Schwanzwelle. Hier wird zuerst nur die Drehrichtung beobachtet, und dann wird die Welle mit Armkraft in gleicher Richtung weitergedreht. Durch Drehen (unten) und Holen (oben) kann man tatsächlich den Propellerbereich einen Törn nach dem anderen langsam befreien – vorausgesetzt, daß sich die Leine nicht bereits um die Propellerblätter vertörnt hatte (Abb. A). Aber dies ist (erfahrungsgemäß) bei einer steifkommenden Leine des eigenen Bootes unwahrscheinlich.

Bei meiner Wellenanlage für einen 80-PS-Dieselmotor erleichterte die Riemenscheibe des Wellengenerators die Drehbewegung, weil man an ihr nicht die Welle anfassen mußte. Die Scheibe war (wie ein Steuerrad) griffiger und stellte gleichzeitig einen günstigeren Hebelarm dar.

Tips für Einhandsegler oder Familienväter, die keinen kräftigen Assistenten an Bord haben: Man drehe (am Motor) einen Törn an der Welle, hole dann an Deck die entstandene Lose durch, belege die Leine und gehe zum neuerlichen Drehen der Welle in den Motorraum, ehe man wieder an Deck die Leinenlose durchholt und diese neu belegt und wieder in die Bilge klettert. Mühsam, aber erfolgreich!

Gefahren beim Abschleppen

Gefahrenlage:

Eine Yacht mit einem Verdrängerrumpf hat eine konstruktionsbedingte Höchstgeschwindigkeit, die man auch „Rumpffahrt" nennt (Abb. A). Sie ist abhängig von der Schwimmwasserlinie und kann wie folgt ausgerechnet werden:

Geschwindigkeit in Knoten = $2{,}43 \times \sqrt{\text{Länge in der Schwimmwasserlinie in m}}$

Beispiel für ein Boot mit einer LWL von 9,0 m:

$2{,}43 \times \sqrt{9}$ = Rumpfgeschwindigkeit in kn
$2{,}43 \times 3 = 7{,}3$ kn

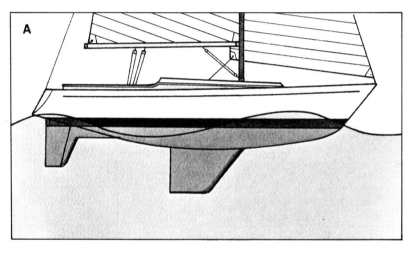

Diese Rumpffahrt darf auch nicht überschritten werden, wenn das Boot nicht mit eigener Kraft (unter Segel oder Motor) läuft, sondern in einem Havariefall abgeschleppt wird (Abb. B). Anderenfalls verlagert sich die Heckwelle des vom Boot erzeugten Wellensystems zu weit nach achtern. Das Heck verliert seinen Halt im Wasser, und die Bugwelle, die bis über die Masthöhe hinaus nach achtern rutschen und sich gefährlich aufsteilen kann, bricht über Deck. Der Bug ragt steil hoch über die See hinaus, und die Schlepptrosse greift in großem Winkel zur üblichen Zugrichtung an. Durch den gestörten Strömungsverlauf werden die Beschläge zum Schleppen und die Bootsverbände in ihrer Gesamtheit überlastet. Schäden an der Außenhaut und Wassereinbruch durch die Decksöffnungen sind die Folgen. Eine zu schnell geschleppte Yacht kann leicht sinken.

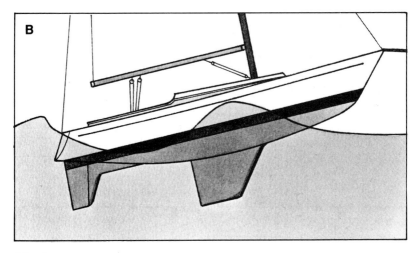

Vorbeugen:

Sich nur ein Schleppfahrzeug auswählen, das in der Fahrtstufe der eigenen Rumpffahrt schleppen kann, und (beim Abschleppen durch ein Berufsfahrzeug oder Großschiff) dem anderen Schiffsführer die Rumpffahrt als maximale Schleppgeschwindigkeit angeben. Diese ist bei einer entsprechenden Schwimmwasserlinie, für die im Seegang auch maximal die Länge über alles (Lüa) zur Berechnung gewählt werden kann:

Lüa (LWL) in m	Rumpffahrt in kn
6	6,0
7	6,4
8	6,9
9	7,3
10	7,7

Lüa (LWL) in m	Rumpffahrt in kn
11	8,1
12	8,4
13	8,8
14	9,1
15	9,4

Abschleppen achteraus – Übergabe der Schlepptrosse an einen Havaristen

Gefahrenlage:

Das Abschleppen eines anderen Bootes ist die verbreitetste und selbstverständlichste Hilfeleistung, die eine Yacht gewähren kann und für die sie jederzeit bereit und einsatzklar sein muß. In die Notlage, geschleppt zu werden, kann das eigene Boot zu jeder Zeit und oft sehr viel schneller gelangen, als die Besatzung es erwartete. Schlepper und Anhang kommen dabei bestimmte Aufgaben zu, die beide Beteiligten am besten aus eigenen Erfahrungen kennen sollten. Wenn ein Anhang schon einmal selbst vorher ein anderes Boot geschleppt hatte oder ein Schleppboot schon einmal manövrierunfähig am Haken eines anderen Bootes hing, werden beide auch ihre neuen Aufgaben sehr viel besser und vor allem seemännisch sicherer erfüllen können.

Arbeitsweise:

Die folgenden Ratschläge gelten daher für das Schleppboot wie den manövrierunfähigen Anhang gleichermaßen, und sie gelten auch sinngemäß für das Schleppen unter Segeln wie unter Motor, wenn es nicht ausdrücklich anders vermerkt ist:
- Nur selten wird es möglich sein, am Fahrzeug, das abgeschleppt werden soll, zum Übergeben der Schlepptrosse längsseits zu gehen. Dann gibt es bei leichtem Wetter nur die Alternativ-Entscheidung, die Schleppleine von Luv oder von Lee auf den Havaristen überzugeben. Will man zum Schleppen (auch eines größeren Bootes) die eigenen Leinen benutzen, läuft man langsam an der Luvseite vorbei (Abb. A), läßt sich eine Wurfleine herüberschicken (Pos. 1) (oder nimmt gleich seine Leine), gibt die Schleppleine aus (Pos. 3) und läßt diese auf dem Havaristen belegen, ehe man die entsprechende Länge (Pos. 4) steckt und anschleppen kann. Sinngemäß verfährt man, wenn man in Pos. 2 eine Wurfleine zum Havaristen schickt und dessen Schleppleine am Heck festmacht.
- Ist es nicht möglich, die Schlepptrosse direkt überzugeben, steckt man die Schleppleine an einen Schwimmkörper (einen Fender) und läuft so in Luv des manövrierunfähigen Bootes vorbei, daß die Besatzung des zu schleppenden Bootes den mit Wind und See treibenden Tampen ergreifen kann (Abb. B). Ganz sicher erreicht die Schleppleine das havarierte Boot, wenn man den

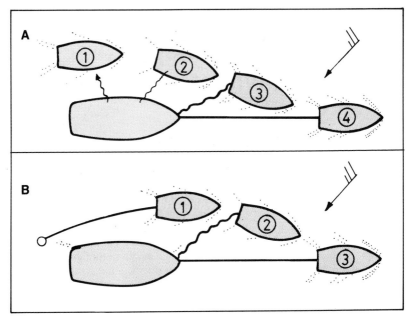

Schwimmkörper an eine Schwimmleine steckt und die eigentliche Schlepptrosse erst nachgibt, wenn die Crew des Havaristen die Schwimmleine gefangen hat.
- Bei viel Wind und Seegang und einer schnellen Driftgeschwindigkeit des havarierten Bootes nach Lee sollte dieses auf der freien See einen → Seeanker oder einen → Not-Seeanker ausstecken, und wenn die Luvseite durch ein gebrochenes Rigg oder aus anderen Gründen unpassierbar ist, muß der Versuch zur Übergabe der Schlepptrosse von der Leeseite des Havaristen aus erfolgen.
- In Flachküstengewässern und besonders in einer Situation, in der der Driftweg für das havarierte Boot begrenzt ist (Abb. C), sollte das hilfsbedürftige Boot ankern. Dadurch gibt es auch dem Schlepper die Möglichkeit, seine nicht einfachen Manöver zur sicheren Übergabe einer Schlepptrosse ohne Zeitdruck anzulegen und auszuführen, beispielsweise durch das Hinüberschwimmen der Schlepptrosse an einer Rettungsboje oder sogar an einem Schlauchboot und ebenfalls aus einer Ankerposition.
- Liegt der Havarist auf Legerwall vor Anker und besteht für ihn die Gefahr der Strandung, dann verschwende insbesondere der Schipper eines kleineren Bootes keine Zeit, eine Schleppleine entweder direkt oder von einer eigenen Ankerposition in Luv überzugeben. Statt dessen legt die Crew des Schleppbootes den eigenen Anker bereit, steckt so viel Trosse wie möglich an und bereitet

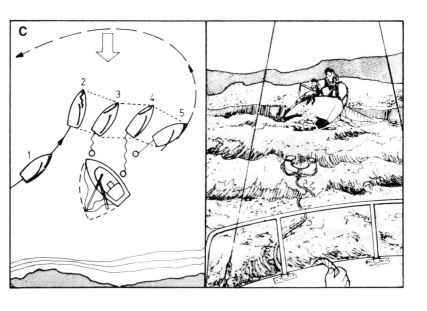
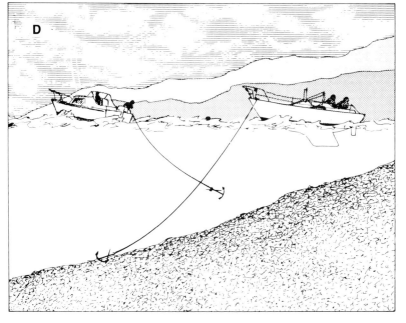

sich vor, mit dem eigenen Anker (Abb. D) entlang der Ankertrosse der havarierten Yacht deren Anker aufzunehmen und beide Leinen gemeinsam mit dem doppelten Ankergewicht in der Mitte gleichzeitig als Schlepptrossen zu verwenden.

• Es ist besser, wenn das Schleppboot die Schleppleine aus seiner eigenen Ausrüstung auswählt und übergibt, weil die Verantwortung zum Schleppen beim Schipper des Schleppers liegt und dieser am besten die nötige Zugfestigkeit und Länge der Schlepptrosse beurteilen kann.

• Leistet ein Berufsfahrzeug Hilfe beim Abbringen vom Grunde oder beim Einschleppen, dann hat es im allgemeinen in seiner seemännischen Ausrüstung auch Leinen aus Fasertauwerk, die in ihrem Durchmesser, ihrer Bruchfestigkeit und ihrer Handigkeit für den Umgang auf der entsprechenden Yachtgröße angemessen proportioniert sind. Wird dennoch eine Yachtbesatzung von der Berufsschiffahrt die Benutzung einer Stahltrosse mit ihrer riskanten Handhabung zugemutet, belege man zuerst den kräftigsten Festmacher an Bord (einfach oder doppelt geschoren) am sichersten Befestigungspunkt einer solchen Schleppverbindung, schere ihn dann über die Bugrolle bzw. lasche ihn am Vorsteven und verbinde ihn dann, wie in Abb. E gezeigt, mit der Stahldrahttrosse des Bergers. Nach den Arbeitsschutzbestimmungen der Schiffahrt muß hierzu wegen der Gefährdung durch Fleischhaken mit Handschuhen gearbeitet werden: Im Stahldraht ein Auge bilden, dieses mit einer Hand zusammenhalten, die eigene Leine in die Bucht einlegen und mit ihrem Tampen anschließend mehrere Schlingen um beide Parten bilden, die sich beim Anschleppen (Abb. F) zusammenziehen werden. *Achtung!* Das Lösen dieser Schlingenverbindung, die auch nach der Zugbelastung nahezu unverändert zusammengepreßt bleibt, ist schwierig und im Gefahrenfalle unmöglich. Ein doppelter Schotstek, wie er üblicherweise zur Verbindung von zwei verschieden starken Enden benutzt wird, ist seemännisch sicherer und schneller lösbar.

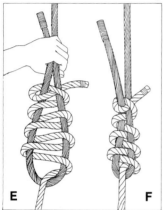

Belegen von Schleppleinen

Ist das Schleppboot größer und kräftiger als der Havarist, den es abzuschleppen gilt, dann ist die Art der Befestigung der Schleppleine sowie die Leinenführung nicht problematisch, denn die Beschläge auf dem Schlepper werden die Belastungen des Schleppens immer aushalten, und auch die Manövrierfähigkeit eines stärker motorisierten Bootes wird – unabhängig von der Lage des Ruders und des Propellers unter dem Bootsrumpf – immer gewährleistet sein.

• Die Schleppleine sollte am Heck des Schleppbootes zu einem Punkt geführt werden, der mittschiffs (in Kielrichtung) liegt. Ist hier (wie auf den meisten Booten) jedoch kein Beschlag zum Festmachen vorhanden (Abb. A), dann stecke man von den seitlichen Befestigungspunkten, den Klampen oder Pollern für die achteren Festmacher (Abb. B), kurze und kräftige Leinen aus und belege sie mit einem Pahlstek im Auge der Schlepptrosse in Form einer Hahnepot. In jedem Falle ist es besser, die Belastung auf zwei Beschläge zu verteilen, und insbesondere beim Schleppen in engen Gewässern kann das Scheren einer doppelten Schleppleine (Abb. C) vorteilhaft sein.

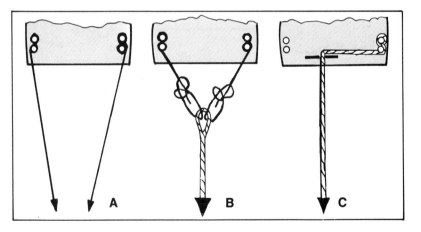

• Die verschiedenen Möglichkeiten zum sicheren Achterausschleppen mit kurzen Leinen zeigt die Abb. D: Die übliche einzelne Schlepptrosse (1) gegenüber der Doppeltrosse von zwei Beschlägen eines kleineren Schleppers aus (2) und der einzelnen Schlepptrosse mit einer Hahnepot am Schlepper (3). Liegt der Befestigungspunkt der Schleppleine beim geschleppten Fahrzeug nicht genau am Vorsteven, sondern an einer Seite des Bugs bzw. mittschiffs auf dem Vorschiff (4), dann muß man noch eine Diagonalleine scheren, damit im

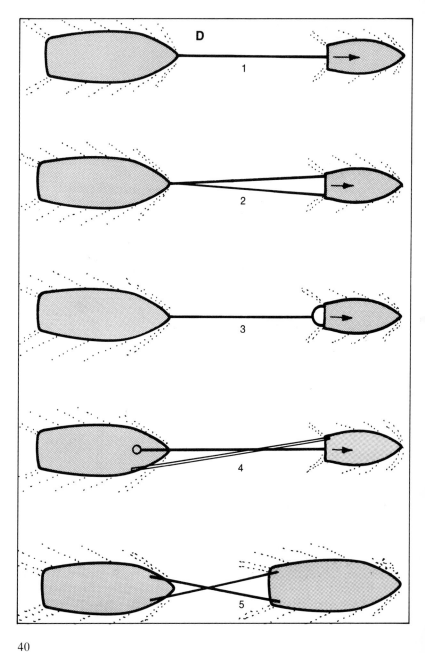

Seegang ein starkes Gieren vermindert wird. Am sichersten ist, zwei Schleppleinen über Kreuz zu scheren (5). Das geschleppte Fahrzeug kann dann (insbesondere in einem Fahrwasser mit Schiffsverkehr) nicht ausbrechen. Diese Art der Schlepptrossenverbindung empfiehlt sich auch, wenn der Anhang kein Ruder mehr hat.

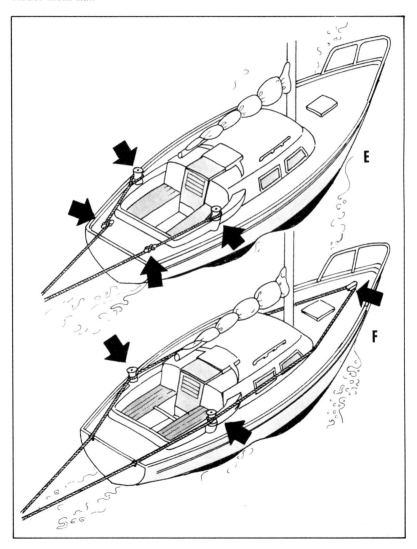

● Nicht nur bei einem kleineren Schlepper versuche man besser, die Schleppleine vorlich vom Ruder oder nahezu im Drehpunkt des Schleppers zu belegen. Dies ist die übliche Position, wo sich auch der große Haken eines Hochseeschleppers befindet, doch wird der freie Spielraum für die Schleppleine über dem Achterschiff einer Segelyacht selten erreicht, weil hier die achtere Mastabstagung befestigt ist.

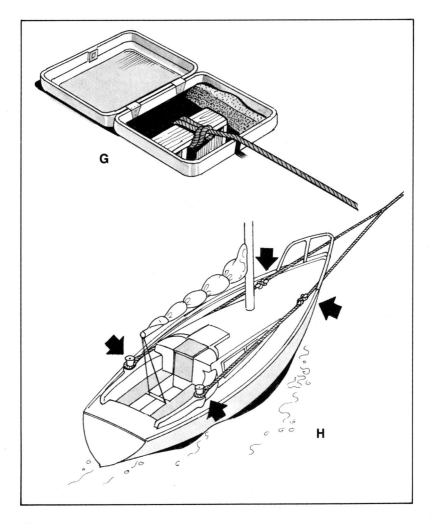

- Eine schleppende Segelyacht wird die Schleppleine am besten mit zwei Parten an den Klampen oder Pollern auf dem Achterdeck (Abb. E) belegen und den Zug noch einmal nach vorn zu den Schotwinden beider Seiten am Plichtrand abfangen. Gegebenenfalls läßt sich auch noch der kräftige Poller auf dem Bug oder sogar die Ankerwinsch zum Belegen der Schleppleine, die gleichzeitig einige Törns über die Schotwinden erhält, benutzen (Abb. F).
- Das geschleppte Boot belegt die Schleppleine am kräftigen Poller auf dem Bug. Sie wird hierzu durch die Lippe oder über die Rolle genau auf dem Vorsteven geführt und mit Scheuertüchern, Handtüchern oder anderen Textilien gegen Schamfilen geschützt (siehe „Festmachen bei Schamfilgefahr", Seite 219).
- Steht ein solcher Beschlag nicht zur Verfügung, muß man ein ausreichend langes Kantholz, notfalls eine kurze Spiere (den Jockeybaum) oder andere Holzteile entsprechender Größe (Niedergangstreppe o. ä.) nehmen und diese (mit dazwischenliegender Schlafdecke als Scheuerschutz) unter das Vorluk legen (Abb. G). Die Schlepptrosse wird dann hier slipbar belegt.
- Mögliche Befestigungspunkte der Schleppleine sind im Notfall auch die Schotwinden am Plichtrand (Abb. H), doch muß auch hier für eine Verbindung der beiden seitlichen Parten zu einer einheitlichen Schlepptrosse direkt über dem Vorsteven und eine zusätzliche sichere Decksbefestigung (für die Verhinderung vertikalen Spielraumes) gesorgt werden.
- Gibt es überhaupt keine Möglichkeit zum sicheren Belgen der Schlepptrosse

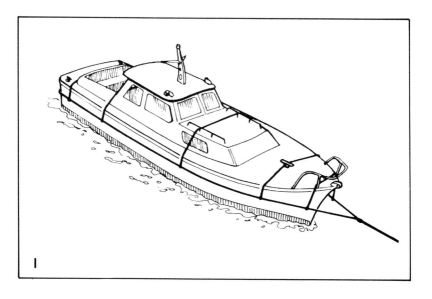

I

an Bord eines Havaristen, wie es insbesondere an Bord von größeren Motoryachten nicht ungewöhnlich ist, muß man die Schlepptrosse rund um den gesamten Bootskörper legen (Abb. I) und durch Halteleinen über Deck gegen Abrutschen sichern.
- Ein ähnliches Geschirr rund um das Überwasserschiff des Bootsrumpfes (Abb. J) empfiehlt sich auch, wenn ein festgekommener kleiner Seekreuzer abgeschleppt und anschließend in rauher See in einen Hafen eingeschleppt werden soll. Auch wenn das Scheren dieser Längs- und Querleinen zuerst zu arbeitsaufwendig erscheint, gewährt ein solcher Gurtverbund besonders in kleinen, leichten Booten mit nur schwachen Decksbeschlägen bei einer längeren Schleppfahrt eine optimale Sicherheit für Boot und Besatzung.
- Auf Ruderbooten, Segeljollen und anderen Kleinbooten legt man die Schleppleine mittschiffs um eine Ducht oder um den Schwertkasten, nachdem man vorher einen Rundtörn um das Vorstag oder einen Vorstevenbeschlag gelegt hat, oder man zurrt hier eine kleine Lasching, um den wichtigen vorderen Schleppunkt zu fixieren.

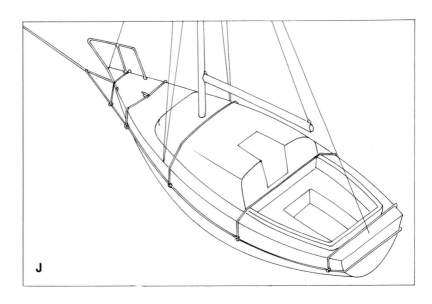

Verhalten im Schleppzug

Durch das Schleppen werden nicht nur die Schlepptrossen, sondern auch die Beschläge an Deck hoch belastet. Eine gefährliche und insbesondere stoßweise Belastung verhindert man durch zwei Methoden:
• Sowohl unter Motor als auch unter Segeln ist so langsam wie möglich zu schleppen. Auch wenn das Schleppboot erheblich mehr Motorleistung einsetzen kann oder unter Vollzeug mit der vorhandenen Windenergie mehr Fahrt zu laufen in der Lage ist, reduziere man die Schleppgeschwindigkeit (auch durch Reffen der Segel, wenn es ohne Anhang gar nicht erforderlich wäre) auf eine Fahrt von max. 3 Knoten, insbesondere bei einem schweren Anhang und in einer rauhen See. Jeder Knoten mehr Fahrt belastet Trosse und Beschläge in hohem, vielleicht gefährlichem Maße.
• Um ein ruckweises Steifkommen der Schleppleine zu vermeiden, hänge man in die Schleppleine den Zweitanker ein, so daß für ausreichende Federung gesorgt ist. Die Schleppleine sollte so lang wie möglich sein. Sie kann bei einer kurzen, kabbeligen See unbedenklich 50 m betragen und sollte bei einer langen Dünung mindestens der Wellenlänge entsprechen, die erfahrungsgemäß auf der freien See nicht viel kürzer ist (Abb. A).

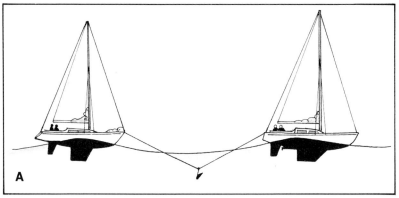

• Die Schlepptrosse wird am besten durch einen Pollerknoten (Abb. B) belegt, wenn ein solcher Beschlag zur Verfügung steht. Er läßt sich am schnellsten lösen, wenn dem Schleppzug Gefahr droht, man kann der Schleppleine jederzeit mehr Lose geben und sie sofort wieder sicher festhalten. Sowohl auf dem Schlepper als auch auf dem Anhang muß ein Besatzungsmitglied mit Messer oder Beil bereitstehen, um die Schlepptrosse notfalls und unverzüglich kappen zu können. Man scheue sich nicht, auch hier eine kostbare Schlepptrosse aufs Spiel zu setzen. Eine Schlepperregel hierzu lautet: „Den Verlust von Eigentum

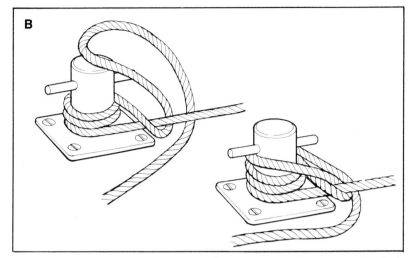

regeln die Versicherungen! Bei Verlust eines Lebens wird nur noch der Leichenbestatter eingeschaltet!"
● Die Erfahrung lehrt, daß unter normalen Wetterbedingungen ein Schleppboot einen Anhang bewegen kann, der die doppelte Verdrängung hat. Das ist das Verhältnis nach oben. Die höchstmögliche Größe eines Schleppers, dem sich ein kleiner Anhang anvertrauen kann, siehe → Gefahren beim Abschleppen.
● Zum Anschleppen lege man sich nicht in Kielrichtung des Anhangs, um mit der vorher durchgeholten Schlepptrosse Fahrt aufzunehmen (Abb. C). Der Schlepper wird dabei wenig Fahrt aufnehmen, und der Anhang wird sich kaum von der Stelle rühren. Richtiger ist es, wenn der Schlepper (S) am Anhang (A) wie in Abb. D mit lose hängender Schleppleine entlangfährt und diese auf einem Kreisbogenkurs (Pos. 2 und 3) steifholt, ohne die Fahrt zu verlieren. Wenn der Schlepper jetzt auf Kurs geht (Pos. 4), hat er mit unverändert durchgesetzter Schlepptrosse bereits eine hohe Anfangsgeschwindigkeit, mit der er auch einen (schweren) Anhang besser in Fahrt bringen wird. Den

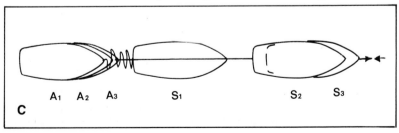

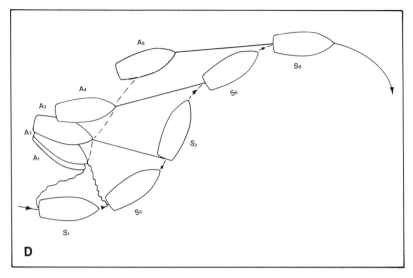

D

richtigen Kurs zum Not- bzw. Heimathafen kann man anschließend aufnehmen.
- Der Rudergänger des geschleppten Fahrzeuges halte genau Kurs im Kielwasser des Schleppbootes, wenn unter Motor geschleppt wird. Liegt der Anhang im Schlepp eines Segelbootes, halte man sich gut an der Luvseite des Kielwassers, weil die unter Segeln schleppende Yacht durch den Anhang einen sehr viel höheren Kurs durch das Wasser steuern muß, als sie mit ihrer Bremse tatsächlich über Grund gutmacht.
- Als Rudergänger des geschleppten Fahrzeuges behalte man auch die Besatzung des Schleppbootes immer gut im Auge. Denn es ist möglich, daß sie gelegentlich durch Handzeichen Anweisungen oder Nachrichten in allgemeinverständlicher Art hinübergibt.
- Um auch mit einem Boot im Schlepp beim Segeln wenden zu können, werden zwei seitliche Führungsleinen ca. eine halbe Bootslänge hinter dem Heck an die Schlepptrosse gesteckt und auf jeder Bootsseite bis zu den Wanten geführt. Wenn das Boot jetzt über Stag gehen soll, wird zusätzlich zur Ruderlage die Führungsleine der (bisherigen) Luvseite dichtgeholt und die Leine auf der Leeseite aufgefiert. Die Führungsleinen werden einfach durch einen Stopperstek an der Schlepptrosse befestigt (Abb. E).
- Eine Yacht, die eine andere Yacht abschleppt, ist zwar ein Schleppzug im Sinne der Seestraßenordnung. Wenn dieser Schleppverband jedoch kürzer als 200 m ist, sind bei Tage keine Signalkörper zu setzen. Bei Nacht muß das schleppende Maschinenfahrzeug zusätzlich zu den Positionslichtern zwei weiße Topplichter senkrecht übereinander führen. Sollte der Schleppzug nicht von

seinem Kurs abweichen können, führt er als manövrierbehindertes Fahrzeug zusätzlich zwei rote Rundumlichter senkrecht übereinander auf dem Schleppfahrzeug, bei Tage zwei schwarze Bälle. Unter solcher Bezeichnung genießt ein Schleppzug das gleiche Wegerecht wie beim → Längsseitschleppen.

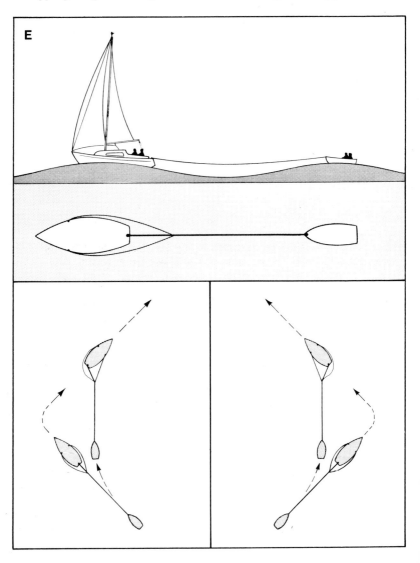

Das Beiboot als Notschlepper

Nothilfe:

Am besten macht man das Beiboot am Achterschiff längsseits fest (Abb. A) und befestigt zwei Fender waagerecht an seiner Bordwand, ehe man Vorleine und Vorspring, Achterleine und Achterspring so fest belegt, daß das Dingi auch bei laufendem Außenborder seine Position nicht verändert. Es ist ratsam, diese Festmacher gegebenenfalls mit Hilfe der Schotwinden durchzusetzen. Schlauchboot und starres Beiboot eignen sich gleichermaßen zum Schleppen. Je größer das Dingi und je stärker der Außenborder, desto besser das Schleppen.

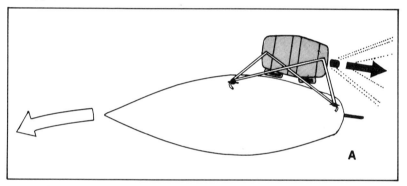

Arbeitsweise:

Zum Steuern des Verbundes sind zwei Personen nötig: Ein Segler sitzt im Dingi, bedient den Gashebel und steuert den Außenborder, während der andere Segler das Ruder des großen Bootes führt (Abb. B). Bei ihm liegt auch die Verantwortung für alle Manöver; denn der Dingi-Steuerer sitzt meistens so tief und ist durch den hohen Freibord so weit in seiner Sicht behindert, daß er die Manöver dieses Verbundes nicht verantwortlich leiten kann.
Bei normaler Fahrt, beim Einlaufen und beim Anlaufen von Boxen wird es genügen, wenn man das Beiboot mit Außenborder nur als Energiespender, aber nicht zum Steuern benutzt. Der Dingi-Steuerer wird dann nur den mit Schub in Längsschiffsrichtung eingestellten Motor auf die entsprechenden Fahrtstufen „Vorwärts" oder „Rückwärts" einstellen müssen. Die eigentliche Steuerung erfolgt schnell und wirksam durch das viel größere Ruderblatt des Seekreuzers. Nur wenn schnelle Kursänderungen zu machen oder enge Drehkreise zu fahren sind, wird man auch den Außenborder entsprechend mitdrehen (Abb. C).

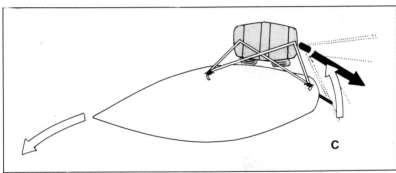

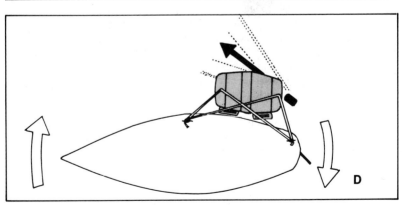

Drei Gebote der Sicherheit sind zu beachten:
- Man muß vorsichtig mit dem Gaszug operieren, weil man sonst das gefesselte Dingi zum Kentern bringen kann. Ohnehin erzeugt man mit Halb- oder Dreiviertelgas eine wirksamere Schubkraft, als wenn man mit voller Pulle arbeitet, denn der Propeller des Außenborders ist ja mit Steigung und Durchmesser nicht für solche Schubkräfte ausgewählt.
- Weiter denke man daran, daß man diesen Verband wohl gut in Fahrtrichtung bewegen, aber schwerer zum Stillstand bringen kann. Rückwärtsarbeiten mit dem Außenborder bringt nur geringe Stoppkraft. Man braucht gegebenenfalls die Arbeit mit Leinen (siehe → Notbremsen), um den Verband zum Stillstand zu bringen.
- Und schließlich wird der Einfluß von Wind und Strom nur so lange ausgeschaltet, wie das Boot genügend Fahrt macht. Steuerfähig ist der Verband nur, wenn er sich bewegt.

In wieweit es möglich ist, den Außenborder umzusteuern (oder umzudrehen) und das angehängte größere Boot seitwärts oder gar achteraus zu bugsieren, so daß (mit dessen Ruderlage auf Fahrt achteraus) auch beispielsweise eine Steuerbord-Drehung (Abb. D) auf engstem Raum möglich ist, muß die Erfahrung zeigen.

E

Wird das Beiboot statt dessen als Zugboot benutzt (Foto E), benutzt man zwei kurze Schleppleinen, die man über Kreuz nimmt. In dieser Art läßt sich jedoch nur ein größeres Boot verholen oder seine unerwartete Drift stoppen. Stoppkraft und Seitenschub gewinnt man hierbei nicht.

Manövrieren mit dem Beiboot als Schlepper macht ein Boot auch in schwierigen Situationen unabhängig von fremder Hilfe.

Längsseitschleppen

Gefahrenlage:

Sie kann auf See und auf Binnenrevieren gleicherweise eintreten und für ein Boot, das beim Einlaufen in eine Schleuse manövrierunfähig wird, genauso gefährlich sein wie beim steuerlosen Treiben in der Gewalt der Tide vor der Küste oder mit Motorschaden ohne Wind. – Längsseitschleppen hat (gegenüber üblichem Achteraus-Schleppen) den Vorteil einer besseren Manövrierfähigkeit auf engem Raum. Man wird diese Art des Schleppens auch dort anwenden, wo die Fahrt häufig erhöht oder vermindert werden muß oder wenn das schleppende wie das geschleppte Fahrzeug mit nur je einer Person besetzt ist. – Jeder Skipper kann in beide Situationen kommen, d. h. sich sowohl gelegentlich auf einem Schleppboot als auch auf einem geschleppten Fahrzeug befinden, so daß er sich auf beide Gefahrenlagen vorbereiten muß.

Nothilfe:

Beim Festmachen des zu schleppenden Bootes richte man sich nach dem Drehsinn des Propellers: Bei einem rechtsgängigen Propeller wird das geschleppte Boot an der Steuerbordseite des Schleppers festgemacht (Abb. A), weil hierbei der Radeffekt des rechtsgängigen Propellers am besten ausgegli-

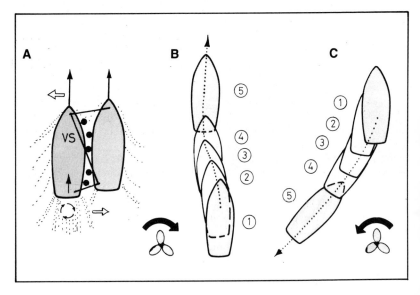

chen wird. Er hat bekanntlich das Bestreben, bei Fahrt voraus das Heck nach Steuerbord zu schieben (Abb. B) und gleichzeitig den Bug nach Backbord zu drücken. Die entsprechende Tendenz bei Rückwärtsarbeiten mit einem rechtsgängigen Propeller: Das Heck zieht nach Backbord (Abb. C). Das an der Steuerbordseite festgemachte Boot wird allen diesen ungünstigen Tendenzen der Fahreigenschaften den besten Widerstand entgegensetzen. Dementsprechend muß das geschleppte Boot bei einem linksgängigen Propeller an der Backbordseite des Schleppers liegen.

So erinnert sich der Skipper des schleppenden Bootes der Drehrichtung seines Propellers: Ist die Backbordseite seine „gute" Anlegeseite, hat es einen rechtsgängigen Propeller. Ist die Steuerbordseite die „gute" Anlegeseite, arbeitet es mit einem linksgängigen Propeller.

Arbeitsweise:

Die eigentliche Schleppleine ist die vordere Spring (VS), die beim Schleppen alle Last in Fahrtrichtung aufnimmt. Je mehr sie in Kielrichtung verläuft oder je spitzer ihr Winkel zu dieser ist, desto besser ist es. Man schert sie daher vom Bug des Schleppers zum Heck des geschleppten Bootes über nahezu die gesamte Bootslänge des Schleppfahrzeuges. Die vordere (VQ) und achtere Querleine, die man auch „Brustleinen" nennt, haben die Aufgabe, die Bootsseiten, an denen so viele Fender wie möglich hängen sollten, zu einer Ganzheit aneinanderzupressen. Eine Achterspring, die die Last des geschleppten Bootes aufnimmt, wenn das Schleppboot rückwärts arbeiten muß, ist nur dann erforderlich, wenn der Verbund entsprechend manövrieren muß.

Ist das schleppende Boot sehr viel kleiner als das geschleppte Fahrzeug (Abb. D), macht man es so weit wie möglich an dessen Achterschiff fest. Der Bug wird dazu etwas einwärts gedreht – wie bei einem Fuß, der „über den großen Onkel" geht. Besteht dann noch immer eine Drehtendenz, muß man sie mit dem Ruder ausgleichen. Auch das Heck eines kleinen Schleppers sollte hinter dem Heck des größeren, geschleppten Bootes liegen, damit der Propeller allseitig genügend Wasser erhält. Die Vorspring des Schleppers kann in einem solchen Fall nur notgedrungen kurz sein. Daher empfiehlt es sich, eine Vorleine zum geschleppten Fahrzeug zu scheren.

Am wenigsten Probleme bereitet das Längsseitschleppen eines kleineren Bootes an einem größeren Schlepper (Abb. E). Auch hier ist es jedoch nützlich, so viele Fender wie möglich zwischen den Bordwänden zu zurren.

Die besten Beschläge zum Belegen der Schlepptrosse sind an Bord des Schleppbootes die Poller, Klampen oder Winschenfundamente auf dem Vorschiff, die schon vom Bootsbau her für entsprechende Belastungen eingerichtet sind, sowie eine Schotwinde oder eine Klampe am Heck beim geschleppten Boot (wobei das Winschenfundament erfahrungsgemäß mehr Belastung aushalten kann).

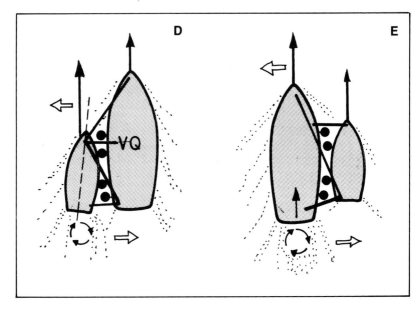

Hat ein kleines Schleppboot keinen ausreichend kräftigen Beschlag auf dem Vorschiff, wird die Schleppleine (mit Pahlstek und Auge) über eine Schotwinsch der äußeren Seite gelegt, nach vorn zum Bug geführt und um den Vorsteven herum auf der Seite des geschleppten Bootes zu dessen Heck geführt. Es bedarf jetzt nur eines Auges mit einem anderen Festmacher, um der Schlepptrosse am Bug eine ständige, gleichmäßige Höhe zu geben, und gegebenenfalls eines untergelegten Fenders oder einer anderen Schamfilmatte, damit die Schlepptrosse an dieser kritischen Stelle keinen Schaden nehmen kann.

Beim Manövrieren sollte man grundsätzlich mit beiden Ruderanlagen arbeiten. Man beachte, daß man zum Aufstoppen mit einem geschleppten Boot die doppelte Distanz bemötigt.

Eine Yacht, die eine andere längsseits schleppt, gilt nach den Kollisionsverhütungsregeln als „manövrierbehindertes Fahrzeug". Wenn sie die entsprechenden Signale setzt (drei Signalkörper senkrecht übereinander, der obere und der untere Signalkörper müssen Bälle, der mittlere muß ein Rhombus sein), genießt sie Wegerecht gegenüber allen Maschinenfahrzeugen (Abb. F), allen Segelfahrzeugen (G) und auch allen fischenden Fahrzeugen (Abb. H), die durch ein Stundenglas als solche gekennzeichnet sind.

Bei verminderter Sicht muß die Yacht mit ihrem Schleppboot alle zwei Minuten drei aufeinanderfolgende Töne geben: einen langen und zwei kurze Töne (Abb. I).

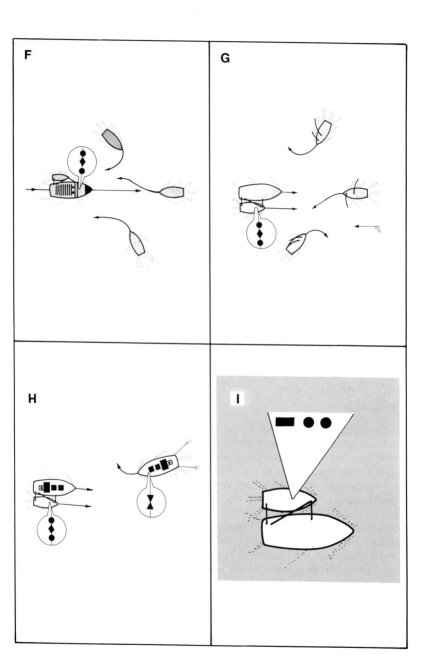

Weitwurfbeutel für den Notfall

Gefahrenlage:

Die Pier verfehlt! – An einem Mann im Wasser vorbeigelaufen! – Ein havariertes Boot zum Abschleppen außer Reichweite! – In allen Fällen kommt es darauf an, eine Distanz von 10 bis 20 m möglichst schnell zu überbrücken und eine Wurfleine sicher überzugeben, um die gewünschte Verbindung herzustellen. Gegebenenfalls kann mit Hilfe dieser Leine eine dickere Trosse nachgesteckt werden.

Ausrüstung und Vorbereitung:

Man näht sich einen rechteckigen Wurfbeutel aus leichtem gelbem oder orangefarbenem Perlon oder einem ähnlichen, wasserundurchlässigen Material von ca. 40 cm (50 cm) Länge und 20 cm (25 cm) Breite, der an einer Schmalseite offen ist. Hier hinein legt man kinkenfrei, mit den Parten jedoch sonst regellos übereinander eine flexible Schwimmleine in Signalfarben, ca. 8 bis 10 mm dick und mit entsprechender Bruchlast von ca. 1000 bis 1500 daN. Der Bodentampen ist mit dem Beutel sicher vernäht. Der obere, freie Tampen erhält ein Auge als Handschlaufe bzw. zum Festmachen an Bord.

Einsatz:

Man befestigt das Leinenende an der Haltehand oder an Bord, zieht etwa 2 bis 3 m Leine aus dem Wurfbeutel heraus, läßt diesen Vorlauf außenbords hängen und nimmt den Beutel mit dem gesamten anderen Leineninhalt in die Wurfhand. Mit kräftigem Schwung wird dann ein gezielter Wurf ausgeführt. Die Treffgenauigkeit wird durch den Wind kaum beeinflußt, da der Beutel die Leine kompakt zusammenhält und dem Wind nur geringe Angriffsfläche bietet.
Rettungs-Wurfleinen von ca. 20 m Länge aus schwimmendem Polypropylen-Tauwerk mit unsinkbarem Schwimmkörper und Wurfgewicht im Beutel sind jetzt auch zu günstigen Preisen im Fachhandel erhältlich (Abb. A). Man sollte ihren Gebrauch aber nicht nur für einen Mann-über-Bord-Unfall aufheben, sondern diese praktischen Wurfleinen mit ihren Gewichten auch bei allen Anlegemanövern benutzen, bei denen eine Leinenverbindung über einen größeren Abstand zum Kai treffsicher hergestellt werden soll. Je öfter man mit dieser Wurfleine arbeitet, desto zielgenauer wird man ihren Schwimmkörper in einem Notfall an den Mann (oder die Frau) im Wasser bringen können.

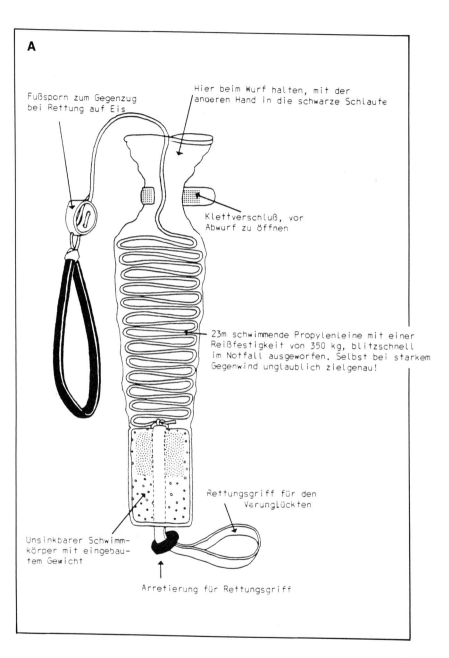

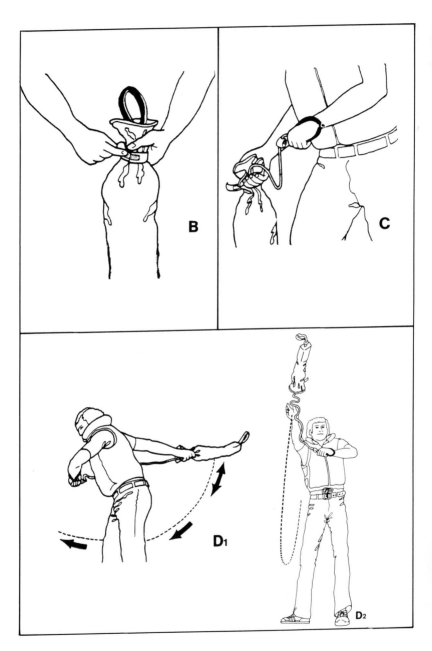

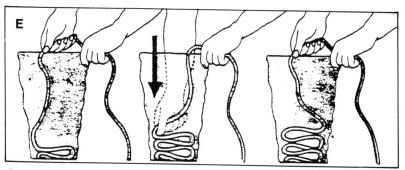

Öffnen des Beutels, werfen und stauen der Wurfleine *(B–E)*.

Wurfleine mit Ring

Arbeitsweise:

Eine Alternative zum Wurfbeutel mit Schwimmleine ist ein einfacher, in seiner Art idealgewichtiger Gummiring von etwa 15 cm Innendurchmesser, wie er für Ringspiele am Badestrand benutzt wird (Abb. A). Eine leichte Wurfleine oder Schwimmleine steckt man mit einem Webeleinstek und einem zusätzlichen halben Schlag an. Dann wird der andere Tampen an Bord festgemacht und die Leine in Buchten klar zum Auslaufen an Deck gelegt. Die letzten etwa fünf Buchten nimmt man in die eine, den Ring in die andere, die Wurfhand, und schleudert ihn dann – unter Nachwerfen der Törns in der zweiten Hand – in Richtung auf sein Ziel. Mit etwas Übung läßt sich die Leine noch sehr viel weiter als mit einem Wurfbeutel werfen, und der Ring läßt sich auch mit Hand oder Bootshaken auf der Pier oder im Wasser gut aufpicken.

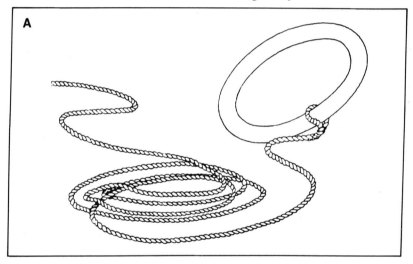

Einsatz:

Eine sichere Methode zum Übergeben einer Leine bei einem Mann-über-Bord-Manöver, falls das Boot in zu großem Abstand zum Stehen gekommen ist; zu einem havarierten Boot, das man abschleppen will; oder zum Übergeben einer Wurfleine bei einem schwierigen Anlegemanöver, wenn an diese Wurfleine der schwere Festmacher angesteckt und zu einer Luvpier nachgegeben werden soll.

Notbremsen

Nothilfe:

Man sollte sich solche Maßnahmen einmal überlegen für den Fall, daß beim Einlaufen in einen Hafen der Motor aussetzt, starker Winddruck das Boot abtreiben läßt, ein Fremdkörper im Propeller das Boot manövrierunfähig macht oder es aus anderen Gründen zum Spielball von Wind und Strom in einer Situation wird, in der man bei begrenzter Leedrift Kollisionen oder Havarien erwarten muß.

Arbeitsweise:

Die Arten der Notbremse hängen von der Anzahl der Personen an Bord und von der Bootsgröße ab:
- Man versuche zuerst, die Fahrt durch halbe Drehkreise abzustoppen, das heißt, das in Kielrichtung beschleunigte Boot immer wieder mit dem Bug gegen Wind oder Strom zu legen, die Drift nach Lee in Fahrt nach Luv umzusetzen und bei Einsetzen der Fahrt achteraus einen neuen, vollen Drehkreis zu fahren.
- Zusätzlich oder allein: Eine griffbereite Pütz oder andere Gegenstände, die Widerstand verursachen, schnell anstecken und am Heck als Bremse über Bord geben (Abb. A).
- Natürlich sollte ein Bug- oder Heckanker fallen, doch muß dann gewährleistet sein, daß der Kettenstopper die Driftbelastung auffangen und die Kette oder Trosse beim Reißen von Klampe oder Poller an Deck nicht vollkommen ausrauschen kann.
- In einem Bojenfeld oder wenn Bojen in Sicht- und Reichweite liegen, versuche man, ihre Nähe anzusteuern, und werfe entweder ein mit einem Schäkel beschwertes Auge, das sich anschließend zuziehen kann, über die Boje (Abb. B), oder benutze den Bootshaken als Wurfgeschoß (Abb. C), um mit seiner Hilfe – und der Hilfe einer Wasserströmung – eine Leine ins Bojengeschirr zu bringen.
- Ist die Drift unaufhaltsam, aber treibt das Boot nur langsam, steuere man Pfähle oder Dalben an, nehme die freie Part der am Heck belegten Achterleine ganz nach vorn und bringe sie dort (mit einem Auge und zwei halben Schlägen oder einem ... Notstopper) um den Pfahl. Jetzt wird das Boot am Heck gestoppt, aber Klampe wie Leine werden dabei hoch belastet.
- Ähnlich geht man auch an einer Pier vor, und diese Notbremse eignet sich auch bei einem Anlegemanöver mit zu viel Fahrt (Abb. D): Man belegt die Vorleine sicher am Bug, springt vom Ende des ersten Bootsdrittels beim Erreichen der Kopfpier mit der übrigen Leine an Land und legt drei bis vier Törns schnell um die nächsterreichbare Festmacheeinrichtung (Poller, Klampe

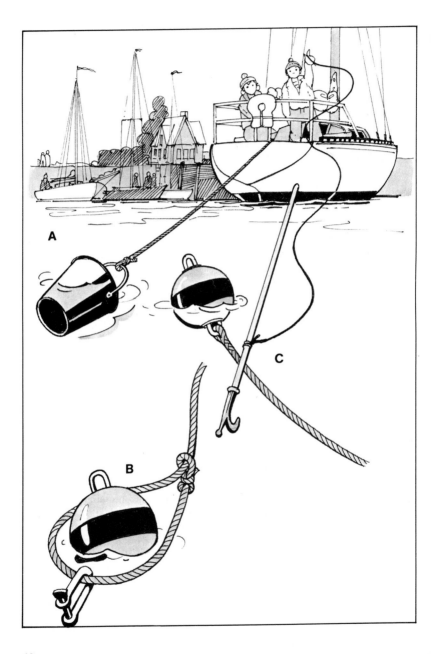

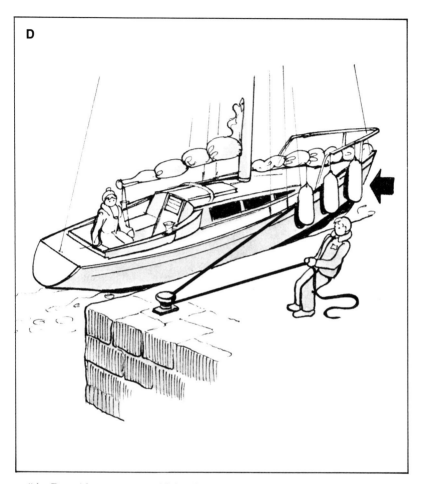

o. ä.). Das Abstoppen geschieht durch langsames Festhalten der Leine. – Achtung: Vorher sind jedoch zwei bis drei Fender am Bug aufzuhängen, weil das Boot beim Gelingen dieses Notstopp-Manövers mit dem Vorschiff hart gegen die Pier oder Brücke schlagen wird.

Motorschaden und leerer Tank: Notsegel für Motorboote

Wenn bei einer Segelyacht der Motor ausfällt oder eine Takelage-Havarie eintritt, bleibt erfahrungsgemäß immer der Alternativ-Antrieb einsatzklar. Motorboote besitzen keinen (zusätzlichen) Windmotor. Aber viele von ihnen sind mit einem Außenborder als Reservemotor ausgestattet. Notfalls können sie jedoch auch mit Windkraft in Hafennähe schippern.

Gefahrenlage:

Die meisten Motorenausfälle entstehen auf See, weil im Seegang Schmutz aus dem Tank hochgewirbelt wird, der dann die Pumpe bzw. die Düsen verstopft. Oft ist auch der Tank leergefahren, und wie auf Segelyachten muß man bei Motorbooten mit Fremdkörpern im Propeller rechnen, die das Boot nicht nur manövrierunfähig machen, sondern vielleicht auch nicht mit Bordmitteln auf See zu entfernen sind.

Nothilfe:

Die Möglichkeiten zur Selbsthilfe hängen vom Einfallsreichtum der Crew und den einsetzbaren Materialien für eine Notbesegelung ab:
• Ist der Flaggenmast kräftig genug, dann lascht man bei einem großen Motorkreuzer (Abb. A) den Bootshaken querschiffs wie eine Rah an seinem Topp, befestigt daran ein Bettlaken oder eine Decke auf irgendeine Art und spannt von den Endpunkten der Notrah, die man jetzt „Nocken" nennen müßte, Leinen in die Plicht, um dieses Segel in seinem Winkel zur Querschiffsrichtung verändern und somit für den gewünschten Kurs mit raumem oder achterlichem Wind trimmen zu können. Die beiden unteren Ecken dieses viereckigen Notsegels hält man mit kurzen Stropps fest, die am Handlauf auf dem Kajütdach oder an anderen Festpunkten an Deck angesteckt werden.
• Kleine Motorkreuzer oder auch offene Boote (Abb. B) setzen Bootshaken oder Riemen auf dem Vorschiff über Kreuz zusammen, befestigen ein möglichst dreieckiges Notsegel an der Spitze dieser Schere sowie an zwei seitlichen Punkten an Deck und sorgen durch eine Achterleine von der oberen Verbindung beider Riemen bis in die Plicht dafür, daß dieses Gestell auch bei

Winddruck im Notsegel immer senkrecht steht. Läßt sich das Boot mit Z-Antrieb oder Außenborder (als Ruder) nicht auf Kurs halten, muß man mit Bootshaken und angelaschtem Bodenbrett oder einer längeren Fußbodenplanke ein → Notruder basteln.
• Auch ein Notsegel kann wertvoll sein, das man mit Bootshaken und Riemen in der Plicht oder über dem Steuerstand errichtet (Abb. C).

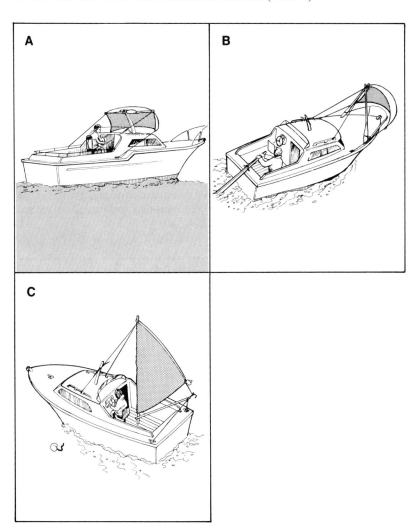

Kennzeichnen eines manövrierunfähigen Bootes

Eine Yacht ist nach den Bestimmungen der Kollisionsverhütungsregeln (KVR), der früheren Seestraßenordnung, „manövrierunfähig", wenn die → Steuereinrichtung versagt, ein → Fremdkörper den Propeller blockiert, der → Mast gebrochen ist oder die Steuer- und Antriebseinrichtungen aus anderen Gründen beschädigt und unklar sind. Die Kennzeichnung dieses Zustandes erfolgt durch zwei schwarze Bälle oder andere Rundkörper, die übereinander an gut sichtbarer Stelle gesetzt werden. Alle anderen Fahrzeuge müssen sich von einem manövrierunfähigen, derart bezeichneten Segel- und Motorboot freihalten.

Der Zustand einer zeitweiligen Manövrierunfähigkeit kann auch während des → Beidrehens unter Segeln gegeben sein, um ein → gebrochenes Fall oder eine → gebrochene Großschot zu reparieren oder unter nacktem Rigg andere Takelagearbeiten auszuführen. Auch in diesen Fällen müssen zwei sogenannte „Fahrtstörungsbälle" gesetzt werden, am besten am Vorstag. Hierzu eignen sich der Ankerball und ein Rundfender übereinander, zwei Rundfender oder andere, ballähnliche Notsignalkörper (Abb. A).

2 Schäden in der Takelage

Vorbeugen gegen Takelageschäden	68
Ein Fall ist ausgeweht	71
Das Fockfall klemmt	73
Das Großfall klemmt	75
Ein Fall ist gebrochen	76
Die Großschot ist gebrochen	77
Mögliche Schäden am Rigg	79
Vorstag gebrochen	82
Achterstag gebrochen	84
Oberwant gebrochen	87
Unterwant gebrochen	88
Saling gebrochen	90
Mastbruch und Notrigg	92
Drahtseilklemmen	100
Zurren und Laschen	102
Wenn der Mast scheppert	104
Einsatz einer Mastleiter	105
Arbeiten mit dem Bootsmannsstuhl	109
Ohnmachtssicherer Bootsmannsstuhl	112
Absturzsicherung für Arbeiten in der Takelage	113

Vorbeugen gegen Takelageschäden

Die Hersteller von Serienbooten legen das Hauptgewicht auf die Schnelligkeit ihrer Yachten. Manche Riggs sind abenteuerlich hoch, weil zum Beweis dieser einseitigen Leistungsfähigkeit neben einem leichten Rumpf ein hoher Mast und natürlich viel Segelfläche gehört. Beim Fahrtensegeln und erst recht beim Blauwassersegeln kommt es aber auf ganz andere Kriterien an, und viele Yachten würden besser sein als ihr Ruf, wenn man sie ein wenig mehr nach dem Gesichtspunkt rauhen Wassers und schlechteren Wetters konzipiert hätte. So bleibt dem Fahrtensegler nur das Mittel der Selbsthilfe, aus einem Küstenkreuzer einen Langfahrtenkreuzer zu machen (oder ihn von Anfang an mit solchen Modifikationen zu bestellen). Das sind die notwendigen Veränderungen:

A Reduzieren der Masthöhe um ca. 10%, entweder am Topp oder am Fuß. Bei unveränderter Länge und Position der Salingen bedeutet dies, daß sich der Winkel mit den Oberwanten vergrößert und dadurch gleichzeitig der Staudruck im Mast und die Zugbelastung des stehenden Gutes vermindert.

B Scheren eines zweiten Vorstags, um die Sicherheit des Riggs auch bei Beschädigung eines von beiden Stagen aufrecht zu erhalten.

C Auswechseln der Wantenspanner in allen Stagen und Wanten zugunsten der nächsten oder sogar übernächsten Größe, das heißt, Verstärkung aller Bolzen und Bolzenschrauben um 2 bis 3 mm.

D Auswechseln der Salingen und Anbringen von in Wandungen und Durchmesser dickeren Profilen.

E Scheren eines zusätzlichen Fockstags von der Saling parallel zum Vorstag bis zu einem entsprechenden Beschlag an Deck, gegebenenfalls abnehmbar, um hieran ab Windstärke 7 oder 8 eine Sturmfock fahren zu können, die den Segeldruckpunkt weiter nach achtern bringt und damit die Segeltechnik in schwerem Wetter erleichtert.

F Bei größeren Yachten und sehr hohen Masten zum Ausgleich der durch das innere Vorstag eingeleiteten Kräfte ein Backstag auf jeder Seite, das ebenfalls abnehmbar gefahren wird. Es kann entfallen, wenn die achteren Unterwanten weit genug nach achtern reichen.

G Die Püttingeisen, über die die Kräfte der Ober- und Unterwanten in den Rumpf eingeleitet werden, dicker, länger und zugfester machen und gleichzeitig ihre Abstände voneinander in Längsschiffsrichtung um ca. 10 cm vergrößern.

H Die vorhandene Dirk ausscheren und eine neue Dirk von der Tauwerksstär-

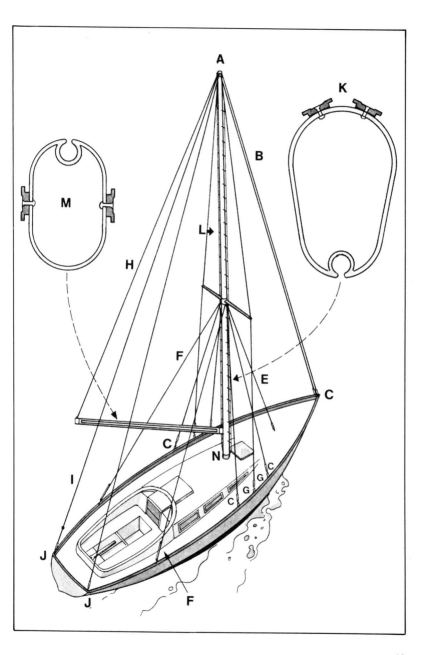

ke und Zugfestigkeit von Groß- oder Fockfall einscheren, damit sie notfalls als Reservefall dienen kann.

I Analog zum zweiten Vorstag ein zweites Achterstag scheren und gleichzeitig eines von beiden Stagen durch Abspann-Isolatoren als Antenne fahren.

J Zwei neue Püttingeisen für die Backstagen am Spiegel montieren und ihnen gleichzeitig durch große durchgebolzte Innenfläche eine größere Zugfestigkeit geben.

K An Vorkante Mast möglichst beidseitig zwei Spinnaker- bzw. Teleskopbaumschienen bis nahe Salinghöhe montieren, um nicht nur den Umgang mit ausgebaumten Vorsegeln zu erleichtern, sondern auch dem Mast im unteren Bereich eine größere Längsfestigkeit zu geben.

L Eine Mastleiter vom Typ „Cormoran" montieren, die durch ihren über alle Einzelstufen gespannten Drahtstander nicht nur besonders sicheres Aufentern gewährleistet, sondern auch dem Mast eine größere Seitenfestigkeit gibt und gleichzeitig alle Leinen vor dem Vertörnen bewahrt und sicher abweist.

M Einen leichtgewichtigen Großbaum durch Aufnieten seitlicher Schienen verstärken und dadurch gleichzeitig die Reffmöglichkeiten eines Bindereffs durch Benutzung gleitender Blöcke oder Rollen verbessern.

N Den Lümmelbeschlag kritisch überprüfen und gegebenenfalls eine Konstruktion wählen, die größere Materialstärken verwendet und bessere Sicherheit gewährleistet.

Es sind die kleinen Dinge, die zählen, aber es sind keine Kleinigkeiten, mit deren Hilfe man ein Boot von der Stange in einen sicheren Seekreuzer verwandelt, auf den man sich – von Anfang an – besonders in mulmigen Situationen sehr viel mehr verlassen kann.

Ein Fall ist ausgeweht

Gefahrenlage:

Ein gelegentlicher Vorfall, der dem Decksmann passiert, wenn er am Mast mit Winsch und Leinen hantiert und sich dabei noch festhalten muß – immer eine Hand zu wenig! Kleine Ursachen können aber große Wirkungen haben: Zum einen läßt sich das gewünschte Segel nicht setzen, und zum anderen kann das unkontrolliert auswehende Fall andere Teile des laufenden Gutes blockieren. Dazu kommt: Die Besatzung gefährdet sich, wenn jemand bei dem Versuch, das ausgerauschte Fall wieder einzufangen, an Deck herumturnt und mit dem Bootshaken in der Luft herumfummelt.

Nothilfe:

Versuche, die Fahrt zu vermindern, um gleichzeitig die Geschwindigkeit des Bordwinds (als auswehende Kraft) zu reduzieren. Bringe dann das ausgewehte Fall möglichst über die Kielrichtung des Bootes und versuche, es mit dem Bootshaken zu greifen.
• Bleibt dieser Versuch erfolglos: Befestige einen kleinen Schäkel an einer dünnen Leine und stecke diese in der Länge einer Peitschenschnur an die Bootshakenspitze (Abb. A). Versuche dann, diese Fangleine um die ausgerauschte Part zu drehen (Abb. B, nächste Seite).
• Liegt der Tampen des ausgerauschten Falls außer Reichweite: Stecke einen Marlspiekerschlag in ein anderes Fall und versuche, dieses wie in Abb. C gezeigt an den Tampen zu bringen und diesen einzufallen. Hängt der Tampen in der Schlinge, zieht man diese mit Hilfe beider Parten zu.
• Eine andere Möglichkeit: Man steckt mit einem Stopperstek eine dünne Fangleine an ein Reservefall und versucht, den ausgerauschten Tampen durch Drehbewegung der leichten Leine zu greifen und zu halten (Abb. D).
• Man heißt an einem freien Fall einen Draggen, den man als kleinen Suchanker oder als Beibootanker ohnehin an Bord hat, in den Masttopp vor, behält die eigentliche Ankerleine in der Hand und versucht – gegebenenfalls durch entsprechende Kursänderung, die gleichzeitig die Richtung des ausgewehten Falls günstig verändert – das Fall unter einen der Haken zu bringen.
• Eine andere Möglichkeit: Man steckt den Bootshaken mit einem Stopperstek oder Webeleinstek an seinem Schwerpunkt an ein freies Fall und verbindet sein unteres Ende mit einer Fangleine, die ebenfalls von Deck aus zu bedienen ist. Jetzt kann man den Bootshaken über das ausgewehte Fall bringen und ihn mit Hilfe der angesteckten Fangleine so in seiner vertikalen und horizontalen Lage verändern, daß sich sein Hakenende um das ausgewehte Fall vertörnt und dieses eingefangen werden kann. Schwierig, aber möglich!

Das Fockfall klemmt

Ursachen:

Es gibt zahlreiche und gar nicht denkbare:
- Der Draht ist aus der Scheibenkeep gesprungen und zwischen Rolle und Wandung des Scheibenkastens bzw. Mastprofils geraten.
- Die Verdickung vom Drahtfall zum Fasersteert bzw. der von Hand zu holenden Part, oft durch einen amerikanischen Spleiß hergestellt, hat sich in einem Rollenkasten oder inwendig im Mast verklemmt.
- Bei Doppelrollen ist das Fall im Masttopp zwischen zwei Scheiben geraten und blockiert nun nicht nur das Fockfall, sondern auch das Großfall.
- Ein gebrochenes Drahtkardeel hat sich allein verhakt und blockiert jetzt das gesamte Drahttauwerk.
- Das Drahtfall hat die Scheibe selbst an ihrer Keep durchgescheuert und hängt dort oben wie in einer Schotklemme – oder andere äußere Einflüsse halten das gesetzte Segel davon ab, in Richtung Deck zu fallen.

Abhilfe:

Von Deck aus kann man dem Fall nur Lose geben. Versucht man, das Segel am Vorliek entlang nach unten zu ziehen, dann verklemmt man mit der hierbei aufgewendeten Kraft das blockierende Fall nur noch mehr. Es bleibt nur übrig, das Segel aufzugeien, auf diesem Wege den Winddruck aus ihm zu nehmen und damit die unerwünschte Windkraft sowohl als Vortrieb wie auch zur Krängung zu eliminieren.

Arbeitsweise:

Man gibt der Schot Lose und holt das Schothorn mit durchhängendem Achterliek zum Vorstag, wo man es beibändselt (Abb. A). Dann rollt man das Segel um das Unterliek, bis es wie eine große Wurst parallel zu seinem Stag hängt, und zurrt es mit Gummistropps oder kurzen, kräftigen Enden noch zwei- bis dreimal, so hoch man mit den Händen reichen kann. Anschließend nimmt man das (außen laufende) Spinnakerfall oder eine andere, ohnehin bis zum Topp geriggte Leine und dreht diese einige Male um das Stag, so daß auch die oberen Teile des Segels sicher eingefangen sind und nicht mehr ausweichen können (Abb. B).

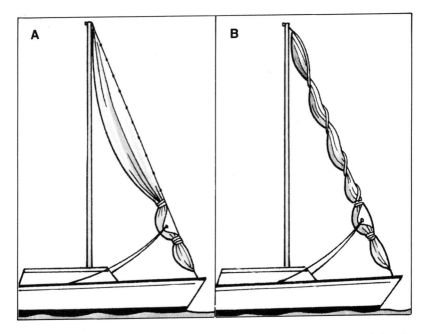

Der eigentliche Schaden kann erst im Hafen oder bei einer Gelegenheit beseitigt werden, wenn man einen Mann mit dem → Bootsmannstuhl in den Mast heißt. Er läßt sich sofort oder eher beseitigen, wenn das Boot mit einer → Mastleiter ausgestattet ist.
Die gleiche Art des Aufgeiens eines Vorsegels ist auch möglich, wenn ein Rollvorsegel in seinem Toppbeschlag klemmt, der nicht im Mast liegt, sondern (mit Rolle und Scheibe) in das Vorstagprofil selbst integriert ist.

Das Großfall klemmt

Ursachen und Abhilfe:
Sie sind sinngemäß die gleichen wie beim Klemmen des Fockfalls.

Arbeitsweise:
Hierzu benutzt man die Dirk als Geitau (Abb. A) und heißt die Baumnock so weit an, bis der Großbaum parallel zum Mast steht und die Baumnock mit dem Schothorn des Segels ungefähr in Höhe der Saling hängt. Hierzu muß oft zuerst der Lümmelbeschlag und damit die Verbindung von Baum und Mast am Hals des Segels gelöst werden. Bei einem gerefften Segel (mit Binde- oder Drehreff) ist vorher zusätzlich das Reff auszuschütteln, um das Segel bei dieser Prozedur nicht zu zerreißen. Auch das Schothorn selbst sollte man aus seinem Baumbeschlag lösen, und wenn es möglich ist, nach dem Abschlagen des Segels am Schothorn auch das gesamte Unterliek aus dem Baum heraus in Richtung auf den Mast ziehen. In diesem Falle würde das Großsegel anschließend ohne Baum aufgegeit und dann mit einem freien Fall, der Flaggleine oder einem anderen Ende, das bis zum Masttopp führt, durch mehrmaliges Umlegen um den Mast straff an diesen gezurrt werden, bis es dem Wind keine Angriffspunkte mehr bietet (siehe Abb. B). Einige zusätzliche Stopper mit Bändseln oder Gummistropps um Segel und Mast können das Tuch anschließend sichern.

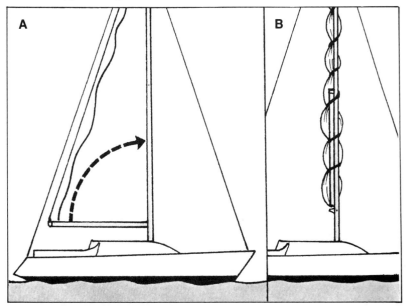

Ein Fall ist gebrochen

Gefahrenlage:

Es gehört zum Einsatz der Fallen, daß sie immer an den gleichen Stellen durch Bruch- oder Scheuergefahr belastet werden. Diese gefährdeten Stellen sind hauptsächlich die Fallscheibe im Masttopp und der Rollenkasten im Mastfuß. Besonders bei sehr langen Törns mit unveränderter Segelstellung, beispielsweise bei einer Atlantiküberquerung auf der Passatroute, tritt der Bruch eines Falls häufig ein.

Nothilfe:

In den meisten Fällen ist der Schaden nur durch → Arbeit mit dem Bootsmannsstuhl zu beseitigen. Die eigentliche Reparatur erfolgt auf zwei Wegen:
• Ist das Fall inwendig im Mast gebrochen, so daß auch das zerrissene Teil an der Mastfallscheibe von außen nicht zu erreichen ist, muß man eine Pilotleine aus 2- bis 4-mm-Flaggleinengut nach Entfernen aller Teile des gebrochenen Falls von oben eingeben und mit Hilfe eines kleinen Bleigewichtes (aus der Fischfangkiste) nach unten fallen lassen. Hier wird es mit einem in die Rollenkastenöffnung eingesteckten Drahtbügel herausgefischt, und anschließend steckt man an diese Pilotleine ein neues Fall und holt es auf dem gleichen Wege von oben nach unten durch. Die Pilotleine sollte hierzu sorgfältig mit dem Tampen des Falls vernäht werden und dieser gegebenenfalls durch Ausdünnen der Kardeele spitz zulaufend gemacht und mit Tesaband geschützt werden.
• Ist das Fall außerhalb der Fallscheibe gebrochen und der Tampen noch in Handreichweite, holt ihn der Mann im Bootsmannsstuhl zuerst einen halben Meter weiter heraus. Dann steckt man am Rollenkasten das Ersatzfall gegen das Restfall und vernäht beide Tampen mit einem übergreifenden Takling (Abb. A). Jetzt wird das Fall von unten nach oben durchgezogen, und bei der Führung über die Fallscheibe leistet der Mann im Bootsmannsstuhl Hilfestellung.
• Auf die zuletzt beschriebene Weise können überall auch schadhafte Leinen durch neues Tauwerk ausgetauscht werden.

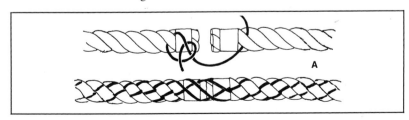

Die Großschot ist gebrochen

Ursachen:

Der Bruch der durch mehrere Blöcke geschorenen Leine selbst kommt selten vor, wenn man dieses laufende Gut nicht zu lange fährt und regelmäßig auf mögliche Schamfilstellen untersucht. Häufiger muß man aber damit rechnen, daß sich ein eingeschraubter Schäkelbolzen losarbeitet, ein Sicherungssplint aus seiner Halterung rutscht, einer der beteiligten Blöcke bricht und andere mechanische Teile durch äußere Einwirkungen oder Materialermüdungen Schaden nehmen.

Die Folgen sind gleich: Je nach Kursrichtung zum Wind wird der Großbaum mehr oder weniger weit und wild mit gefährlicher Wucht über Deck schwingen. Dabei wird er jeden Segler in die Gefahr einer Kopfverletzung und auch des Überbordfallens bringen, der sich in der Plicht aufrichtet oder sogar an Deck klettert, um den Baum zu bändigen.

Abhilfe:

Man legt das Boot auf einen raumen Kurs, so daß der Baum nur auf einer Seite und in einem begrenzten Bereich in Lee schwingen kann. Dann kann ein Besatzungsmitglied gefahrlos in Luv zum Mast kriechen, um zuerst die Dirk und dann das Großfall so weit zu fieren, bis der Großbaum auf der Seereling aufliegen und gegebenenfalls dort wie am Unterwant gleichzeitig festgezurrt werden kann (Abbildung nächste Seite).

Läßt sich der Schaden leicht reparieren (beispielsweise durch Einsetzen eines neuen Schäkels), kann der Großbaum bis zur Erledigung dieser Arbeit in dieser Stellung bleiben, bis die Großschot wieder einsatzklar ist. Anderenfalls muß das Großsegel vollständig geborgen, so gut es geht aufgetucht und sicher am Großbaum beigezeist werden, ehe man den Baum mit seiner Nock nach binnenbords bringt und diese an einer Relingstütze oder einem anderen Decksbeschlag so tief wie möglich festzurrt. Mit dem Scheren einer neuen Großschot kann man sich dann Zeit lassen und gegebenenfalls auch eine Wetterbesserung abwarten.

Die Großschot ist gebrochen! Siehe vorhergehende Seite.

Mögliche Schäden am Rigg

Vorbeugen:

Rennsegler verfahren nach der Faustformel: Das stehende Gut muß so dimensioniert und befestigt sein, daß man **das segelklare Boot an der Mastspitze anheißen** und aus dem Wasser heben könnte. Für Fahrtensegler gilt demgegenüber als Sicherheitsfaktor: Die Zugfestigkeit von Drahttauwerk, Spannschrauben und Beschlägen **auf einer Mastseite allein** muß ausreichen, um das seeklare Schiff daran aufzuhängen.
Man beachte, daß bei einem Langfahrtenkreuzer das Gewicht bzw. **die Verdrängung im seeklaren Zustand** zur Bemessung genommen wird, das heißt, einschließlich Wasser und Kraftstoff, Proviant und Ankergeschirr sowie der übrigen Ausrüstung. Bei einem Regattaboot hingegen gilt nur das um die Segelausrüstung erhöhte und sonst weitgehend „nackte" Bootsgewicht für die Bemessung. – Ebenfalls beachte man das Prinzip der „doppelten Sicherheit" bei dieser Kalkulation, das im einzelnen bedeutet: Zu einem Langfahrtenboot gehören **doppelte** Vorstagen und **doppelte** Achterstagen sowie vordere **und** achtere Unterwanten auf jeder Bootsseite, Salingen größerer Länge und Materialstärke, größere Mastprofile und stärker dimensionierte Oberwanten (im einzelnen siehe Abbildung).

Mögliche Schadstellen:

Jedes Rigg ist immer nur so stark und kräftig wie sein schwächstes Teil. Ein winziger Schaden kann den Bruch des Mastes oder den Verlust des ganzen Riggs bedeuten. Bei regelmäßiger und sorgfältiger Kontrolle nicht nur der Materialien, sondern auch ihrer Verbindungsteile lassen sich gefährliche Stellen schnell finden und auch mit Bordmitteln jederzeit leicht beseitigen, zum Beispiel:
- Gestauchte oder verbogene und dabei eingerissene Salingen, weil irgendwann beim Liegen im Päckchen die eigene Takelage diejenige eines Nebenbootes berührte bzw. bei Krängung mit ihr zusammenstieß (Abb. A).
- Verbogene Wantenspanner, deren Deformierung hochbelastete Festmacher bewirkt haben, die zu dicht an ihnen vorbeigeführt wurden (Abb. B). Aufgedrehte Wantenspanner, deren Kontermuttern sich gelöst haben oder deren Drahtsicherungen unbemerkt durchgebrochen sind.
- Risse in Wantenhängern in Salinghöhe oder am Topp, durch Materialermüdung, Überlastung oder aus anderen Gründen entstanden (Abb. E, i).
- Der Verlust von Sicherungssplinten, mit denen die Bolzen gehaltert sind, die Wanten und Wantenhänger miteinander verbinden (Abb. D). Sinngemäß auf-

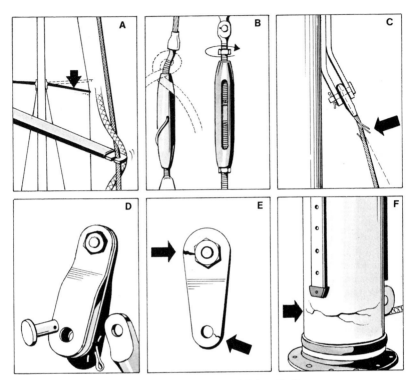

gedrehte oder ungesicherte Schäkel an der gleichen Stelle.
- Korrodierte oder gebrochene Walzterminals am Tampen jedes Wantendrahtes (Abb. C). Nicht immer äußerlich durch schadhafte oder gebrochene Drahtlitzen erkennbar.
- Bruch dieser Drahtlitzen im gesamten Verlauf eines Stages oder Wantes, ebenfalls bedingt durch Längsseitliegen an einer hohen Kaimauer, durch Berühren mit scharfkantigen Teilen am Rigg anderer Boote oder durch Korrosion.
- Lösen der Befestigung von Püttingeisen am Rumpf, Lösen von Toggels, die zwischen Püttingeisen und Wantenspanner geschaltet sind, oder die Deformierung der Edelstahl-Verbindungsbolzen in einer langdauernden Kerb-Zug-Belastung – insbesondere dann, wenn ein Bolzen für ein Stahlauge zu dünn, zu kurz oder zu lang gewählt wurde.
- Mastrisse im Salingbereich durch falschen Trimm des Riggs.
- Mastrisse im Mastfußbereich, die ebenfalls durch falsches Abstagen des Mastes oder auch durch Überlastung dieses Teiles bei seiner Benutzung als Schleppleinenbefestigung entstanden sein können (Abb. F).

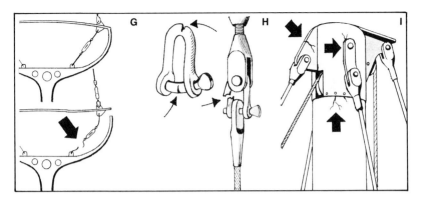

- Bruch der Wantenbefestigung unter Deck durch Gegenstoßen (Abb. G), wenn Segel bewegt wurden, oder wenn sich Teile der Ausrüstung im Seegang selbständig gemacht haben.
- Bruch von Schäkeln, die zur Verlängerung der Abstagung zwischen Wantenspanner und Pütting eingesetzt waren (Abb. H), aber den Belastungen nicht standhielten.
- Risse im Masttoppbeschlag (Abb. I) durch zu starkes Spannen der Mastverstagung oder Materialermüdung.

Vorstag gebrochen

Gefahrenlage:

Auf einem richtig gebauten Boot mit einem sicher dimensionierten Rigg ist der Bruch eines Stags selten. Er kommt jedoch bei Rennyachten, auf denen mehr auf (möglichst leichtes) Gewicht und (möglichst geringen) Windwiderstand geachtet wird, häufiger vor als auf Fahrtenyachten, in denen die Dicke des Drahttauwerks erfahrungsgemäß 1 bis 2 mm mehr als üblich gewählt wird. – Materialermüdung als Unfallursache ist daher selten. Sogenannte „Fleischhaken" weisen den Eigner schon vorher auf diese Gefahr hin und raten ihm zum rechtzeitigen Austausch dieses Teils des stehenden Gutes. – Häufigste Ursache ist Ausreißen eines Terminals am Stag selbst. – Nicht minder oft sind es Schäkel, die sich aufgedreht und losgeschlagen haben, oder Splinte in den Haltebolzen der Stag- und Wantenterminals, die sich lösen konnten oder abscherten. – Indirekt kann auch der Masthänger selbst Schaden genommen haben, an dem das Terminal mit Bolzen befestigt ist. Das Stag ist dann zwar intakt, aber seine Wirkung ist (wie bei einem Bruch) aufgehoben. – Ausführliche Bildbeschreibung siehe → Ursachen für Schäden am Rigg (Seite 79).

Nothilfe:

Als Ersatz-Vorstag steht immer entweder das Fockfall, gegebenenfalls das Spinnakerfall und meistens noch ein Reserve-Vorsegelfall zur Verfügung. Notfalls läßt sich auch das Großfall als Vorstag-Ersatz verwenden, falls (aus irgendwelchen Gründen) die nach vorn zeigenden holenden Parten der erstgenannten Fallen blockiert, ausgerauscht oder aus anderen Gründen unbrauchbar sind.

Arbeitsweise:

Sobald der Rudergänger den Bruch des Vorstags bemerkt, legt er das Boot auf einen Vorwindkurs (Abb. A), auf dem die Mastbelastung in Längsschiffsrichtung vom Achterstag getragen wird, und läßt das Vorsegel bergen. – Je nach Lage und Art der Bruchstelle gibt es folgende Reparaturmöglichkeiten:
● Erfolgte der Bruch in Reichweite von Deck aus, das heißt, an oder über der Terminal-Stelle, bildet man am Tampen des Drahttauwerks ein Auge, sichert es mit Drahtseilklemmen und stellt die Verbindung zum Bugbeschlag mit einem Taljereep her. Die Weiterbenutzung der Spannschraube ist dabei möglich (Abb. B).
● Ist der Abstand zwischen Schadstelle und Bugbeschlag zu groß, läßt sich hier auch eine Talje (Reserve-Großschot; → Not-Arbeitstalje) als Verbindungsglied verwenden.

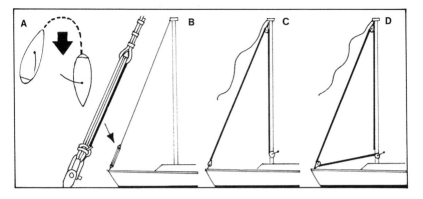

• Bei Vorstagsbruch in unerreichbarer Höhe, aber unveränderter Maststellung dient das Fockfall als Reservestag (Abb. C). Man bringt die feste Part für den Segelkopf bis an den Bugbeschlag oder an die Spannschraube und setzt die holende Part in üblicher Weise über die Fallwinsch durch. Ist das Fall hierzu nicht lang genug, oder läßt es sich nach vorn (durch den amerikanischen Spleiß, der erfahrungsgemäß zwischen Faser- und Drahtteil die Fallscheibe blockiert) nicht weit genug ausziehen, muß man einen kurzen Drahtstander, ein Taljereep oder die vorgenannte Talje als Zwischenstück zum Deck einsetzen.
• Bei einem Bruch außer Reichweite und bei möglicher Benutzung eines Spinnakerfalls oder wenn der Mast nach dem Bruch bereits geringen Fall nach achtern bekommen hat, schert man dieses vorhandene Fall doppelt (Abb. D), verlängert gegebenenfalls die holende Part und führt sie über einen Block am Bugbeschlag zur Fallwinde am Mast, um der Masthalterung nach vorn mehr Kraft geben und insbesondere den vertrimmten Mast in seine ursprüngliche Position zurückholen zu können.
• Sinngemäß hierzu kann man auch (mit einem innenlaufenden Fall) einen Block bis zum Masttopp anheißen und auf diese Weise die gleiche Sicherung wie vorgenannt mit dem Spinnakerfall herbeiführen.
• Ist der Beschlag am Masttopp gebrochen und das Stag einschließlich Terminals somit unversehrt, kann man das Vorstag mit Hilfe des Fockfalls oder Spinnakerfalls auch als ganzes neuerlich setzen. In diesem Falle wird nur der Spannschraubenabstand oft zu groß sein. Wenn die Spannschraube selbst nicht zu verkürzen ist, entfällt diese Möglichkeit – es sei denn, man ersetzt die Spannschraube durch ein (kürzeres) Taljereep.
Wie man im einzelnen in einem solchen Notfall mit Drahttauwerk oder Fasertauwerk richtig arbeitet, siehe unter → Drahtseilklemmen, Seite 100 und → Zurren und Laschen, Seite 102.

Achterstag gebrochen

Gefahrenlage:

Es gelten sinngemäß die gleichen Unfallursachen, wie unter → Vorstag gebrochen auf Seite 82 erläutert. – Bei Booten mit doppelten Achterstagen wird sich der Bruch einer der beiden Abstagungen des Mastes nicht unbedingt als seemännische Gefahr auswirken müssen. Die nachstehend genannten Nothilfemaßnahmen können dann gegebenenfalls entfallen. – Bildhafte Darstellung der materialbedingten Unfallursachen siehe Seite 79 → Schäden am stehenden Gut.

Nothilfe:

Als Reserve-Achterstag steht das Großfall zur Verfügung. Die ebenfalls in ihrer Fallscheibe nach achtern auslaufende Dirk ist wegen ihrer geringen Bruchfestigkeit im allgemeinen nicht zur Nothilfe geeignet. Gegebenenfalls muß auf eines der nach vorn auslaufenden Vorsegelfallen zurückgegriffen werden, am besten auf das günstig laufende Spinnakerfall.

Arbeitsweise:

Unmittelbar nach Erkennen des Achterstag-Bruches geht der Rudergänger auf einen Amwindkurs (Abb. A), wirft die Fockschot los, damit der Gegenzug des Vorsegels nach vorn aufgehoben wird, und holt die Großschot so weit wie möglich dicht, mit ihrem Schotblock mittschiffs, damit das Achterliek des Großsegels selbst den Mast nach achtern hält. – Je nach Lage und Art der Bruchstelle gibt es folgende Reparaturmöglichkeiten:

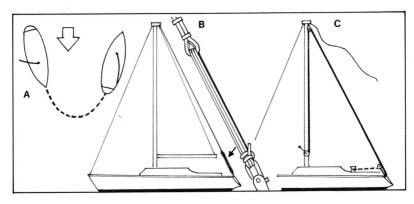

- Erfolgte der Bruch in Reichweite von Deck aus, d. h. an oder über der Terminal-Stelle, bildet man am Tampen des Drahtseils ein Auge, sichert es mit Drahtseilklemmen und stellt die Verbindung zum Heckbeschlag mit einem Taljereep her. Die Weiterbenutzung der Spannschraube ist dabei möglich (Abb. B).
- Bei einem Bruch in unerreichbarer Höhe benutzt man das Spinnakerfall als Notstag oder zumindest als Interims-Stag, bis das Großsegel geborgen und das Großfall als achtere Mastabstagung freigeworden ist. Abhängig von der Art der Befestigung des Spinnakerfall-Blocks vorlich am Masttopp und der möglichen Führung der Parten seitlich am Mast vorbei, wird man die feste Part (für den Spinnakerkopf!) am Mastfuß befestigen und die holende Part über einen Block am Heck zu einer Schotwinsch in der Plicht führen, damit sie hier durchgesetzt werden kann (Abb. C).
- Anschließend benutzt man (anstelle der Interims-Lösung) das Großfall an gleicher Stelle. Gegebenenfalls muß eine Talje zwischen Deckspütting und fester Part eingeschäkelt werden, weil sich das Großfall selbst erfahrungsgemäß nicht auf eine solche Länge ausholen läßt.
- Bei Booten mit einem langen Großbaum und insbesondere dann, wenn die Fahrt nicht mit Großsegel fortgesetzt werden muß, steckt man das Großfall parallel zur Dirk zusätzlich an den Großbaum, arretiert diesen mittschiffs und holt die nun beide als Reserve-Achterstag dienenden Teile des laufenden Gutes mit der Großschot durch.

Wie man im einzelnen mit Drahttauwerk oder Fasertauwerk seemännisch richtig arbeitet, siehe unter → Drahtseilklemmen und → Zurren und Laschen.

Oberwant gebrochen

Gefahrenlage:

Hier gilt sinngemäß, was an möglichen Unfallursachen unter → Schäden am stehenden Gut und unter → Vorstag gebrochen gesagt worden ist.

Nothilfe:

Als Reserve-Oberwant kommt ein Vorsegel-Fall, das Spinnaker-Fall oder das Großfall in Frage. Wenn die Schadstelle oberhalb der Saling liegt oder diese selbst bei einem Bruch des Oberwants in Mitleidenschaft gezogen wurde, ist der Spinnakerbaum, der Jockeybaum und gegebenenfalls der Großbaum als Hilfsspiere einzusetzen.

Arbeitsweise:

Sollte die Beschädigung am Luvwant eingetreten sein, ist sehr schnelle, geistesgegenwärtige Reaktion erforderlich, da sonst der Bruch des Oberwantes bei belastetem Rigg zum Mastbruch führen muß: Auf einem Amwind- oder Halbwindkurs geht der Rudergänger sofort über Stag und bringt die gefährdete Mastseite nach Lee. Auf einem Vorwindkurs läßt man das Boot bis zu einem Halbwindkurs anluven, auf dem das gebrochene Oberwant wiederum in Lee liegt. – Je nach Lage und Art der Bruchstelle gibt es folgende Reparaturmöglichkeit:
• Erfolgte der Bruch in Reichweite von Deck aus, d. h. an oder über der Terminal-Stelle, bildet man am Tampen des Drahtseils ein Auge, sichert es mit Drahtseilklemmen und stellt die Verbindung zum Pütting mit einem Taljereep her. Die Weiterbenutzung der Spannschraube ist dabei möglich.
• Ist das Oberwant in unerreichbarer Höhe gebrochen und gleichzeitig von der Saling getrennt worden oder diese beim Bruch selbst beschädigt worden, riggt man den Jockeybaum oder den Spinnakerbaum querschiffs am Mast zwischen den Unterwanten, fixiert ihn in dieser Position mit Vor- und Achterholer (Abb. A) und schlägt an der äußeren Nock die feste Part des Spinnaker-Falls an, deren holende Part über die Fallwinsch am Mast geführt wird. Den Zug nach unten und genau querschiffs übernimmt dann eine zwischen Baumnock und dem entsprechenden Püttingeisen geschorene Talje (→ Not-Arbeitstalje).
• Als schnelle Reaktion empfiehlt sich auch, das Großfall loszulassen, den Großbaum so weit wie möglich nach querschiffs auszugeben, den Schotblock auf der Schotschiene abzuschäkeln und im Püttingeisen des Unterwants, gegen den sich der Großbaum dabei anlehnen wird, einzuschäkeln. Jetzt kann man (siehe Abb. A) die seitliche Abstagung des Toppmastes auf dem Wege Dirk –

Großbaum – Großschot (mit einer einfachen Zurring von Großbaum um achteres Unterwant) aufrechterhalten. Die Festigkeit der Dirk ist zwar geringer als die des gebrochenen Oberwants. Aber durch den größeren Angriffswinkel der Kraft am Masttopp (durch die die Salinglänge übersteigende Großbaumlänge bedingt) ist die seitliche Mastabstagung nicht schwächer. Es ist eben nur seemännisch umständlicher, mit einer so langen und tiefen Mastspreize zu segeln.

Wie man im einzelnen mit Drahttauwerk oder Fasertauwerk seemännisch richtig arbeitet, siehe unter → Drahtseilklemmen und → Zurren und Laschen.

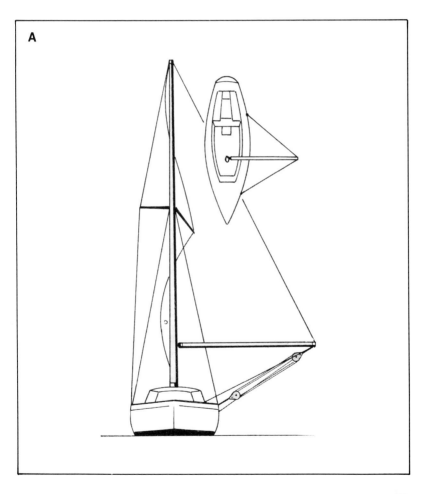

A

Unterwant gebrochen

Gefahrenlage:

Auch hier gilt sinngemäß, was an möglichen Unfallursachen unter → Schäden am stehenden Gut und unter → Vorstag gebrochen gesagt worden ist.

Nothilfe:

Abhängig von der Art der Wantenbefestigung im Bereich des Salingbeschlages am Mast und der üblichen Anordnung von vorderem und achterem Unterwant auf den meisten Seekreuzern kann man notfalls das stehengebliebene Unterwant in eine Mittelposition bringen und, wenn das Püttingeisen des Oberwantes dazu geeignet ist, dieses gleichermaßen auch für das neue Mittel-Unterwant benutzen. Anderenfalls muß man anstelle des gebrochenen Wants ein provisorisches Unterwant riggen.

Arbeitsweise:

Man geht auf einem Amwind- oder Halbwindkurs schnell über Stag und bringt die gefährdete Mastseite nach Lee. Auf einem Vorwindkurs läßt man das Boot bis zu einem Halbwindkurs anluven, auf dem das gebrochene Unterwant wiederum in Lee liegt. – Je nach Lage und Art der Bruchstelle gibt es folgende Reparaturmöglichkeit:
- Erfolgte der Bruch in Reichweite von Deck aus, d. h. an oder über der Terminalstelle, bildet man am Tampen des Drahtseils ein Auge, sichert es mit Drahtseilklemmen und stellt die Verbindung zum Pütting mit einem Taljereep her. Die Weiterbenutzung der Spannschraube ist dabei möglich.
- Man nimmt das stehengebliebene Unterwant von seinem Püttingbeschlag ab und versetzt es halbwegs in Richtung auf das Püttingeisen des gebrochenen Stages, d. h. erfahrungsgemäß zum Pütting des Oberwants. Sollte die durch den Wantenspanner veränderbare Länge zu lang oder zu kurz sein, muß man mit Hilfe von Taljereeps, Toggels und/oder Schäkeln für die richtige Länge sorgen.
- Ist das einzige Unterwant gebrochen, muß man ein Notwant scheren: Man macht einen Wurfleinenknoten in eine leichte Leine und wirft diese über die Saling der intakten Mastseite. Dann holt man hieran eine ausreichend kräftige Leine (Reservefall) nach und schlägt die holende wie feste Part am Püttingeisen des gebrochenen Unterwants an. Mit Wiederholen dieser Prozedur und Verwendung eines Decksblockes läßt sich diese Befestigung verbessern und spannen. Das Großsegel kann dann natürlich nur bis zur Salinghöhe gefahren werden (Abb. A).
- Kann man die untere Saling von der Höhe des Großbaums aus erreichen,

oder kann man (trotz des Unterwantbruchs) einen Mann bis zu dieser Höhe in den Mast schicken, läßt sich mit einem Stropp, der um die Salingteile beider Seiten gelegt wird, ohne daß hierbei die Mastkeep versperrt wird (Abb. B), auch eine Halterung herrichten, die nach wie vor das übliche Setzen des Großsegels in seiner vollen Höhe erlaubt.

Wie man im einzelnen mit Drahttauwerk oder Fasertauwerk seemännisch richtig arbeitet, siehe unter → Drahtseilklemmen und → Zurren und Laschen.

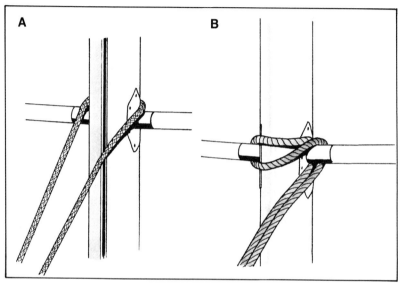

Saling gebrochen

Gefahrenlage:

Der Bruch einer Saling kann durch äußere Einwirkungen erfolgen, die oft Folgeschäden von Zusammenstößen der Salingen mit anderen Riggs am Liegeplatz sind oder beim Aufriggen im Frühjahr entstanden. Er kann auch durch nicht richtig angesetzte Metallteile, durch Verhaken von Fallen und Segeln sowie durch andere Gründe bedingt sein. Eine Saling kann auch unbrauchbar werden, wenn ein Oberwant gebrochen oder ein Unterwant beschädigt ist.

Nothilfe:

Als Reservesaling kommen der Spinnakerbaum, der Jockeybaum und gegebenenfalls der Großbaum als Hilfsspiere in Frage.

Arbeitsweise:

Beim Erkennen eines Salingbruches unter Segeln ist schnelle und geistesgegenwärtige Reaktion erforderlich, da sonst – ähnlich wie beim Bruch des Oberwantes – ein Mastbruch bei belastetem Rigg die Folge sein kann. Auf einem Amwind- oder Halbwindkurs geht der Rudergänger sofort über Stag und bringt die gefährdete Mastseite nach Lee (Abb. A). Auf einem Vorwindkurs läßt man das Boot bis zu einem Halbwindkurs anluven, auf dem die gebrochene Saling wiederum in Lee liegt (Abb. B). – Im Prinzip gibt es nur wenige Reparaturmöglichkeiten.

• Als schnelle Reaktion empfiehlt sich, das Großfall loszulassen, den Großbaum so weit wie möglich nach querschiffs auszufahren und dem Mast auf dem Wege Dirk – Großbaum – Baumniederholer einen stützenden Schutz zur gefährdeten Seite zu geben. Anschließend zeist man nach dem Bergen des Großsegels den Großbaum am Unterwant fest, verfährt die feste Part der Großschot von der Plichtschiene an das Püttingeisen des achteren Unterwants und setzt den Großbaum als Notsaling kräftiger durch, als es bisher mit dem Baumniederholer allein möglich war.

• Anschließend riggt man den Jockeybaum oder den Spinnakerbaum querschiffs am Mast zwischen den Unterwanten, fixiert ihn in dieser Position mit Vor- und Achterholer (Abb. C) und schlägt an der äußeren Nock die feste Part des Spinnakerfalls an, deren holende Part über die Fallwinsch am Mast geführt wird. Den Zug nach unten und genau querschiffs übernimmt dann eine zwischen Baumnock und dem entsprechenden Püttingeisen gescherene Talje (→ Not-Arbeitstalje).

• Ist das Oberwant einsatzklar, kann man auch dieses verwenden. Man verlängert es zuvor mit einer Talje oder einem Tauende ausreichender Festigkeit bis zur Spinnakerbaumnock, belegt es hier und holt dann unten die Arbeitstalje durch.

Wie man im einzelnen mit Drahttauwerk oder Fasertauwerk seemännisch richtig arbeitet, siehe unter → Drahtseilklemmen und → Zurren und Laschen.

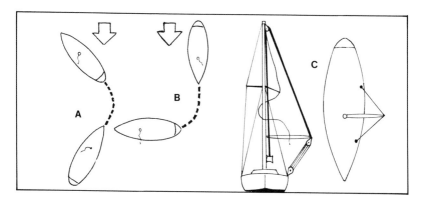

Mastbruch und Notrigg

Gefahrenlage:

Auf mögliche Ursachen für den Mastbruch ist bereits unter → Mögliche Schäden am Rigg hingewiesen worden. Die aus vielen Teilen unterschiedlicher Materialien gefertigte Takelage mit ihren vielfältigen, individuellen Trimm-Möglichkeiten ist immer nur so stark und sicher wie ihr schwächstes Glied. Mögliche Verursacher von Mastbruch können außer → Vorstag-, Achterstag- und Wantenbruch, Materialermüdung u. v. a. noch sein:
- Beschädigung einer Saling, verursacht durch das Aneinanderstoßen von Masten am Liegeplatz, auch vor längerer Zeit, und langsames Ausweiten des Materialschadens bis zum Unfall.
- Vorangegangenes Verlängern eines Stags oder Wants durch einen Schäkel zwischen Terminal und Spannschraube, der keine ausreichende Bruchlast besaß.
- Beschädigung der Püttingeisen oder der an ihnen befestigten unteren Teile der Wantenspanner, weil an einem Liegeplatz im Päckchen andere Boote sich hier festgemacht hatten oder die eigene Besatzung diese Beschläge (die für senkrechten Zug geschaffen sind) zweckentfremdet in waagerechter Richtung be- und überlastete.
- Nicht ausreichend feste Verstagung des Mastes, weil einige oder alle Teile des stehenden Gutes nicht straff genug durchgesetzt waren. Diese Gefahr besteht hauptsächlich im Frühjahr, wenn der Mast neu gerigt ist, und sie ist bei Rennyachten größer als auf Fahrtenbooten. Das Rigg eines Seekreuzers muß in allen Richtungen so straff wie möglich durchgesetzt sein. Beim Kreuzen in ruppiger See, beim Stampfen und Krängen muß das Rigg eine homogene Einheit darstellen. Kein Teil darf locker sein, sich losschlagen können oder Spielraum haben. Sind die Unterwanten dabei fest, die Oberwanten aber lose, muß der Mast zwangsläufig oberhalb der Salingen Schaden nehmen. Ist die Toppverstagung straff gespannt, den Unterwanten jedoch zu viel Lose gelassen, muß er unterhalb der Salingen seitlich ausbrechen. Die Gefahr möglicher Überspannung scheidet dabei aus: Nach meinen Erfahrungen kann man dem stehenden Gut mit Muskelkraft allein und nicht einmal mit Hilfe eines Schraubenziehers, der zum Drehen in die Spannschrauben gesteckt wird, zu viel Spannung oder gar gefährliche Überspannung geben, so lange der Mast sichtbar in sich gerade bleibt und nicht einseitig verspannnt wird.
- Der Mast einer Rennyacht ist meistens (aus Gewichtsgründen) etwas unterdimensioniert. Er erhält seine Festigkeit durch sehr viel mehr Stagen und Wanten als ein Fahrtenboot, weil der Rennsegler viel mehr Trimm-Möglichkeiten ausnutzen will. Ein Rennyachtenmast ist daher erfahrungsgemäß mehr gefährdet als der Mast eines Seekreuzers, den vorsichtige Eigner immer eine

Größe oder sogar mehr kräftiger wählen, mit einer Verstärkung der Stagen dazu.
• Häufig sind es simple Bedienungsfehler, die zum Mastbruch führen: Wenn man beispielsweise bei Nacht mit aller Kraft ein Fall durchsetzen will und hierbei alle Körperkraft an einer Winsch einsetzt, sollte man im Falle des Blockierens von Winsch und Leinen zuerst einen Blick in das Rigg werfen, ehe man sich noch mehr ins Zeug legt: Oft hat sich das Fall hinter der Saling verhakt, oder das Segel klemmt in einem Teil der seitlichen Mastverstagung, und bei der hohen Reißfestigkeit von Segeltuch und der großen Bruchfestigkeit des laufenden Gutes ist es nicht mehr gewährleistet, daß diese Teile beim unbedachten Weiterdrehen einer kräftigen Winsch zuerst brechen. Oft sind es bei einer solchen „Zerreißprobe" (im wahrsten Sinne des Wortes) der Mast und seine Verstagung, die hierbei den kürzeren ziehen.

Nothilfe:

Auch wenn wir generell von Aluminium-Masten ausgehen, wird sich ein an Deck gestellter Mast bei gleicher Unfallursache im Falle des Bruchs anders verhalten als ein Mast, der auf dem Kiel steht. Der Zustand der See, die Zahl der Besatzungsmitglieder und deren Leistungsfähigkeit, Tages- oder Nachtzeit des Notfalls und der Zwang, ob man in Küstennähe und in der Nähe von Legerwall schnell arbeiten muß oder auf der freien See Zeit zum Abwarten hat, werden Art und Ablauf der Nothilfe bestimmen. Die folgenden Bemerkungen enthalten auch die Erfahrungen, die ich bei zwei Mastbrüchen gesammelt habe. Sie müssen aber nicht allein gültig sein. Generell gilt folgendes:
• Ein Mastbruch passiert plötzlich wie ein Blitzschlag. Mit ungläubigem Staunen wird man gewahr, daß man plötzlich nur noch den freien Himmel sieht, wo soeben noch zwei weiße Segel turmhoch aufragten. Die Schrecksekunden kommen später, wenn man an die Crew und an das Boot denkt. Da das Rigg, durch Winddruck und Fahrt bedingt, fast immer nach Lee bricht oder fällt, ist die Verletzungsgefahr gering und eine diesbezügliche Angst erfahrungsgemäß grundlos.
• Bei einem in Salinghöhe umgeknickten Mast wird das Deck nur selten von der Mastspitze erreicht; die Gefahr der Rumpfbeschädigung ist kaum gegeben. Ein der Länge lang umgestürzter Großmast hängt in Lee und stellt erfahrungsgemäß ebenfalls zuerst noch keine Gefahr für den Bootsrumpf dar, weil er mit seiner Segelfläche (und Luft darunter) auf dem Wasserspiegel schwimmt. Je nach Art der Drift und der Widerstandsfläche, die das im Wasser liegende Rigg mit Segel bietet, kann er dem entmasteten Boot auch wie ein Treibanker dienen, so daß (bei Umkehr der Richtung) später das Rigg in Luv und das Boot in Lee liegt. Es besteht somit kein Grund, schnell und hektisch zu arbeiten.
• In diesem Notfall darf jede Person an Bord nur tun, was der Schipper vorschreibt. Es ist eine Gefahrenlage, in der klare Entscheidungen ruhig ge-

troffen und besonnen ausgeführt werden müssen. Zuallererst stellt man fest, ob die Crew vollzählig, niemand beim Mastbruch über Bord gegangen und niemand verletzt worden ist. Dann erörtert man die Lage und bespricht, was zu tun ist und wer mit welchen Werkzeugen wann und wo zu arbeiten beginnen sollte. Die erste Notmaßnahme besteht im allgemeinen darin, Fender, → Notfender, Matratzen oder andere Polster dort an die Bordwand zu hängen oder auf Deck zu legen, wo Metallteile den Bootsrumpf berühren und beschädigen könnten, und diese festzuzurren.

- Auf hoher See wird man die Bergungsarbeiten gegebenenfalls so lange aufschieben, bis sich eine rauhe See beruhigt oder handiges Wetter eingestellt hat. In Küstengewässern kann man ankern, auf Legerwall gegebenenfalls mit verkatteten Ankern, wie bei → Gefahr der Strandung empfohlen, und dann erst zu arbeiten beginnen.
- Mastbruch ist ein Notfall, den die Crew mit eigenen Mitteln bewältigen kann. Es gibt keinen Grund für → Notsignale, außer wenn zusätzlich die Gefahr des Sinkens oder der Strandung besteht, wenn ein Mann über Bord gegangen ist, der nicht wieder aufgenommen werden kann, oder wenn jemand verletzt wurde und ärztlicher Hilfe bedarf. Das Ausbringen einer → Notantenne ist geboten.
- Auf keinen Fall darf der Motor gestartet werden, weil die regellos umherhängenden und treibenden Stagen, Fallen und Segel sich im Propeller vertörnen könnten und das Boot nach Verlust des Hauptantriebes auch seinen Notantrieb verlieren könnte.

Arbeitsweise:

Ob die Teile des beschädigten Riggs geborgen und an Bord genommen oder gekappt und versenkt werden sollen, ist eine seemännische Entscheidung. Erfahrungsgemäß wird das Rigg zu früh und zu oft aufgegeben. Einmal enthält es die notwendigen Bauteile für ein Notrigg. Zum anderen ist es unsinnig, wertvolles Material so mir nichts dir nichts in der See zu versenken, auch wenn es versichert ist.

Genauso unsinnig ist es, Fallen, Schoten, Stagen und andere Teile des Riggs vom Rumpf abzuschäkeln. Wir haben im Gegensatz dazu die Lose durchgeholt und dadurch nicht nur die Leinen aus dem Wasser genommen, sondern das gebrochene Rigg auch vielfältig neu (provisorisch) befestigt und belegt.

Das Großsegel muß zuerst geborgen werden. Wird es mit Rutschern in einer Keep gefahren, läßt es sich ohne weitere Beschädigungen von den Rutschern trennen, indem man einfach das Bändselwerk abschneidet. Wird das Liektau in der Keep geführt, muß man das Segel gegebenenfalls dort der Länge lang am Mastrand abtrennen, wo es durch den Knick im Mast nicht weiter in der Keep zu bewegen ist. – Muß man quer über das Segel schneiden (vom Vor- zum Achterliek), folge man so weit wie möglich der Richtung der Nähte.

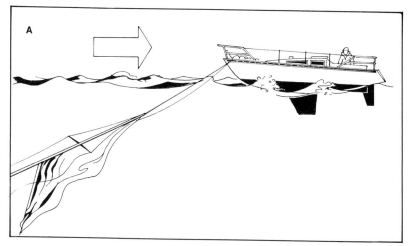

Kann man in schwerem Wetter bei totalem Mastbruch (dicht über Deck) das Rigg nicht bergen, will man es aber unbedingt zum Bau eines Notriggs bewahren, trennt man das stehende Gut bis auf das kräftigste Stag ab und läßt es an ihm treiben. Erfahrungsgemäß wird es das Vor- oder Achterstag sein, das man hierzu übrigläßt, und der Mast mit den (noch) angehängten Segeln wird dann wie ein Treibanker wirken, der mit Vorstaglänge ausreichend weit vor dem Bug hängt (Abb. A).

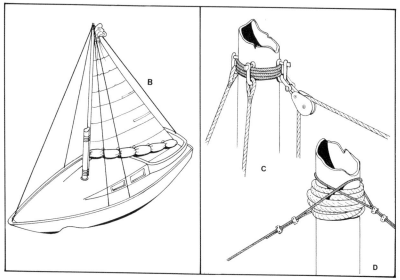

Je nachdem, welche Stagen man schneller lösen und welche man besser erhalten kann, wird man hierzu mit einem Rigg-Treibanker die Seen entweder über den Bug oder über das Heck abreiten. Die Yacht wird aber bei einer kurzen Trosse und der Unnachgiebigkeit des driftenden Riggs oft hart einrucksen, und notfalls muß man doch zum Kappen des Riggs bereit sein.

Ein geknickter Mast muß nicht abgeschnitten werden. Sein Stummel kann in jeder Form als Halterung für ein Notrigg benutzt werden (Abb. B bis D). Bei hochgelegenen Bruchstellen ist es ohnehin unmöglich, mit einer Eisensäge zu arbeiten. Auch die Arbeit mit einem Seitenschneider ist in der Praxis schwieriger, als es oft gesagt wird; denn man gelangt meistens nicht richtig an die oft noch verkanteten Beschläge, an denen man die langen Hebel der Kappzange ansetzen muß.

Wenn sich am Maststumpf selbst kein Notrigg mit Hilfe von Großbaum und/oder Spinnakerbaum senkrecht aufrichten läßt oder wenn der Untermast mit den unbeschädigten Unterwanten selbst als Notmast dienen kann, ist die einzige praktische Möglichkeit, ein Zweibein oder eine Art Joch aus Großbaum und Spinnakerbaum oder zwei Spinnakerbäumen aufzustellen, deren Fußpunkte an den Püttingeisen befestigt sind (Abb. E). Viele gezeichnete Lehrbuchtips lassen sich auf einem Boot, dem in einer kabbeligen See die stabilisierende Stütze des Riggs fehlt, und mit einer schwachen Crew in der Praxis eines Notfalls nicht verwirklichen. Man vergegenwärtige sich immer, welche Schwierigkeiten es bereits im sicheren Hafen und bei glattem Wasser ohne Wind macht, den Mast mit einer Jütt zu setzen und wie unmöglich es ist, außerhalb der Handreichwei-

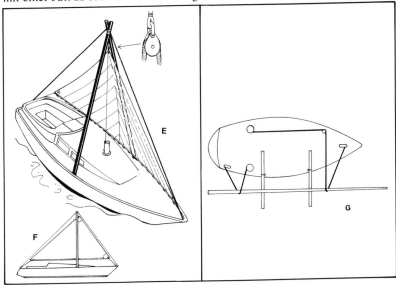

te Löcher in eine Metallwandung zu bohren oder Taljen an Stropps zu befestigen, die als Notverstagung dienen sollen.
Bei einem Zweibeinmast läßt sich das Notsegel auch am besten setzen bzw. bergen: Man nimmt hierzu ein entsprechend großes Vorsegel, dessen Vorliek als Unterliek längs Deck verläuft (Abb. F), schlägt Kopf und Hals an Bug und Heck an und heißt das Schothorn als Kopf des Notsegels mit einem Notfall zum First des Zweibeines auf, wo vor dem Aufrichten Block und Fall eingebunden wurden.
Soll der am Fuß gebrochene und weitgehend unbeschädigte Mast der Länge lang an Bord genommen werden, legt man am besten die Spinnakerbäume

querschiffs vom Deck aus ins Wasser (Abb. G), unterfängt dann den vorderen und achteren Teil des waagerecht schwimmenden Mastes mit Leinen von Bug und Heck aus und holt diese über Umlenkblöcke mit Hilfe der Schotwinden durch, so daß die lange Spiere auf einer Art Rampe an Deck rutschen kann, ohne dabei im Seegang gegen die Außenhaut zu stoßen (Abb. H).
Stehen Spinnakerbäume oder andere Spieren hierzu nicht zur Verfügung, muß der Mast ohne diese Hilfe an Bord genommen werden. Man holt ihn zuerst am Bug bis in Deckshöhe (Abb. I) und unterfängt ihn dann in Höhe der Plicht, wo wiederum die Schotwinden beim Durchholen der Leine und Anheben des Untermastes helfen. Diese Arbeit muß oft unterbrochen werden, damit der (nicht ausgeschäumte) wassergefüllte Mast langsam leerlaufen kann. Nach dem Prinzip des Schrottaus ist nur die Hälfte der Kraft notwendig, um die entsprechende Last zu heben, und auch wenn ein ovaler Mast sich dabei nicht axial drehen kann, weil ihn außerdem die Salingen daran hindern, rutschen die Leinen auf der glatten Oberfläche recht gut, und man kann den Mast leichter und sicherer heben.
Hierbei müssen der Mast oder seine verbliebenen Teile nicht unbedingt an Deck genommen werden. Es genügt, wenn man sie entlang des Schandecks festlascht, damit sie die Fahrt (unter Motor) nicht behindern (Abb. J). Ist es nicht möglich, den Mast auf diese Weise zu bergen, kann man einen leichten, ausgeschäumten Mast, der von seinen Segeln befreit ist, unter Motor auch nachschleppen (Abb. K), wenn man vorher zwei bis drei Fender um das als Schlepptrosse benutzte Stag gezurrt hat, damit das schwere Drahtseil nicht beim Stoppen oder bei nachlaufender See in den Propeller kommen kann.

Merke:

- Reparatur- und Bergungsarbeiten für einen gebrochenen Mast sind bei Nacht und auf nassem Deck lebensgefährlich. Sie sollten in jedem Falle unterbleiben, auch wenn man mit Handlampen arbeiten kann. Selbst wenn sie einem Crewmitglied vielleicht ausreichend Licht spenden, können sie ein anderes dabei blenden und seine Sicherheit gefährden.
- Alle Werkzeuge sollten sorgfältig angebunden werden. Viele Reparturteile (wie beispielsweise der Bolzenschneider) sind nur einmal vorhanden. Bei ihrem Verlust müssen sonst lebenswichtige Arbeiten unterbleiben.
- Der Motor darf erst gestartet werden, wenn tatsächlich hundertprozentig gewährleistet ist, daß alle Leinen geborgen sind und der Propeller zuverlässig frei ist. Wenn es die Verhältnisse erlauben, sollte ein Mann persönlich vom Wasser aus den Propellerbereich in Augenschein nehmen, ehe der Motor wieder zu drehen beginnt.

Der Umgang mit → Drahtseilklemmen, → Zurrings und → Laschings ist an den entsprechenden Stellen erläutert.

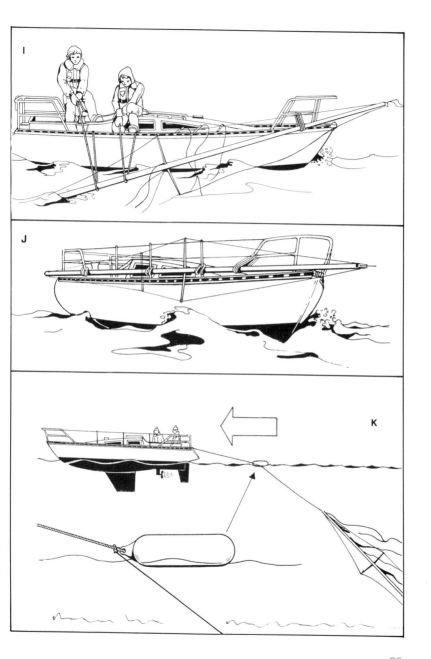

Drahtseilklemmen

Einsatz:

Sie gehören zu den wichtigsten Materialien bei einer Notreparatur und sollten in mehreren Größen (gemäß Wantenstärke) mit je einem knappen Dutzend und nach Möglichkeit aus Edelstahl an Bord sein (Abb. A). Sie werden paarweise oder zu dritt eingesetzt,
- um ein Drahtseilauge (mit eingelegter Kausch, Abb. B) anstelle eines Terminals oder zur Verbindung mit einer Spannschraube (C) zu fertigen,
- zwei Drahtseilenden anstelle eines Langspleißes miteinander zu verbinden (Abb. D) oder
- bei einem angebrochenen Want, Stag o. ä. ein kurzes Drahtseilende oder andere Ersatzteile als Sicherung aufzubringen (Abb. E–G).

Arbeitsweise:

Die erste Klemme wird unmittelbar hinter der Kausch angesetzt, die zweite im Abstand von ungefähr fünffacher Tauwerksdicke dahinter festgeschraubt. Eine dritte Klemme ist nützlich, aber nicht erforderlich. Wichtiger ist, die Klemmen so anzusetzen, daß der Bügel über den zurückgelegten Tampen reicht und die Schrauben an der Seite der stehenden Part liegen (Abb. B). Man erreicht dann ca. 90% der Drahtfestigkeit, anderenfalls nur etwa 75%. – Weiter achte man darauf, die Seilklemme nicht zu fest anzuziehen, da sonst Drahtkardeele beschädigt werden können.

Einsatz:

Seilklemmen werden bei → Wantenbruch und anderen Drahtseil-Reparaturen des stehenden Gutes eingesetzt.

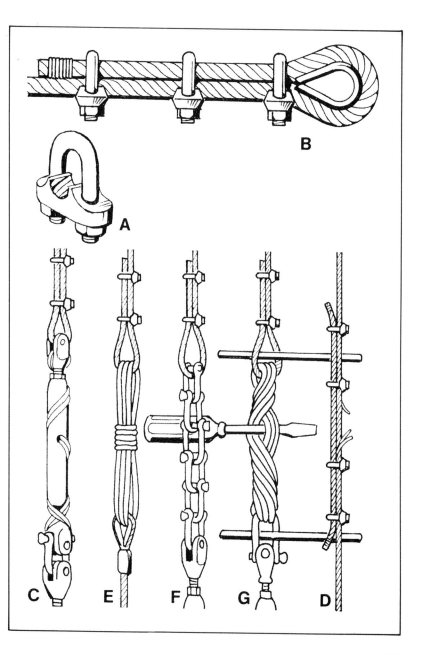

Zurren und Laschen (nicht nur) im Notfall

Situation:

Es gibt viele Gelegenheiten, bei denen man schnell eine Leine straffen, einen Gegenstand festzurren oder ein Auge für eine Behelfstalje in ein Ende schlagen muß, beispielsweise:
- Das Schlauchboot, die Rettungsinsel, eine Tauwerksrolle oder andere Gegenstände an Deck müssen bei erwartetem schwerem Wetter gegen Seeschlag und einen möglichen Verlust durch Überbordwaschen gesichert werden.
- Bei → Wantenbruch oder anderen Schäden an der Verstagung ist schnell mit Hilfe eines Falls eine entsprechende Notverstagung zu setzen, die man genauso flink hart durchholen muß.
- Beim Bruch des Handlaufes der Seereling oder beim Aufdrehen einer Spannschraube muß schnell ein neuer Relingsdurchzug eingeschoben oder angeschlagen werden.
- Wenn eine Schotwinsch ausgefallen ist, muß schnellstmöglich (und oft ohne Benutzung eines Blocks) ein Auge in die Schot geschlagen werden, damit man annähernd die gleiche Kraft wie über eine Winsch mit Hilfe einer Behelfstalje ausüben kann.

Arbeitsweise:

Hierzu macht man mit dem Mittelteil des doppelt genommenen unteren, zum Holen bestimmten Endes ein Auge (Abb. A), das anschließend die Aufgabe des sonst üblichen oberen Blocks einer Talje übernimmt (Abb. B). Es ist wie jeder Pahlstek hoch belastbar und läßt sich ebenso schnell wieder lösen. Wenn griffbereit oder vorhanden, kann hier auch ein Block selbst angeschäkelt werden.
Die holende Part wird jetzt bis zum gewünschten Befestigungspunkt geführt und hier (beispielsweise einem Augbolzen) durchgezogen und steifgeholt (Abb. C). Anschließend führt man die holende Part nach oben zu Auge oder Block zurück, lenkt sie (mit Kraftersparnis) noch einmal um und belegt sie schließlich an jedem beliebigen Fußpunkt.
Natürlich kann man die holende Part auch mehrfach durch Bodenbeschlag und Auge führen bzw. an beiden Punkten zum Umlenken der Zugrichtung auch Doppelblöcke einsetzen, um auf diese Weise die nötige Spannung auch für hohe Belastungen zu erzielen, wenn dieser Zurringstek beispielsweise bei Wantenbruch eingesetzt werden soll.
In vielerlei Notfällen und zu anderen seemännischen Einsätzen läßt sich dieser

Zurringstek verwenden, beispielsweise als Ersatz für eine Spannschraube an der Seereling (Abb. D), zur sicheren Befestigung des Beibootes an Deck (Abb. E), als Unterliekstrecker für das Großsegel (Abb. F) oder zum Durchsetzen von Backstagen und anderen Teilen des stehenden und laufenden Gutes (Abb. G).

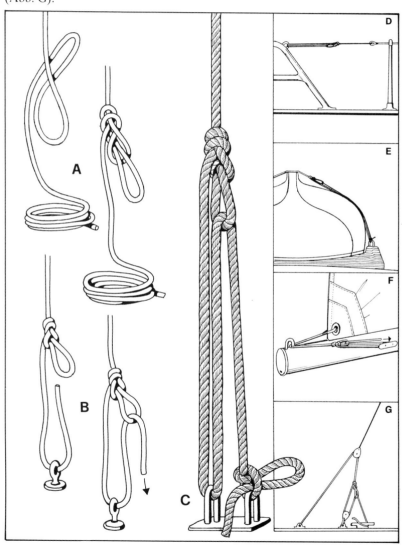

Wenn der Mast scheppert

Ursachen:

Wenn der Mast in seiner ganzen Länge oder in bestimmten Bereichen deutlich sichtbar vibriert, gibt es dafür mehrere Gründe: Das Mastprofil ist zu schwach; der Mast ist in der Anordnung seiner Salingen und den Materialstärken des stehenden Gutes falsch abgestagt.

Weitere Abhilfen:

Eine Mastleiter vom Typ „Cormoran" (siehe Seite 106) gibt dem Mast in Querschiffsrichtung eine um ca. 100% größere Seitenfestigkeit. Zwei Spinnakerschienen über eine Länge von ca. 5 m oder mindestens bis zur Höhe der untersten Saling (ein notwendiges Ausrüstungsteil für hängend gefahrene Teleskopbäume, siehe Seite 69) geben dem Mast eine größere Festigkeit in Längsschiffsrichtung.

Abhilfe:

Ein zusätzliches Salingpaar. Längere und stärkere Salingen. Um 1 bis 2 mm dickere Stagen und Wanten wählen. Dem Rigg mit größeren Wantenspannern mehr Festigkeit geben.

Einsatz einer Mastleiter

Gefahrenlage:

Notfälle im Rigg sind selten. Wenn sie aber eintreten, kommen sie auf See und meistens in schlechtem Wetter oder in schwierigen seemännischen Situationen vor. Die Schadstellen liegen dabei fast immer außer Handreichweite der Crew. Oft haben solche Schäden im Rigg gefährliche Kettenreaktionen zur Folge, und nicht immer gibt es eine zuverlässige Nothilfe von Deck aus, wie sie an anderen Stellen beschrieben ist:
- Ein Fall am Masttopp ist ausgerauscht oder gerissen, und das Segel läßt sich (zum Freikreuzen) nicht setzen.
- Ein Segel klemmt oder ein Rutscher hakt, und das Segel läßt sich weder bergen noch reffen und somit bei schlechtem Wetter die Windlast nicht vermindern.
- Der Spinnaker hat sich im Rigg verhakt, er kann nicht geborgen werden, und es droht ein → Salingbruch.
- Eine Leine ist vertörnt und blockiert andere Teile des laufenden Gutes.
- Das Dampferlicht oder Topplicht brennt nicht und muß repariert werden.

Die Windmeßgeräte auf dem Masttopp arbeiten nicht richtig, die Antennenzuführung ist gestört – und viele andere, kaum denkbare Schadensfälle, die man anführen könnte.

Nothilfe:

Ein Bootsmannsstuhl für Arbeiten im Mast läßt sich auf kleinen Yachten nur im Hafen und auf größeren Yachten auch auf See nur mit einer vielköpfigen Crew starker Männer bis zur Schadensstelle vorheißen. Der Umgang mit ihm hat Risiken:
- Das Fall, an dem normalerweise ein leichtes Segel gesetzt wird, muß bei Belastung durch einen Mann mit mindestens 75 kg Gewicht und den notwendigen Ersatzteilen nahezu überlastet werden.
- Horizontale Schwingungen beanspruchen die Bruchlast dieser Heißleine noch mehr.
- Auch die Fallwinschen sind für diese Belastung nicht angebaut, und insbesondere die Sperrklinken, Bremsvorrichtungen und andere Sicherungseinrichtungen sind solcher Belastung nicht immer gewachsen.
- Ohne Winschenhilfe ist die Muskelkraft mehrerer Männer erforderlich, um eine Person in den Mast vorzuheißen.

Vorbeugen:

Nur mit Hilfe von Maststufen ist es möglich, jederzeit in die Takelage aufzuentern, falls es erforderlich ist. Fast alle handelsüblichen Maststufen haben jedoch einen Nachteil: Sie sind sehr teuer.
Benutzt man (aerodynamisch scheinbar günstigere) Klappstufen, so müssen diese beim Hochsteigen zuerst aufgeklappt und beim Absteigen wieder in ihre Ruhestellung geschoben werden – ein zeitraubendes wie gefährliches Unterfangen, weil man die Haltehände gleichzeitig auch zum Arbeiten benötigt.
An festen, ständig ausgeklappten Stufen können sich Fallen und Leinen verhaken, wie auch immer Form und Schutzbügel gewählt sind. Sie bedürfen dann zusätzlich und ständig geriggter Abweiser aus dünnen Leinen, entweder untereinander oder zu den benachbarten Wanten.
Natürlich kann man auch die Wanten ausweben, entweder mit Holzstufen oder kräftigen Enden, die mit einem Webeleinenstek zwischen vorderen und achteren Unterwantenpaar (ähnlich wie auf den großen Windjammern) befestigt werden. Ihr Nachteil: Sie führen nur bis zur Saling, so daß der Toppbereich mit seiner überwiegenden Schadensanfälligkeit unerreicht bleibt, und bei der Benutzung dieses Weges in den Mast ist das Oberwant meistens im Wege.

Die patentrechtlich geschützte Mastleiter „System Joachim Schult":

Von mir wurde eine Mastleiter entwickelt und im Prinzip seit 1975 auf Hochsee- wie Küstenfahrten gleichermaßen erprobt. Über die sicherheitstechnischen Vorzüge in der praktischen Seemannschaft hinaus hat sie den Vorteil, daß sie als Baukasten preisgünstig lieferbar ist.
Die Stufen bestehen aus trittfest geformtem Chromnickelstahl in 2 mm Stärke. Sie sind 155 mm lang, so daß man sicher mit dem Fuß auftreten kann (Abb. A) und haben eine Grundplatte von 81 x 35 mm mit zwei Löchern für die Mastmontage durch Pop-Nieten aus Edelstahl von 5 mm. Gegen mögliche elektrolytische Korrosion werden die Berührungsstellen von Edelstahl und Aluminium zwischen Rückplatte und Nieten durch Silikon-Dichtmasse bzw. gute Farbe geschützt.
Die Stufen werden in einem Abstand von ca. 30 cm wechselseitig angebracht (Abb. B). Die Saling wird dabei als Ausgangshöhe (zur Abstandsmessung) nach oben und unten benutzt und sinngemäß als Stufe einbezogen. Am Masttopp schließt die Leiter mit einem Stufenpaar auf gleicher Höhe ab, ca. 1,50 m vom Topp entfernt und gleichzeitig als Standfläche für längerdauernde Arbeiten im Toppbereich ausgelegt. Die unterste Stufe liegt ca. 30 cm über Baum

A   **B**

und/oder Fallwinden, die am Anfang als Hilfsstufen benutzt werden können. Das charakteristische Kennzeichen ist ein vom Masttopp bis zum Mastfuß geführter Drahtstander, der nicht nur alle Maststufen an ihrer Außenseite als Abweiser miteinander verbindet, sondern auch als äußeres Auflager der somit doppelt gesicherten Trittflächen und als Handlauf zum Klettern dient. Das 4-mm-Drahtseil aus üblichem Edelstahl-Wantendraht wird durch die Stufe hindurchgeführt. Preßösen oder Spezialbeschläge dienen hier als Auflager.
Damit man diesen Drahtstander entlasten und gleichzeitig die Salingen entfernen kann, wenn der Mast ins Winterlager gebracht oder auf eine Seite gelegt werden soll, sind bei der Drahtführung durch die Saling hindurch zwei kleine Spannschrauben zwischengeschaltet, von denen je ein Schraubterminal zum Aufdrehen und Trennen der Verbindung benutzt wird.
Diese gut dimensionierte Mastleiter stört den optischen Eindruck des Riggs nicht. Im Gegenteil: Je länger der Mast bzw. je größer das Mastprofil, desto mehr wird dabei die Mastleiter in das Bild eines zuverlässigen Riggs integriert. Messungen eines Mastherstellers, der Seekreuzer-Riggs serienmäßig ausschließlich mit dieser Mastleiter ausstattet, haben einen Zuwachs der Querfestigkeit des Mastes um ca. 80 % ergeben. Diese zusätzliche Steifheit ist auch bei der Mastlagerung optisch deutlich erkennbar. So empfiehlt sich das Riggen dieser Mastleiter besonders, wenn → der Mast scheppert oder es darum geht, die → Seefähigkeit eines Riggs zu erhöhen.

Arbeitsweise:

An Einsatzmöglichkeiten ergeben sich beispielsweise:
- Beseitigung aller möglichen Schäden, die unter „Gefahrenlage" genannt sind.
- In einem Notfall kann eine Person allein aufentern und den Schaden beheben, ausgestattet nur mit einem Sicherheitsgurt zum Anhaken am Arbeitsplatz. Die zweite Person (bei zahlenmäßig kleiner Crew oder der üblichen Wache aus zwei Personen) kann dabei das Boot weiterführen. Es ist kein Helfer wie bei der Arbeit mit einem Bootsmannsstuhl nötig.
- Unter besonders schwierigen Bedingungen wird der Mastkletterer an das Großfall oder Genuafall gesteckt und dieses nur zur Sicherung von unten mitgeführt. Mit der → Absturzsicherung Safestopper läßt sich der Mastkletterer zusätzlich gegen Herunterfallen sichern.
- Man erhält große Beweglichkeit und Bequemlichkeit, weil man selbst klettern kann und nicht hochgezogen werden muß, und größtmögliche Sicherheit, weil immer ein Halt mit zwei Händen und einem Fuß gegeben ist und die Hände am Drahtstander nicht umgreifen müssen.
- Die Mastleiter hat über den Sicherheitseffekt hinaus den Vorteil, daß man sie auch zum Ausguck von erhöhter Warte, zum Landfall, zur Abstandsbestimmung mit unterschiedlichen Augenhöhen oder nur zum Fotografieren aus ungewöhnlicher Perspektive benutzen kann.

Bemerkung: Für einen 10-m-Mast benötigt man etwa 25 Stufen, für einen 12-m-Mast etwa 30 Stufen.

- Der Fachhandel liefert auch einzelne Maststufen aus Edelstahl mit Trittplatten für den doppelten Preis einer Mastleiterstufe und klappbare Maststufen ebensolcher 145-mm-Ausladung für den vierfachen Preis. Fliegende Mastleitern, die wie herkömmliche Jakobsleitern aus Tauwerk und Holz gefertigt sind, kosten nicht weniger als die beschriebene feste Mastleiter. Ihr vermeintlicher Vorteil, sie nur bei Bedarf in die Mastnut einführen und mit Hilfe eines Falles zum Topp aufheißen zu können, wird jedoch durch den Nachteil wettgemacht, daß bei einer Segelhavarie (und dem dadurch bedingten wichtigsten Einsatz der Mastleiter) sowohl die Mastkeep als auch das Großfall besetzt und somit für einen Noteinsatz der fliegenden Mastleiter auf See nicht verfügbar sind.

Arbeiten mit dem Bootsmannsstuhl

Gefahrenlage:

Fallen zu klarieren oder zu reparieren, das Topplicht oder Dampferlicht in Ordnung zu bringen, ein klemmendes Segel zu befreien und andere Arbeiten im Mast sind (ohne → Mastleiter) nur zu erledigen, wenn ein Mann der Crew im Bootsmannsstuhl aufgeheißt wird. Im Hafen und bei ruhigem Wetter kann dies eine leichte Aufgabe sein. Auf See, bei Nacht, unter Segeln und in schwerem Wetter ist es eine riskante Notfall-Arbeit, die für die Crew lebensgefährlich ist. Sicher zu bewältigen ist sie nur, wenn überall richtig und vor allen Dingen richtig zusammengearbeitet wird.

Arbeitsweise:

Beim Umgang mit dem Bootsmannsstuhl für Arbeiten im Masttopp beachte man:
- In den Bootsmannsstuhl gehört der leichteste Mann unter den erfahrensten Besatzungsmitgliedern. Man sollte sich für diesen gefährlichen Auftrag nur melden, wenn man sich seiner seemännischen Kenntnisse wie seiner guten körperlichen Verfassung gleichermaßen sicher ist. Denn was schon vom krängenden Deck aus schwierig aussieht, kann in der schwindelnden Höhe eines 10 m oder gar 15 m hohen Mastes, der im Seegang schwingt, ein lebensgefährliches Abenteuer sein. Niemandem ist gedient, wenn jemand dort oben sich und andere in Gefahr bringt.
- Eine einfache Holzplanke, die gemeinhin als „Bootsmannsstuhl" bezeichnet wird, ist für Mastarbeiten auf einem Seekreuzer auf See völlig ungeeignet. Es kommt nur ein moderner Sitzkorb in Frage, der eine möglichst steife Sitzfläche hat und den Körper bis auf die Vorderseite rund um die Hüften sicher umfängt (Abb. A). Die Vorderseite ist durch einen Gurt zu verschließen. Man verwende nur eine Bootsmannsstuhl-Art, in der auch ein (durch Sturz gegen den Mast oder aus anderen Gründen) besinnungslos gewordener Mann wieder sicher an Deck gefiert werden kann.
- Die Befestigung des Bootsmannsstuhls am Mastfall muß so sicher erfolgen, daß sie sich unter keinen Bedingungen lösen kann. Am besten sind robuste Schraubschäkel, die fest angezogen werden. Benutzt man Patentschäkel, sind sie mit Klebeband gegen Aufklappen zu sichern.
- Das erforderliche Werkzeug nimmt der in den Mast gehende Bootsmann in einem zusätzlichen Beutel mit, der so sicher verschließbar ist, daß beim Aufsteigen oder Absenken kein Teil herausfallen kann. Man nehme möglichst alles

Werkzeug mit, das für die Arbeit am Topp erforderlich sein wird. Das Nachsenden von Spezialteilen mit einer zusätzlichen Heißleine ist umständlich und gefährlich.

- Zur Ausrüstung des Bootsmannsstuhls gehört ein Stropp mit Karabinerhaken, um die Befestigung des Bootsmannsstuhls an einem Want oder Stag zu ermöglichen, wenn die Arbeitsposition erreicht ist. Am einfachsten ist es, wenn der arbeitende Segler hierzu einen Sicherheitsgurt umlegt. Der Karabinerhaken sollte mit einer Hand eingepickt und abgehakt werden können.
- Einen Mann in einem Bootsmannsstuhl zur Reparatur in den Mast zu schicken, ist eine Drei-Personen-Tätigkeit (Abb. B): Neben dem Bootsmann in seinem Sitz ein besonders kräftiger Mann, der die Heißleine in Vorhand bedient, mit der Winsch hantiert und die hier umlaufenden Törns immer genau im Auge hat. Und eine zweite Person, die gegebenenfalls die Leine mitholt, aber hauptsächlich die Augen nach oben gerichtet hat und mit ihren Blicken ständig den in gefährlicher Höhe hängenden Mastarbeiter verfolgt. Diese Zusammenarbeit und auch das Verhalten des Rudergängers, wenn man unter

Segeln in den Mast gehen muß, ist vorher genau abzusprechen. Es sind auch Handzeichen zu vereinbaren, die von oben nach unten gegeben werden, und gegebenenfalls Lautzeichen (mit der Trillerpfeife), um den Mann im Mast zu warnen oder zu informieren.
• Zum Aufheißen benutze man das kräftigste Fall und die stärkste Winsch. Ist eine Fallwinsch am Mast hierzu weniger geeignet, schere man am Mastfuß einen Umlenkblock und führe die holende Part zu einer Schotwinsch in die Plicht. Prüfe vor dem Beginn der Arbeiten: Funktioniert die Sperrklinke der Winsch oder die Bremse? Wo und wie läßt sich die Leine abstoppen und belegen? Wenn möglich, stelle man ein Familienmitglied, einen Verwandten oder einen Freund an die Winsch, damit tatsächlich das Bestmögliche an sorgfältiger, sicherer Arbeit für den Mann im Bootsmannsstuhl getan wird.
• Mit der Arbeit im Mast sollte der Mann erst beginnen, wenn unten das Fall belegt und nach Möglichkeit im Umkreis von mehreren Metern um den Mast das Deck von allen Personen geräumt ist. Erfahrungsgemäß ist es nicht auszuschließen, daß dem Mann im Mast bei seiner Arbeit ein Werkzeug oder Ersatzteil aus der Hand fällt, und die Zeit vom Ruf: „Wahrschau!" bis zum Seitwärtsspringen ist an Deck zu kurz und im Seegang zu gefährlich. Die Folgen eines niedersausenden offenen Maspiekers aber können grauenhaft sein!
• Die Arbeitszeit im Masttopp sollte so kurz wie möglich sein. Man muß immer daran denken, daß nach dem schwierigen Aufstieg und der kräftezehrenden Arbeit im Rigg noch ein nicht minder problematischer Abstieg folgt. Fallen müssen natürlich klariert und gegebenenfalls auch repariert oder ausgetauscht werden. Arbeiten an der Antenne oder an der Lichtanlage verschiebe man nach Feststellen des Schadens jedoch entweder auf den nächsten Hafen oder auf einen zweiten Arbeitsgang bei ruhigem Wetter. Wie man sich verhält, wenn das Topplicht nicht brennt, ist an anderer Stelle erläutert.
• Bei schlechtem Wetter sollte man nach Möglichkeit auf Wetterbesserung warten. Ist eine Reparatur dringend, ziehe der Mastarbeiter Gummistiefel an, mit denen sich am besten von Mast und Wanten absetzen läßt, und statte sich mit Fingerhandschuhen während des Auf- und Abstiegs aus. (Zur Arbeit werden sie natürlich ausgezogen.) Auch das Umlegen einer Feststoffschwimmweste oder eines gut gepolsterten Kleidungsstückes (Schipperjacke) ist bei starken Seegangsbewegungen ratsam, um den Mastfahrer gegen Prellungen zu schützen.
• Der beste Kurs für Mastarbeiten unter Segeln ist ein Halbwindkurs, weil die Rollbewegungen im Rigg besser aufzufangen und auszugleichen sind als die Stampfbewegungen, die auf einem Amwindkurs bestehen.
• Nachts sollte man nur im äußersten Notfall einen Mann in den Mast entsenden. Vorher sehe man sich mit dem stärksten Scheinwerfer von Deck aus die Schadstelle genau an. Anschließend darf nur der Mastarbeiter selbst mit einer Taschenlampe, die man an seinen Südwester geklebt hat oder die er dazu in

den Zähnen hält, hantieren. Der Decksgebrauch von Licht ist in dieser Zeit zu unterlassen, damit der Mann im Mast selbst nicht gefährlich geblendet wird. Nach meinen Erfahrungen hat der Bootsmannsstuhl nur noch auf Rennyachten eine Berechtigung, wo zahlreiche junge Leute nicht nur für die Arbeit im Mast selbst, sondern auch als kräftige Helfer an Deck zur Verfügung stehen. Auf Fahrtenyachten und insbesondere Familienbooten ist die Ausstattung mit einer → Mastleiter sehr viel zuverlässiger und sicherer – denn Schäden im Rigg lassen sich nun einmal nicht völlig ausschließen, und sie passieren meistens dann, wenn man sie am wenigsten wünscht und erwartet.

Ohnmachtssicherer Bootsmannsstuhl

Eine Takelage-Reparatur mit Hilfe des Bootsmannsstuhls kann nicht nur lebenswichtig sein. Wer mit dem Bootsmannsstuhl aufgeheißt wird, befindet sich auch immer in Lebensgefahr. Nur zuverlässige Modelle gehören daher an Bord – wie der hier abgebildete ohnmachtssichere Bootsmannsstuhl, der folgende Bedingungen erfüllt: Er ist aus einem strapazierfähigen Gewebe gefertigt, hat breite, sehr robuste Polyestergurte am Rande der Sitzfläche mit hoher Tragfähigkeit und Beschläge aus nichtrostendem Stahl. Ein Sitzbrett kann in eine Einschubtasche geschoben werden. Der allseitig verschlossene Stuhl ist ohnmachtssicher und hat außerdem mehrere Schlaufen für Werkzeuge, die allerdings besser in einer mitgeführten Tasche oder einem offenen Beutel gehaltert werden sollten, damit sie beim möglichen Vorbeistecken nicht herunterfallen und die Hilfs- und Sicherheitspersonen an Deck verletzen können. Natürlich sollte man auch diesen Bootsmannsstuhl mit dem anschließend genannten „Safeblock" benutzen, um einen  Absturz aus der Takelage bei Bruch des Falls oder einem Fehler des Winschenmannes zu verhindern.

Absturzsicherung für Arbeiten in der Takelage

Gefahrenlage:

Wird ein Mann mit dem Bootsmannsstuhl in den Mast aufgeheißt, hängt sein Leben im wahrsten Sinne des Wortes an einem dünnen Faden; denn das Drahttauwerk geringen Durchmessers ist für das Setzen des Segels, nicht aber für das Bewegen eines vielleicht 100 Kilogramm schweren Menschen ausgelegt. Ebensowenig sind Sperrklinken und Bremsvorrichtungen der Fallwinschen solcher Überlastung gewachsen. Eine Sicherungsmöglichkeit gegen Herabstürzen beim Bruch des Haltedrahtes gab es bisher nicht. Sie ist aber unerläßlich.

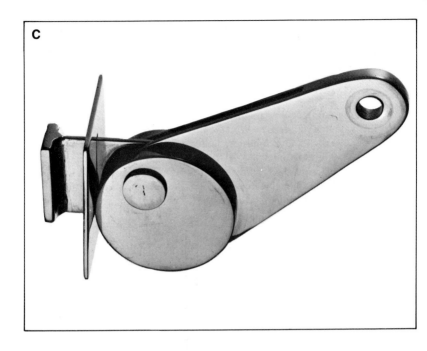

Ausrüstung:

Der patentrechtlich geschützte safe block ist ein aus Edelstahl mit Mastrutscher und Hebelarm gefertigter Excenter, der selbsttätig blockiert und den Absturz verhindert, wenn das Halteseil des Mastarbeiters bricht. Er paßt serienmäßig in alle Mastnuten (Abb. C). Besser kann er gearbeitet werden, wenn man bei der Bestellung einen Mastrutscher seines Bootes mit einreicht. Unter Beachtung doppelter Sicherheit beträgt die Tragkraft 100 daN.

Arbeitsweise:

Der Rutscher wird in die Mastnut eingeführt (Abb. A). Am Hebelarm werden das Fall (nach oben) und der Bootsmannsstuhl (nach unten) angeschäkelt. Wird die Person vom durchgesetzten Fall gehalten oder geheißt, gleitet der entlastete safe block leichtgängig mit nach oben. Drückt die Kraft nach unten (Abb. B), weil das Fall Lose erhält, dann drückt der Excenter die Ausgleichsplatte gegen das Mastprofil, und gleichzeitig wird der Rutscher in Richtung auf den Excenter gezogen. Safe block blockiert und hält die Person bzw. die Last sofort fest (Abb. D).

D

Neben einer Sofort-Arretierung im Notfall (beim Beginn eines Absturzes) ist auch ein gewolltes Verblocken möglich, wenn der Mann im Bootsmannsstuhl seine Arbeitsposition erreicht hat und dem haltenden Fall kurzzeitig bewußt

Lose gegeben wird. Die Vorrichtung kann auch zum Mastsetzen und -legen benutzt werden. Hierzu führt man safe block über Kopf in die Mastnut ein, schäkelt den Tampen vom Mastkran außen am Hebelarm an und bringt mit Fall und Niederholer, die lose um den Excenter gelegt werden, den Stopper in die gewünschte Position. Setzt der Mastenkran jetzt seine Stahltrosse durch, arretiert safe block und übernimmt damit die gleiche Aufgabe wie eine Halteschlaufe um den Mast – jedoch mit dem Vorteil, daß anschließend niemand zum Lösen des Hakens in den Mast gehen muß; denn safe block läßt sich, wenn wieder Lose auf die Hebetrosse gekommen ist, in entlastetem Zustand mit Hilfe von Fall und Rückholleine von Deck aus schnell und leicht aus der Keep entfernen.

3 Notfälle beim Segeln

Wie man die Gefahren der Patenthalse bannt	118
Einbinden des Baumniederholers in das gereffte Großsegel	128
Das gereffte Großsegel wird zu bauchig	130
Das gereffte Großsegel steht nicht mehr	132
Die Sturmfock steht nicht	133
Leinenstopper für sichere Decksarbeiten	134
Zu viel Wind – was tun?	136
Zu viel Seegang – was tun?	138
Das Achterstagsegel als Hilfe zum Beidrehen	143
Mann mit Sicherheitsgurt über Bord	145
Überlebensanzug	147
Mann über Bord – was tun?	148
Einen Überbordgefallenen an Deck holen	150
Ein Sicherheits-Cockpit	152
Einen Verletzten aus dem Wasser bergen	153
Umgang mit Rettungstalje und Safe-Lift	155
Der Überbordgefallene ist außer Sicht	157
Rettung mit Leinenrolle	159
Über Bord fallen und im Wasser überleben	160
Ein Rettungsnetz	163
Not-Treibanker	165

Wie man die Gefahren der Patenthalse bannt

Tatsache:

Auch der angenehme Vorwindkurs hat seine Gefahren: Die Patenthalse und ihre Risiken für das Rigg (Beschädigung von Großbaum und Wanten) und für die Besatzung (Kopfverletzungen in der Plicht und Sturz über Bord beim Aufenthalt an Deck). Eine Winddrehung, eine querlaufende See oder ein Steuerfehler des Rudergängers können die Ursachen sein, und die Auswirkungen sind unheilvoller, je härter es weht, je länger der Großbaum oder je größer die schlagartig und mit voller Wucht überkommende Segelfläche ist.

Tragisches Beispiel:

Im Juni 1980 war ein erfahrener Hamburger Segler mit seiner Frau auf seinem bewährten Seekreuzer bei leichtem Wind von Terschelling nach Helgoland unterwegs. Bei einem Segelmanöver um Mitternacht wurde er vom Großbaum getroffen und über Bord gestoßen. Es war mitten in der Nordsee, und er trug weder Schwimmweste noch Sicherheitsgurt. Seine Frau, die das Schiff sofort in den Wind legte und die Segel barg, konnte ihren Mann in der Dunkelheit nicht wiederfinden. Schließlich forderte sie in ihrer Verzweiflung über UKW Hilfe an. Mehrere norwegische Schiffe, die zufällig in der Nähe waren und nur kurze Zeit später am Unglücksort eintrafen, ein Rettungshubschrauber sowie der Seenotrettungskreuzer „Georg Breusing" fanden den über Bord gegangenen Schipper nicht wieder. Die fruchtlose Suchaktion wurde nach zwölf Stunden eingestellt.
Ein Unfall, der bei Verwendung von Baumstopper, Baumbremse oder Bullentalje nicht eingetreten wäre, durch einen Sicherheitsgurt in seinen Auswirkungen eingeschränkt und durch eine Schwimmweste mit seinem unheilvollen Ausgang hätte verhindert werden können.

Abhilfe:

Man schert eine Leine von der Großbaumnock zu einem Bugbeschlag (Festmacher-Klampe, Poller) und belegt sie hier – nach alter Seemannschaft „Bullenstander" genannt (Abb. A). Reicht die Festigkeit einer einzigen Part gegenüber der auf der anderen Seite (nach achtern) angreifenden Großschot nicht aus, läßt man auch nach vorn mehrere Parten in Blöcken als „Bullentalje" nebeneinander laufen (Abb. B). Wird diese Sicherung nicht nur auf Vorwindkursen, sondern bereits raumschots angebracht, und soll sie auch bei oftmaliger Veränderung der Segelstellung schnell und zuverlässig wirken, belegt man die

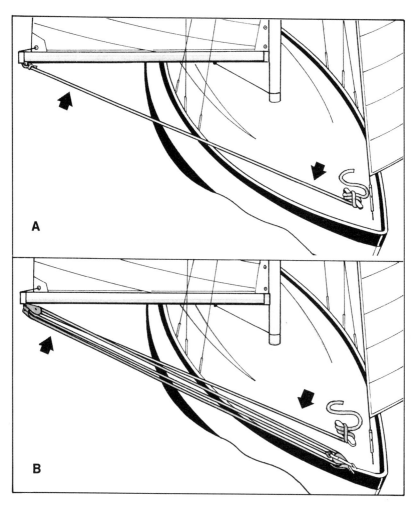

holende Part von Bullenstander oder Bullentalje nicht auf dem Vorschiff, sondern führt sie über Deck nach achtern in die Nähe der Plicht, wo sie belegt oder gegebenenfalls über eine Schotwinde bedient werden kann (Abb. C).

• Diese Baumbremse wirkt jedoch nur befriedigend auf längeren Törns, wenn man stundenlang auf einem Bug segeln kann. In begrenzten Revieren oder bei oftmaligem Halsen hat sie den Nachteil, daß vor jedem Übergehen des Segels entweder die Befestigung am Großbaum oder auf dem Vorschiff gelöst und anschließend wieder angesteckt werden muß.

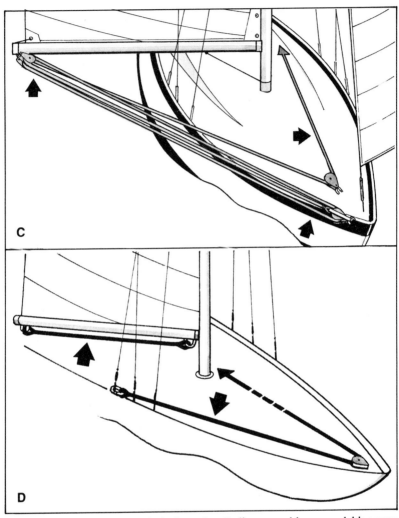

- Ein Bullenstander kann jedoch auch ständig angeschlagen und klar zum sofortigen Einsatz sein, wenn man ihn wie folgt riggt: Die stehende Part ist an der Baumnock angesteckt (Abb. D), hat die Länge des Großbaumes und läuft in eine Kausch aus, die mit Schäkel oder Karabinerhaken an einem Auge unter dem Lümmelbeschlag am Mast befestigt ist. Dieser Baumteil des Bullenstanders macht alle Bewegungen des Baumes mit, wenn er nicht gebraucht wird, und nimmt keinen Platz weg.

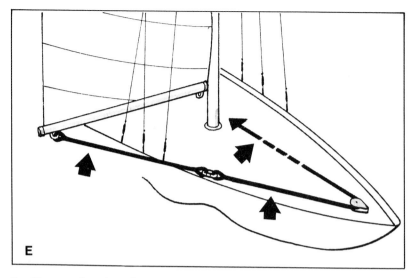

E

Im Tampen der eigentlichen holenden Part ist ebenfalls eine Kausch eingespleißt oder eingebunden. Sie beginnt in Höhe der Wanten und ist mit Schäkel oder Karabinerhaken längs Deck im Pütting des achteren Unterwants eingepickt. Von hier aus verläuft die holende Part zu einer Umlenkrolle am Bug (am Mittschiffspoller) und längs Deck bis in die Plicht. Auch dieser Teil stört nicht, wenn er nicht eingesetzt ist.

Soll der Bullenstander geschoren werden, geht ein Mann zum Mast. Hier löst er die beiden Tampen der getrennten Sicherungsleine aus ihren Halterungen an Mast und Want und steckt sie einfach zusammen (Abb. E). In wenigen Sekunden ist der Bullenstander auf jeder beliebigen Seite einsatzklar.

Bei Benutzung eines Baumniederholers bietet sich die Möglichkeit, diesen durch die Auswahl der entsprechenden Blöcke und die Gestaltung der Taljen auch gleichzeitig als Bullentalje zu riggen und damit nicht nur eine Baumbremse zusätzlich zu schaffen, sondern auch den Weg auf das Vorschiff oder den Griff an die Großbaumnock zum Umsetzen des Bullenstanders zu ersparen.

• Bei der von mir seit 1975 benutzten Anlage, die sich bereits über 40 000 Seemeilen bewährt hat, besteht der Baumniederholer aus einem handelsüblichen, selbstklemmenden Violinblock mit Steert sowie zwei Einzelblöcken mit einfachen Bügeln, in die kräftige Karabinerhaken eingepickt sind (Abb. F). Praktisch ist der Baumniederholer eine sehr kräftige Talje mit zwei Doppelblöcken, nur ist der untere, am Mastfuß sonst gehaltene Doppelblock jetzt geteilt: Auf allen Amwindkursen sind die Blöcke 1 und 2 nebeneinander am Mastfuß eingepickt, und die holende Part verläuft vom oberen Knarrblock am Baum entlang in die Plicht oder nur auf das Kajütdach; denn der Knarrblock

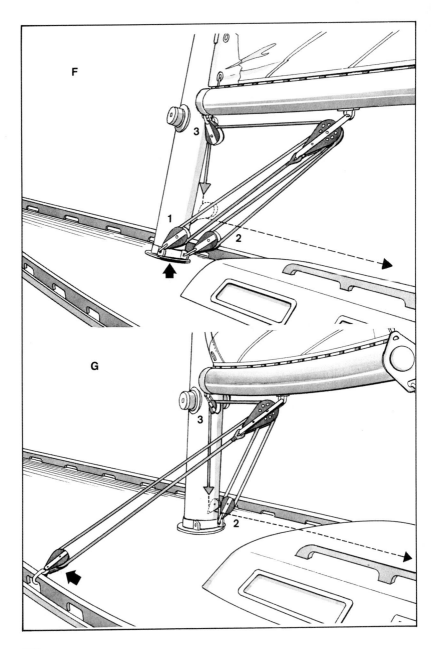

läßt sich ja durch Zug arretieren oder lösen und bedarf daher keines festen Punktes zum Belegen.
Wird die Großschot halbwinds oder auf raumen Kursen weiter aufgefiert, versetzt man den jeweiligen Leeblock vom Mastfuß an ein Wantenpütting oder an die Fußreling (Abb. G). Bei unveränderter Fernbedienung der holenden Part wird jetzt nicht nur der Baum gegen die Gefahr einer möglichen Patenthalse sicher blockiert. Man kann gleichzeitig von einer günstigeren Außenposition sehr viel mehr vertikale Kraft auf das Großsegel ausüben und ihm einen besseren, verwindungsfreien Stand in dem gewünschten und gewählten Anstellwinkel zum Wind und über seine gesamte Höhe geben. Beim Halsen muß jedoch umgesteckt werden: der bisherige Leeblock wandert an seine alte Position am Mastfuß zurück, und der andere Mastblock wird an die neue leewärtige Außenposition des Püttings der anderen Seite verfahren.
Bei mehrmaligem Halsen in kürzeren Zeitabständen erwies es sich als möglich, die beiden Fußblöcke generell in ihren Außenpositionen zu belassen und das Auswechseln der Mastfußhalterung zu vermeiden (Abb. H). Nachteilig war dabei nur die Behinderung des Durchgangs auf dem jeweiligen Luvdeck und eine geringere Zugkraft der Talje auf der jeweiligen Leeseite, weil beim Durchsetzen der Talje ja auch die nach Luv reichenden Parten nolens volens mitgeholt werden.
• Dieses Prinzip verwirklichte dann sinngemäß in einem eigenen, patentierten Beschlag Ende der Siebziger Jahre auch die „Wälder"-Baumbremse, die die Horizontal- und Vertikalbewegungen des Großbaumes mit einer Bremstrom-

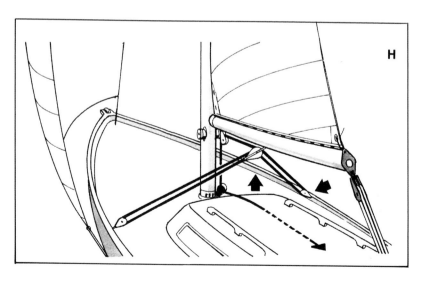

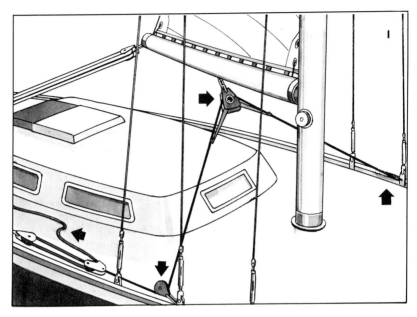
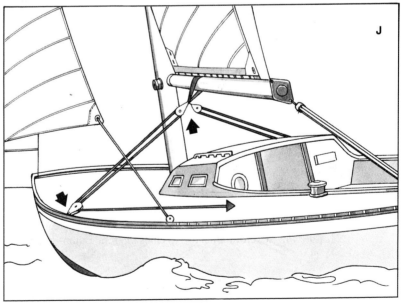

mel am Großbaum kontrolliert (Abb. I). Sie ist nichts anderes als eine starre Scheibe mit einer gewendelten Nut, das heißt: Die Halteleine wird in Form einer Spirale (oder einer Wendeltreppe) mehrmals um die Scheibe gelenkt, ehe sie auf der anderen Seite weiterlaufen kann. In der Reibung liegt die Bremswirkung und damit die Sicherheit der Baumbremse. Versucht der Baum zu steigen (und anschließend ungewollt überzugehen), kommt Zug auf die Halteleinen, und die Bremse hält ihn fest. Wird die Großschot dichtgeholt (um das Segel zu schiften), entlastet man die Halteleinen und löst dadurch die Blockierung der Bremstrommel.

Die Talje wird auf einer Seite bedient und die Spannung, die gleichzeitig die Verzögerung beim Übergehen des Baumes bestimmt, von der Plicht aus kontrolliert. Die robuste Anlage ist in mehreren Größen erhältlich.

• Eine logische Weiterentwicklung der in Abb. H gezeigten Kombination Baumniederholer-Bullentalje stellt die Trennung der Talje in zwei Einzeltaljen dar, die jeweils nur auf einer Seite wirken, aber wahlweise ihre holende Part nahe am Großbaum (mit Knarrblock oder Schotklemme) oder im Decksbereich (mit Klampe oder Stopper) haben können. Am Baum können diese Taljen an aufgenieteten Bügeln befestigt werden, aber sie können auch an je einem breiten, zugfesten Leinenband angeschlagen sein, das rund um den Großbaum faßt, wenn das Unterliek des Großsegels auf Rutschern läuft (Abb. J). In beiden Fällen liegt der Fußpunkt der Taljen am Püttingeisen eines Unterwantes. Und im Gegensatz zu dem üblichen Baumniederholer kann die Talje am Großbaum ungefähr auf halber Baumlänge und somit sehr viel weiter achtern angreifen, als es sonst üblich ist. Je weiter der Großbaum aufgefiert wird, desto mehr wird gleichzeitig die Kraftwirkung nach unten vergrößert.

Beim Wenden oder Halsen bedient man diesen Baumstopper wie eine Vorschot, das heißt, man gibt der jeweiligen Lee-Arbeitstalje vor dem Segelmanöver Lose und holt anschließend die neue Leetalje auf der anderen Seite durch. Nicht anders auch, als man es bei einem Bullenstander machen würde, wenn man auf dem Vorwindkurs das Großsegel schiftet – aber natürlich ohne den Zwang, wie eingangs beschrieben, den Stander entweder an der Großbaumnock oder am Bugbeschlag abzunehmen und um den Mast herum zur anderen Seite zu bringen.

Bei Fahrtenseglern hat sich die letztere Art überall durchgesetzt. Sie löst auch das Problem der Kombination Baumniederholer-Bullentalje bei einem Rollgroßsegel, bei dem ja ständig die Parten des Unterliekstreckers und der Reffleine vom Mastfuß längsschiffs zum Kajütdach führen, in jedem Sinne optimal.

• Dasselbe Prinzip in einer komplizierteren und weniger wirkungsvollen Art verwendet auch der jüngst veröffentlichte Tip eines „Patent-Baum-Stoppers", der zusätzlich zum üblichen Baumniederhalter (als Talje oder Rohrgestänge) gedacht ist: Eine sehr kräftige Leine, die an einem Baumbeschlag auf ungefähr halber Länge angesteckt ist, verläuft zuerst nach Backbord zum Pütting. Hier ist ein einscheibiger Block befestigt, der die Leine quer über Deck zum Steuerbordpütting lenkt. Dort ist ein Doppelblock angeschlagen, über den die Sicherungsleine zu einer Easylock-Doppelklemme im Cockpitbereich verläuft. Die Klemme muß jedoch auf einer Schiene gehaltert sein, damit sie zum Längenausgleich der Sicherungsleine bei unterschiedlicher Baumstellung in Längsrichtung verschoben werden kann. Von hier aus verläuft die Leine zum Doppelblock an der Steuerbordseite zurück und anschließend hoch zum Großbaum bis zu jenem Punkt, an dem die andere feste Part angesteckt ist.

Dieses System funktioniert jedoch nicht bei einem Kajütaufbau, der (im allgemeinen bei nahezu jedem Serien-Seekreuzer) bis zum Mast reicht und damit der längs Deck querlaufenden Part im Wege ist. Sie muß dann angehoben und ebenfalls über die Baumposition der festen Parten geführt werden, wo zusätzlich ein Steertblock angeschäkelt werden muß (Abb. K).

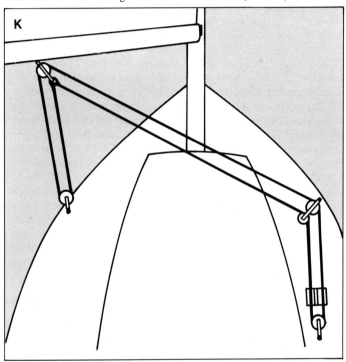

Soll der Baum nach diesem System in einer bestimmten Stellung festgesetzt werden, dann schließt man die doppelte Seilklemme und erzeugt damit eine ähnliche Leinenspannung wie bei der Wälder-Baumbremse (siehe Abb. I). Insbesondere auf der der Klemmenvorrichtung gegenüberliegenden Seite läßt sich aber ein kräftiger Zug des Großbaumes nach unten bei weit aufgefiertem

Segel nicht erzielen, weil die holende Part ja immer in beträchtlicher Länge weitgehend horizontal weiterläuft. Insoweit ist es aerodynamisch nützlicher und seemännisch sicherer, wenn man die Niederholer-Sicherheitstalje alternativ auf der jeweiligen Leeseite holen und damit den Baum nicht nur genauer fixieren, sondern auch kräftiger nach unten niederholen kann (siehe Abb. J), ohne zusätzlichen Niederhalter. Bei diesen seit vielen Jahren benutzten und bewährten Systemen entfallen die ständig über Deck und auch über die Luv-Passierseite gespannten Stolperleinen.

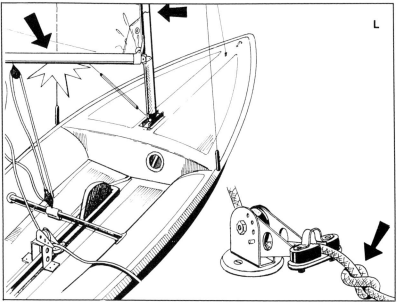

Gegen die Gefahr des Mastbruchs bei einer Patenthalse und insbesondere auf Jollen oder kleinen Seekreuzern gibt es eine einfache wie wirkungsvolle Methode: Man fiert die Großschot so weit auf, bis der Baum etwa zwei bis drei Handbreit vor den Wanten steht und macht in dieser Position unmittelbar hinter dem Fußblock einen Achtknoten in die Leine (Abb. L). Damit begrenzt man den Spielraum, den der Großbaum beidseitig nach vorn und bis in den Mastbereich hat. Sollte der Großbaum bei einer Patenthalse unbeabsichtigt übergehen, stoppt der Achtknoten die Schot, bevor der Großbaum das Want berühren und durch diesen plötzlichen Stoß den Mast zwischen Deck und Saling knicken kann. Ungünstigenfalls wird nur der Fußblock beschädigt – aber der Stoppwiderstand reicht immer aus, um den Schlag gegen das Want zu verhindern. Stößt der Baum nämlich in einer Patenthalse bei Starkwind gegen die Mastverstagung, könnte der Mast regelrecht abgehebelt werden.

Einbinden des Baumniederholers in das gereffte Großsegel

Gefahrenlage:

Die Risiken einer Patenthalse bestehen natürlich auch bei einem gerefften Großsegel, und auch bei ihm kommt es auf einen flachen Trimm auf raumen Kursen ganz besonders an, wenn sich das Boot in den Seegangsbewegungen heftig von einer Seite zur anderen neigt und der Baum dabei nicht nur unver-

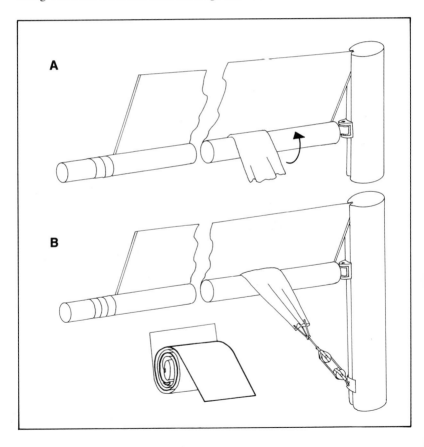

hofft steigen, sondern auch auf die Wellenkämme schlagen kann, wenn er nicht durch einen Baumniederholer immer gleichmäßig fixiert ist.
Während bei einem Bindereff der Baumniederholer unverändert bedient werden kann, muß er bei einem Patent- oder Rollreff, bei dem das gereffte Großsegel um den Baum gewickelt wird, notgedrungen abgeschlagen werden.

Abhilfe:

Man fertigt sich ein etwa 1 m langes und 150 bis 200 mm breites Stück derbes Segeltuch, an dessen einem Ende ein Ringbeschlag angenäht oder eine Kausch nach Unterlegen entsprechender Dopplungen eingepreßt ist. Empfehlenswert sind auch längslaufende Dopplungen, um die Last besser über die gesamte Tuchlänge zu verteilen. Dieses Stück Segeltuch legt man nach dem Abschlagen des Baumniederholers so frühzeitig während des Reffvorgangs an nahezu gleicher Stelle in das Segel ein, daß es nach Beendigung des Reffens nur ein kurzes Stück herausguckt (Abb. A). Dann hängt man hier die Niederholertalje ein und kann diese jetzt in gleicher Form durchsetzen, wie es vorher zum Niederholerbeschlag unter dem Großbaum geschah. Das richtige Bemessen der Einlegeposition (der Länge lang) ist wichtig, damit die Talje beim Durchsetzen nicht gleich zublocks kommt (Abb. B).

Im Prinzip arbeitet man hier nicht anders als beim Einlegen eines Frottierhandtuches, mit dem sich der Bauch des gereffen Segels wirksam abflachen läßt.

Wer oft mit dem Patentreff arbeiten muß und dabei generell nicht auf den Baumniederholer verzichten möchte, ist mit einer breiten Metallklaue gut bedient, die nach dem Einrollen des Segels um den Baum gelegt wird (Abb. C). Hier wird der Stander des Niederholers in den identischen Hakenbeschlag eingepickt, wie er auch am ungereften Großbaum zugänglich ist, und für die entsprechende Abstandshalterung dient eine Spreizstange entsprechender Länge vom Lümmelbeschlag bis zur Klaue.

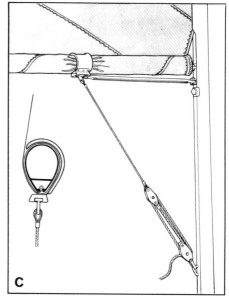

Das gereffte Großsegel wird zu bauchig

Gefahrenlage:

Bei Benutzung jeder Art von Dreh- oder Patentreff für Großsegel läßt es sich nicht vermeiden, daß sich die in das Segel eingearbeitete Wölbung relativ vergrößert, je mehr Segeltuchfläche man um den Großbaum wickelt. Der gewünschte Effekt, mit kleinerer Segelfläche bei zunehmendem Wind besser aufkreuzen zu können, wird dadurch schnell in das Gegenteil verkehrt: Das Boot kann mit gerefftem Großsegel weniger hoch anliegen, und das immer bauchigere Segel krängt die Yacht zunehmend mehr.

Nothilfe:

Gleichsam als eine Dopplung, die den Großbaum dort verdickt, wo die größte Wölbungstiefe des Segels liegt, dreht man (am besten vom Beginn des Reffens an) ein Frottierhandtuch oder ein ähnliches Stück Segeltuch in das Segel ein (Abb. A). Das Segel flacht sich dann bei jeder weiteren Großbaumumdrehung immer mehr ab und paßt sich der größeren Windstärke an. Statt dessen kann man auch die Segellatten keilförmig zusammenbinden und parallel zum Baum in das Segel einlegen (B). Wer oft solche Schwierigkeiten überwinden muß, fertigt sich einen besonderen, länglichen Keil an (C), der von Anfang an als Baumverdickung (mit dem dicken Ende zum Nockbeschlag) in das gereffte Segel eingelegt wird.

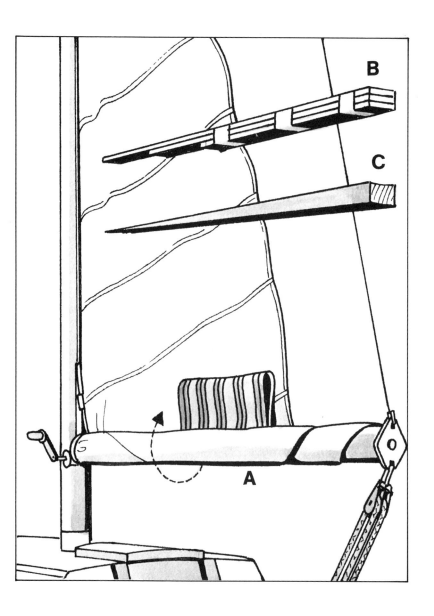

Das gereffte Großsegel steht nicht mehr

Gefahrenlage:

Ob man ein Drehreff (Patenreff) oder ein Bindereff für das Großsegel benutzt – bei irgendeiner Windstärke ab Bft 7 oder 8 wird sich zwar das um den Baum gedrehte Segel weiter verkleinern lassen – aber den Bauch wird man schließlich nicht einmal mit der zuvor genannten Methode mehr herausziehen können. Das Großsegel bleibt auch in gerefftem Zustand zu bauchig (Abb. A). Das Boot krängt mit weniger Segelfläche nicht weniger als vorher, es kann kaum noch an den Wind gehen und sich vor allem mit zu großer Segelwölbung bei zu viel Wind nicht mehr freikreuzen.

Sinngemäßes gilt für die Benutzung eines Großsegels mit Bindereff: Auch dort sind irgendwann einmal die Gatchenreihen zu Ende, und über eine gegebene Größe läßt sich das Segel dann nicht mehr verkleinern.

Nothilfe:

Man nimmt dann die Fock II als Ersatz-Sturm-Treisegel, unter dem man (in des Wortes üblicher Bedeutung) ohnehin nur ein „Dreieckssegel" versteht

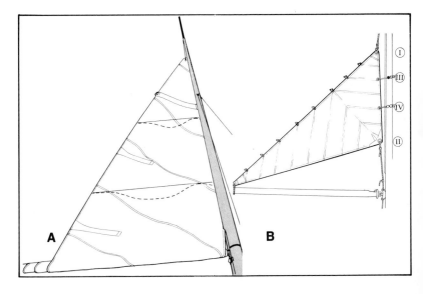

(Abb. B). Sie wird mit dem eigentlichen Unterliek zum Mast und dem eigentlichen Achterliek zum Baum gesetzt, und die Befestigung des Falls (I) wie des Halses (II) erhalten dazu noch einen Stropp um den Mast.

Es ist ratsam, die Sturmfock oder die Fock II für einen Notbehelf schon vorher vorzubereiten und zwei bis drei zusätzliche Ösen in das Unterliek einzustanzen (III und IV), damit man auch hier Haltestropps für das Vorliek einstecken kann.

Natürlich ist eine vorherige Verstärkung des Lieks und eine Einarbeitung von Dopplungen unter den Ösen nützlich.

Das bei einem Sturm-Treisegel zweifellos am stärksten belastete Achterliek ist bei einer Lieken-Umkehr das ursprüngliche Vorliek des Vorsegels. Es kann diese Mehrbelastung am besten aushalten.

Die Sturmfock steht nicht

Gefahrenlage:

Wenn das Sturmsegel selten benutzt wird und insbesondere, wenn man es zum ersten Mal aus dem weit entfernt verstauten Segelsack holt, können die festen Holepunkte der Fockschotleitösen wie die Schienen, auf denen Leitblöcke gleiten, nicht stimmen (Abb. A). Fazit: Die Sturmfock steht nicht. Ihr Achterliek läßt sich nicht durchsetzen.

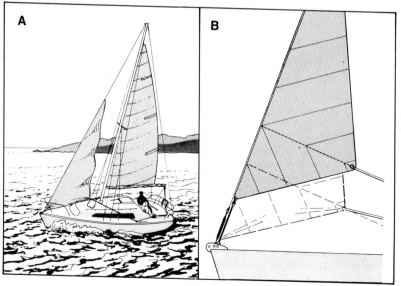

Nothilfe:

Den gleichen Effekt wie die Verlagerung des Fockschotholepunktes in Längsschiffsrichtung hat der vertikale Abstand des Sturmfockhalses vom Deck. Man nimmt in einem solchen Notfall einfach einen (in unterschiedlichen Längen tunlichst zur seemännischen Ausstattung vorhandenen) Drahtstropp, eine kleine Kette oder eine Leine, mit der sich ein Taljereep fertigen läßt, und setzt den Hals der Sturmfock so hoch über Deck, bis die Mittelnaht der Segelbahnen (an der man die richtige Zugrichtung der Fockschot im allgemeinen am besten erkennen kann) so hoch liegt, daß ihre Verlängerung zur Leitöse zeigt (Abb. B).

• Es empfiehlt sich, eine neue Sturmfock oder auch die Fock II, für die ähnliche Bedingungen gelten könnten, zuerst im Hafen zu setzen und die erforderliche Länge eines solchen Halsstropps schon vorher genau zu bemessen. Der Stropp (mit Schäkel!) bleibt dann ständig am Hals des Segels angeschlagen, d. h. er wird mit in den Segelsack eingepackt, so daß die Sturmfock in schwerem Wetter ohne langwierige und gefährliche Takelungsarbeiten am Bug gesetzt bzw. schon vorher klar zum Setzen angeschlagen werden kann.

Leinenstopper für sichere Decksarbeiten

Das Reffen des Großsegels, das Wechseln der Vorsegel und andere Decksarbeiten sind auf einem nassen, krängenden Deck nur möglich, wenn die hier arbeitenden Personen sicher angeleint sind. Im Gegensatz zu früheren und ständig befestigten Leinen aus dünnem Stahldraht benutzt man heutzutage besser Strecktaue aus geflochtenem Polyamid- oder Polyester-Fasertauwerk, die vor dem Auslaufen in zugepaßten Enden längs Deck angeschlagen und gegebenenfalls nachgespannt werden können (Abb. A). Abb. B zeigt die Einzelteile des Sicherheitsbeschlages und sein Einsetzen in eine stehende Tauwerkspart. In diese Strecktaue von ca. 10 bis 14 mm Durchmesser hakt man auch nicht mehr den Karabinerhaken des Sicherheitsgurtes direkt ein, um sich überhaupt gegen ein Überbordfallen zu sichern, sondern man befestigt diesen Lifebelt in einem Leinenstopper (Abb. B zeigt seine Einzelteile), der einerseits im Strecktau frei gleiten kann, wenn der Griff dieses Edelstahlbeschlages quer zur Laufrichtung zeigt (Abb. C), andererseits jedoch in jeder erreichten Position selbsttätig arretiert, falls der arbeitende Segler ausrutschen und Gefahr laufen sollte, längs Deck gewaschen oder gar außenbords gespült zu werden (Abb. D).

Dieser von mir entwickelte „Safeguard" stoppt aber nicht nur einen Sturz über Bord, sondern gibt als Leinenstopper dem mit ihm verbundenen Segler auch ein „drittes Bein" und damit bessere Standsicherheit an Deck, wenn er ihn gewollt blockiert, indem er ihn in seine Stopprichtung zieht. Er läßt sich somit auch als Leinenstopper zum Abfangen der Schot benutzen, wenn Überläufer auf der Winsch zu klarieren sind. Tauscht man die beiden Excenter aus, dann wirkt „Safeguard" wie ein Hahnepotbeschlag.

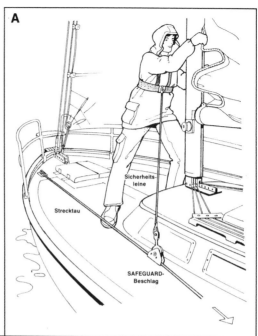

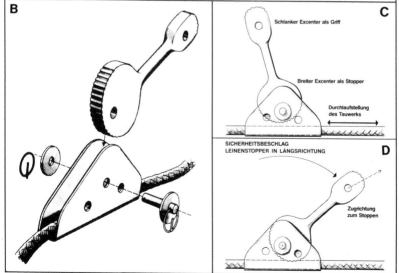

Zu viel Wind – was tun?

Gefahrenlage:

Für einen richtig konstruierten und sicher gebauten Seekreuzer wird es einen Notfall „zu viel Wind" nicht geben, wenn die Besatzung die Segelfläche bei zunehmender Windgeschwindigkeit und entsprechend den Kursen zum Wind beizeiten angemessen reduziert. Nur wenn man das Reffen unterläßt, ist nicht nur eine Überlastung von Rigg und Segeltuch möglich, so daß es zu Notfällen durch Schäden im Rigg kommen kann. Das harte Einsetzen des Bootes in die See und sein weites Überliegen durch nicht ausreichend gereffte Segel wird auch die Kondition der Besatzung schnell vermindern.

Abhilfe:

Man reffe frühzeitig und vor allem Großsegel- und Vorsegelfläche gleichmäßig, damit das Richtungsgleichgewicht des Bootes erhalten bleibt und insbesondere Luvgierigkeit vermieden wird. Sie verursacht eine Überlastung des Ruders und mögliche Schäden an der Steuereinrichtung. Kleine und leichte Seekreuzer tragen bei Windstärke 4 Vollzeug = 100% der Segelfläche (Abb. A). Bei größeren und schwereren Seekreuzern führt man Vollzeug bei Bft 5. Die Abbildung gibt zwei wichtige Hinweise für die Praxis:
- Sie zeigt, daß der Winddruck mit dem Quadrat der Windgeschwindigkeit wächst. Er hat sich beispielsweise von einer Vollzeugbrise (Bft 4) von 19 N/m^2 bei Zunahme um nur eine Windstärke (auf Bft 5) verdoppelt (40 N/m^2) und bei einer Zunahme um drei Windstärken auf Bft 7 auf das Sechsfache (120 N/m^2) erhöht. Das bedeutet, daß der Wind bei Bft 5 die doppelte und bei Bft 7 die sechsfache Energie für unser Segel liefert. Dementsprechend muß die Segelfläche bei Bft 5 auf die Hälfte und bei Bft 7 auf ein Sechstel reduziert werden, wenn man sicher segeln und Notfälle verhindern will.
- Die Abbildung zeigt außerdem, daß der Übergang von einer Windstärke zur anderen nach der Beaufort-Skala nicht linear erfolgt, sondern im Bereich der Segelbrisen mit 4-Knoten-Schnitten, im Starkwindbereich mit Schritten zu 6 Knoten und in den Sturmstärken sogar mit 7 bis 8 Knoten von einer Windstärke zur anderen.
- Das Kriterium für die Segelführung ist und bleibt der Winddruck. An Bord können wir ihn nur auf dem Umwege über das Messen der Windgeschwindigkeit ermitteln. Ein zuverlässiges Anemometer zum Bemessen der möglichen Segelfläche bei zu viel Wind gehört damit zu den wichtigsten Ausrüstungsteilen zur Verhinderung von Notfällen unter Segeln.

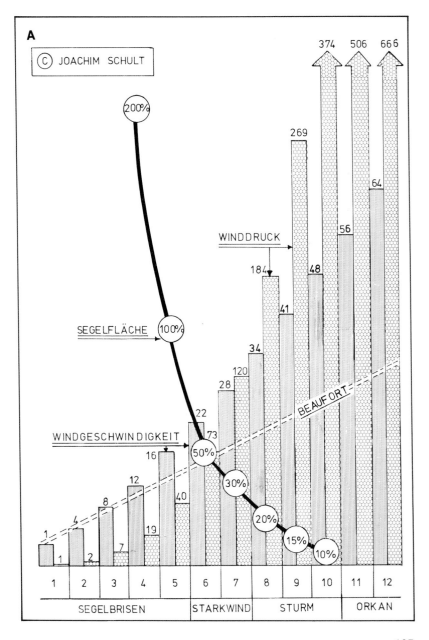

Zu viel Seegang – was tun?

Gefahrenlage:
Erfahrungsgemäß geraten mehr Yachten durch den Seegang in einen Notfall als durch gefährliche Windstärken allein. Obwohl man den Seegang gemeinhin nur als Folge der Windeinwirkung betrachtet, muß man in der Praxis deutlich unterscheiden
- zwischen der eigentlichen Windsee, die durch die derzeitige, anhaltende Windstärke und Windrichtung erzeugt wird,
- einer alten Windsee, die noch aus der vorherigen Windrichtung steht und entsprechend der Windwirkstrecke (auch Fetch genannt) beträchtliche Wellenhöhe und Wellenlänge besitzen kann,
- einer Dünung, die selbst aus entfernteren Seegebieten bis zum Standort durchlaufen kann,
- und den Einwirkungen von Drift- oder Gezeitenströmen, die oftmals quer zur Windsee oder Dünung laufen und ihre Richtung in Stundenfristen periodisch ändern können.

Alle diese Kräfte zusammen verursachen insbesondere auf tiefem Wasser gefährliche Kreuzseen, die den Bootsrumpf und das Rigg, mehr aber noch die Kondition der Besatzung hoch belasten und die Verursacher der meisten Totalverluste sind.

Nothilfe:
Bei zunehmendem Seegang gehört die Besatzung und insbesondere jedes Kind in den sicheren Schutz der Kajüte. Dort nimmt die Freiwache zum Schutz gegen mögliche Verletzungen in den harten Seegangsbewegungen ihre Ruheplätze in den durch → Leesegel geschützten Kojen ein.

Für das Abwettern schwerer, hoher See gibt es prinzipiell drei Möglichkeiten. Ihre Auswahl hängt von dem Fahrtenziel bzw. dem nächsterreichbaren Nothafen ab:
- Liegt das Ziel in Luv, von dem man sich auch durch schweren Seegang nicht weiter abtreiben lassen möchte, oder liegt eine gefährliche Küste in Lee, von der man sich freihalten muß, dann muß man „beiliegen" oder „beigedreht (liegen)" (Abb. A). Dies ist ein Ruhezustand beim Wind mit kleiner, backgesetzter Fock und voll gerefftem Großsegel oder Sturmgroßsegel, bei dem das Boot in etwa 60 bis 80° zu Wind und See liegt und mit ca. 1 bis 2 Knoten querschiffs-leewärts treibt. Das „Beidrehen" leitet dieses Manöver aus jedem beliebigen Kurs ein. Erfahrungsgemäß erfolgt der Übergang vom Amwindkurs, den man vorher zum Erreichen des Zieles in Luv gesteuert hatte. Sollte das Boot – durch den Windwiderstand im Rigg bedingt – den Bug nicht weit

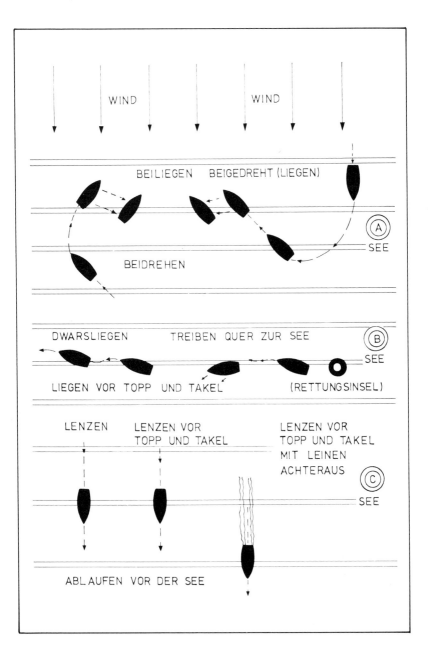

genug nach Luv drehen, nehme man das → Achterstagsegel zum Beidrehen zur Hilfe.
- Eine nicht minder sichere Ruheposition ist das „Liegen vor Topp und Takel" (Abb. B). Diese Lage wählt das Boot weitgehend selbst, und man kann seine Manövrierfähigkeit durch eine winzige Sturmsegelfläche dwars zu Wind und See gegebenenfalls günstig beeinflussen, selbst mit geringen Kurskorrekturen nach Luv oder Lee. Wie die Abb. D und E zeigen, dreht das Boot – insbesondere bei einer hohen, langen und brechenden See – den robustesten Teil des Rumpfes, nämlich das Unterwasserschiff und die senkrechten Rumpfseiten, den gefährlichen Brechern am besten entgegen. Die verletzlichen Teile des Decks und insbesondere die am meisten gefährdeten Kajüteingänge sowie das Ruder und die Steuereinrichtungen werden in dieser Position bestmöglich geschützt. Eine Rettungsinsel treibt in gleicher Weise, und eine entnervte Crew, die am Ende ihrer physischen wie psychischen Kräfte ist, wird ohne Segel sicher überleben können, wenn sie die Luken von innen dicht blockiert und das Boot vor Topp und Takel liegen bzw. treiben läßt.
- „Lenzen" oder „Ablaufen vor der See" mit oder ohne Segel und mit oder ohne nachgeschleppte Trossen (Abb. C) ist demgegenüber kein Ruhezustand, sondern ein Fahrtzustand in Kielrichtung, in dem der stürmische Wind auch am nackten Rigg immer noch so viel Widerstand findet, daß er dem Boot eine beträchtliche (unerwünschte) Geschwindigkeit verleihen kann. Die Seegangskräfte sorgen für zusätzliche Gefahren auf diesem Kurs. In einem Notfall „zu viel Seegang" oder „zu viel Wind" ist das Lenzen nur zu empfehlen, wenn beispielsweise eine Insel oder Halbinsel in Lee liegt, hinter der man einen Ankerplatz ansteuern oder einen dort gelegenen Schutzhafen erreichen kann.
- Abb. D zeigt die acht Phasen, die ein dwarsliegendes Boot (siehe Abb. B) bei einer hohen, brechenden See während des Durchzugs einer einzigen, langen Welle nacheinander auf dem Wellenberg (Pos. 1), auf dem luvseitigen Hang der Welle (2 und 3), im Wellental (4, 5 und 6) sowie am leeseitigen Hang und im hauptsächlichen Gefahrenbereich überbrechender Kämme (Pos. 7 und 8) nacheinander einnimmt. Eingezeichnet ist auch die Orbitalströmung in einer Welle, die ja nichts anderes als eine Schwingung ist: Die einzelnen Wasserteilchen bleiben nahezu an einer Stelle. Sie bewegen sich nur in der begrenzten Distanz zwischen einem und dem folgenden Wellenberg, und bei dieser Bewegung erzeugen sie die unterschiedlichen, örtlich begrenzten und hier durch charakteristische Pfeile auch in ihrer Stärke erkennbaren Oberflächenströmungen. Diese sind es schließlich auch, die eine in dieser Form vor Topp und Takel liegende Yacht letztendlich immer von den gefährlichen Brechern freihalten.
- Abb. E zeigt auch die in Abb. D erkennbare Position 7 in einer Vergrößerung: Der in einem solchen, bei richtigem Verhalten nicht gefährlichen Notfall von den meisten Seeseglern als unerträglich empfundene Zustand eines Krängungswinkels des Bootes von 60° zur Schwerkraft, der natürlich in der Kajüte das Oberste zuunterst kehrt, ist mit ca. 30° (zur Hälfte) durch die abschüssige

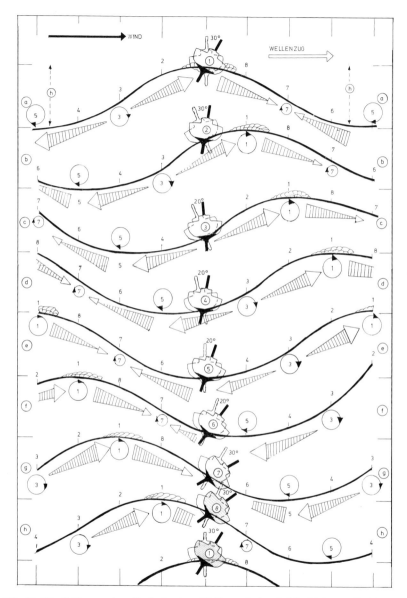

Abb. D: Die 8 Phasen einer Yacht in einer Wellenperiode mit Windrichtung, Wellenrichtung und Richtung wie Stärke der Orbitalströmung unter Wasser.

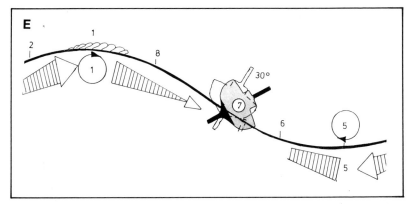

Ebene des Wellenberges bedingt, auf die das Boot scheinbar hinaufzurutschen scheint. Nur 30% (die andere Hälfte dieses Neigungswinkels) werden durch den Druck des Sturmes auf das nackte Rigg erzeugt. Ein Kielboot, das sich selbst wieder aufrichten kann, wird in dieser Position zu einem Stehaufmänn-

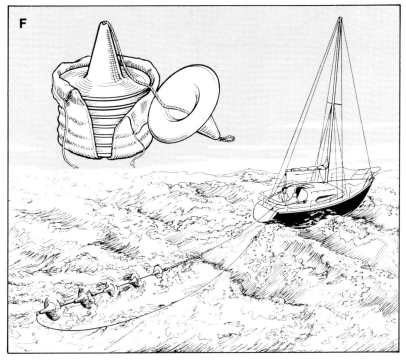

chen, und durch die unaufhaltsam sich fortsetzende Wellenschwingung dauert dieser Zustand in Pos. 7, wie die übrigen Positionen, jeweils nur einige, wenn auch unsympathische oder vielleicht sogar ängstliche Sekunden. Bei einem seefähigen Boot mit sicheren Bordwanddurchbrüchen, robusten, verschlossenen Fenstern und einer Besatzung, die sich – bis auf einen angeleinten Wächter in der Plicht – in der Kajüte aufhält, wird hieraus kein Notfall werden.

- Die in Abb. C gezeigten und vielerorts zum Abwettern schwerer See empfohlenen Trossen, die über das Heck ausgesteckt und nachgeschleppt werden, vermindern die durch Wind und See gegebene gefährliche Fahrt des Bootes nicht nennenswert. Um daraus resultierende Notfälle zu verhindern, benutze man die bereits an anderer Stelle genannten → Rocker-Stopper, die platzsparende Hilfen nicht nur zum Begrenzen der Bootsbewegungen in Fahrtrichtung sind (Abb. F). Man reiht sie in unterschiedlicher, notwendiger Anzahl auf einer kräftigen Leine in jedem gewünschten kurzen Abstand auf und schleppt sie über das Heck nach, wie man sie in ähnlicher Weise auch beim Beidrehen (siehe Abb. A) über den Bug ausgeben könnte.

Das Achterstagsegel als Hilfe zum Beidrehen

Gefahrenlage:

Beim Beiliegen bringt man mit dem Vorschiff denjenigen Teil des Bootes in Richtung auf die See und ihre Brecher, der ohnehin in Fahrtrichtung vorn liegt und dadurch für die Abwehr der See geschaffen und das Auffangen der Gischt am besten geeignet ist. Moderne Seekreuzer und insbesondere Leichtdeplacementboote mit kurzen Kielflossen sowie hohen Masten legen sich ohne Segel jedoch nicht immer in diese gewünschte Richtung. Sie kehren erfahrungsgemäß das Heck der anrollenden See entgegen. Da hier sowohl die verletzlichen Teile von Ruder und Steuereinrichtung als auch die relativ wenig geschützten Eingänge in die Kajüte liegen und die Plicht selbst für überbrechende Seen einen gefährlichen Offenraum darstellt, muß man dem Boot zum Einnehmen der richtigen Beiliege-Position Hilfestellung geben.

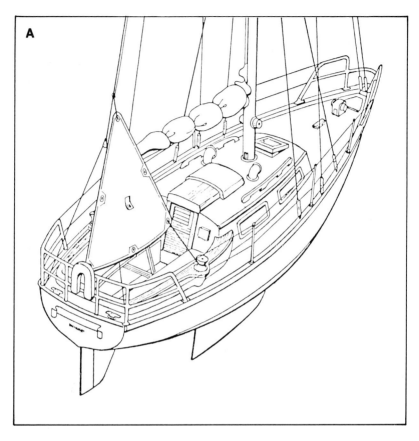

Nothilfe:

Unter Umständen genügt schon ein Segelsack, den man am Achterstag festzurrt, damit er als Widerstand gegen den Wind den Bug der Yacht weiter nach Luv dreht. Gegebenenfalls muß der obere Teil eines kleinen Vorsegels hierzu benutzt werden, wenn die Segelsackfläche nicht ausreicht.

- Besser ist es, wenn man das Vielzweck-Schutzsegel hier haltert (Abb. A), das sowohl von seiner Größe und von seiner Tuchstärke als auch durch die bereits angesteckten und vorbereiteten Leinen hierzu besser geeignet ist. Der Kopf wird am Großfall befestigt. Drei Schäkel an der Kante zum Achterstag halten das Schutzsegel hier fest, und auch die beiden Ecken des Unterlieks lassen sich schnell anschlagen, wenn man das bestmögliche Setzen dieses Achterstagsegels vorher schon einmal ausprobiert hatte.

Mann mit Sicherheitsgurt über Bord

Gefahrenlage:

Ein Sicherheitsgurt gehört zur selbstverständlichen Grundausrüstung für Decksarbeiten unter Segeln bei Tag und Nacht. Er schützt nicht unbedingt gegen Überbordfallen – abhängig von der benutzten Länge und dem Punkt an Deck, in den er eingepickt ist. Aber er bewahrt den Träger davor, nach einem Sturz über Bord abzutreiben und für die (nicht immer sichere!) Rettung einem entsprechenden Mann-über-Bord-Manöver zu vertrauen.
Wie aber verhält man sich, wenn ein Mann mit Sicherheitsleine bei einem Boot in – oft schneller – Fahrt unter Segeln hilflos an der Bordwand hängt?

Arbeitsweise:

• Ist der Vordecksmann in Lee über Bord gefallen (Abb. A), dreht man das Boot bei (Abb. B, Pos. 1), d. h. man wendet ohne Bedienung der Vorschot (Pos. 2) und läßt das Boot mit dichtgesetzter Fockschot auf dem anderen Bug beiliegen.

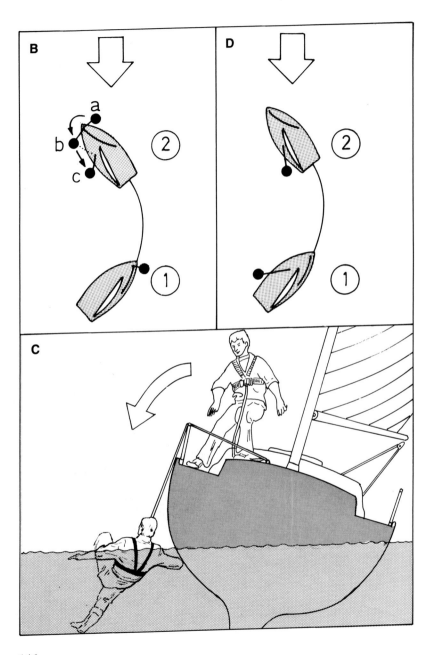

- Der Mann im Wasser tauscht dabei die gefährliche Lage am Bug in Fahrt und unter dem gekrängten Vorschiff sowie in der oft hohen Bugwelle, wo er auch an einer relativ langen Sorgleine völlig hilflos hängt (a), zuerst nur gegen die kaum sympathischere Position in Luv bei weitgehend gestopptem Boot ein. Aber der Rudergänger kann ihm jetzt eine Hand reichen und ihn am Vorsteven vorbei nach Lee bugsieren, wenn der über Bord Gefallene selbst nicht mit eigener Kraft auf die Leeseite gelangen kann (b), und ihn bei der durch Krängung verringerten Freibordhöhe wieder an Deck holen.
- Reichen die Körperkräfte allein hierzu nicht aus, muß die Sorgleine an Bord abgehakt oder umgepickt werden, so daß man den Vordecksmann mit dem → Safe-Lift, der an den Wanten befestigten Nottalje, im Mastbereich aus dem Wasser holen kann.
- Ist der Decksmann durch eine plötzliche und unerwartete Krängung des Bootes nach Luv über Bord gestürzt (Abb. C), wendet der Rudergänger ebenfalls sofort mit dichtgehaltener Vorschot (Abb. D, Pos. 1), bringt das Boot zum Stehen und hat dann die Möglichkeit, in vorgenannter Weise den Mann im Wasser an der Leeseite mit niedrigem Freibord durch Handhilfe allein oder mit der Rettungstalje an Bord zu hieven (Pos. 2).

Überlebensanzug

Ein Schwimm-Overall, der Ölzeug, warmes Unterzeug und Sicherheitsgurt gleichermaßen ersetzt und dabei noch schwimmfähig ist, wird von verschiedenen Herstellern angeboten. Er ist nicht nur eine praktische Sportkleidung in kaltem Wetter, sondern auch hilfreich für Verunglückte, weil er die Überlebenszeit im Wasser von mindestens drei Stunden gewährleistet. Der Overall ist mit einer schwimmfähigen Schaumstoffeinlage ausgerüstet und erzielt ausreichenden Auftrieb. Die stark gegen Unterkühlung gefährdete Genickpartie wird zusätzlich durch Kragen und Kapuze geschützt. Reflexstreifen am Anzug bilden eine sinnvolle Ergänzung.

Mann über Bord – was tun?

Gefahrenlage:

Jedermann kann über Bord fallen und in der See abtreiben, wenn er nicht durch einen Sicherheitsgurt fest und sicher mit dem Boot verbunden ist. Die besten Gurte haben Sorgleinen mit drei Karabinerhaken. Sie eignen sich gut, auch beim Umstecken vom Strecktau – beim Weg über das Deck nach vorn – an einen Mastbeschlag, ein Want oder Stag – zum Arbeiten an einer bestimmten Stelle – die neue Verbindung herzustellen, ehe die alte gelöst wird. Wer über Bord fällt, verschuldet diesen Notfall meistens selbst, weil er die entsprechenden Vorsichtsmaßnahmen mißachtete.
Bei Benutzung von Rollreffanlagen wird der gefährliche Gang auf das Vordeck nahezu unnötig. Die Gefahr des Überbordfallens wird dadurch weiter vermindert.

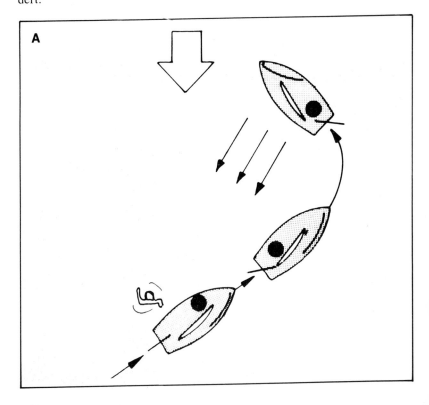

Notmanöver:

Das beste Notmanöver besteht darin, durch geistesgegenwärtiges Ruderlegen unmittelbar nach dem beobachteten Sturz eines Mitseglers über Bord das Boot in den Wind zu legen und durch den Wind zu drehen, ohne die Schoten dabei anzufassen. (Regel für alle Mitsegler: Pinne nach Lee – bis drei zählen – Pinne loslassen.) Das Boot wird dann beidrehen und mit geringer Geschwindigkeit querschiffs nach Lee driften – bei einem sofortigen Ruder- und Segelmanöver genau auf die nur wenig mehr als eine Bootslänge entfernte, im Wasser treibende Person (Abb. A).

• Liegt der oder die Überbordgefallene hierbei nicht genau in Lee, sondern eine Bootslänge voraus oder achteraus im Wasser, überbrücke man diese Distanz mit der → Rettungswurfleine und versuche auf diesem Wege, den Schwimmer an das Boot heranzuholen.

- Erst wenn die ersten beiden Rettungswürfe keinen Erfolg hatten (weil die Entfernung zu groß oder der Werfer zu ungeübt und aufgeregt ist), werfe man dem Schwimmer gezielt einen Rettungskörper zu oder gebe das Seenotbojengeschirr ins Wasser.
- Für die weiteren Maßnahmen, ob sie mit Motorhilfe oder unter Segeln eingeleitet werden, gilt die wichtige Regel: Man entferne sich so wenig wie möglich vom Unfallort und hüte sich insbesondere, auf einem Rettungskurs Höhe zu verschenken und nach Lee abzulaufen, weil dieser Rückweg mit verminderter Besatzung und insbesondere einer unerfahrenen Restcrew zeitraubend, riskant und schwierig zu bewältigen ist. Siehe auch hierzu → der Überbordgefallene ist außer Sicht.
- Ist der Überbordgefallene nach dem Beidrehen in Sichtweite, aber außer Reichweite, werfe man die Rettungsinsel anstelle der sonst üblichen Boje, wenn das Abwurfgestell am Heckkorb einen solchen Notwurf erlaubt. Abb. B zeigt eine moderne Serienhalterung, die das Abkippen, Abwerfen und Auslösen der Insel mit einem einzigen Handgriff (Ziehen eines Splintes) zuläßt. Selbst wenn der Überbordgefallene eine kurze Strecke zur Insel hinschwimmen muß und das → Besetzen der Rettungsinsel vom Wasser aus nicht einfach ist, hat dieser Abwurf folgende Vorteile: Die Insel stellt ein sehr viel weiter sichtbares Ziel für ein Rettungsmanöver dar, und der Überbordgefallene ist hier auch bei einem länger dauernden Rettungsmanöver gegen Unterkühlung, bei eventuell noch eintretender Ohnmacht und gegenüber anderen Gefahren optimal geschützt. Diese auch der Crew der Yacht während ihres Rettungsmanövers bewußte Tatsache wird viele Rettungsmaßnahmen erleichtern helfen und sehr viel früher gelingen lassen, als es sonst unter dem Zugzwang der Verhältnisse möglich wäre.

Einen Überbordgefallenen an Deck holen

Gefahrenlage:

Das rettende Deck einer Yacht kann ohne Hilfsmittel und ohne kräftige Helfer von einer erfahrungsgemäß unterkühlten, durch die Wasseranteile in ihrer Kleidung übergewichtigen und aus beiden Gründen nahezu unbeweglichen Person nicht erreicht werden. Es gibt zahlreiche tragische Beispiele, daß über Bord gefallene und wiedergefundene Segler durch dieses Unvermögen an der Bordwand eines jämmerlichen Todes starben.

Vorsorge:

- Eine Sicherheitsleiter, die am Heck ständig befestigt ist, auch vom Wasser aus heruntergeklappt werden kann und mit ihrer untersten Stufe ausreichend tief ins Wasser reicht, gehört zur elementaren seemännischen Ausrüstung jeder Yacht (Abb. A). In fast allen Notfällen wird der Überbordgefallene noch stark genug sein, die Sicherheitsleiter mit Hilfestellung emporzuklettern.
- Da man aber auch mit der Aufnahme einer schweren, hilflosen Person nur mit den Kräften einer einzelnen, schwachen Frau rechnen muß, gehört eine → Not-Arbeitstalje mit dem → Safe-Lift-Beschlag (an je einem Want beider Bootsseiten) ebenfalls zum Sicherheits-Standard eines Seekreuzers. Man beachte, daß nur durch die große Kraftersparnis einer solchen Talje aus zwei dreischeibigen Blöcken das Anbordholen unter allen Umständen gewährleistet ist.
- Alle Empfehlungen, das Großfall oder die Großschot zum Anheißen und Bergen eines Menschen aus dem Wasser zu benutzen, verkennen die Tatsache, daß weder die entsprechenden Teile des laufendes Gutes hierfür ausreichende Bruchfestigkeit haben noch die Großschot als Talje die nötige Kraft zum Bewegen der schweren Last eines Menschen in nasser Kleidung hergibt.
- Die praktische Erfahrung lehrt außerdem, daß niemand in der Lage ist, vom

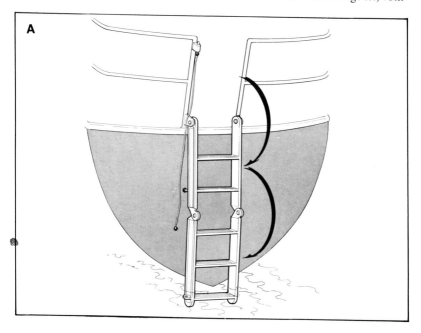

Wasser aus seine Füße in ausgehängte Leinenbuchten zu hängen und gleichzeitig Klimmzüge mit den Armen an diesen Leinen zu vollbringen, die scheinbar wie Leitersprossen wirken. Weder diese Vorrichtungen noch Muskelkraft und Körperbehendigkeit werden ein solches Rettungsmanöver in der rauhen Wirklichkeit zum Erfolg führen können.

Ein Sicherheits-Cockpit

Der Seekreuzer „Bandholm 35" leitete die Entwicklung zum Sicherheits-Cockpit auf Fahrtenyachten ein: Beim Öffnen der Achterluken und Abklappen des Achterspiegels erreicht man eine niedrige Plattform dicht über der Wasserlinie, von der aus man – über eine zusätzliche Sicherheitsleiter – sowohl einen Hilflosen an Bord hieven als auch die Rettungsinsel besser zu Wasser lassen kann – 1. Ausklappbarer Spiegel. – 2. Rettungsleiter auf der Innenseite. – 3. Aufgeklappte Decksluken. – 4. Arretierung in offener Stellung. – 5. Plichtsitze. – 6. Schwenkvorrichtung zum Senken des Heckspiegels und zum Anbordholen von Hilflosen. – 7. Rettungsinsel. – 8. Rettungsringe. – 9. Handgriffe zum Festhalten. – 10. Gasflasche mit Halterung.

Einen Verletzten aus dem Wasser bergen

Gefahrenlage:

Eine ohnmächtige oder eine unterkühlte Person, die weder beim Anlegen eines Heißgurtes zur Benutzung von → Safe-Lift und → Not-Arbeitstalje helfen kann und ein Verletzter, der durch eine Patenthalse über Bord gefallen war und wieder aufgenommen werden soll, müssen auf andere Art so schnell wie möglich an Deck geholt werden können – auch von einer einzelnen, an Bord zurückgebliebenen und schwachen Person.

Nothilfe:

Man bedient sich hierzu in beiden möglichen Nothilfen der Segel:
• Bei einer leichtgewichtigen, hilflosen Person fertigt man ein Wundbett aus dem gefierten Großsegel (Abb. A), das vorher ganz aus dem Mastliek herausgezogen wurde und in das der Verletzte hineinschwimmen oder hineingezogen

werden kann. Der Vorteil gegenüber einer möglichen Vorsegelbenutzung: Der Notsack läßt sich ausbaumen. Man denke jedoch daran, daß nicht nur das Segeltuch, sondern auch das Fall und insbesondere die Dirk durch die nasse Person nur begrenzt belastbar ist und daß man auch mit der Fallwinsch allein nur eine bedingte Kraftersparnis erreicht.

• Umständlich erscheint auf den ersten Blick, ein Wundbett aus zwei Vorsegeln zu fertigen, von denen je ein Liek entlang der Bordwand angeschlagen

wird (Abb. B). Der Vorteil dieser Notkonstruktion: Ein verletzter Mann kann besser (mit oder ohne Unterstützung) in diesen Heißkorb hineinschwimmen, weil die Öffnung mit Hilfe des nach außen gefierten und in dieser Stellung mit einem Stropp arretierten Großbaumes beliebig lange in der gewünschten Distanz offengehalten werden kann. Und die Last wird von zwei Heißstropps angehoben, von denen der hintere in jedem Falle bereits als Talje (der Großschot) geschoren ist, und nur der vordere direkt über die Fallwinsch läuft.

• Die praktischen Erfahrungen mit diesen Rettungsmethoden sind umstritten. Sie sollten daher wohl nur dann versucht werden, wenn eine ohnmächtige, unterkühlte oder verletzte Person wenigstens erst einmal (und sei es nur wenige Zentimeter über die Wasseroberfläche) aus dem Wasser herausgehoben werden soll, um vor weiteren Maßnahmen warm und trocken versorgt zu werden.

Umgang mit Safe-Lift und Rettungstalje

Gefahrenlage:

Mann über Bord. – Eine hilflose Person muß ohne Benutzung der Sicherheitsleiter an Bord geholt werden.

Vorbereitung:

Safe-Lift (Abb. A) etwa in Kopfhöhe ständig befestigt am Oberwant jeder Bootsseite fahren. Zubehör: Eine Talje mit einem dreischeibigen Steertblock und einem dreischeibigen Block, die gleichzeitig als Reserve-Großschot oder als Heißtalje für den Anker dienen kann, wenn die Winsch ausgefallen ist und/oder Muskelkraft allein nicht zum Ankerlichten ausreicht (Abb. B).

Weitere Zusatzausrüstung:

Heißgurt für eine Person, der sowohl ein zuverlässiges Bergen garantiert als

auch Schutz gegen Verletzungen. Dazu geeignet Sicherheitsgurt (Lifebelt), die beiden Buchten eines doppelten Pahlsteks (Abb. F), ein Sitzbrett aus einem Fußbodenteil der Kajüte (Abb. E) oder ein Bootsmannsstuhl. – Doppelfunktion des Safe-Lift: Unverlierbare Halterung für den Bootshaken (Abb. D).

Arbeitsweise:

Die Rettungstalje wird am Safe-Lift eingepickt (notfalls auch die ausgeschäkelte Großschot) und die über Bord gefallene Person an der jeweiligen Leeseite des Bootes so weit aufgeheißt, bis sie an Deck genommen werden kann (Abb. F). Siehe auch → Not-Arbeitstalje, Aufbau und Einsatz.

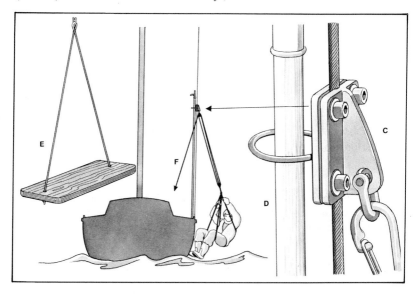

Der Überbordgefallene ist außer Sicht

Gefahrenlage:

Nach Testfahrten einer deutschen Seefahrtsschule wurden folgende Sichtweiten eines über Bord gefallenen Menschen von den vergleichbaren Augenhöhen einer Yacht ermittelt:
- Bei Windstärke 2, Sonne im Rücken, sehr guter Sicht und wolkenlosem Himmel: etwa 450 m.
- Bei gleicher Windstärke 2, Gegenlicht und Wolkenschleiern sowie schwach bewegter See: etwa 300 m.
- Bei Windstärke 4 bis 5, mäßig bewegter See, vereinzelten weißen Schaumkronen, mittlerer bis guter Sicht und Gegenlicht: etwa 200 m.
- Die genannten Sichtweiten wurden mit bloßem Auge von erfahrenen Ausguckposten erreicht. Ein Notausguck wird es erfahrungsgemäß nur auf etwa 80% dieser Sichtweiten bringen. Steht sofort ein gutes Fernglas (7 x 50) zur Verfügung, wird man ca. 150% der genannten Weiten erreichen.
- In der rauhen Praxis des Seesegelns heißt dies: Bei 6 Knoten Fahrt kommt der Kopf des Überbordgefallenen unter ungünstigen Bedingungen nach etwa 30 Sekunden oder zehn Bootslängen Abstand außer Sicht. Unter durchschnittlichen Bedingungen ist er vom Deck einer Yacht aus etwa eine Minute lang oder etwa 20 Bootslängen im Auge zu behalten. Nur unter seltenen, optimalen Bedingungen wird man ihn etwa zwei Minuten lang im Wasser als winzigen Farbpunkt ausmachen können – aber darauf vertraue niemand.

Suchkurse:

- Wenn der Notfall auf einem Vorwindkurs eingetreten ist, wird man die längste Zeit zu einer Kursänderung und zum Zurückkreuzen gegen den Wind benötigen. Nach Bergen des Spinnakers, Setzen der Fock, Anluven und Wenden kreuzt man auf dem Generalkurs zum Wind zurück (Abb. A) und zählt die Zeit, die man dabei auf Steuerbord- und Backbordbug beidseitig der Windachse segelt, laut aus, beispielsweise „25" nach der ersten Wende für einen halben und „50" nach der zweiten Wende für einen ganzen Schlag. Ausreichend weit in Luv der gegißten Unfallstelle bringt man das Boot auf einen Halbwindkurs und läßt es parallel zu den Wellen und senkrecht zur Windachse in ca. doppelt so langen Schlägen in sehr kurzen Schleifen ebenfalls mit Zeitmaß nach Lee zurücklaufen. Können mehrere Personen an Bord Ausguck halten, sollte man sowohl nach Luv wie nach Lee und nach voraus wie achteraus Sektoren

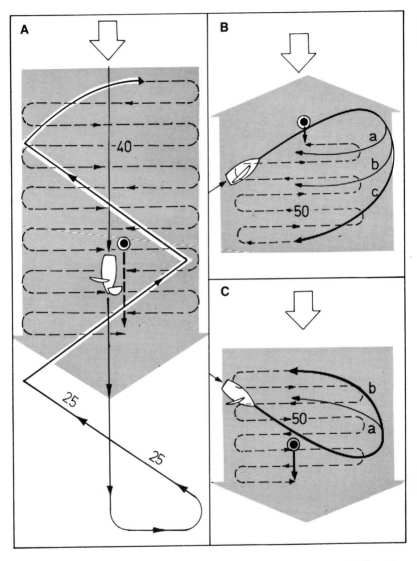

einteilen, damit man allseitig auf die Wellenberge hinauf und in die Wellentäler hineinblicken kann.
- Bei einem Notfall auf Amwindkurs (Abb. B) laufe man lieber etwas weiter leewärts und beginne die entsprechenden Suchkurse mit dem Weg c, weil man

nicht genau abschätzen kann, wie weit der Überbordgefallene bereits mit Wind und See gedriftet ist.
• Sinngemäßes gilt, wenn man nach einem Raumschotskurs (Abb. C) zuerst einen Kreuzschlag nach Luv einlegen muß. Hier gibt der Weg b die beste Ausgangslage.

Ich kenne einen Schipper, der 20 Stunden lang nach einem verlorenen Mann suchte und auch nicht aufhörte, als die zur Rettung herangerufene Küstenwache längst aufgegeben hatte. Und er fand seinen Wachführer schließlich – klamm, aber wohlauf.

Auf dem gleichen Wege kann man auch eine Nacht durchstehen, wenn das Unglück noch vor der Dämmerung begann, ein Nachtlicht aber nicht geworfen wurde oder nicht gezündet hatte.

Bergen mit der Rettungsleine

Sinnvolle Ausrüstungsteile erleichtern ein Rettungsmanöver. Der Umgang mit ihnen sorgt zuverlässiger als manches schulmäßig empfohlene Manöver dafür, einen Überbordgefallenen so schnell wie möglich zu bergen. Eine Rettungsrolle, die ständig am Heckkorb befestigt ist (Abb. A), ist mit einer 100 m langen Schwimmleine bestückt, an deren Tampen ein Rettungskörper angesteckt ist.

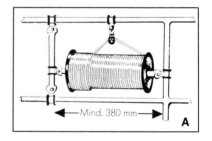

Man wirft sie in einem solchen Seenotfall über Bord und leitet dann die Kursänderung mit dem entsprechenden Segelmanöver ein. Hierzu können Wenden oder Halsen, Segelbergen oder Anlassen des Motors gehören. Fährt man anschließend (und noch mit der Restfahrt) einen großen Bogen um die schwimmende Person, kann diese umgehend die Schwimmleine und die daran befestigte Rettungsboje ergreifen. Somit ist sehr schnell und zuverlässig eine sichere Verbindung zum Überbordgefallenen hergestellt, und er kann nach dem Stoppen des Bootes mit Hilfe der Sicherheitsleine Hand über Hand an die Bordwand herangeholt werden.

Über Bord fallen – und im Wasser überleben

Gefahrenlage:

Zuerst fährt einem der Schreck in die Glieder, daß der unausdenkbare Notfall doch passiert ist, und die erste Ungewißheit kann zu panischer Angst werden: Wird die Crew es schaffen, das Boot zurückzusegeln? Wird sie in der Lage sein, eine schwere Person, deren Kleidung voll Wasser gesogen ist, wieder an Deck zu bringen? Und wird man selbst noch in einer körperlichen Verfassung sein, um hierbei aktiv mitzuhelfen? Die Einsamkeit im Wasser ist ein psychisches wie physisches Problem. Zur Erhaltung der Lebensgeister ist es nicht nur nützlich, sondern notwendig, sich an Gelesenes zu erinnern und bei dessen Anwendung in diesem Notfall die innere Ruhe wiederzugewinnen.

Verhaltensweise:

Der verlorene Schwimmer wird sich auf eine Zeit von mindestens 15 Minuten einsamen Wasseraufenthaltes einrichten müssen, wenn sein Sturz über Bord von den anderen Besatzungsmitgliedern bemerkt worden ist und Rettungsmaßnahmen sofort eingeleitet wurden. Aber in einer solchen Lage gehen alle Uhren langsam! Unter weniger günstigen Bedingungen kann er länger als eine Stunde hilflos treiben – das Boot außer Sichtweite.

● Zuerst wird man versuchen, die nachgeworfenen Rettungsmittel zu erreichen und sich daran zu hängen. Man wird sich mit den Signalmitteln vertraut machen.

● Wurde keine Rettungsboje geworfen und ist der Verunglückte nur unzureichend mit Schwimmhilfen ausgestattet, muß er jede überflüssige Bewegung sofort vermeiden. Die in seinen Kleidern eingeschlossene Luft wird ihn desto länger über Wasser halten, je weniger er sich bewegt. Durch jede Bewegung wird mehr und mehr eingeschlossene Luft aus der Kleidung entweichen. Je geringer die Aussicht auf eine schnelle Rettung besteht, desto mehr muß man mit seinen Kräften haushalten.

● Zum Energiesparen beim Überwasserhalten ohne Schwimmhilfe oder Rettungsweste gibt es zwei Methoden: Beim „toten Mann" legt man sich gestreckt der Länge lang auf den Rücken und hält die Lungen so lange wie möglich mit Luft gefüllt. Die absackenden Füße können durch einen Delphinschlag von Zeit zu Zeit wieder in die waagerechte Lage gebracht werden. Bei der Methode „Qualle" legt der Schwimmer die Arme an den Körper, holt tief Luft, taucht den Kopf ins Wasser und verbleibt in dieser Stellung, bis der nächste Atemzug

notwendig ist. Seitliches Anheben der Arme hilft, den nach dem Ausatmen zu tief eingetauchten Körper wieder anzuheben.
- Es ist falsch, sowohl gegen die See als auch mit der See zu schwimmen. Man verbraucht dazu unnötigerweise körperliche Reserven, und die Wellen, die dabei über den Kopf spülen, sorgen für seelische Zermürbung. Statt dessen lasse man sich parallel zu den Wellenkämmen treiben.
- Beim Schwimmen in einer ohnmachtssicheren Schwimmweste sollte man bei einer Drift in bewegter See besser der unsympathischen Lage mit Blick auf die Brecher (Abb. A) den Vorzug geben: Denn durch die Drift nach Lee wird der in einer stabilen Rückenlage schwimmende Mensch noch weiter angehoben, und es entsteht ein spürbarer dynamischer Auftrieb. Wendet man hingegen den Nacken gegen die anrollenden Wellen (Abb. B), dann richtet die Driftströmung den Körper immer wieder in eine senkrechte Stellung auf. Dadurch reduziert sich der Auftrieb, und die Atmungsorgane liegen länger und öfter im gurgelnden Wasser.
- Kräftige Schwimmbewegungen können den abgekühlten Körper nicht erwärmen. Im Gegenteil, sie beschleunigen die Unterkühlung. Die Muskelarbeit regt nämlich den Blutkreislauf an, und aus dem Körperkern wird dann das warme Blut verstärkt zur Haut transportiert, wo die Körperwärme durch Berührung mit dem kalten Wasser verlorengeht. Da die durch Schwimmbewegung erzeugte Wärmemenge kleiner ist als der durch größere Oberflächendurchblutung erreichte Wärmeverlust, muß jede unnötige Bewegung im Wasser unterbleiben.

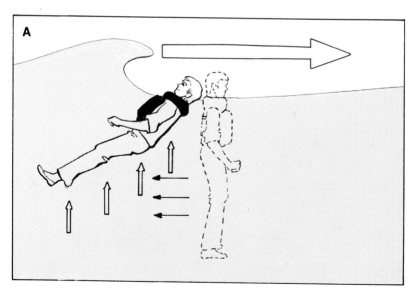

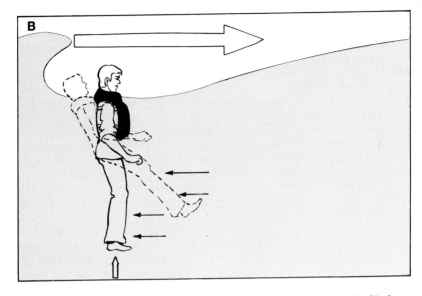

- Dauert der Aufenthalt insbesondere in kaltem Wasser länger als befürchtet, ziehe man Beine und Arme eng an den Körper, schwimme in einer Hockstellung (Kauerstellung) und ziehe auch die Kapuze gegen Wärmeverlust über den Kopf (Abb. C). Nach Möglichkeit binde man nicht nur die Füße zusammen, sondern ziehe auch (mit Hilfe von Stropps, die erfahrungsgemäß jeder Segler in der Hosentasche hat) die Unterschenkel mit einem Rückenband fest an den Körper, so daß diese Stellung auch erhalten bleibt, wenn man bei längerem Aufenthalt im Wasser ohnmächtig werden könnte. Mehrere Personen umarmen sich (Abb. D).

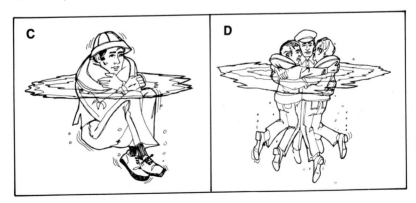

- Ein Durchschnittsmensch, der normal bekleidet ist und eine ohnmachtssichere Schwimmweste trägt, hat nach Angaben amerikanischer Schiffahrtsmediziner folgende Überlebenschancen bei einer Wassertemperatur von mindestens 10° C:

Situation	Voraussichtliche Überlebenszeit in Stunden
ohne Schwimmhilfe:	
Methode „Qualle"	1,5
Methode „Toter Mann" oder wassertretend	2,0
mit Schwimmhilfe:	
mit Schwimmbewegungen	2,0
regloses Treiben	2,7
in Kauerstellung allein	4,0
mehrere Personen umarmt	4,0

Große Leute kühlen eher aus als kleine Personen. Schwergewichtige halten länger durch als Dünne. Kinder verlieren ihre Wärme schneller als Erwachsene.

Ein Rettungsnetz

Hilflose, unterkühlte und verletzte Schwimmer können oft nur mit einem Helfer wieder an Bord geholt werden, der ebenfalls außerhalb des Bootes und in verschiedenen Höhen an der Bordwand Stand- und Haltemöglichkeit erhalten muß, um dem Geretteten unter die Arme greifen oder ihm anderweitig Unterstützung geben zu können. Diese Rettung ist nur durch ein Rettungsnetz in den Abmessungen von etwa 2,5 × 2,0 m möglich, das trittfest und grobmaschig geknüpft ist und eine Maschenweite von etwa 10 × 10 bzw. 12 × 12 cm hat – groß genug, damit auch ein breiter Stiefel hineinpaßt. An jeder Ecke sowie auf halber Länge der Längskanten ist je eine Leine angesteckt. Drei etwa 1,0 m lange Leinen dienen zum Befestigen der oberen

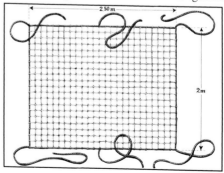

Netzkante an Deck. Die Fangleinen für die untere, im Wasser hängende Netzkante sind mindestens 2,5 m lang und werden an Deck lose angesteckt. Die Abbildung zeigt, wie man einer Person beim Anbordkommen hilft. Ist der Überbordgefallene zu steif oder zu schwach, um an seiner Rettung selbst mithelfen zu können, holt man mit Hilfe der längeren unteren Fangleinen das Netz bis dicht unter die Wasseroberfläche und schafft hier eine Art Wundbett, in das der Überbordgefallene hineinbugsiert und anschließend – mit Hilfe von Fall- oder Schotwinden – hochgehievt werden kann.

Not-Treibanker

Gefahrenlage:

Bei zu viel Wind von achtern und bei zu hoher See, die beide einem Boot, das vor dem Sturm lenzen muß, gefährlich viel Fahrt geben, kann das Ausbringen eines Stoppers zur Fahrtverminderung vom Achterschiff aus nützlich und notwendig sein. Ebenso ist eine Kursstabilisierung über die Ruderbenutzung hinaus notwendig, wenn ein Boot bei auflandigem Wind durch eine starke Brandung hindurch eine enge Hafeneinfahrt ansteuern muß. Wenn ein kleiner Steuerfehler zum → Auflaufen oder sogar zur → Strandung führen kann, bedarf es zusätzlicher Hilfsmittel.

Nothilfe:

Nachgeschleppte Trossen reichen zur Fahrtverminderung erfahrungsgemäß nicht aus, auch wenn man mehrere von ihnen so lang wie möglich aussteckt und in Buchten über das Heck gibt. Ein hierzu oft empfohlener Kettenvorlauf steht häufig nicht zur Verfügung, oder er liegt außer Reichweite im Ankerkasten am Bug. Die Widerstandsfläche entlang der nachgeschleppten Leinen läßt sich dann aber auf andere Art schaffen bzw. vergrößern:
• Man nimmt ein Bodenbrett, einen Backskistendeckel oder ähnliche Verschlußbretter, die ja erfahrungsgemäß Öffnungen für die Durchlüftung bzw. zum Herausheben mit einem Finger besitzen, oder verwendet das schon als → Notruder vorgesehene, hierfür benutzbare Bodenbrett. Dann steckt man durch zwei der Ausnehmungen eine Leine hindurch (Abb. A), die am Tampen

der Schlepptrosse in einer Hahnepot befestigt wird, und schert eine zweite Leine von Bord durch das Brett (hier mit einem Stopperknoten) hindurch und zum Boot zurück, mit deren Hilfe man dieses Scherbrett im rechten oder jedem anderen beliebigen Winkel trimmen kann, wenn es als Widerstandsfläche arbeiten soll, oder auch in Fahrtrichtung, wenn man es wieder an Bord holen muß.

- Ähnliche Dienste leistet der Anker, den man hierfür in einen Segelsack packt (Abb. B) und der dann am Tampen einer solchen Nachschleppleine befestigt wird.
- Können oder sollen Bodenbrett und Anker nicht benutzt werden, lassen sich an Bord vorhandene Trichter auf die mit mehreren Stopperknoten gespickte Schleppleine aufstecken (Abb. C). Erfahrungsgemäß hat man ja mehrere von ihnen (für Wasserübernahme, Kraftstoffübernahme und im Kombüsendienst) an Bord.
- Genau wie die Trichter lassen sich die → Rocker-Stopper an die Schleppleine stecken (siehe Abb. F, Seite 142). Ihre Stoppwirkung ist größer, und man benötigt in einem solchen Falle erfahrungsgemäß nur einen.

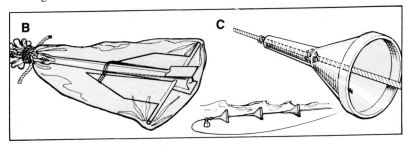

4 Selbsthilfe mit dem Ankergeschirr

Aufgelaufen – was tun? 168
Aufgelaufen auf einer Untiefe in Luv 170
Aufgelaufen auf einer Untiefe in Lee 172
Abbringen mit Bordmitteln I:
Leichte Motorboote 175
Abbringen mit Bordmitteln II:
Seekreuzer und Kielboote 178
Not-Arbeitstalje, Aufbau und Einsatz 182
Ausbringen eines Ankers mit dem Beiboot 185
Ausbringen eines Ankers ohne Dingihilfe 187
Abbergen mit Fremdhilfe 188
Gefahr der Strandung 191
Gestrandet – was tun? 193
Schwerer Sturm am Ankerplatz 197
Das Ankergeschirr hält nicht 200
Wie erkennt man einen schlierenden Anker? 202
Verkatten von Ankern 204
Der Anker paßt nicht an die Kette 206
Anker klemmt am Grund 207
Sichere Handhabung des Pflugscharankers 209
Kettenhaken als Stopper 211
Wie stoppt man das Rollen vor Anker? 214

Aufgelaufen – was tun?

Gefahrenlage:

Auflaufen, Aufbrummen, Festkommen oder wie man eine Grundberührung nennen mag, ist die jedem Boot drohende häufigste Gefahr, wo auch immer es unterwegs ist: Das Festkommen ereilt uns in Flußrevieren wie an der Küste, kommt in Tidenrevieren und beim Ansteuern kleiner Häfen häufig vor, läßt sich auch bei sorgfältiger Navigation in Gebieten, die zu Versandung neigen, niemals ausschließen und wird im allgemeinen nur zu einem Bootsnotfall, den die Besatzung bei richtigem Verhalten aus eigener Kraft bewältigen kann. Unentschlossenheit oder falsches Verhalten, unnötiger Zeitverlust oder gar Leichtfertigkeit können jedoch dazu führen, daß ein → Abbringen vom Grunde nicht mehr mit eigenen Mitteln, sondern nur mit Fremdhilfe möglich ist und eine solche → Hilfeleistung beträchtliche Kosten verursachen kann. Nicht ausgeschlossen ist, daß ein Festkommen zur → Strandung und gegebenenfalls sogar zum Verlust des Bootes führen kann.

Nothilfe:

Die einzuleitenden Maßnahmen hängen von vielen Faktoren ab:
- Von der Richtung und Stärke des Windes und den Einflüssen von Seegang oder Strom.
- Von der Größe und dem Typ des Bootes, von der Länge seines Kiels, der Verdrängung des Fahrzeugs und der Anzahl der Besatzungsmitglieder sowie der technischen Hilfseinrichtungen, die zur Selbsthilfe zur Verfügung stehen.
- Von der Beschaffenheit des Grundes (Sand, Steine, Felsen, Schlick u. a.), von der Art der Unterwasserkante (flach, steil) und von der Ausdehnung der Untiefe (Einzelfelsen, freiliegende Sandbank, von tiefem Wasser umgebenes Riff, ansteigender Strand vor der Küste u. a.).
- In Tidengewässern von dem Stand der Gezeit (Flut = zulaufendes Wasser oder Ebbe = ablaufendes Wasser) und der Spring- oder Nippzeit (großen oder geringen Wasserstandsunterschieden zwischen Hochwasser und Niedrigwasser).

Arbeitsweise:

Wie man sich unter diesen unterschiedlichen Bedingungen richtig verhält, ist auf den folgenden Seiten für einzelne Situationen beschrieben worden. Man suche sich die passende Nothilfe im Einzelfall heraus. Prinzipiell gilt nur folgendes:
- Wenn eine Yacht unter Segeln festkommt, läuft sie erfahrungsgemäß in

gekrängtem Zustand auf, weil sie sich (zumindest auf Amwind- und Raumschotkursen) durch den Winddruck auf den Segeln mehr oder weniger weit übergelegt hatte. Für sie lautet die Grundregel beim Festkommen:
Sofort alle Schoten loswerfen!
Beim Aufrichten muß sich ihr Tiefgang notgedrungen vergrößern. Sie wird dann so realistisch festsitzen, wie die Situation tatsächlich gefährlich ist. Aber sie wird wirklich nur in der kürzesten Distanz zum tiefen Wasser festgehalten, die man sie anschließend wieder freiholen muß.
Läßt man hingegen nach dem Aufsetzen des Kiels die Segel unverändert ziehen, verschlimmert man den Grad der Grundberührung und erschwert sich das Abbringen.
Beim Auflaufen unter Motor (bei Segel- wie Motorbooten) oder auf ebenem Kiel ist das Boot erfahrungsgemäß mit seinem Höchsttiefgang festgekommen. Es bedarf dann oft nur entsprechender Krängung, um wieder freizukommen.

Aufgelaufen auf einer Untiefe in Luv

Gefahrenlage und Nothilfe:

Siehe → Aufgelaufen – was tun?

Arbeitsweise:

Diese Grundberührung wird immer auf einem Amwind- oder Halbwindkurs erfolgen. Der Kiel wird die Untiefe in einem spitzen Winkel treffen. Beim Stillstand des Bootes wird der Bordwind abflauen, auf die Windstärke des wahren Windes zurückgehen und auf dessen Richtung raumen.

• Weht der Wind in spitzem Winkel von der Untiefe hinweg (Abb. A): Alle Schoten los! Bei viel Wind und Seegang werden die Naturkräfte allein meistens ausreichen, das Boot wegzudrücken. Anderenfalls und bei wenig Wind: Fock backhalten. Besatzung an die Leewanten zum Krängen. Gegebenenfalls Motor auf „Rückwärts halbe". Erfahrungsgemäß reichen diese Maßnahmen zum Freikommen aus.

• Weht der Wind senkrecht zur Untiefenkante (Abb. B): Großschot sofort loswerfen und Fock sofort backsetzen! Diese Maßnahme wird das Boot sowohl bei leichtem wie bei starkem Wind freikommen lassen. Man beachte jedoch:

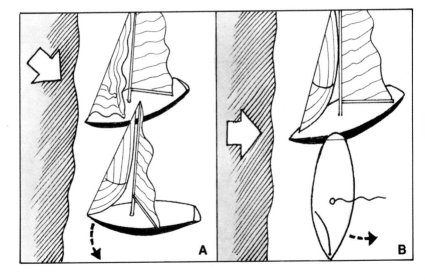

Damit das Boot eine ablandige Drehtendenz durch Backsetzen der Fock behält, muß das Großsegel so weit wie möglich aufgefiert werden und bleiben.
• Läuft das Boot auf einem raumen Kurs auf eine Untiefe in Luv (Abb. C), hilft oft reaktionsschnelles Halsen, um es durch die damit auch verbundene Kursänderung wieder in freies Wasser zu bringen.
• Sind diese Maßnahmen ohne Erfolg geblieben, muß man die Segel bergen (Abb. D) und das Boot so stark wie möglich krängen, damit sich sein Tiefgang vermindert. Da das freigekommene Boot immer leewärts und in tiefes Wasser driften wird, kann das Gewicht aller Besatzungsmitglieder eingesetzt werden (ohne daß jemand dabei am Ruder bleiben muß), und es genügt auch eine Improvisation des kurzzeitigen, effektiven Krängens durch das „Aushängen" eines Mannes auf dem aufgefierten Großbaum (mit einem Bein, das den Körper hält, und dem anderen Bein zum Ausgleich des Gleichgewichtes), einem zweiten Mann in den Wanten und gegebenenfalls (bei kleinen Yachten und auf einer besonders flachen Sandbank) mit einem Mann im Wasser, der hier mit Gummistiefeln (zum Eindrücken in unreinen Grund) und mit Sicherheitsgurt und „Affenleine" (für das schnelle und sichere Anbordholen nach dem Freikommen) für die nötige Schiebekraft zum Freikommen sorgen kann.

Aufgelaufen auf einer Untiefe in Lee

Gefahrenlage und Nothilfe:

Siehe → Aufgelaufen – was tun?

Arbeitsweise:

Gesellt sich zum auflandigen Wind noch ablaufendes Wasser, ist schnelle Reaktion besonders unerläßlich:
- Nach der ersten, auch nur einer leichten Grundberührung sofort die Schoten loswerfen und schnellstens alle Segel bergen (Abb. A). Anschließend den Zweitanker fallen lassen, damit das Boot nicht weiter auf die Untiefe treiben kann bzw. bei der unvermeidlichen Drift gebremst oder gestoppt wird. In jedem Falle gibt man der gut belegten Ankertrosse (bei erfahrungsgemäß weniger als 2 m Wassertiefe zum Zeitpunkt der Grundberührung) eine Lose von etwa 15 m, damit der Zweitanker beim Steifkommen fassen kann und nicht schliert.
- Diese Maßnahmen gelten sowohl bei einer Windrichtung, die vierkant auf die leewärtige Untiefe zielt, als auch bei Windrichtungen in spitzem Winkel. Nur auf raumen Kursen (Abb. B) und einer Untiefe, die eine deutliche Fahrwasserstufe darstellt, kann es möglich sein, sich durch Halsen ohne Dichtholen

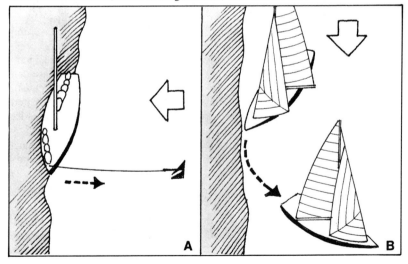

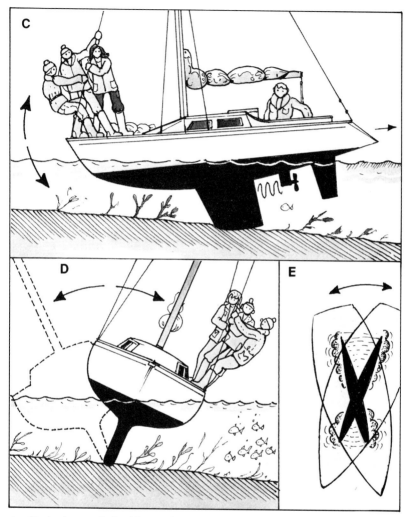

der Fockschot und eine Kursänderung um mindestens 90° vom Unterwasserhindernis freizuholen.
● Ist der Grund hart, und steigt er nur sehr langsam an, kann man das Boot mit Motorhilfe in tiefes Wasser zurückholen. Die Crew stellt sich dazu auf den Bug (Abb. C), damit sich der achtere Teil des Kiels anheben kann, und der Motor wird mit „Zurück halbe" auf die in diesem Falle optimale Leistungsfähigkeit des Propellers angestellt.

- Versagt diese Maßnahme mit Motorhilfe, hat sich der Kiel zu stark im umgebenden Sand festgesogen, dann muß man diesen Halt entweder durch abwechselndes seitliches Krängen (Abb. D) oder durch ständig veränderten Längstrimm (siehe Abb. C) mit Besatzungshilfe von einer Seite zur anderen oder vom Bug zum Heck und zurück zu lösen versuchen.
- Eine Drehung des Bootes um seine Längsachse ist bei Kurzkielern möglich und nicht nachteilig. Ein Langkieler buddelt sich dabei jedoch fest, weil er bei jeder Drehung Sandwälle an der einen und anderen Kielseite aufschüttet (Abb. E), die letztlich die Arbeiten des Freiholens noch erschweren.
- Bleiben alle Bemühungen zum Freikommen fruchtlos, wende man die auf Seite 178 beschriebenen seemännischen Maßnahmen zum → Abbringen mit Bordmitteln an.

Abbringen mit Bordmitteln I: Leichte Motorboote

Arbeitsweise:

Ist es eine einzelne Flachstelle, ist es fester, begehbarer Grund, auf den man aufgelaufen ist, oder hat das Boot einen geringen Tiefgang und einen langen Kiel, verfahren man wie folgt:
- Bei einem Boot mit Außenbordmotor schwenkt man unmittelbar nach dem Festkommen (Abb. A) zuerst den Antrieb hoch (Abb. B), damit der Schaden nicht noch größer wird. Die ungefähre Ausdehnung der Flachstelle und der Weg ins tiefe Wasser lassen sich (wenn man am Rande des Fahrwassers aufgebrummt ist) mit dem Bootshaken ausloten. Oft ist es schon durch Veränderung des Längstrimms mit der Besatzung („Alle Mann achteraus!") möglich (Abb. C), das Boot wieder frei schwimmen zu lassen. Gegebenenfalls bringt man auch andere Gewichte wie Brennstoffkanister, Gepäck aus dem Vorschiff o. ä. so nahe wie möglich an den Spiegel. Dann greift man zum Bootshaken

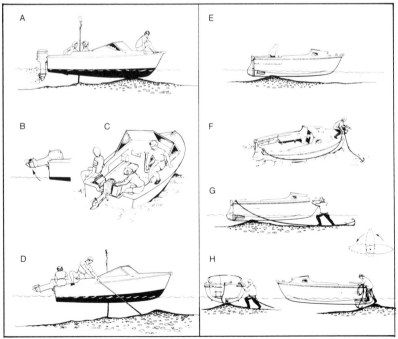

(Abb. D) und setzt von einer möglichst achteren Position an Bord von der Untiefe ab. Bei genügend Wasser unter dem Propeller läßt sich auch der Außenborder jetzt abwärts schwenken und zum Abbringen mit einsetzen.

• Ist man mit einem schweren Boot aufgebrummt oder mit einem leichten Boot schon so weit auf die Untiefe gerutscht, daß man mit dem schweren Achterschiff festsitzt (Abb. E), muß ein Besatzungsmitglied ins Wasser, um den Anker mit der am Heck belegten Ankerleine auszubringen (Abb. F) und kräftig einzutreten, damit das Boot nicht abtreiben kann, wenn es freikommt (Abb. G). Der Sportschipper bleibt über eine Sicherheitsleine mit dem Boot verbunden und bringt vorher eine Badeleiter am Heck aus, damit er auch als Einzelfahrer gegebenenfalls ohne Hilfe wieder an Bord kommen kann (Abb. H). Je nach Art und Lage der Untiefe kann jetzt eine Drehung des Bootes, die am Bug eingeleitet wird, das Boot befreien (Abb. I).

• Ist ein Boot mit tiefem V-Spant bei hoher Fahrt weit auf eine gleichmäßige Flachstelle aufgelaufen und auf ebenem Kiel zum Stehen gekommen (Abb. J), genügt oft einfaches Krängen, um die Grundberührung aufzuheben (Abb. K). Wenn wir uns das Gewicht des Bootes als quadratischen Schwimmkörper

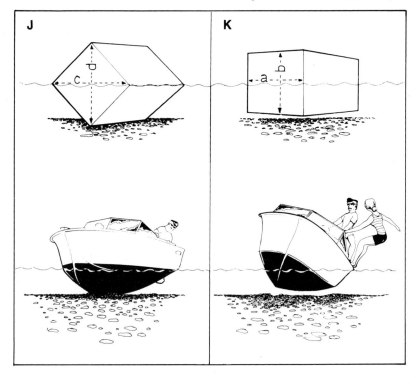

denken, der genau bis zur Hälfte eingetaucht ist, dann ist seine Breite a oder seine Höhe b kleiner als die Diagonalen c bzw. d zwischen den Ecken, die bei einem Boot den größten Tiefgang und die größte Breite in der Schwimmwasserlinie markieren. Durch einfache Gewichtsverlagerung zur Seite kann man bei solchen Bootstypen die notwendigen ca. 0,20 m gewinnen, damit das Boot frei schwimmen, mit Bootshakenhilfe bugsiert oder mit Motorhilfe vorsichtig wieder in Tiefwasser gezogen werden kann.

• Nach jedem Festkommen ist es ratsam, am Rande der Untiefe noch einmal zu ankern und sorgfältig zu prüfen, ob Boot oder Motor beim Auflaufen Schaden genommen haben. Sollte das Boot tatsächlich leckgeschlagen sein, ist die Untiefe oder ihre Nähe ein Platz, an dem bei einer notwendigen Reparatur mehr Sicherheit gegeben ist als in freiem, tiefem Wasser.

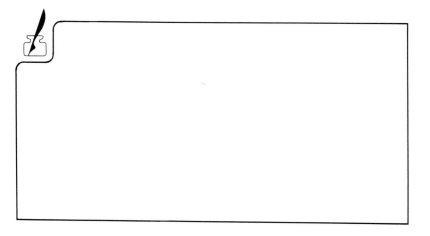

Abbringen mit Bordmitteln II: Seekreuzer und Kielboote

Liegt das Boot wie auf Seite 172 beschrieben vor Zweitanker (gegen weiteres Driften auf die Untiefe) und geborgenen Segeln, verfährt man wie folgt:
- Man fährt den Hauptanker (siehe → Ausbringen eines Ankers mit dem Beiboot) so weit wie möglich nach Luv und in freies Wasser aus. Dann krängt man das Boot nicht nur durch das Besatzungsgewicht, sondern auch mit Hilfe von Ballastgewichten, die an den ausgeschwungenen Großbaum gehängt wer-

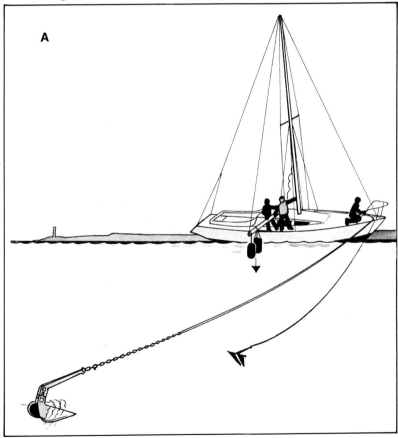

A

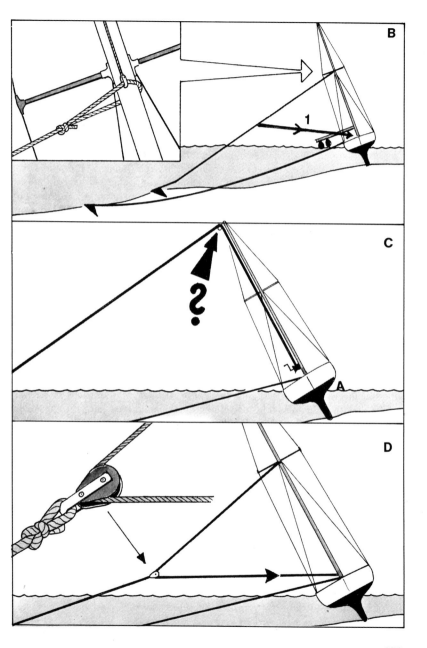

den, so weit wie möglich zu einer Seite (Abb. A). Dies ist erfahrungsgemäß die Tiefwasserseite, weil dann der Kiel beim Freiholen besser und direkt abrutschen kann. Wasserkanister, das Beiboot, Werkzeugkästen und andere Gewichte sind zum Krängen geeignet.

- Jetzt beginnt man, die lange Trosse des weit ausgefahrenen Hauptankers von ihrer Bugbefestigung zu lösen und mit aller verfügbaren Kraft zu holen. Hierzu eignet sich die Ankerwinsch oder eine Schotwinsch. Gegebenenfalls ist der → Kettenhaken mit seinem Bergestropp am Bug um die Trosse zu legen und hier ein anderes, kräftiges Ende anzustecken, das gleichzeitig über die Schotwinsch der anderen Bootsseite geholt werden kann.
- Ein sehr nützlicher und kräftiger Helfer ist die → Not-Arbeitstalje, mit deren Hilfe man besonders viel Kraft erzeugen kann.
- Sollte die Krängung doch nicht ausreichen, kann man den Zweitanker einholen, ihn mit dem Dingi einige Bootslängen in freies Wasser verfahren, seine Ankerleine rund um den Mast legen und bis zur Salinghöhe (dem Unterwanten-Angriffspunkt) aufheißen (Abb. B). Über eine Fangleine (1) ist es jetzt möglich, die Krängung mit Ankerhilfe zu vergrößern und dadurch das Freiholen zu erleichtern.
- Die Zweitankerleine an ein Fall anzustecken und dieses über die Fallwinsch am Mast durchzuholen, erscheint auf den ersten Blick sinnvoll (Abb. C), weil sowohl das Holen (mit der Fallwinsch) als auch der Hebelarm (am Masttopp) wirksamer sind. Erfahrungsgemäß sind aber die Mastbeschläge für eine solche Belastung nicht geeignet.
- Die beste Krängungswirkung bei größtmöglicher Festigkeit des Geschirrs und geringstem Kraftaufwand für die Crew erhält man, wenn man einen Block am Ende der Ankerleine ansteckt, die vom Mast geführte Leine hier umlenkt und mit ihrer holenden Part zum Deck zurückbringt. Man erreicht eine Kraftersparnis von 1:2, doch muß der Block ausreichend weit entfernt angesteckt sein, damit die Holeleine bei Verkürzung ihrer Länge durch zunehmende Krängung des Bootes nicht zublocks kommt (Abb. D).
- Die Arbeit des Abbringens kann durch Wellengang vorbeifahrender Schiffe unterstützt werden. Hier lohnt sich oft ein Abwarten.
- Hilfreich kann das Leichtern der aufgebrummten Yacht sein, d. h. das Abgeben von entbehrlichen Gewichten und dadurch die Verminderung der Verdrängung: Lenzen der Wassertanks sowie Abgabe von Werkzeugkisten, Brennstoffkanistern und anderen kompakten Gewichten in das längsseits liegende Beiboot sind bewährte Möglichkeiten zur Tiefgangsverringerung.
- Abhängig von der Heckform kann es nützlich sein, das Schlauchboot (Beiboot) unter dem Achterschiff direkt festzuzurren (Abb. E). Die Befestigung erfolgt im teilgefüllten Zustand. Erst anschließend wird es voll aufgeblasen. Yachtbeiboote haben ein Volumen von 300 bis 500 Litern, d. h. sie liefern eine beträchtliche Auftriebskraft, insbesondere, wenn diese an der schwersten Stelle des Bootes gezielt wirken kann.

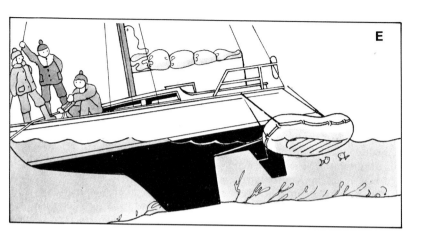

Not-Arbeitstalje, Aufbau und Einsatz

Gefahrenlage:

Es gibt viele Gelegenheiten, wo man ohne fremde Hilfe zurecht kommt, wenn man die an Bord einsetzbare Muskelkraft mit Hilfe einer Arbeitstalje verstärken oder gar vervielfachen kann. Dafür ist beispielsweise die Großschot geeignet, die erfahrungsgemäß je einen Doppelblock mit und ohne Steert hat, so daß sich eine mögliche Kraftersparnis von 1:5 oder 1:4 (je nach Zugrichtung der holenden Part) ergibt. Die Großschot hat jedoch zwei Nachteile: Sie wird meistens in ihrer eigentlichen Funktion benötigt und kann für andere Aufgaben nicht verwandt werden. Und sie läßt sich nur mit Zeitaufwand abschlagen.

Nothilfe:

Es zahlt sich aus, eine spezielle Not-Arbeitstalje an Bord zu haben, die nicht nur als Ersatz-Großschot dienen kann, sondern auch für andere Schwerarbeit zu verwenden ist. Stellt man sie aus je einem dreischeibigen Block mit und ohne Hundsfott zusammen (Abb. A) und wählt man hierzu Teile mit sehr hoher Bruchfestigkeit aus, läßt sich eine Kraftersparnis von 1:6 oder 1:7 (je nach Zugrichtung der holenden Part) erzielen, und mit Hilfe eines Klappläufers (eines in die holende Part geschäkelten Blocks) sowie durch Führen der holenden Part über eine Schotwinde läßt sich die Kraft vervielfachen:
- Wird die Not-Arbeitstalje an den → Safe-Lift gesteckt und zum Anbordholen eines schweren Mannes durch eine Frau (mit geringen Körperkräften) eingesetzt, sind bei einer Kraftersparnis von 1:7 nur 15 daN (15 kp) erforderlich, um 105 kg Masse zu bewegen.
- Ein kräftiger Mann könnte mit Einsatz von 50 daN (50 kp) an der holenden Part eine unklare Ankerkette von 350 kg Gewicht holen oder einen verklemmten Anker gleicher Zuglast aus dem Grund brechen (Abb. B).
- Ist die Last noch größer, kann man mit dem gleichen Kraftaufwand von 50 daN auch 700 kg bewegen, wenn die feste Part der Arbeitstalje mit der holenden Part des Klappläufers (Abb. C) verbunden wird. Man beachte jedoch: Der Block des Klappläufers wird dabei mit einer Kraft von 700 daN belastet, die beiden dreischeibigen Blöcke mit 350 daN. Sie müssen hierzu gebaut sein (und sind es erfahrungsgemäß auch).
- Mit einer solchen Arbeitstalje, einem Klappläufer und der Schotwinsch läßt sich notfalls nicht nur ein unklar gekommenes Ankergeschirr ausbrechen, man kann ein aufgebrummtes Boot auch in gleicher Weise freiholen. Abb. D zeigt, wie man hierbei ein Fahrzeug von nahezu 3 t bewegen kann: An die Ankerket-

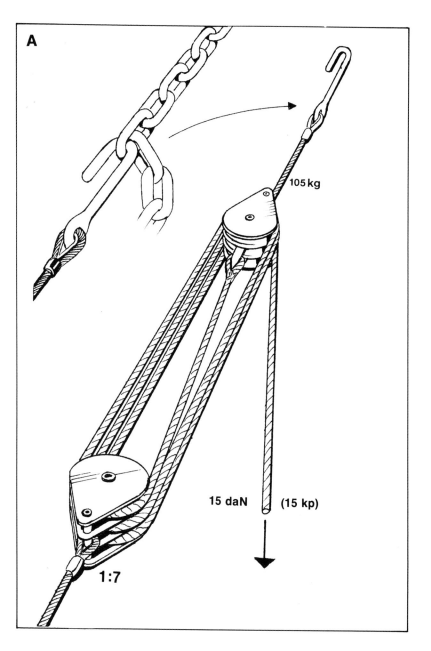

te wird der Block eines Klappläufers geschäkelt. Die feste Part ist (gegebenenfalls auf zwei Enden verteilt) an Deck an Klampen oder anderen Festpunkten angeschlagen. Die holende Part führt zum Steertblock der Arbeitstalje, die mit ihrer festen Part sicher auf dem Mittel- oder Achterschiff befestigt ist. Die holende Part der Arbeitstalje wiederum führt auf eine der Schotwinden, wo sie mit einem Handhebel geholt wird. – Setzt man an der Schotwinde 50 daN zum Bedienen des Winschenhebels ein, kann man bei dieser Anordnung 2800 daN Endkraft ausüben. Mit welcher Zuglast die Teile hierbei belastet werden, zeigt die Skizze. Man sollte jedoch mindestens die (garantierte) doppelte Bruchfestigkeit wählen, wenn man die Arbeitstalje mit ihren Zusatzgeräten in dieser Weise verwenden will.

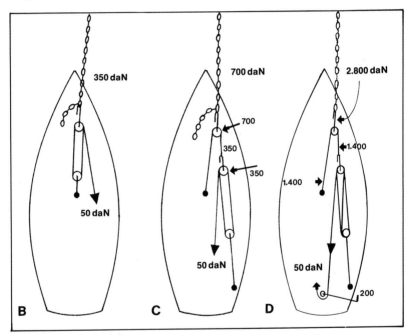

Ausbringen eines Ankers mit dem Beiboot

Gefahrenlage und Nothilfe:

Siehe → Aufgelaufen – was tun?
Der Anker kann bei vielerlei Gelegenheiten mit einem Beiboot ausgefahren werden müssen, nicht nur zum → Abbringen vom Grunde, sondern auch, wenn ein zweiter Anker am Ankerplatz ausgebracht werden muß oder bei → Hafennot ein Anker nach Luv auszulegen ist.

Arbeitsweise:

Beim Festkommen wird zur Sicherung zuerst der Zweitanker ausgegeben, damit man den Hauptanker zum Abbringen vom Grunde einsetzen kann:
- Man benutze die längste Leine, die man an Bord hat, und stecke zum Ausfahren zwischen Yacht und holender Part der Trosse noch einmal ein Drittel der Verbindungslänge an, um die beim Ausfahren unvermeidliche Trossenlose zuerst durchholen zu können. Die beste Verbindungsleine ist eine Schwimmleine, weil sie sich an der Wasseroberfläche ausstreckt und nicht durch Durchhängen die nützliche Länge verkürzt.
- Man gibt einer Trosse in diesem Falle auch den Vorzug vor der Ankerkette, weil sie an Bord und von Hand griffiger zu bedienen ist, sich wahlweise hier um Ankerwinsch und Schotwinsch legen läßt und im Schlauchboot weniger Gewicht verursacht.
- Zur Vorbereitung des Ausfahrens holt man das Schlauchboot an der Yacht längsseits und legt zuerst den Anker klar zum Fallen über das Heck. Dann folgt (aus Gewichtsgründen) nur ein kurzer Kettenvorlauf, und anschließend schießt man die Trosse klar zum Laufen im Achterschiff des Dingis auf. Die angesteckte Verbindungsleine folgt als letztes.
- Jetzt pullt möglichst der kräftigste Mann so schnell wie möglich genau nach Luv oder senkrecht zur Untiefe in freies Wasser, so daß die Trosse zügig aus dem Beiboot ablaufen kann (Abb. A). Am Ende bedarf es nur noch einer kurzen Handhilfe, damit auch die Kette nachfolgen und zum Schluß der Anker abrutschen und fallen kann.
- Will oder muß man hingegen den Anker mit einer Ankerkette ausbringen, sind zwei Arbeitsgänge erforderlich: Man fährt zuerst den Anker mit einem Kettenvorlauf aus, der mindestens die Länge der Wassertiefe haben muß, und steckt hieran einen Fender als Ankerboje und eine Verbindungsleine (Schwimmleine) zur Yacht. Dann legt man das Schlauchboot an diesen Anker und versucht, Hand über Hand mit Hilfe der Schwimmleine die angesteckte

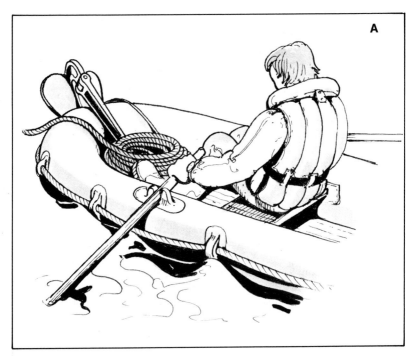

Ankerkette vom Boot aus über den Grund an den Anker heranzuziehen. Der durch die Boje gekennzeichnete freie Teil des Ankervorlaufs und die mit der Schwimmleine verbundene Ankerkette werden anschließend vom Schlauchboot aus zusammengeschäkelt. Dann wird die Boje gelöst und das Dingi zur Yacht zurückgebracht, ehe man von dort die aufgebrummte Yacht an den Anker heranzubringen versucht.

Ausbringen eines Ankers ohne Dingihilfe

Gefahrenlage und Nothilfe:

Siehe → Ausfahren eines Ankers mit dem Beiboot.

Arbeitsweise:

Ist kein Beiboot vorhanden oder ist es nicht einsatzklar, muß man eine Notschwimmeinrichtung für den Anker schaffen.
- Man bindet mehrere Fender zusammen und hängt an diesen Auftriebskörper den Anker, der hier mit einem Slipstek oder einem Reißbändsel befestigt ist (Abb. A).
- Dieses Anker-Notponton muß dann ausgeschwommen werden. Hierzu ist neben der Ankertrosse, die jetzt notgedrungen vom Boot ausgegeben werden muß, auch eine zweite Schwimmleine erforderlich, die mit dem Schwimmkörper verbunden ist. An ihr werden nach der Verankerung Schwimmkörper und der oder die Schwimmer wieder an Bord zurückgeholt. Es ist eine schwierige und mühsame Arbeit, bei der natürlich die Leinenlänge nicht erreichbar ist, die sich mit einem Dingi ausfahren läßt, aber die einzige Möglichkeit, zum Freiholen der Yacht einen schweren Anker weit genug in tiefes Wasser zu transportieren.

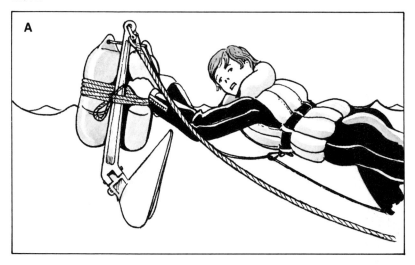

Abbergen mit Fremdhilfe

Gefahrenlage:

Kann sich eine festgekommene Yacht mit eigenen Mitteln (wie auf den Seiten 170 bis 181 beschrieben) nicht freiholen und ruft sie ein anderes Boot zur Mithilfe heran, dann tritt der Rechtsfall der → Seenot ein, und die Aufwendungen des anderen Bootes sind als → Hilfeleistung zu bewerten. Yachtbesatzungen werden Geldforderungen in solchen Fällen im allgemeinen nicht stellen, doch empfiehlt es sich, nach dem Freikommen den Schipper der hilfreichen Yacht zu fragen, wie man sich erkenntlich zeigen kann. Bei längeren Bemühungen unter Motor ist zumindest eine Entschädigung für den verbrauchten Kraftstoff unerläßlich. Fahrzeuge der Berufsschiffahrt werden die gesetzlichen Forderungen („Lohn für Hilfeleistung") stellen können, und auch die Seenot-Rettungskreuzer arbeiten erfahrungsgemäß nicht unentgeltlich. Auch wenn sie nur die „Selbstkosten" geltend machen, können diese bereits unerwartet hoch sein.

Nothilfe:

Das Abbergen wird nur ohne Zeit- und Materialverlust sowie ohne Verletzun-

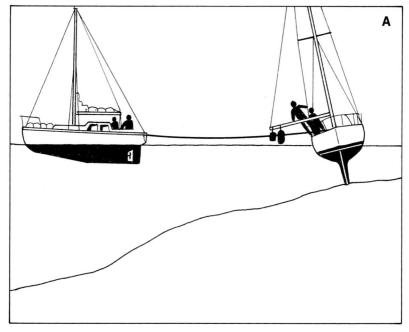

gen gelingen, wenn die Besatzungen des Schleppbootes und der aufgelaufenen Yacht im Einklang handeln. Eine vorherige Absprache des Manövers in Rufweite ist notwendig.

• Am einfachsten geht es, wenn die Crew des aufgelaufenen Bootes den mit Gewichten beschwerten Großbaum in Richtung auf das freie Wasser gebracht hat, das Boot zu dieser Seite überliegt und die in den Wanten hängende Besatzung diese Krängung noch zu verstärken versucht. Die Schlepptrosse wird dann an dem sichersten Beschlag (aber je nach Lage nicht unbedingt nur am Bug) belegt, und der Schlepper kann direkt anschleppen (Abb. A).

• Die Möglichkeit, daß die Schlepptrosse mit einem Pahlstek um den Mast gelegt wird und der Schlepper nur für eine maximale Krängung sorgt, während die Crew an der Ankertrosse arbeitet und sich an den ausgebrachten Anker heranzuholen sucht, ist riskanter: Das Rigg ist für eine solche Belastung nicht geschaffen, und auf dem schrägen Vordeck läßt sich in einem solchen Falle auch nicht sicher mit Leinen hantieren.

• Besser ist es dann – und diese Methode ist auch empfehlenswert, wenn das aufgebrummte Boot nur zur Untiefenseite gekrängt werden kann –, die unterhalb der Saling angreifende Schleppleine unter Rumpf oder Kiel hindurchzuführen. Jetzt wird ein kippender und ziehender Effekt in gleicher Weise erzielt, und ein Teil der Zugbelastung wird vom Bootsrumpf selbst aufgenommen (Abb. B).

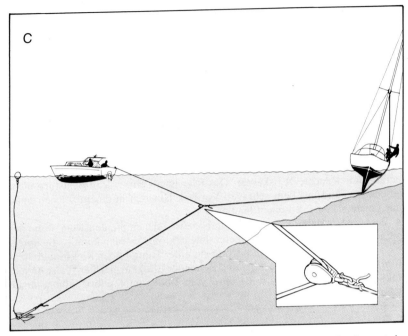

- Eine weitere Möglichkeit, in einer solchen Situation die Zugkraft zu steigern, besteht darin, den eigenen Anker ausbringen zu lassen, einen Umlenkblock (Abb. C) an den Tampen der Schleppleine zu stecken und das Motorboot mit der holenden Part der Ankerleine zum Schleppen zu verbinden. Hat der einscheibige Block ausreichende Zugfestigkeit, und hat sich der Anker selbst gut in den Grund gegraben, dann kann ein kleines Motorboot jetzt das Doppelte leisten.
- Man beachte, daß man auf dem Motorboot nur mit Halbgas anschleppen sollte. Die Kraft, die das (zuerst weitgehend stilliegende) Motorboot dabei als Schub über den Propeller abgeben kann, ist größer, als wenn der Motor mit Vollast und der Propeller hochtouriger arbeitet.

Gefahr der Strandung

Gefahrenlage:

Der Verlust eines Ruderblattes, Beschädigung der Steuereinrichtung, Fremdkörper im Propeller, ein unklarer Motor, Schäden im Rigg, Segelriß und Mastbruch allein oder in Verkettung unglücklicher Umstände auch zusammen können dazu führen, daß sich eine Yacht bei auflandigem Wind und auflaufender See von einer Küste nicht mehr freihalten kann und zur Vermeidung der Strandung nur ein Ankern auf Legerwall möglich ist. Der Handlungsspielraum für seemännische und nautische Entscheidungen ist dann erfahrungsgemäß gering. Das Risiko besteht in der unaufhaltsamen Drift nach Lee und auf die Küste. Ein nachträglicher Luvgewinn ist unmöglich.

Nothilfe:

• Hat die driftende Yacht die Möglichkeit, sich zwischen zwei Buchten verschiedener Unterwasserkonturen zu entscheiden (Abb. A), dann gebe man der Bucht mit der größeren Flachwasserzone (A) den Vorzug: In die Bucht B mit tiefem Wasser wird die hohe, brechende See weiter hineinstehen (Abb. B). In der Bucht A wird wegen der geringeren Wassertiefe nur eine kurze, kabbelige See auflaufen. Auch für die Sicherheit am Ankerplatz (siehe → Schwerer Sturm am Ankerplatz) ist eine geringfügige Wassertiefe vorteilhaft.

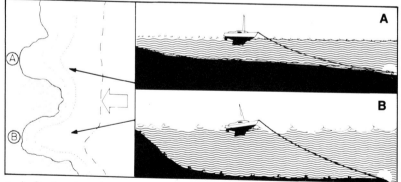

• Außerdem hat ein flach auflaufender Sandstrand den Vorteil, daß man (bei unvermeidbarer Strandung) die Yacht nicht verliert, auch wenn sie hoch und trocken liegt.
• Wichtig ist, den Anker so früh wie möglich in den Grund zu bringen und beim Erreichen des Meeresbodens sofort sicher fassen zu lassen. Hierzu steckt man den Zweitanker, der erfahrungsgemäß mit einer Ankertrosse gefahren

wird, mit seinem Kettenvorlauf an den Hauptanker (Abb. C) und fiert diesen mit dem angesteckten Kattanker (je nach erwarteter Wassertiefe am Ankerplatz) etwa 10 m weit ins Wasser (Abb. C, 1) Auf dem Vorschiff wird diese Kettenlänge durch ein Reißbändsel, das bei Grundberührung des Kattankers brechen kann, festgezurrt. Die restliche Ankerkette wird klar zum Laufen gehalten.

• Beginnt der Kattanker zu greifen (Abb. C, 2), dann erreicht auch der Hauptanker sofort den Grund, und nach Brechen des Reißbändsels kann die volle Ankerkette ausrauschen. Dadurch halten beide Anker sofort, ohne zu schlieren. Das abrupte Stoppen wird gedämpft, und mit Hilfe der verkatteten Anker wird dem Grundgeschirr die größtmögliche Haltekraft verliehen (Abb. C, 3). Jetzt ist von Anbeginn mit der vorhandenen Ankerausrüstung das Menschenmögliche gegen Stranden getan worden. Würde man zuerst den einen Anker fallen lassen, bestünde die Gefahr, daß er sich bei schneller Drift nicht eingraben würde. Selbst wenn dieses schließlich geschähe, könnte man den zweiten Anker erst ausbringen, wenn der erste trägt, und dabei würde man wiederum mehrere Bootslängen kostbarer Distanz in Richtung auf die gefährliche Leeküste verschenken. Die Erfahrung hat weiterhin gezeigt, daß es gefährlich bis unmöglich ist, den Zweitanker später mit dem Beiboot weiter nach Luv und in die Nähe des zuerst geworfenen Ankers zu bringen, falls die Haltekraft des Hauptankers nicht mehr ausreicht.

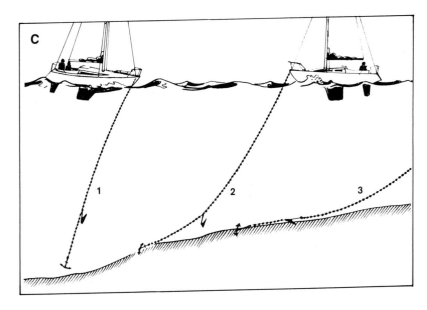

Gestrandet – was tun?

Gefahrenlage:

Eine Strandung kann vielerlei Ursachen haben, und sie kann direkt erfolgen, wenn das Boot durch → Mastbruch, → Versagen der Steuereinrichtung oder einen → Fremdkörper im Propeller manövrierunfähig geworden ist und sich nicht mehr freihalten konnte. Ein Boot muß aber auch als gestrandet betrachtet werden, wenn es sich nach dem → Auflaufen weder mit Bordmitteln → abbringen ließ, noch ein → Abbergen mit Fremdhilfe erfolgreich war. Eine Strandung muß noch nicht den Totalverlust eines Bootes bedeuten. Aber oft wird er ganz zwangsläufig daraus, wenn die Crew nicht die Zeit nach dem Auflaufen gut ausnutzt und die richtigen Schutzmaßnahmen nach der Strandung ergreift.

Arbeitsweise:

Alle Maßnahmen gelten sinngemäß, ob man in Tidengewässern oder in tidenfreien Zonen, an einem Sandstrand oder an einer Felsenküste gestrandet ist:
• Zuerst muß gewährleistet werden, daß das Boot nicht zu derjenigen Seite überliegt, die durch die Grundbeschaffenheit oder das Wasser gegeben ist, sondern zu der, die der Schipper wünscht (Abb. A). Hierzu hängt man Ge-

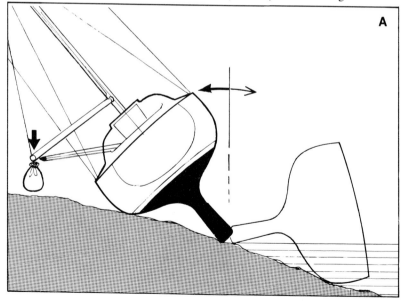

wichte an die Baumnock, fährt den Großbaum querschiffs aus und krängt das Boot mit Hilfe der Besatzung in Richtung auf die Küste und auf den flachen Strand. Das Deck mit seinen verletzlichen Öffnungen zeigt jetzt nach Land. Das robuste Unterwasserschiff ist auf Seegang und Brandung gerichtet.

● In dieser Lage sollte man dem Rumpf nicht nur an einer Felsenküste ein möglichst weiches Polster geben, auf dem er sicher ruhen kann. Hier sollte er sich auch (gegebenenfalls beim Heben und Senken des Rumpfes in auflaufendem Wasser) weich gefedert bewegen können. Fender, Matratzen, Segelsäcke und andere → Notfender, ja selbst ein aufblasbares Schlauchboot sollten dabei hauptsächlich an der breitesten Stelle vom Wasserpaß bis zum Schandeck untergelegt (Abb. B) und sowohl längs- wie querschiffs so gezurrt werden, daß die Polster auch beim Aufschwimmen nicht verrutschen können.

● Ist ein Boot auf steinigem Strand oder an einer Felsenküste gestrandet, dann wird der Schutz noch wichtiger, aber auch schwieriger. Am besten ist es, man stellt ein leichtes Boot auf ebenem Kiel auf und hindert es daran, mit den verletzlichen Seiten auf den Grund zu fallen. Das ist in der Praxis kein einfaches Unterfangen, wenn das Boot in flachem Wasser schon auf einer Seite liegt. Aber zum Aufrichten sollte man mit Hilfe von Mast, Baum, Anker und Taljen jeden nur erdenklichen Versuch unternehmen und dabei sinngemäß auch die Ratschläge verwenden, die beim → Abbringen und → Abbergen zum Krängen gegeben sind.

● Zum Aufstellen auf ebenem Kiel muß man seitliche Stützen bauen (Abb. C), für die man alle verfügbaren Spieren wie Großbaum, Spinnakerbaum, Bootshaken, Innenhölzern (und was auch immer an Bord ist) verwenden kann. Diese Notstelzen müssen oben und unten, querschiffs und längsschiffs mit Faser- und Drahttauwerk sowie entsprechenden Hölzern so geriggt wer-

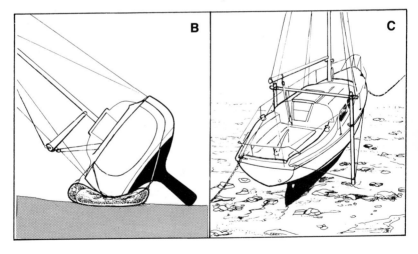

den, daß sie nicht seitlich wegrutschen und sich auch nicht in den Grund eingraben können.
- Damit das Boot an seinem Platz gehalten wird, ist der Hauptanker so weit wie möglich nach vorn und der Reserveanker nach achtern auszufahren. Gleichzeitig bemühe man sich, das Boot so zu drehen, daß der Bug und das Vorschiff nach See zeigen und das Heck mit dem verletzlichen Ruder und der offenen Plicht in Richtung auf das Ufer steht. Selbst wenn jetzt in auflaufendem Wasser und in der Brandung das Boot vielleicht etwas aufschwimmt und der Kiel dabei hin und wieder aufstößt, ist dieses doch eine Belastung, für die das Boot gebaut ist und die es im allgemeinen besser verkraften kann als jede andere, oben genannte seitliche Belastung des Bootsrumpfes im Bereich der Kimm.
- Ob nun seitlich liegend oder auf dem Kiel stehend – die Plicht sollte in jedem Falle mit einer Persenning überdeckt werden (Abb. D). Alle Luken sind zu schließen und nach Möglichkeit zu verschalken. Alle Seehähne werden sorgfältig zugedreht, damit weder Wasser ins Boot noch mit diesem Sand in das Innere gebracht und der ganze Seekreuzer eingesandet werden kann.
- Ist man noch in tieferem Wasser gestrandet und bleibt das Boot von der See überlaufen, wenn es seitlich umgekippt ist, dann kann es durch die Gewalt der Brecher auseinandergerissen und sehr schnell weitgehend zerstört werden. Wenn Frachter oder Tanker gestrandet sind, fluten sie zuerst ihren Doppelboden und halten damit das Schiff auf dem Grund und an Ort und Stelle. Sinngemäß auf Yachten angewandt heißt dies, die Anker auszubringen und die Gewichte so zu verlagern, daß ein einmal zur Seite gekrängtes Boot ruhig liegen bleibt (Abb. E) und sich nicht durch den innewohnenden Auftrieb aufrichten sowie beim nächsten Seeschlag wieder auf den Grund stoßen läßt.

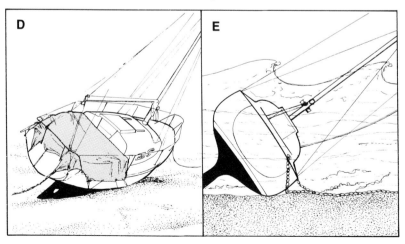

Dazu sollte man auf einer Yacht auch alle Tanks füllen, um sie in dieser Notlage so stark wie möglich zu beschweren, und wenn die Gefahr des Totalverlustes besteht, sollte ein erfahrener und kluger Schipper das ganze Boot fluten – mit offenen Seeventilen, aber verschalkten Luken. Zugegeben, der Motor ist dann hin – aber mit diesem Gewicht behält das Boot seine Lage auf dem Grunde der See. Es wird weder aufgestoßen noch vertrieben und als Ganzes gerettet werden können, wenn auch ein großer Teil der Ausrüstung dann zerstört ist.

• Wo auch immer man strandet, das Fixieren des Bootes am Strandungspunkt ist die wichtigste Aufgabe. Die Anker sollten auf flachem Strand so weit wie möglich ausgetragen und so tief wie möglich eingegraben werden. Wenn man alle Festmacher und Schoten zusammensteckt und noch andere Gewichte zur Verfügung stehen, sollte man auch noch zwei Hilfsanker in Querschiffsrichtung ausbringen, zumindest zur Seite des offenen Wassers.

• Die Entscheidung, ob das Boot nach See zu abgeschleppt oder von Land aus geborgen werden kann, läßt sich schon am Strandungsort absehen. Wenn die Crew von Bord geht, sollte sie daher einen möglichen Graben zur See hin von Steinen oder ähnlichem säubern, falls Schlepperhilfe zum Abbergen nach See zu angestrebt wird, oder die Strecke zum Land hin prüfen, auf der man mit Hilfsgeräten (Kranwagen, Trecker o. ä.) zur Strandungsstelle gelangen kann.

• Damit eine gestrandete Yacht nicht zum → Strandgut wird, über das der → Strandvogt den Besitz ausübt, sollte ein Besatzungsmitglied die Yacht vom Strand aus bewachen und den Besitzanspruch bis zu geplanten Bergung aufrechterhalten. Auch zum Schutz gegen Diebstähle ist die ständige Anwesenheit eines Besatzungsmitgliedes bei Tag und Nacht unerläßlich.

Schwerer Sturm am Ankerplatz

Gefahrenlage:

Wenn in unseren Segelrevieren ein Sturm- oder Orkantief herannaht, bei dessen Durchzug der Wind dazu noch dreht, oder wenn man in äquatornahen Revieren gar einen gemeldeten Hurrican an einem Ankerplatz abreiten muß, wird der Schipper bei ausreichendem Raum zum Schwojen oft vor die Alternative gestellt, ob er die Hauptbelastung des Ankergeschirrs seiner Ankerkette oder seiner Ankertrosse übertragen soll, denn natürlich wird er alle verfügbaren Anker mit möglichst sicheren Verbindungen zum Bug ausbringen. Die Erfahrung zeigt, daß in speziellen Situationen die Ankertrosse, in anderen die Ankerkette einander in bezug auf die Haltekraft des Ankergeschirrs überlegen sind.

Arbeitsweise:

Leine und Kette haben nicht nur die Aufgabe, die Belastung der Yacht durch Wind, Seegang und Strom auf den Anker zu übertragen. Sie sollen diesen unterschiedlichen, oft ruckartig wechselnden Zug beim Anheben des Bugs auf eine See oder beim Eintauchen in ein Wellental, beim Auffrischen in einer Bö oder beim Abflauen in einer Böenpause auch dämpfen. Sie sollen dafür sorgen, daß eine plötzliche Mehrbelastung auf einen größeren Zeit- wie Seeraum verteilt und ihre gefährlichen, schlagartigen Auswirkungen, die zum Bruch führen könnten, bestmöglich gemildert werden.

• Eine Ankerkette dämpft eine solche Stoßbelastung, indem sie die durch ihr Gewicht aneinandergeschobenen Kettenglieder auseinanderzieht und die gesamte Kettenbucht steifholt. Die größere Energie, die die ankernde Yacht dabei bedroht, wird durch die Überwindung des Beharrungsvermögens der Kettenglieder und durch das Durchholen der Kettenlose gegen den Wasserwiderstand verbraucht, ehe sie den Anker selbst erreichen kann. Je mehr Kettenlänge dabei wirksam werden kann, desto besser.

• Diese wirksame Kettenlänge hängt aber nicht nur von der Länge der Ankerkette selbst ab, die man stecken kann. Sie wird auch durch die Wassertiefe bestimmt. Ankert man beispielsweise auf 5 m Wasser, dann ist es unsinnig, die gesamte verfügbare Kettenlänge von 50 m auszustecken (Abb. A), denn über die Hälfte dieser Kettenlänge würde durch ihr Gewicht auf den Meeresgrund fallen und dort langgestreckt am Boden liegen, und es würde sich immer nur der letzte, zum Bug der Yacht aufsteigende Teil der Ankerkette zur Dämpfung strecken. Diese hierfür nutzbare Kettenlänge würde erfahrungsgemäß nicht mehr als die dreifache Wassertiefe = hier: 15 m betragen. Die restliche, etwa 35 m lange Kette, würde nahezu nutzlos auf dem Grund liegen. Die kurze

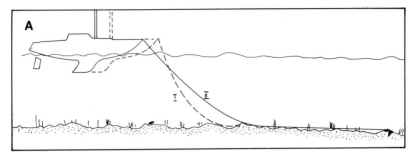

Dämpfstrecke würde gefährliche, ruckartige Bewegungen nur wenig dämpfen.
• Ankert man hingegen auf ca. 15 m Wassertiefe und gibt die volle Kettenlänge von ca. 50 m aus, dann erreicht man zwar nur das übliche 3:1-Verhältnis, aber auch in einer Orkan-Situation die größere Sicherheit (Abb. B): Jetzt kann die gesamte Kettenlänge durch die spezifische Art der Beschaffenheit einer Ankerkette (siehe oben) hohe Belastung räumlich und zeitlich gut abfedern.
• Benutzt man hingegen eine Ankertrosse, die nach einem etwa 2 bis 5 m langen Kettenvorlauf des Ankers angesteckt ist, dann verwendet man ein Ausrüstungsteil mit einem innewohnenden Elastizitäts-Modul, das sich unter Belastung schon von sich aus um über 10% dehnt. Der Nachteil: Erfahrungsgemäß ist ein Verhältnis Leinenlänge : Wassertiefe von 7:1 für die Sicherheit am Ankerplatz Bedingung. Das bedeutet in der Praxis: Eine 60 m lange Trosse ist nur für Wassertiefen bis max. 8 m (bei Hochwasser!) ausreichend. Denn nur bei diesem Trossenverhältnis ist gewährleistet, daß sich der Ankerschaft nicht

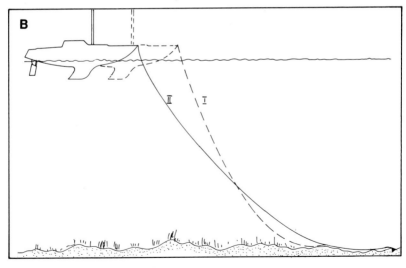

vom Grund anheben kann und somit die volle Haltekraft des Ankers erhalten bleibt.
• In jedem Falle sollte die Verbindung von Trosse zu Kette insbesondere in einer Gefahrenlage am Ankerplatz sorgfältig bekleedet, d. h. die eingespleißte Kausch durch Umwickeln mit Segeltuch, Scheuertüchern oder andere Materialien gegen Durchscheuern gut gesichert sein.
• Eingehängte Ankergewichte oder ein an der gleichen Kette oder Trosse nachgefierter zweiter Anker (zum nachträglichen Verkatten) erhöhen die Festigkeit dieses Ankergeschirrs.
• Muß man einen schweren Sturm am Ankerplatz abwettern, übertrage man daher bei weniger als 8 m Wassertiefe einer Ankertrosse die Hauptbelastung. Bei Wassertiefen zwischen 10 und 15 m wird die Ankerkette die zuerst belastete Verbindung zum Anker. In jedem Falle werden jedoch beide Ankergeschirre ausgebracht und, wenn möglich, mit Ankergewichten zusätzlich gesichert.
• Ankert man in verkrauteten Gewässern, dann liegt man nur vor einem schweren Anker und einer Ankerkette mit einer Länge von fünffacher Wassertiefe sicher. Man braucht das massige Geschirr ganz einfach, damit der Anker den Grasboden überhaupt erreichen und sich zwischen den Schlingpflanzen eingraben kann.
• In Ankerbuchten mit Fallböen, die nicht nur im Mittelmeer häufig sind, ist immer eine Kettenlänge von fünffacher Wassertiefe Voraussetzung für sicheres Überliegen unter allen Wetterbedingungen.
• Das Lot ist ein wichtiges Teil des Ankergeschirrs. Nur mit seiner Hilfe kann die erforderliche sichere Kettenlänge richtig bemessen werden. Zuviel Kette ist seemännisch genau so schädlich wie zuwenig Kettenlänge gefährlich ist.

Das Ankergeschirr hält nicht

Gefahrenlage:

Die auf das Boot einwirkende Energie von Wind und See am Ankerplatz ist so groß geworden, daß der Anker ausgebrochen ist und über den Grund rutscht oder schliert. Verursacher können auch Grundströmungen sein, die den Anker ausgraben, oder eine zu kurze Ankerkette oder -trosse, durch die der Ankerschaft angehoben und ein Winkel von 10° oder mehr zwischen Grund und Ankerschaft hergestellt wird, bei dem es unter belastendem Geschirr zwangsläufig zum Ausbrechen kommen muß.

Nothilfe:

Wenn vorhanden, würde man mehr Ankerkette oder mehr Trosse stecken, oder man würde ein Ankergewicht (Abb. A) an der Kette oder Trosse bis auf den Grund fieren, um ein Anheben des Ankerschaftes und das dadurch bewirkte Schlieren des Ankers zu verhindern. – Man könnte auch einen Zweitanker ausbringen. – In kritischen Situationen, d. h. bei einer großen Wassertiefe und bei einer begrenzten Länge der ausgegebenen Ankerkette bzw. der noch für den Zweitanker zur Verfügung stehenden Ankertrosse empfiehlt sich eine Doppelverankerung an der vorhandenen Ankerkette, um einen ähnlichen Effekt wie beim Verkatten zu erzielen.

Arbeitsweise:

Man befestigt das Kreuz des Zweitankers (Abb. B) mit einem Stropp oder einem Gleitschäkel an der ausgegebenen Ankerkette, holt das Boot einige Bootslängen voraus, bis die Ankerkette nahezu auf und nieder steht, und fiert den Zweitanker mit seiner Trosse so nahe wie möglich an den Erstanker heran auf den Grund (Abb. C). Dann läßt man die Yacht zurücksacken und hat nun zwei Möglichkeiten:
- Entweder trägt die Hauptankerkette, und die Trosse des Zweitankers erhält geringfügige Lose. In diesem Falle würde der schlierende Hauptanker einige Meter an den Zweitanker heranrutschen, ehe auch dessen Trosse zum Tragen kommt und die Yacht vor zwei steifgekommenen Verbindungen und vor zwei hintereinander wirkenden Ankern liegt.
- Oder man holt die Trosse des Zweitankers durch und läßt der Hauptankerkette ertwas Lose. Dann würde sich der Abstand zwischen beiden Ankern durch das kurzzeitige Schlieren des Zweitankers geringfügig vergrößern, und auch anschließend würden wieder beide Leinenverbindungen steifkommen und das Boot gemeinsam halten.

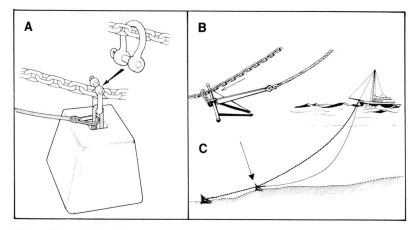

Die größere Sicherheit von verkatteten Ankern wird hierbei nicht erreicht, aber die größtmögliche Sicherheit von zwei unmittelbar hintereinander wirkenden Ankern. Der Zweitanker ist dabei mehr als ein übliches Ankergewicht, weil er erfahrungsgemäß nicht nur viel schwerer als dieses ist, sondern sich auch „mit Haken und Ösen" zusätzlich im Grund festkrallen kann.

• Ist weder ein Ankergewicht noch ein Zweitanker an Bord oder ist der Zweitanker für den genannten Zweck zu groß, muß man andere Gewichte an der Kette abwärts fieren: Hierzu eignet sich ein Kettenvorlauf, den man mit mehreren Kettengliedern an den größten Schäkel steckt und zu einem kompakten Ballen zusammenschnürt, oder ein robuster Werkzeugbeutel, der mit schwergewichtigen Reserveteilen (Spannschrauben, Handlot u.a.) gefüllt, gut verzurrt und an einer Fangleine an der Kette entlang zum Grund gefiert wird.

Wie erkennt man einen schlierenden Anker?

Gefahrenlage:

Das Vertreiben vor Anker und mit Ankergeschirr ist besonders bei abschüssigem Grund gefährlich, weil sich in diesem Fall mit dem driftenden Boot vor Anker auch das Verhältnis Ankerkette zu Wassertiefe ständig nachteilig ändert und die Haltekraft des Ankergeschirrs in zunehmendem Maße nachläßt. Das Boot wird abtreiben – entweder in die offene See hinaus, vor der es am Ankerplatz Schutz gesucht hatte, oder zur Strandung an die Küste.

Arbeitsweise:

Das einfachste Anzeigegerät, um das Vertreiben vor Anker zu melden, ist das Lot oder ein anderer, nicht zu großer, aber ausreichend schwerer Gegenstand:
- Man fiert dieses Gewicht in Höhe der Plicht unmittelbar neben der Bordwand ins Wasser (Abb. A) und setzt es auf den Grund. Dann belegt man das Ende der Lotleine an Bord und gibt die gesamte übrige Leine (je mehr, desto besser) mit ins Wasser.
- Um prüfen zu können, ob das Boot noch seine ursprüngliche Ankerposition innehat, holt man einfach einen Teil der Lotleine auf. Man merkt dann sehr schnell, ob sie noch senkrecht ins Wasser führt oder zunehmend nach vorn zu zeigen beginnt (Abb. B). Das ist dann ein Zeichen, daß unser Boot treibt. Denn das Lot bleibt (mit ausreichender Lose in der Leine) auf seinem ursprünglichen Platz auf dem Meeresgrund stehen – nur unser Boot verändert seine Position.
- So viel Lotleine wie möglich ins Wasser zu geben, hat auch noch einen anderen Grund: Wenn das Boot schwojt, verändert es zwar auch seine Lage – aber es dreht sich dabei in einem Kreis um den Anker. Bei einer kleinen Lageveränderung (Abb. C) zeigt unsere Lotleine nur wenig nach querab. Ist unser Boot weit herumgeschwojt (Abb. D), führt die Lotleine seitlich weiter weg, aber immer noch querschiffs ins Wasser hinein.

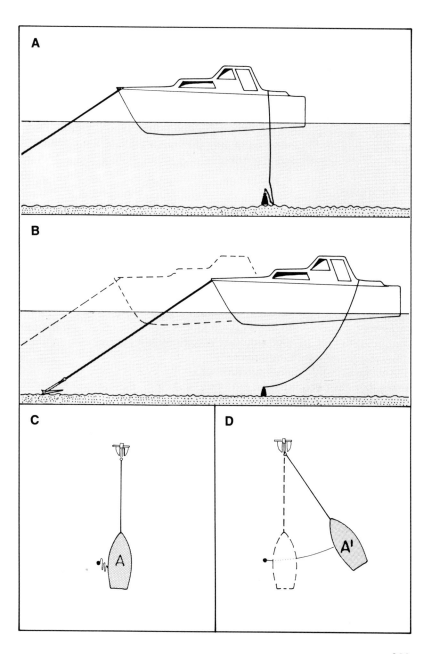

Verkatten von Ankern

Gefahrenlage:

Droht eine Höchstbelastung des Bootes durch Sturm, schwere See, starken Tidenhub oder gefährliche Wasserströmung, muß das vorhandene Ankergeschirr so eingesetzt werden, daß es seine größte Haltekraft erhält. Dazu wählt man die Form des Verkattens der Anker, d. h. man steckt einen Anker an der gleichen Kette vor den anderen Anker.

Arbeitsweise:

Kleinere Yachten könnten sich gegebenenfalls, wenn sie oft eine oben genannte Notlage in ihren Segelrevieren befürchten müssen, von vornherein mit einem überschweren Hauptanker und einem normalen Zweitanker ausstatten. Bei größeren Yachten ist es auch eine Frage der Handhabung: Ein Mann allein kann maximal mit einem Ankergewicht von etwa 25 kg hantieren. Hält er ein größeres Ankergewicht für erforderlich, muß er es auf zwei Anker verteilen. Durch Verkatten erreicht er jedoch die gleiche Haltekraft, die sich auch aus der Summe der beiden Einzelanker ergibt.

- Die Vorteile von verkatteten Ankern (Abb. A) gegenüber Einzelankern, die vermurt sind (Abb. B), ergibt sich bei gleicher Wassertiefe mit den gleichen Einzelankern nach der Faustformel

(Ankergewicht)^2 = Haltekraft-Richtwert

Stehen dem Boot beispielsweise ein 20-kg- und ein 15-kg-Anker gleicher Art zur Verfügung, so ergibt sich

für die beiden Einzelanker einer Doppelverankerung:

(Gewicht a)^2 + (Gewicht b)^2 = Haltekraft
(20)^2 + (15)^2 = Haltekraft
400 + 225 = 625

Demgegenüber würde man für die verkatteten Anker rechnen können:

(Gewicht a + Gewicht b)^2 = Haltekraft
(20 + 15)^2 = Haltekraft
35^2 = 1225

Man kann also mit verkatteten Ankern (an einer Kette) nahezu die doppelte Haltekraft erreichen wie mit denselben beiden Ankern, die eine Muring bilden.

- In der Praxis des Verkattens gibt man zuerst einen Anker auf den Grund und liegt dann kurzzeitig vor einer kurzstag gehievten Kette, wenn man den zweiten Anker an Deck mit seinem Kreuz an die (meistens gleiche) Kette steckt (Abb. C). Der Kettenabstand beider Anker voneinander wird also mindestens 120% der Wassertiefe betragen müssen. Zwischen dem zuletzt ausgesteckten Anker und dem Bug wird mindestens noch die dreifache Wassertiefe

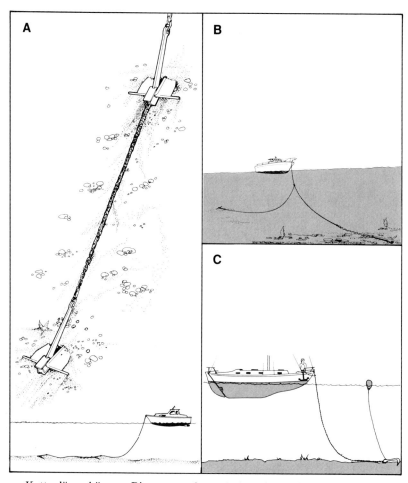

an Kettenlänge hängen. Bis zum vorderen Anker, der auch Kattanker genannt wird, beträgt die Länge des Geschirrs dann immer mehr als vierfache Wassertiefe.

Eine andere Methode, das Prinzip verkatteter Anker durch Nachstecken eines zweiten Ankers entlang der Kette des Erstankers zu verwirklichen, ist auf Seite 200 erläutert.

Der Anker paßt nicht an die Kette

Situation:
Man muß die Ankerkette mit einem anderen als dem üblichen Anker verbinden, und der Ankerschäkel paßt nicht in den Ring des Ankers; beim Anstecken des Ankers an die Kette ist der Schäkel über Bord gefallen; der Schäkelbolzen ist verloren gegangen; eine Reserve-Ankerkette für den Zweitanker hat kein Kettenglied, durch das sich der Ankerschäkel stecken läßt.

Abhilfe:
Man zieht die Kette durch den Ring des Ankers (Abb. A), nimmt genügend Lose und schlägt zwei halbe Schläge in die Kette. Den Tampen legt man parallel zur Kette und verbindet etwa fünf nebeneinanderliegende Kettenglieder durch mehrere Törns dünnen Drahtes. Der Kettentampen wird praktisch beigezeist.
Achtung! Dies ist nur eine Befestigung für den Notfall, weil hierbei das im Ring liegende Kettenglied einer höheren als der üblichen Belastung ausgesetzt ist. Die Sicherheit des Ankergeschirrs ist dadurch geringer als mit üblicher Schäkelbefestigung in einem dafür vorgesehenen größeren und kräftigeren Endglied.
Sinngemäß kann man auch zur Verlängerung des Ankergeschirrs zwei Ankerketten auf diese Art verbinden, wenn eine von beiden oder beide keine entsprechenden Endglieder haben und eine Schäkelverbindung nicht möglich ist.

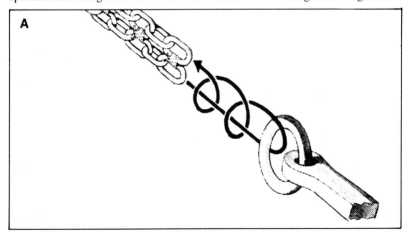

Anker klemmt am Grund

Gefahrenlage:

Erfahrungsgemäß schert man eine Trippleine vom Kreuz des Ankers zu einer Ankerboje, damit man notfalls den Anker über die (kräftige) Bojenleine bergen kann, wenn er sich am Grund in anderem Kettengeschirr verhakt hat und das Ankerlichten auf üblichem Wege unmöglich ist. Besonders in überfüllten Häfen muß man auf diese Sicherung zum Ankerbergen verzichten, und beim Bergen eines – auch unter Steinen oder in einer Felsenritze des Grundes – verklemmten Ankers kann die Besatzung vor die Alternative gestellt werden: entweder die Ankerkette zu slippen und das Ende an eine Boje zu hängen, um sie bei anderer Gelegenheit, später oder mit fremder Hilfe aufzunehmen – oder eine Bergung mit Nothilfe zu versuchen.

Nothilfe:

• In freiem Wasser und bei einem im Grund verklemmten Anker schert man eine doppelte Fangleine (Abb. A), die mit einem Dingi an der Kette entlang bis zum Anker geholt wird und dann zum Bergen dient.

• Hat sich der Anker hinter einer fremden Kette verhakt, holt man die eigene Kette steif und belegt sie, wenn die fremde Kette etwas angehoben ist (Abb. B). Dann fiert man einen Kettenring um die eigene Kette abwärts (Abb. C) und versucht, den Anker am Kreuz mit der Fangleine unter der Kette herauszuziehen (Abb. D).

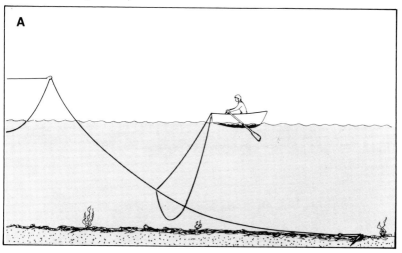

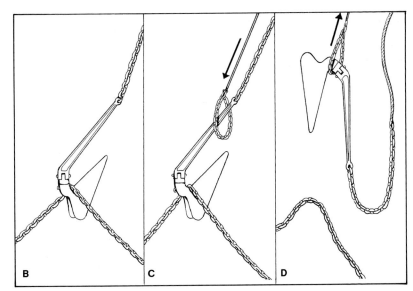

- Besser ist es, beim Hieven des eigenen verklemmten Ankers die fremde Kette bis an oder über die Wasseroberfläche anzuheben, einen Festmacher darunter durchzuholen und diesen so kurz wie möglich an Deck zu belegen. Jetzt ist nicht nur die fremde Kette sicher abgefangen, sondern das eigene Boot liegt auch für die Dauer der weiteren Klarierungsarbeiten in Wind und Strom sicher festgemacht. Man gibt dann der eigenen Ankerkette genügend Lose, um eine mögliche Wuhling zu klarieren, holt den Anker aus dem Wasser und an Deck, verstaut Anker und Kette sorgfältig, macht das Boot fahrklar und slipt dann die Sorgleine zur fremden Ankerkette, die ungehindert wieder auf den Grund fallen kann.

Sichere Handhabung des Pflugscharankers

Situation:

Ein Pflugscharanker ist ein moderner Leichtanker mit hoher Haltekraft. Aber

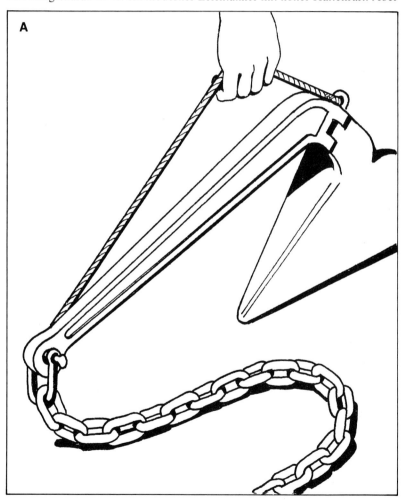

er ist sehr sperrig, wenn er nicht von seiner Ankerhalterung am Bug direkt ins Wasser fallen und ebenso, ohne ihn in die Hand zu nehmen, nach dem Ankerlichten nur durch Bedienen der Kette wieder in diesen Bugbeschlag eingeholt werden kann. Schwierig ist es, ihn aus dem Ankerkasten zu heben und unter dem Bugkorb hindurch oder über die Seereling ins Wasser zu geben oder auf diesem Wege wieder an seinen Stauplatz zu tragen.

Abhilfe:

Man nimmt ein kurzes Ende kräftigen Tauwerkes, das nach seiner Endfertigung genau zwischen den Ring des Ankers und das an der Pflugschar befestigte Auge (für die Trippleine) paßt. Anschließend spleißt man in beide Tampen je ein Auge und bindet eine entsprechende Kausch ein. Erfahrungsgemäß kann eine Kausch direkt durch das Bojenleinenauge gelegt und dieser Teil eingespleißt werden, während für die andere Seite eine Schäkelverbindung zwischen Ankerring und Kausch nötig ist.

Arbeitsweise:

Der Anker läßt sich jetzt an diesem Tragestropp transportieren (Abb. A), und man kann ihn dabei auch leicht horizontal ausbalancieren. Die Handhabung ist wesentlich erleichtert, und wenn der Stropp selbst – unbelastet – eng am Ankerschaft anliegt, kann er auf dem Grund auch nicht an Hindernissen festhaken. – Bis man Zeit für die entsprechenden Spleiße hat, läßt sich das Ende natürlich auch mit Pahlstek, Webeleinstek oder anderen Knoten festmachen.

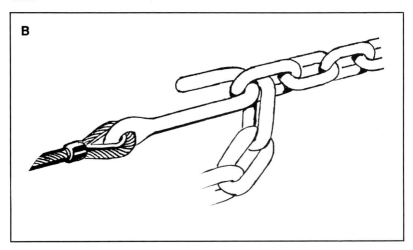

Kettenhaken und Kettenklaue als Stopper für den Anker

Der Kettenhaken ist aus Edelstahl gefertigt und ca. 15 bis 20 cm lang. Ein Ende ist zu einem Auge geschmiedet, durch das der Bolzen eines kräftigen Schäkels, ein Augspleiß oder ein Terminal paßt. Das andere ist zu einem Haken ausgebildet, der eine Fingerlänge zurückgeführt ist und einen Abstand von etwa 20 mm von seinem längeren Teil hat. Die genauen Abmessungen sind von der Ankerkette abhängig, ihrer Gliedstärke und dem Freiraum, der zum Einpicken des Hakens in ein beliebiges Kettenglied notwendig ist.

Arbeitsweise:

Der Kettenhaken erfüllt mehrere Aufgaben:
• Er dient zur Entlassung der Ankerwinsch oder überhaupt zum Festhalten der Kette nach dem Ankern. Hierzu wird er (gegebenenfalls mit einem kurzen, kräftigen Verbindungsende oder einem Kettenstück) am Vorschiffspoller, auf einer Festmacheklampe oder an einem hierfür vorgesehenen und mit dem Rumpf besonders fest verankerten Augbeschlag befestigt. Alle Last des Ankergeschirrs tragen jetzt der Kettenhaken und sein Haltebeschlag.
• Der Kettenhaken wird eingepickt, wenn eine schwere Ankerkette nur mit einer Talje geholt werden kann (Abb. B) oder nach dem Verklemmen des Ankers auf dem Grund besonders starker Zug zum Ausbrechen aufgewendet werden muß. Hierzu wird er in gleicher Weise in ein beliebiges Kettenglied gehakt, der Tampen des kurzen Verbindungsstropps oder das Ende des kleinen Kettenstücks aber mit dem Block einer so weit wie möglich längsdeck ausgelegten Talje (→ Not-Arbeitstalje) verbunden. Die holende Part kann jetzt Hand über Hand oder sogar durch Auslaufen an Deck nach achtern dichtgeholt und gleichzeitig die Ankerkette gehievt werden. Weil die Kette zum Umsetzen der Talje vorn noch einmal abgefangen werden muß, empfiehlt sich ein zweiter Kettenstopper, der (wie oben beschrieben) nur zum Abfangen und Festhalten eingesetzt wird.
• In Verbindung mit einem kräftigen, endlosen Stropp kann er auch zum Holen einer Ankertrosse oder eines Festmachers benutzt werden (Abb. C). In ähnlicher Weise läßt er sich auch benutzen, wenn die Vorschot zum Klarieren eines Überläufers auf der Schotwisch abgefangen werden soll.
• Während ein Kettenhaken mit seinem Materialdurchmesser der jeweiligen Dicke eines Kettengliedes entsprechen muß, läßt sich eine Kettenklaue (Abb. D und E) mit ihrer Ausnehmung auf unterschiedliche Ankerketten aufsetzen. Sie entlastet nicht nur Vorschiffsbeschlag oder Ankerspill, wenn sie mit einem

ca. 1–2 m langen Ende auf die Kette gesetzt wird (Abb. D) und damit störende Geräusche des Einrucksens beim Schwojen verhindert, man kann sie über ihre Fangleine auch weit vor dem Bug lösen, wenn man mehr Kette stecken will, und anschließend wieder einsetzen.

• Diese Ankerklaue kann auch als Kettenfanghaken (anstelle eines kleinen Draggens oder einer Fangleine) dienen, wenn der in fremdem Geschirr verklemmte Anker zu klarieren ist, und sie läßt sich nach dieser Arbeit auch von Deck aus gut slippen. Außerdem ist sie ein optimaler Schleusenhaken zum Umsetzen der Festmacher bei schneller Änderung des Wasserstandes.

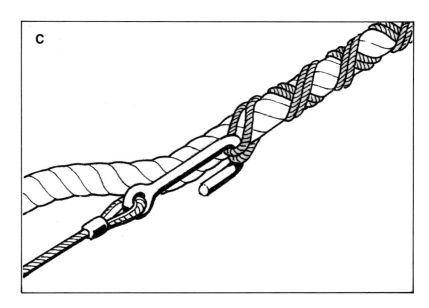

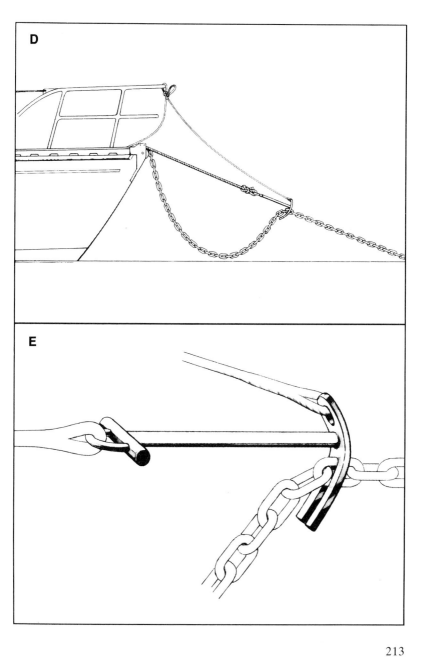

Wie stoppt man das Rollen vor Anker?

Ursachen:

Das Boot liegt nicht mit dem Bug in Richtung auf die Wellen, sondern der Seegang trifft es mehr oder weniger breitseits. Verursacher können eine Änderung der Windrichtung sein, die winklig zu einer alten Windsee oder Dünung steht, oder querlaufender Strom (nicht nur durch die Tide bedingt).

Abhilfe:

Man schert eine Achterspring zur Ankerkette, auch Ankerspring genannt (Abb. A). Sie wird im Abstand einer Bootslänge vom Bug mit Pahlstek oder Roringstek an einem Kettenglied befestigt. An einer Ankertrosse benutzt man dazu einen Stopperstek. Anschließend holt man die Ankerspring so weit dicht oder gibt ihr so viel Lose, daß der Bug günstig zu Wind und See liegt. Korrekturen der Leinenlänge können von Zeit zu Zeit notwendig sein.
Ketschgetakelte Yachten können statt dessen den Besan ganz oder teilweise setzen (Abb. B) und ihn flach mittschiffs schoten. Einmaster können dementsprechend das Großsegel bis zur Saling vorheißen, einen großen Segelsack zwischen Achterschiff und Achterstag zurren oder das Vielzweck-Schutzsegel (siehe Seite 332, Abb. E) als Achterstagsegel setzen.
Auch ein Rolldämpfer in der Art eines Rocker-Stoppers oder Flopper-Stop-

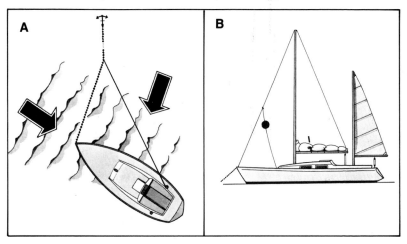

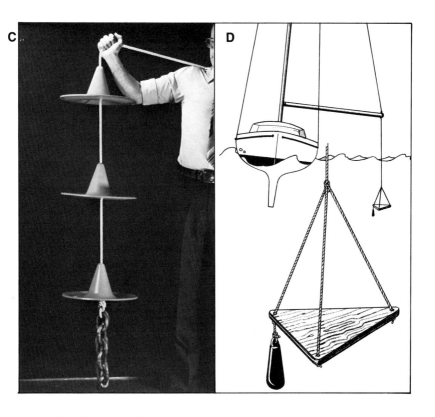

pers (Abb. C) kann helfen. Man schwingt den Großbaum zu einer Seite (und am besten den Spinnakerbaum zur Gegenseite) aus und arretiert ihn mit Leinen nach vorn und achtern (Schot, Bullenstander) in seiner Querschiffsposition. Dann fiert man einen Stopper oder mehrere Stopper übereinander so weit ins Wasser, daß die Oberkante des obersten Stoppers mindestens einen knappen Meter unter der Wasseroberfläche hängt. Diese handelsüblichen Flopper-Stopper können auch als → Treibanker verwandt werden.

Rolldämpfer kann man sich aus ausreichend dickem Holz auch selbst machen. Man sägt sich ein gleichseitiges Dreieck von ca. 50 cm Kantenlänge und verbindet die Eckpunkte über eine Hanepot mit der Halteleine. An eine Seite wird der Lotkörper gehängt (Abb. D). Bei Zugbelastung wird das Holzbrett waagerecht angehoben und bremst dabei die Bewegung. Läßt der Zug nach und erhält die Leine Lose, belastet das Lot nur eine Seite des Stoppers und zieht diesen wieder bis auf volle Leinenlänge nach unten, ehe der Stopper bei neuerlichem Anholen wieder zu wirken beginnt.

5 Notlagen am Liegeplatz

Festmachen bei starkem Tidenhub	217
Wie man Festmacher, Ankerleinen und Schlepptrossen gegen Schamfilen schützt	219
Fender an Schlengeln	222
Fenderbretter	224
Notfender	227
Ruckbelastung der Achterleinen	230
Gefährlicher Seegang an offener Pier	232

Festmachen an einer Pier bei starkem Tidenhub

Situation:

Bei gleichbleibendem Wasserstand macht man bekanntlich ein Boot sicher mit Vor- und Achterleine, Vor- und Achterspring fest. Es behält dann seinen Liegeplatz ohne nennenswerte Bewegungen bei, woher auch immer der Wind weht oder wohin der Strom setzt. Fällt dann jedoch der Wasserstand oder

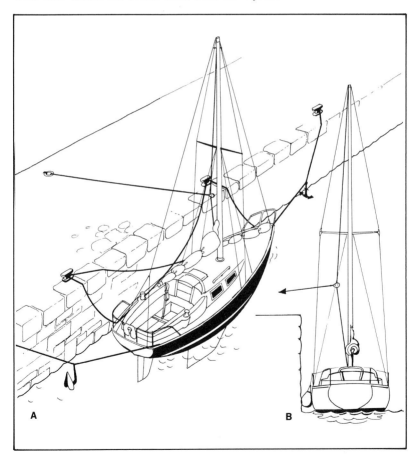

wiederholt sich das Steigen und Fallen gar regelmäßig mit jeder Tide, ist es weitaus schwieriger, ein Boot längs einer Pier weitgehend unverändert an Ort und Stelle zu halten.

Abhilfe:

Man steckt Vor- und Achterleine, Vor- und Achterspring so lang, wie es bei niedrigstem Wasserstand notwendig ist. (Das Boot darf sich dann ja nicht an seinen Festmachern aufhängen!) Ein nahezu halbwegs zwischen Bug bzw. Heck und Poller in die Endleinen gesteckter Warpanker bzw. das eingehängte Ankergewicht holen die bei Hochwasser unerwünschten Lose durch (Abb. A). Man muß die Leinenlängen nicht ständig im jeweiligen Verlauf des Steigens und Fallens des Wasserstandes verändern.

Zusätzlich fährt man eine Querleine möglichst rechtwinklig zur Pier von einem Landbeschlag in Richtung auf den Mast, in eben diesem genauen Querabstand als Länge fixiert. Der Bordtampen wird jedoch nicht belegt, sondern er endet in einem (möglichst großen) Schäkel, der vorher in das Großfall oder ein anderes, vom Topp bzw. der Saling zum Mastfuß geschorenes Ende gehängt ist (Abb. B). Jetzt kann die Querleine unabhängig von ihrer jeweiligen Höhe über Deck auf und nieder gleiten, und das Boot kann sich durch den möglichen horizontalen Radius dabei sogar an seinem Liegeplatz geringfügig in Längsschiffsrichtung voraus und achteraus bewegen, falls dies durch die anderen Festmacher erforderlich ist.

Wie man Festmacher, Ankerleinen und Schlepptrossen gegen Schamfilen schützt

Gefahrenlage:

Schamfilen ist der größte Feind aller Leinen. Sind auch nur die Litzen eines Kardeels an einer Stelle durchgescheuert, hat sich die Zugfestigkeit einer unbegrenzt langen Leine gleich um 20% oder gar mehr vermindert. Der Bruch eines sonst beispielsweise noch so kräftigen Ankergeschirrs kann dann die zwangsläufige Folge sein, wenn es hart auf hart geht – mit manchmal tragischen Nachfolgeschäden.

Die kritischen Stellen des Schamfilens liegen oft an Bord selber und meistens dort, wo die Leine vom Boot aus ins Freie führt: In der Lippklampe, an der Reling, in den Speigatten eines Schandecks, an Püttingeisen oder Wantenspannern, in der Bugrolle oder ihren Beschlägen und an ähnlichen scharfkantigen Hindernissen.

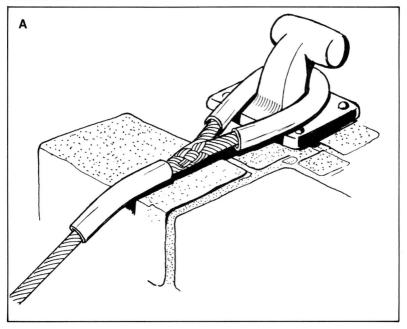

A

Abhilfe:

- Man zieht zwei Stücken Gummi- oder Kunststoffschlauch entsprechend größeren Durchmessers über die Trosse und haltert sie an der Gefahrenstelle (Abb. A). Nachteil: Das Schlauchstück muß vorher vom Tampen her über die Leine gezogen und bis zu der entsprechenden Stelle gebracht werden, und es müssen zusätzlich zwei kurze Enden befestigt sein, damit der glatte Schlauch über dem nicht minder glatten Tauwerk auch wirklich an der Gefahrenstelle festgehalten wird. Empfehlenswert nur für Festmacher bei längerem Liegen.
- Man nimmt einen Feudel vierfach, dreht ihn der Länge lang mehrfach um die Trosse im Bereich der gefährdeten Stelle und hält ihn mit Gummizeisingen fest (Abb. B) – ein altbewährtes Mittel mit dem Vorteil, daß man diesen Schamfilschutz auch nachträglich aufbringen kann, wenn der Festmacher geschoren und in seiner richtigen Länge belegt ist.
- Man legt einen „Schotten", wohl wegen seines geringen Aufwandes kurz so genannten Schamfil-Schutz (Abb. C): Er besteht aus einem etwa 2 m langen Tauwerksrest von 12 bis 16 mm Durchmesser, je dicker, desto besser. Man mittelt das Ende, legt es zuerst zwei- bis dreimal an einer Seite vor dem zu schützenden Trossenteil so umeinander, daß sich die Parten wirkungsvoll bekneifen, und wickelt dann die beiden Tampen in Gegenrichtung der Länge lang weiter um die Trosse. Zum Schluß macht man einen Webeleinstek oder läßt die Enden in einem Reffknoten, sich mehrmals bekneifend, auslaufen. Der Vorteil

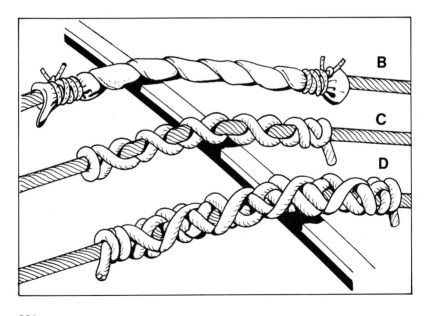

dieses „Schotten": Man kann das Tauwerk über eine beliebige Länge, ja sogar über eine Strecke von mehr als einem Meter schützen, und man kann auch diese Sicherung nachträglich anbringen. Wirklich zuverlässig ist ein Schamfilschutz in dieser Art aber nur, wenn man anschließend noch mit einem zweiten Ende das Umwickeln (möglichst gegenläufig) wiederholt und die Parten so aufbringt, daß die neuen Bekneifungen in den alten Offenstellen liegen (Abb. D).

• Noch besser schützt ein „Schotte", wenn man anstelle des schützenden Endes ein gleich langes Band aus etwa 10 cm breitem Segeltuch nimmt und dieses in gleicher Weise um den Festmacher legt. Der Vorteil: Es entstehen keine Offenstellen, und die Segeltuchzipfel lassen sich noch besser miteinander verknoten. Je derber das schützende Tuch, desto besser.

Kakerlaken an Bord – ein Notstand

Die ca. 1–1,5 cm langen gelbbraunen Schaben, wie sie korrekt heißen, und ihre unscheinbaren Eier können trotz sorgfältiger Vorsorge sowohl durch Packmaterial als auch durch Personen an Bord eingeschleppt werden – insbesondere in ausländischen Häfen. Ihre Aktivitäten entwickeln sie vorwiegend bei Nacht, so daß es lange dauern kann, bis man ihre Plage bemerkt. Die Allesfresser bewohnen mit Vorliebe warme Räume an Bord, und so werden wir sie zuerst in der Kombüse und in Motornähe bemerken.

Leider geben sie sich auf ihren nächtlichen Wanderzügen nicht mit Lebensmitteln und Abfällen zufrieden, sondern benagen auch Kabelisolierungen, Leder und Bücher. Da sie Krankheitskeime verschleppen, stellen sie nicht nur eine Gefahr für die Hygiene an Bord dar, sondern auch für die Gesundheit der Crew.

Kakerlaken können und müssen wirksam bekämpft werden, am besten mit speziellen Köderdosen (z. B. von Rinal, s. Abb.), in die sie hineinschlüpfen können. Dazu prüft man während der nächtlichen Dunkelheit, wenn die Tiere ausschwärmen, um Nahrung zu suchen, mit Hilfe einer abgedunkelten Taschenlampe ihre Wanderwege und stellt dort die Köderdosen auf. Sie können tagsüber entfernt werden. An senkrechten Wänden lassen sie sich auch ankleben.

Um den Köder freizugeben, wird der Dosendeckel etwas gedreht, bis die Einschlupflöcher offenstehen.

Fender an Schlengeln

Gefahrenlage:

An einem Reibholz, das oft nur 10 cm über die Wasseroberfläche ragt und mit seiner begehbaren Breite in vielen Häfen wie ein Schlengel eingesetzt ist, auf dem man in Tidenhäfen bis zur nächsten Leiter gehen muß (sie sind in unseren heimischen Revieren in den Schleusen des Nord-Ostsee-Kanals und in vielen Elbhäfen bis nach Helgoland eingesetzt, wo sie jeweils vor einer hohen Steinpier liegen), lassen sich Fender schlecht ausbringen: Sie schwimmen naturgemäß auf der Wasseroberfläche und werden im Kabbelwasser unvermeidbar hochgedrückt, so daß die Außenhaut dann ungeschützt ist. Mit Bolzen bestückte oder mit Miesmuscheln behaftete Reibhölzer können dem Rumpf nicht nur Kratzer versetzen.

Nothilfe:

Die lotrecht gehängten Langfender werden am unteren Ende (je nach Volumen) mit fünf bis zehn Kettengliedern, einem Lotkörper oder anderen, selbstgefertigten Gewichten beschwert, die hierzu zeitweilig angesteckt oder angeschäkelt werden (Abb. A). Stellt man jetzt die Höhe des Fenders am Reibholz geschickt ein, ist die Außenhaut nicht nur im Schwell, sondern auch bei Krängen des Bootes (beispielsweise, wenn jemand an Bord kommt oder von Bord geht) im Bereich der ganzen Fenderlänge geschützt. Es empfiehlt sich, solche Sinkgewichte für mindestens drei bis vier Fender an Bord zu haben.

Schützende Fenderbretter

Gefahrenlage:

Oft ist eine Steinpier rauh, und stählerne Spundwände haben scharfkantige Risse, so daß auch die besten Gummifender schnell verbraucht sind oder unnötigerweise beschädigt werden. Häufiger noch liegt man mit dem Bauch des Bootes gegen einen der vielen Einzelpfähle, die oft zum Schutz einer Steinpier vor dieser in den Grund gerammt sind. Dann ist es nahezu unmöglich, einen einzelnen Fender zwischen Eisen- oder Holzpfahl und Bordwand zu haltern, weil er bei den gar nicht vermeidbaren Bootsbewegungen ständig zur einen oder anderen Seite abrutscht – und die Bordwand ist dann ungeschützt.

Nothilfe:

Man rüstet das Boot generell mit Fenderbrettern aus. Hierzu dienen ca. 1,00 bis 1,40 m lange, 15 bis 20 cm breite und 30 bis 50 mm dicke Hartholzplanken (am besten Teak oder Mahagoni), die man sich in einer Holzhandlung bereits auf die gewünschten Maße schneiden läßt. Sie erhalten je eine Bohrung an jeder Ecke, durch die man kurze Enden ziehen kann, um die Fenderbretter auf jeder gewünschten Höhe über dem Wasserspiegel entlang der Bordwand einsetzen und an den hierzu erreichbaren Beschlägen an Bord belegen zu können.

Ungebraucht können sie an Deck gehaltert sein oder im Bereich der Plicht entlang der Seereling hängen, und wenn man gleichzeitig den Bootsnamen in das Holz schnitzt (Abb. A) und die Buchstaben farbig auslegt, sieht niemand im Hafen diesen Bootsschildern ihre Doppelfunktion an.

Arbeitsweise:

• Man bringt an einer gefährdeten, besonders scharfkantigen oder rauhen Stelle der Pier zuerst zwei bis drei Langfender nebeneinander auf der gewünschten Höhe aus und legt dann das Fenderbrett zusätzlich zwischen Pier und Fender (Abb. B). Jetzt kann höchstens das Holz zerkratzen; die weichen, verletzlichen, luftgefüllten Fender werden nicht in Mitleidenschaft gezogen.

B

• Liegt die breiteste Stelle des Bootsbauches am Liegeplatz gerade gegenüber einem Einzelpfahl, hängt man kurz vor den Endpunkten des Fenderbrettes zwei Langfender an die Bordwand und bringt anschließend wieder das Fenderbrett aus (Abb. C). Es überbrückt jetzt den breiten Spalt zwischen den beiden Fendern und erlaubt eine Längsschiffsbewegung des Bootes über einen Bereich von mindestens einem Meter, in dem die Außenhaut auf diese Weise gut geschützt ist.

• Sinngemäß kann man auch verfahren, wenn die Pier eine waagerechte Abstufung oder eine gefährliche horizontale Kante hat: Man hängt dann die Langfender waagerecht auf und bringt das Fenderbrett senkrecht aus, oben

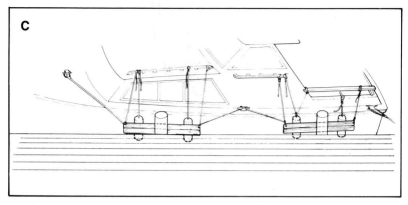

gegebenenfalls am Handlauf der Seereling oder einer Relingsstütze befestigt, unten durch ein Sinkgewicht (siehe → Fender an Schlengeln) beschwert.

Zusatztip:

Ich habe mir für mein Boot im ausländischen Fachhandel zwei spezielle Gummipuffer für Fenderbretter gekauft (Abb. D), die nahe der Eckpunkte mit den hierfür vorgesehenen Durchbrechungen durch kurze Enden befestigt und gleichzeitig durch geringfügiges Ausnehmen der Holzkanten an dieser Stelle genau eingepaßt sind. Die Anschaffungskosten waren gering. Der Vorteil: Diese Gummipuffer wirken selbst wie Gummifender (Abb. E), so daß das Unterlegen der Langfender wie in Abb. B unterbleiben kann. Das Fenderbrett kann somit zusätzlich eingesetzt werden, ohne daß man andere Fender von ihren eigentlichen Aufgaben abziehen muß. Erfahrungsgemäß hat man ja nie genug von ihnen an Bord.

Notfender

Gefahrenlage:

Bei starkem, auflandigem Wind und an einem Liegeplatz vor einer für die Außenhaut gefährlichen Steinpier, beim unaufhaltsamen Driften auf ein Bollwerk mit herausragenden Bolzen und Eisenteilen, beim Schleusen mit beträchtlicher Wasserstandsänderung an unbehauenen Spundwänden und bei vielen anderen Gelegenheiten kann der Einsatz von Notfendern erforderlich sein – einmal, um die vorhandenen Gummifender nicht in wenigen Einsatzminuten zu zerstören, zum anderen, um durch Einsatz aller nur verfügbaren möglichen Polsterungen lebensgefährliche Außenhautschäden abzuwehren.

Nothilfe:

Zum Einsatz können je nach Bootsausrüstung gelangen:
- Autoreifen, die auf Fahrten mit solcherart möglichen Noteinsätzen mehrfach an Bord sein sollten. Notfalls kann man ein Ende einfach um die Reifen herumlegen, aber besser ist eine Halteleine, die nicht durchgescheuert werden kann. Vorbereitet wählt man besser Befestigungsarten wie in A, B und C. Ein

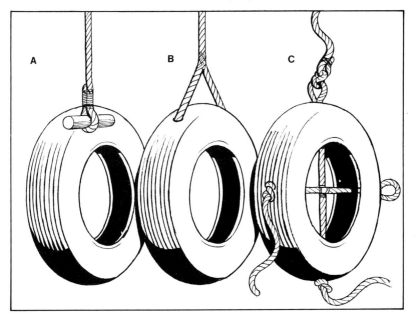

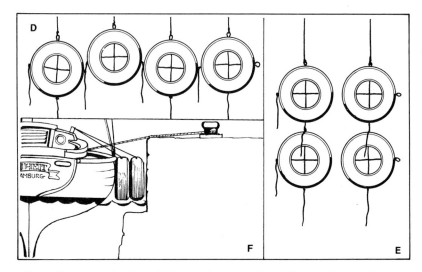

solcher Vierwege-Fender mit je zwei Augen und zwei Tampen kann nebeneinander (D), untereinander (E) oder auch übereinander (mit anderen, gleichartig vorbereiteten Reifen, F) eingesetzt werden.
- Ein Segelsack dient am besten nur als schützende Umhüllung eines Fenders (G). Innen ist er mit Decken, Schwimmwesten, Plichtpolstern oder Kissen gefüllt.
- Kojenpolster hängt man direkt über die Seereling (H). Sie reichen dann bis an die Wasserlinie, doch steckt man das untere Ende am besten in einen schützenden Segelsack oder umhüllt es mit einer Persenning. Kleinere Sitzpolsterteile lassen sich an Leinen aufhängen (I).
- Sind dickere Polsterungen erforderlich, kann man mehrere kleine Fender auch zusammenbinden (J).
- Stehen keine Fenderbretter zur Verfügung, um sich gegen einen Dalben oder einen Pfahl zu sichern, legt man die Beibootriemen über zwei ausgehängte Fender (K).
- Notfalls tut es auch ein Kunststoff-Wasserkanister, der tunlichst halbgefüllt an der Fußreling befestigt wird (L). Er läßt sich dann nicht so schnell zusammendrücken und ist andererseits nicht zu schwer für die Befestigungsleine.
- Hat man längere Zeit, sich für einen solchen Notfall vorzubereiten, und wünscht man nicht den Einsatz von Autoreifen mit ihren „schwarzen" Folgen für eine helle Außenhaut, nimmt man eine etwa 3 m lange 10-mm-Leine drei- oder vierfach (M), legt ein Stück Schaumgummi um diese gezeiste Seele (N) und zurrt dieses Gummipolster über Kreuz fest.

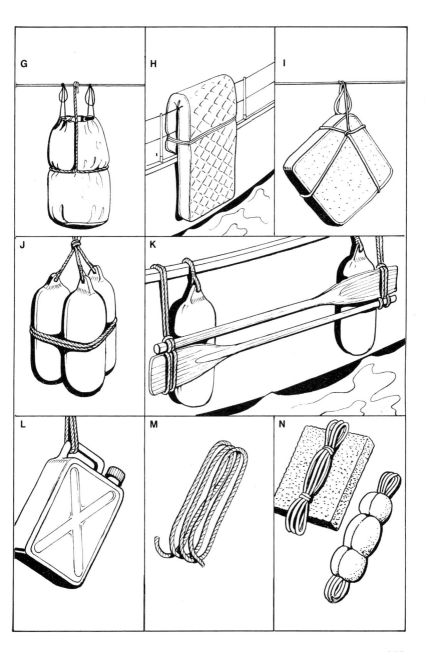

Zu harte Ruckbelastung der Achterleinen

Gefahrenlage:

Liegen mehrere Boote (wie in Yachthäfen üblich) vor Bug- oder Heckanker in langer Reihe dicht nebeneinander an einer Pier, dann müssen die Leinen zum Steg straff durchgesetzt sein, damit die Yachten bei Dwarswind ihren Platz halten und nicht breitseits gegeneinander stoßen. Bei Sturm oder Seegang aus Richtung des Steges selbst werden die Achterleinen ständigen, harten Ruckbelastungen ausgesetzt, die auch durch Ruckfedern nur bedingt zu mildern sind. Beim Brechen der Achterleinen kann der Fall eintreten, daß nicht nur das Boot abtreibt. Es kann dabei auch andere Boote beschädigen, und das Zurückbrin-

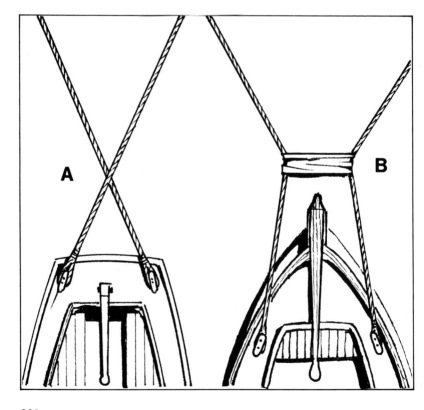

gen verursacht gefährliche seemännische Arbeiten mehrerer Personen. Verletzungen sind dabei nicht ausgeschlossen, wie die Erfahrung lehrt.

Nothilfe:

Man schert die Achterleinen in einer Weise, die seitliches Auswandern des Bootes ausschließen, nämlich über Kreuz (Abb. A). Auch eine Ruckbelastung (wie bei nur seitlich geschorenen Leinen) wird dann vermindert.

Ist es durch eine am Heck installierte Selbststeueranlage oder aus anderen Gründen nicht möglich, die achteren Festmacher über Kreuz zu scheren, steckt man einen Autoreifen oder einen alten Autoschlauch in diese Leinenverbindung (Abb. B). Dieser Gummipuffer sorgt dafür, daß die Festmacher weder stoßweise an den Klampen reißen noch selbst hart einrucken können. Das Boot liegt jetzt sicherer, und das Leben an Bord bleibt angenehmer.

Anstelle eines Autoschlauches kann man auch eine Ruckfeder oder einen Festmacher-Gummipuffer direkt zwischen beiden Achterleinen zurren. Damit hierbei die benutzten Leinen nicht an den Haltepunkten schamfilen, sollte man die Ruckfeder mit breiten, derben Segeltuchstreifen befestigen und ihre Belastung auf mehrere Kardeele der Achterleine übertragen.

Gefährlicher Seegang an offener Pier

Gefahrenlage:

Liegt man an einer Steinpier längsseits und erstreckt sich seewärts die offene Länge eines Hafenbeckens oder sogar das freie Wasser einer (wenn auch nur schmalen) Bucht, dann kann es bei auflandiger Winddrehung und auftretendem Schwell schnell zu einer prekären Lage kommen: Das Boot hebt und senkt sich im Kabbelwasser und stößt ständig gegen die hohe (oder die oft auch gefährlichere niedrige) Wand des Hafenbeckens, und die Fender werden dabei selbst hochgezogen und heruntergerissen, ohne daß sie die gefährdete Außenhaut schützen.

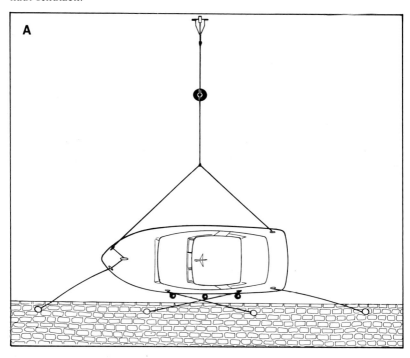

Steht der Schwell nahezu vierkant gegen die Pier oder ist der Manövrierraum nach vorn und achtern begrenzt, läßt sich das Boot auch unter Motor nicht aus seiner Gefahrenlage befreien.

Nothilfe:

Folgende Möglichkeiten bieten sich an:
- Man macht das Beiboot klar (oder bittet die Besatzung eines kleinen Motorboots um Hilfe) und fährt den Hauptanker an einer sehr langen Ankertrosse quer zur Pier und in Richtung von Wind und See aus (Abb. A). Sollte die Ankerleine den Schiffsverkehr stören, fiert man anschließend ein Ankergewicht an einer eigenen Leine bis auf den Grund. Die Ankertrosse belegt man mitschiffs (auf halber Bootslänge), holt das Boot entsprechend an den Anker heran und schafft dadurch gleichzeitig den notwendigen Sicherheitsabstand zur Pier (Abb. B).

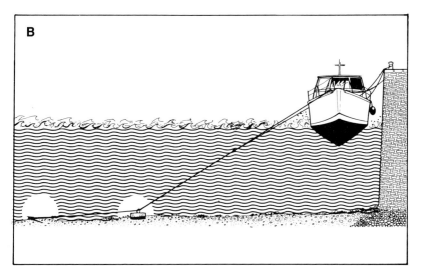

- Gegebenenfalls lassen sich auch zwei Leinen an den Anker stecken, die dann durch das Ankergewicht durchlaufen und von hier aus zu Bug und Heck führen, so daß das Boot noch besser parallel zur Pier gehalten werden kann. Hilfsweise steckt man eine kürzere Leine halbwegs zwischen Anker und Boot an die eigentliche Ankertrosse (mit einem Stopperstek) und formt eine Hahnepot, die die gleiche Wirkung erzielt.
- Eine zusätzlich dämpfende Wirkung erzielt man, wenn man die zweiteilige Ankertrosse auf der Leeseite (der Pierseite des Bootes) an Bug und Heck festmacht (Abb. C). Die beiden Parten dürfen dabei jedoch nur unter dem glatten, runden Unterwasser-Vor- und Achterschiff durchlaufen, damit sie nicht schamfilen können (Abb. D). Eine einzelne Leine, die unter der Kielflosse verläuft, wird sich schnell durchscheuern.

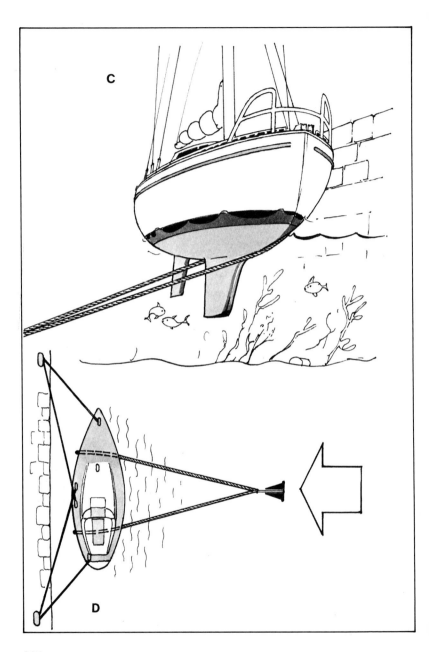

6 Sinksicherheit und Leckbekämpfung

Wassereinbruch – was tun? 237
Was man über Lenzpumpen an Bord
wissen muß 238
Was man beim Einbau von Lenzpumpen
beachten muß 241
Wie man die Sinksicherheit
mit Lenzeinrichtungen erreichen kann 243
Auf welchem Wege bringt man
das eingedrungene Wasser außenbords? 253
Unsinkbar durch aufblasbare Auftriebskörper
binnenbords 255
Unsinkbar durch aufblasbare Auftriebskörper
außenbords 259
Wie man die Lenzleistung einer wasserdichten
Plicht für einen Notfall prüfen und erhöhen
kann 261
Die Kühlwasserpumpe als Notlenzpumpe 267

Bordfenster und Lukendeckel zerschlagen
– was tun? 270

Ein Seeventil läßt sich nicht schließen 272

Lecksicherung mit Leckscheibe 275

Einsatz des Lecksegelschirms 278

Umgang mit Lecksegeln 280

Leckstopper für Schlauchboot
und Rettungsinsel 282

Reparaturklammer für Schlauchboot
und Rettungsinsel 283

Notabdichtung von Schlauchkörpern
mit Reparaturblase 284

Leckbekämpfung
mit Unterwasser-Spachtelmasse 285

Leckdichtung mit Zweikomponenten-Kleber . . . 286

Wassereinbruch – was tun?

Die Schwierigkeiten in der Leckbekämpfung sind von ganz anderer Art, als nur ein Loch zu dichten:
- Man muß ein Leck erst finden, auf das man durch unerwarteten Wassereinbruch aufmerksam gemacht wird – und meistens macht es sich erst durch aufschwimmende Bodenbretter bemerkbar.
- Insbesondere bei Nacht ist dieses Suchen schwierig, und wenn ohnehin das Wasser bis über die Bodenbretter steht, läßt sich der Urheber des Wassereinbruchs nur kaltblütig, mit Fleiß und mit großer Ausdauer finden.
- Auch die Panik muß in Betracht gezogen werden, die – menschlich ganz verständlich – das Suchen und Dichten verhindert. Von solcher Erregung ist selbst der abgebrühteste und erfahrenste Segler nicht frei.

Stellt man einen Wassereinbruch fest und bemerkt das Wasser im Boot erst, wenn es schon über den Bilgenraum hinaus bis über den Fußboden steht, dann kommt es darauf an, durch das Notmanöver „alle Mann an die Pumpen" erst einmal Zeit zu gewinnen:
- Zum Suchen der Stelle in der Außenhaut, durch die Wasser eintritt.
- Zum Bereitstellen von Leckdichtungsmaterialien und zur Vorbereitung der Leckdichtung und
- zum Dichten des Lecks selbst.

Bei diesem Alle-Mann-Manöver „Pumpen" muß man sich folgende Gesichtspunkte vergegenwärtigen:
- Wirksam läßt sich Wassereinbruch nur stoppen und insbesondere mehr Wasser außenbords pumpen, als neuerlich eindringen kann, wenn man alle verfügbaren Energien einsetzt: Muskelkraft, elektrische Energie, Bootsmotor.
- Die eingesetzten Pumpen sollten eine möglichst große Leistung haben, weil ihre Anzahl im allgemeinen begrenzt bleiben muß.
- Sie müssen so angebaut sein, daß die Besatzungsmitglieder längere Zeit in guter Kondition an einer Pumpe arbeiten können.
- Nach Möglichkeit sollte das Pumpen der Crew eine Arbeit sein, die sie neben einer anderen wichtigen Arbeit, zum Beispiel dem Rudergehen, erledigen kann.

Was man über Lenzpumpen an Bord wissen muß

Die Lenzmittel zum Entfernen von Bilgenwasser reichen von einem Schwamm oder einem Ösfaß in einer Jolle bis zu vielteiligen automatischen Lenzsystemen in großen Yachten. Irgendwo auf diesem weitgespannten Bogen liegt jenes System, das der eine oder andere Eigner für seine Yacht wünscht und wählt:

Schöpfkellen und Eimer:

Kleine Ösfässer aus weichem, unzerbrechlichem Kunststoff gibt es in verschiedenen Farben mit unterschiedlichen Arten von Griffen für wenig Geld. Ein Eimer aus robustem Kunststoff kostet in Haushaltswarengeschäften noch weniger.

Handpumpen:

Am billigsten und verbreitetsten ist eine einfache zylindrische Hubpumpe, auch Stiefelpumpe genannt, mit einem Handgriff am oberen Ende. Die An-

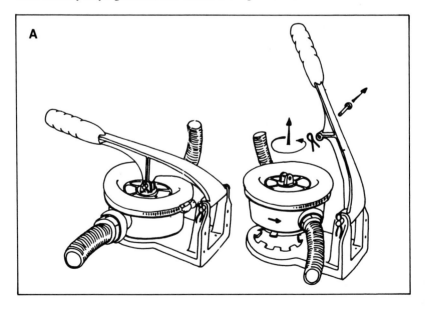

saugleitung ist am Boden des schmalen Zylinders befestigt. Sie muß mit ihrem freien Ende in einen engmaschigen Pumpenkorb auslaufen, weil sie durch Fremdkörper schnell verstopft werden kann. Material Bronze oder Kunststoff. Beim Betrieb kann man sie in der Hand halten oder sie auch mit einfachen Klemmen senkrecht oder schräg befestigen.
Membranpumpen (Abb. A) besitzen die Fähigkeit, auch kleinere Fremdkörper, die durch die Ansaugleitung passen, über die Druckleitung nach außenbords zu schaffen, ohne zu verstopfen. Im Falle einer Verstopfung läßt sich das Pumpengehäuse einfach und schnell öffnen, und die Inspektion der Membrankammer ist kein Problem. Membranpumpen aus Kunststoff und rostfreien Metallteilen gibt es in verschiedenen Größen und Typen. Sie arbeiten selbstansaugend und können ohne Sieb benutzt werden. Die größte Leistung haben Pumpen mit zwei Kammern, die doppelt wirken, das heißt, mit einer einzigen Hebelbewegung eine Kammer öffnen und die andere dabei schließen. Die maximale Höhe der An- und Absaugung beträgt ungefähr drei Meter. Diese Förderhöhe ist bei der Montage zu beachten.

Elektrische Pumpen:

Sie gibt es in zwei prinzipiell unterschiedlichen Typen: Unterwasserpumpen, die am tiefsten Punkt der Bilge selbst arbeiten, und Trockenpumpen, die ihre Arbeit nur frei vom Wasser an einem trockenen Platz ausführen können.
Die Unterwasserpumpen sind im allgemeinen billiger in der Anschaffung und einfacher in der Installation. Das Wasser fließt durch Einlaßschlitze rund um den Unterrand der Pumpe in diese hinein und wird dann bis zur Auslaßöffnung des Abflußschlauches hochgepumpt. Die Hubhöhe ist begrenzt. Die Leistung wird im allgemeinen für eine Hubhöhe angegeben, doch fördert die Pumpe nach meinen Erfahrungen auch die doppelte Höhe ohne feststellbare geringere Literleistung. Zum Betrieb müssen die Pumpen im Wasser stehen. Oft sind sie auch als Tauchpumpen gebaut, die durch das umgebende Wasser gekühlt und geschmiert werden. Solche Unterwasserpumpen verbrauchen weniger elektrische Energie als die meisten anderen Bilgepumpen.
Elektrische Überwasserpumpen müssen hoch über dem zu erwartenden Wasserstand im Inneren des Bootsrumpfes angebracht sein. Es sind selbstansaugende Pumpen, die das Wasser zuerst bis zur Pumpe hochziehen und dann außenbords drücken. Am beliebtesten sind elektrische Membranpumpen, die die Bilge vollkommen trocken lenzen können. Die Einlaßöffnung des Lenzschlauches sollte mit einem Filter versehen sein, um Fremdkörper am Durchlauf der Pumpe zu hindern.
Impellerpumpen können ebenfalls als Bilgepumpen benutzt werden. Der Impeller muß dann jedoch immer von Wasser umgeben bleiben. Sie schaffen keine volltrockene Bilge.

Motorbetriebene Pumpen:

Um eine hohe Lenzleistung bei eingedrungenem Wasser zu erhalten, können die Bootsmotoren mit einer zusätzlichen Lenzpumpe bestückt werden, die über einen Treibriemen arbeitet. Im allgemeinen ist dies eine selbstansaugende Pumpe mit einem flexiblen Impeller. Man benutzt eine Kupplung, so daß die Pumpe nur in Tätigkeit gesetzt wird, wenn man sie benötigt. Es gibt elektrische und mechanische Kupplungen, wobei eine mechanische Kupplung, die man von Hand betätigt, robuster und zuverlässiger ist (weil die Pumpe ohnehin nur selten betrieben wird, aber im Notfall zuverlässig zu arbeiten beginnen soll). Eine solche Lenzpumpe ist hauptsächlich bei Seekreuzern installiert, um größere Sicherheit sowohl bei Leckagen als auch bei überkommenden Seen in schwerem Wetter zu geben.

Was man beim Einbau von Lenzpumpen beachten muß

Erfahrungen aus der Praxis für die Installation von Lenzpumpen sowie ihre Saug- und Druckleitungen:
- Handpumpen sollen so eingebaut werden, daß sie ohne körperliche Anstrengung lange Zeit bedient werden können. In Richtung der Hebelbewegung muß genügend Platz sein. Insbesondere ist für eine sichere Befestigung zu sorgen, die auch bei längerer Bedienung der Pumpe und schnellen harten Schlägen nicht Lose erhalten oder gar abreißen kann.
- Alle Einlauföffnungen in die Lenzleitungen müssen einen Pumpenkorb oder einen engmaschigen Filter erhalten, damit sie nicht verstopfen können. Sie sollten auch so fest mit der Außenhaut oder anderen Bauteilen des Bootes verbunden werden, daß sie während der gesamten Dauer des Pumpenbetriebes in der gewünschten und richtigen Position bleiben.
- Der Pumpenkorb oder der Pumpensumpf sollte an der tiefsten Stelle des Bootes liegen, die im Hafen oder am Liegeplatz erreicht wird. Dann kann eine automatische Bilgepumpe am besten arbeiten. Auf einigen Booten kann es darüber hinaus andere Tiefstpunkte für unterwegs geben, insbesondere bei Krängung zur einen oder anderen Seite. Diese Bereiche müssen dann entweder mit anderen Pumpen gelenzt werden, oder es müssen entsprechende Zusatzleitungen installiert werden.
- Die durch den Rumpf führenden Wasser-Auslässe müssen ausreichend weit über der Wasserlinie des Bootes liegen. Insbesondere bei einer Krängung darf ein solcher Pumpenablauf nicht unter Wasser geraten. Dieser Pumpenabfluß sollte auch so gelegen sein, daß man das abfließende Wasser möglichst sehen, in jedem Falle aber hören kann.
- Die Schläuche eines Pumpensystems sollten keine scharfen Biegungen haben und mit Schlauchschellen ausreichender Größe in ihrer gewünschten Lage befestigt sein. Schläuche müssen auch ausreichend dicke Wandungen haben, damit sie sich beim Pumpen nicht zusammenziehen können. Man benutze die entsprechenden Druckschläuche bzw. speziellen ringförmigen Gummischläuche mit Rippen. Wenn Metalleitungen benutzt werden, sollten die Verbindungen der Leitungsteile zur Aufnahme von Vibration aus kurzen Gummistücken bestehen.
- Benutzt man eine motorbetriebene Pumpe mit Kupplung, dann ist die sorgfältige Befestigung der Riemenscheibe besonders wichtig. Es muß die Möglichkeit bestehen, den Keilriemen gegebenenfalls nachzuspannen, weil er sich bei längerem Gebrauch weiten kann.
- Eine mit der Hauptmaschine verbundene Lenzpumpe muß am Motor selbst

befestigt oder zumindest mit dem Motorenfundament fest verbunden sein, damit sie immer unter den gleichen Vibrationsschwingungen wie das Antriebsaggregat steht. Andernfalls verändern sich die Abstände der Keilriemenscheiben ständig, und infolge der dadurch bedingten unterschiedlichen Spannung arbeitet die Pumpe nur zeitweilig, oder der überspannte Keilriemen kann brechen.

• Elektrische Bilgepumpen sollten einen eigenen Stromkreis haben, der nicht über den Batteriehauptschalter läuft. In einem solchen Falle bleibt die Pumpe auch betriebsklar, wenn bei Feuer an Bord oder einem Kurzschluß der Hauptschalter ausgeschaltet werden muß. Auch wenn das Boot längere Zeit unbenutzt am Steg liegt und der Hauptschalter dann tunlichst ausgeschaltet wird, um Kriechstromprobleme zu vermeiden, kann eine automatische Bilgepumpe trotzdem betriebsklar bleiben

• Man baue eine Pumpe mit einem flexiblen Laufrad (Impeller) so ein, daß immer etwas Wasser im Pumpengehäuse zurückbleibt, wenn sie abgeschaltet ist. Dadurch verlängert man die Lebensdauer eines Impellers und beschleunigt das Ansaugen. Eine bessere Ansaugleistung wird auch erreicht, wenn das Laufrad mit Pumpenfett eingeschmiert ist.

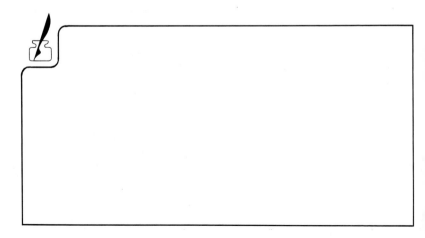

Wie man die Sinksicherheit mit Lenzeinrichtungen erreichen kann

Gefahrenlage:

Sinken durch unerwarteten Wassereinbruch stellt die größte Gefahr für jedes Wasserfahrzeug von einem kleinen Seekreuzer bis zu einem großen Containerschiff dar. Entstandene Lecks zu dichten, wird überall in beredten Worten und mit anschaulichen Zeichnungen beschrieben – doch kaum einer der Ratgeber hat wohl selbst einmal ein Leck gesucht und durch die beschriebene Leckdichtung eine Yacht davor bewahrt, den Wassertod zu sterben. Viele Yachtverluste beweisen jährlich, daß Sinken der gefährlichste Notfall ist. Sie zeigen aber auch nachdrücklichst, daß es nicht mit Angaben zur Leckbekämpfung getan ist. Sie wird nur erfolgreich sein, wenn man ein Boot während dieser Zeit durch Pumpen schwimmfähig erhalten kann. Die in den Sicherheitsrichtlinien von Verbänden und Vereinen empfohlenen beiden kleinen Handlenzpumpen können notfalls nur übergekommenes Spritzwasser lenzen. Zur Rettung einer Yacht sind sie nicht geeignet.

Die Abb. A zeigt die von der Wassertiefe, der Größe eines Lecks und der Art seiner Ränder abhängige Wassermenge, die in einer Minute in das Boot einströmen kann:

Kurve I: Wassereintritt bei einem Leck von 10 cm^2 Fläche mit eckigen Rändern und somit gebremster Durchflußgeschwindigkeit. Die Fläche selbst kann 10 cm lang und 1 cm breit, quadratisch mit 3,2 cm Kantenlänge und rund mit 3,6 cm Durchmesser (ca. 1^1/$_2$ Zoll) sein.

Kurve II: Wassereintritt bei einer gleich großen Fläche von 10 cm^2, aber glatten Wandungen mit schnellerer Einströmgeschwindigkeit.

Kurve III: Wassereintritt bei einem doppelt so großen Leck von 20 cm^2 Fläche mit eckigen Wandungen, quadratisch mit 4,5 cm Kantenlänge oder rund mit 5,1 cm Durchmesser.

Kurve IV: Wassereintritt bei gleich großer Fläche von 20 cm^2, aber glatten Rändern des Lecks.

Wir erkennen hier, daß beispielsweise durch ein Seeventil, das sich nicht schließen läßt, oder ein gleich großes Loch von 35 mm Durchmesser, wie es durch eine runde Bordwanddurchbrechung für das Log oder für das Lot gegeben ist, auf etwa 1 m Wassertiefe in der Minute ca. 250 Liter Wasser in das Boot eindringen (Kurve II).

Bei einem Riß von etwa 200 mm Länge und 10 mm Breite in der Bordwand und auf nur 50 cm Wassertiefe ist es die gleiche Wassermenge. Und wie relativ

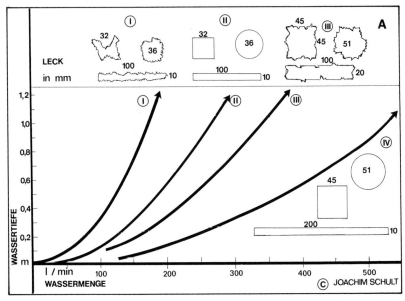

winzig ist ein solches Leck, wenn wir uns die Empfehlungen in manchen Fachbüchern betrachten, ganze Schwimmwesten in fußballgroße Lecks hineinzupressen! Der Crew blieben dazu nur Sekunden Zeit, um das Boot zu retten, und zuallererst müßte sie das Leck finden und den Innenraum zur Leckbekämpfung freischlagen.

Die Leckbekämpfung kann nur erfolgreich sein, wenn man eine Yacht während der gesamten Zeit der Lecksuche und der Lecksicherungsarbeiten schwimmfähig hält. Sehen wir den Notfall eines Wassereinbruchs durch Leck realistisch an: Bei einem Leck von der Größe eines Eierbechers auf einer Wassertiefe von 0,40 m würde ein Seekreuzer von 1,5 t Verdrängung (etwa vom Serientyp „Delanta") nur fünf Minuten schwimmfähig bleiben, ehe er den Wassertod stirbt. Bei zwei solchen Eierbecher-Löchern auf 60 cm Wassertiefe überlebt er den Notfall kaum zwei Minuten.

Vorsorge:

Jeder Eigner muß sich vor einem Seetörn die Frage stellen: Wieviel Wasser durch ein entstandenes Leck kann mein Boot überleben? Die Abb. A zeigt ihm dazu die gefährliche Wassermenge, die bei einem Leck bestimmter Größe und einer bestimmten Wassertiefe in jeder Minute in den Bootskörper eindringt. In Beziehung zur segelklaren Verdrängung, d. h. dem Bootsgewicht und seiner eingeladenen Ausrüstung gesetzt, ergibt sich die Gefahrenzeit, die man zur

Lecksuche und Leckbekämpfung hat. Und gleichzeitig erkennt man, welche Pumpenkapazität man wählen muß, um dem schnellen Wassertod vorzubeugen und Zeit für Leckbekämpfung, → Lecksegel, → Lecksegelschirm, → Leckstopfen und andere Maßnahmen zu gewinnen.

Man beachte auch, wie schnell die Wassermenge mit größerer Tiefe des Lecks zunimmt: Sie verdoppelt sich praktisch, wenn das Leck nicht auf 10 cm Tiefe, sondern 50 cm unter der Wasseroberfläche liegt, und sie ist bei einem gleich großen Leck auf 1,0 m Tiefe etwa dreimal so groß wie bei einem Leck 10 cm unter der Wasseroberfläche (Kurve II).

Daraus ersieht man auch, wie wichtig und wirksam es ist, das Boot bei einem Leck besser zu trimmen, es zum Beispiel auf den anderen Bug zu legen oder das verletzte Vorschiff durch Gewichtsverlagerung zu heben.

Je tiefer das Boot eintaucht, wenn immer mehr Wasser in das Boot dringt, desto geringer wird die zufließende Wassermenge.

Denn bei den in der Abb. A genannten Wassertiefen handelt es sich um die Differenz zwischen dem äußeren Wasserspiegel des schwimmenden Bootes und dem Wasserspiegel des eingedrungenen Wassers über den Bodenbrettern. Abb. B zeigt, daß dieser mit seinem größten Wert nur bei Beginn des Wasserflusses gegeben ist (hier: bei einem Leck 0,50 m unter dem Wasserspiegel im Bootsboden etwa 190 Liter pro Minute). Je mehr das Wasser im Boot steigt, desto geringer wird der Höhenunterschied zwischen beiden Wasseroberflächen und desto geringer die Einströmgeschwindigkeit (bei nur 0,10 m Ab-

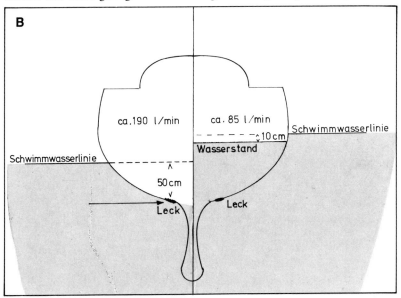

stand etwa 80 Liter pro Minute oder nur ungefähr die Hälfte der zuerst eintretenden Wassermenge).

Reicht also die Pumpenleistung nicht aus, um den Wassereinfluß von Anfang an auszugleichen und das Boot sofort wieder völlig zu lenzen, dann kann man es in einem „halbgesunkenen" Zustand immer noch schwimmfähig erhalten. Insbesondere die unterschiedlichen Kurven für „eckige" und „runde" Kanten in Abb. A zeigen, daß sich der Wasserzufluß schon durch den Charakter des Lecks ändern läßt – und dazu gehört jede noch so unvollkommene, aber festsitzende Teildichtung eines Loches im Boot.

Suchen und Dichten des Lecks bei gleichzeitigem nimmermüdem Pumpen zahlt sich immer aus. Die Zeit arbeitet für die Crew, die sich anstrengt. Sie wird in den meisten Fällen ihr Boot retten können, während eine zu früh aufgebende Besatzung, die weitgehend tatenlos zusieht, wie das Wasser steigt, ein Boot auch in einer günstigen Situation verlieren wird.

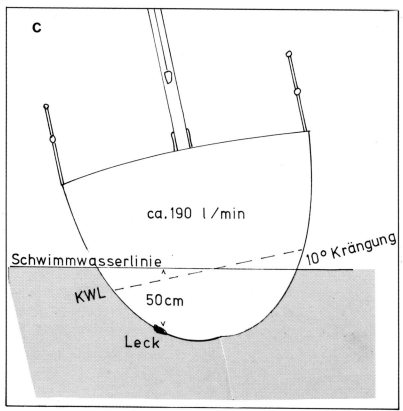

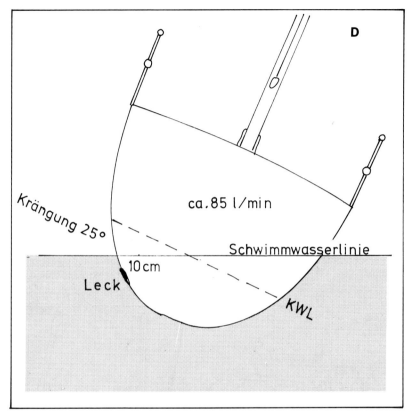

Auch durch Krängen kann man dafür sorgen, daß ein großer, gefährlicher Wassereinbruch durch ein tiefliegendes Leck vermindert wird: Abb. C zeigt ein Leck, das bei einer Krängung des Bootes von 10° nach Backbord 50 cm unter der Wasseroberfläche liegt und pro Minute 190 Liter Wasser in das Boot eindringen läßt.

Gelingt es, das Boot mit 25° nach Steuerbord zu krängen (Abb. D) und das Leck der Backbordseite dadurch bis auf 10 cm unter die Wasseroberfläche anzuheben, muß man in jeder Minute nur noch etwa 85 Liter oder weniger als die Hälfte der ursprünglichen Wassermenge außenbords befördern.

Aufbau und Arbeitsweise meiner Lenzeinrichtung:

Als Beispiel, wie man die Sinksicherheit mit Lenzeinrichtungen erreichen kann, beschreibe ich Ihnen die Anlage auf meinem 13-t-Stahlseekreuzer „Cormoran III", die ich unter den Gesichtspunkten einer zahlenmäßig kleinen und körperlich schwachen (Ehepaar-)Crew sowie für wochenlange Transozeanfahrten zusammenstellte. Das Boot ist zwar mit einem wasserdichten Schott im Vorschiff und wasserdichten Halbschotten um den Bootsmotor ausgestattet, aber natürlich zu schwer, um mit → aufblasbaren Auftriebskörpern innen oder außen unsinkbar gemacht werden zu können.

Manuelle Pumpen:

Die Haupt-Handlenzpumpe ist eine doppelt wirkende Membranpumpe aus unzerbrechlichem Kunststoff, die selbstansaugend und ohne Sieb arbeitet. Bei 1,3 Liter pro Hub fördert sie nach Prospekt 160 l/min – unter der Voraussetzung, daß man in jeder Sekunde den Pumpenhebel je einmal kurz nach links und nach rechts bewegt. Auch wenn dies sicher möglich ist, habe ich ihre Kapazität mit 80 l/min in meine Leistungstabelle eingesetzt – mit nur einer einzigen Bewegung pro Sekunde. Diese sehr robuste Pumpe kann hoch und flach angebaut (Abb. E–F), der Hebel (abnehmbar) durch die Wand und durch den Boden eingesteckt werden. Auch eine Verbindung mit einer elektrischen Pumpe (Abb. G) ist möglich. Sie wurde aber bei mir nicht vorgenommen.
Die Reserve-Handlenzpumpe ist ebenfalls eine Membranpumpe in der glei-

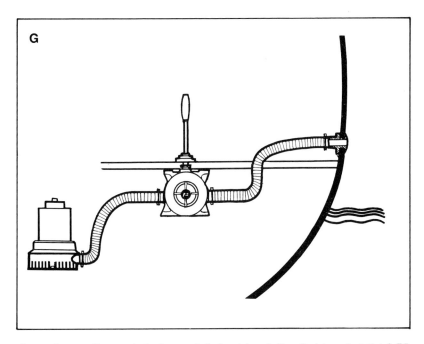

chen robusten Bauart, jedoch nur einfach wirkend. Ihre Leistung beträgt 0,75 Liter pro Hub, so daß sich eine Minutenleistung von 45 Litern ergibt.
Als Reserve dient eine Stiefelpumpe von 65 cm Länge, die mit jedem Hub 1 l Wasser fördert und den Vorteil hat, daß man sie überall „mobil" einsetzen kann. Mit ihrer Leistung von ca. 40–60 l/min ergibt sich in der Leistungsbilanz der Muskelkraft-Pumpen eine Gesamt-Kapazität von ca. 200 l/min. Das ist nicht viel, wenn man an ein Leck denken muß; denn damit bindet man ja mindestens zwei Personen, und das ist (oft) die ganze Crew.

Elektrische Pumpen:

Eine elektrische Bilgepumpe (Unterwasserpumpe), die sich durch einen zusätzlichen elektronischen Schalter in eine automatische Pumpe umwandeln läßt, gehört wohl heute zur Standard-Sicherheitsausrüstung der meisten Fahrtenyachten, die eine ganze Woche lang vom Eigner unbeaufsichtigt am Steg liegen müssen. Auch ich habe eine solche Pumpe mit Automatik-Schalter installiert. Die Lenzleistung beträgt 50 l/min (im Prospekt ist meistens 3000 l/h angegeben), der Stromverbrauch 6 A. Auch mit Hilfe der kleinsten üblichen Bordbatterie wird es also möglich sein, die elektrische Lenzpumpe in einem

Notfall einige Stunden zuzuschalten – vorausgesetzt, die Batterie selbst wird dadurch (!) wasserfrei gehalten.

Im Rahmen meiner Maxime einer „doppelten Sicherheit" habe ich eine zweite Pumpe gleicher Bauart (als Ersatzteil) an Bord. Sie ist mit einem Stecker versehen und kann im Notfall an drei unterschiedlichen Stellen des Bootes angeschlossen und in Betrieb genommen werden. Somit lassen sich in unserer Lenz-Leistungsbilanz nunmehr 300 l/min außenbords befördern – aber das ist natürlich immer noch nicht genug, wenn man tatsächlich an einen Wassereinbruch durch ein Leck denkt.

Oftmals denken wir bei unseren Sicherheitsüberlegungen (noch) zu sehr in manuellen Kategorien. Vor die verständliche Alternative gestellt, eine zweite, doppelt wirkende Membranpumpe anzuschaffen, die bei einer zahlenmäßig kleinen Besatzung vielleicht ohnehin nicht betrieben werden kann, und eine zweite elektrische Notlenzpumpe zu kaufen, die ich ebenfalls mit einem Stecker irgendwo an den drei möglichen Steckkontakten des Bootes in einem Notbetrieb einsetzen kann, habe ich mich zu folgendem, vielleicht nachahmenswertem Kompromiß entschlossen:

Ich wählte die elektrische Pumpe und beseitigte das mögliche Handikap, daß sowohl die Bordbatterie als auch die elektrische Zuleitung durch Wassereinbruch selbst vielleicht Schaden nehmen könnte, durch eine eigene Notlenzbatterie vom Typ einer Sonnenschein-Trockenbatterie, 20 A/h. Pumpe, Batterie, Anschlußklemmen klar zum Befestigen mit ca. 2 m langem Kabel sowie 4 m langem Wasserschlauch hängte ich zusammen in einen robusten Textilbeutel, der in meinem mannshohen Motorenraum an der Decke festgezurrt ist.

Zugegeben, die nicht gerade leichte Batterie hängt dort an keinem idealen Platz, aber sie ist dort auch noch für andere Zwecke für Wasser völlig unerreichbar. Im Notfall läßt sich diese elektrische Tauchpumpe überall einsetzen. Der Batteriebeutel muß nur an dem betreffenen Platz aufgehängt, die Pumpe in die volle Bilge gestellt und der Lenzschlauch aus der nächsten Bordwanddurchbrechung ins Freie gebracht werden.

Diese transportable elektrische Notlenzpumpe ersetzt einen Mann an einer Pumpe, der während ihrer Betriebszeit andere Lecksicherungsaufgaben übernehmen kann, oder sie ist selbst die in einer zahlenmäßig kleinen Crew fehlende Hand – auch bei Bootsfamilien mit Kindern.

Der Motor für die Haupt- und Hilfslenzpumpe:

Wenn schon ein solches Kraftpaket an Bord ist (und welche Fahrtenyacht verzichtet heute auf einen Bootsmotor), dann sollte man ihn auch voll für den Betrieb von Lenzpumpen einsetzen. Dies geschieht bei uns auf zweifache Art:
- Als billigste, einfachste, aber auch etwas riskante Methode habe ich mir einen Schieber in die Seewasser-Kühlleitung meiner Zweikreiskühlung eingebaut (siehe Kühlwasserpumpe als Notlenzpumpe, Abb. A–C), mit dessen Hilfe

ich den Kühlwassereintritt von außenbords schließen und als Kühlwasser praktisch das durch ein Leck eingedrungene Seewasser aus der Bilge benutzen kann. Genau genommen ist es ein T-Stück mit einem Hebel-Schnellverschluß für die übliche Kühlwasserleitung und einem Drehschieber für die Notleitung. Er ist (bis auf einen Notfall) immer verschlossen und läßt sich nicht verwechseln. Mein Bootsmotor, ein 80-PS-Ford-Marinemotor von 4,1 l Hubraum, fördert an Kühlwasser bei Vollast (2500 U/min) 120 l/min, bei 2000 U/min 100 l und bei 1500 U/min 80 l/min. Setzen wir nur 100 l/min in die Lenzleistungsbilanz ein, dann erhöhen wir diese ohne nennenswerte Kosten auf 400 l/min. Auch kleinere Motoren sind ähnlich leistungsstark. Ein 50-PS-Dieselmotor fördert ca. 75 l/min. Wenn man ohnehin den Motor als Lenzpumpen-Betreiber in Betracht zieht, bietet sich davor der Anbau einer Reservelenzpumpe an. Bei mir war es der zweite Erkenntnisschritt, das heißt, diese Reservelenzpumpe wurde erst nach dem oben genannten Reservelenzventil installiert. In einem Notfall werde ich jedoch zuerst diese Reservelenzpumpe einschalten und mir nur als letzte Möglichkeit – als allerletzte Möglichkeit – den Kühlwasserkreislauf als Lenzeinrichtung offenhalten.

Die meisten Bootsmotoren sind bereits mit einer zweirilligen Riemenscheibe ausgerüstet, um eine solche Reservelenzpumpe anzubauen. Es bietet sich wahlweise ein gleich großes Modell wie die Seewasserkühlpumpe oder die nächstgrößere Type an.

Ich habe mich für die nächstgrößere Type entschieden, die Jabsco 6590/200 mit $1^1/_2$-zölligen Rohranschlüssen, die bei 1500 U/min bereits 195 l/min fördern kann – so viel wie alle drei Handlenzpumpen zusammen. Mit ihr wird meine Leistungsbilanz nicht nur deutlich erhöht. Durch einfaches Anlassen des Bootsmotors läßt sich die Leckbekämpfung auch so schnell und wirksam einleiten, wie es sonst bei bemerktem Wassereinbruch gar nicht möglich wäre. Diese Pumpe ist mit einer mechanischen Kupplung ausgestattet. Die einzige zusätzliche Arbeit also, um sie in Betrieb zu setzen, ist eine Handbedienung. Von einer elektrischen Kupplung rate ich ab, auch wenn eine Knopfdruckbetätigung auf den ersten Blick einfacher und schneller erscheinen mag. Aber die Schaltung selbst kann durch eingetretenes Wasser ja schon in Mitleidenschaft gezogen worden sein, und was manuell zu bedienen ist, läßt sich auch auf seine Funktionssicherheit kontrollieren.

Die gesamte Lenzleistung beträgt somit über 600 Liter pro Minute, wenn alle acht Lenzmittel in Tätigkeit gesetzt sind. Davon werden 445 Liter pro Minute durch Lenzeinrichtungen außenbords befördert, die durch elektrische und Motor-Energie betrieben werden, und nur 165 Liter pro Minute entfallen auf Muskelkraft für zwei bis drei Personen.

Mit den „Sicherheitsrichtlinien" beispielsweise der Kreuzer-Abteilung kann man im allgemeinen nicht viel anfangen, wenn man die Lenzeinrichtungen seines Bootes optimal ausführen will. Hier heißt es nur (für das Seegebiet der Langstreckenfahrt) auch in Übereinstimmung mit den internationalen ORC-

Vorschriften: „Bilge-Pumpen, mindestens zwei, handbedient. Eine der Pumpen muß von außen bedienbar sein, wenn alle Cockpitklappen und alle Luken und alle Durchgänge geschlossen sind. Für Fahrtenyachten werden grundsätzlich zwei voneinander unabhängige Bilgelenzpumpen empfohlen, die nicht verstopfen können und deren Saugkörbe auch bei schlechtem Wetter zugänglich sein müssen. Eine der Pumpen soll eine Membranpumpe sein. Pumpenhebel sollten fest montiert oder in unmittelbarer Nähe der Pumpe fest gehalten sein."

Es werden leider weder Empfehlungen für die wünschenswerte Leistung der Lenzeinrichtungen gegeben noch wird erläutert, warum eine Pumpe aus der Plicht zu bedienen oder vom Typ einer Membranpumpe sein soll. Damit kommt auch der gutwillige Praktiker nicht weiter, wenn er tatsächlich ausreichende Investitionen für eine wirksame Lenzeinrichtung vornehmen will.

Auf welchem Wege bringt man das eingedrungene Wasser außenbords?

Das ist eine wichtige und gelegentlich gar nicht leicht zu beantwortende Frage, denn niemand will gern mehr Bordwanddurchbrechungen bohren, als unbedingt notwendig sind – nicht einmal um den Preis größerer Lenzsicherheit. Immer ist auch eine Lenzöffnung ein unwillkommenes Loch an Bord.
Bei mir an Bord habe ich dieses Problem wie folgt gelöst: Meine wasserdichte Plicht hat vier Speigatten von je 45 mm Durchmesser (eindreiviertel Zoll). In die beiden vorderen Ablaufrohre münden oben die Schläuche der Haupt-Handlenzpumpe und der elektrisch-automatischen Bilgenlenzpumpe. Auch die beiden übrigen Cockpitlenzer allein halten die Plicht wasserfrei – gegebenenfalls für die Abflußleitungen mobiler Lenzer.
Für andere Notlenzer bieten sich die durch die Waschbecken an Bord vorhandenen Außenbords-Abflüsse an. Bei mir an Bord sind es der achtere Waschraum (Abfluß 38 mm) für die Reserve-Handlenzpumpe mit dem gleichen Abflußdurchmesser. Über die beiden Spülbecken in der Kombüse (Abflußöffnung 38 mm) läßt sich gegebenenfalls die elektrische Reserve-Bilgepumpe (Abflußschlauch 25 mm) und die elektrische Batterie-Notlenzpumpe (Abflußöffnung ebenfalls 25 mm) nach außenbords anschließen. Die Wassermenge, die die beiden kleineren Leitungen führen können, wird durch größere Leitung allein gerade abgeführt. Als Reserve-Abfluß dient das Waschbecken im vorderen Toilettenraum.
Die kleine Reserve-Stiefelpumpe, die an jeder beliebigen Stelle in der Kajüte oder in der Plicht zum Einsatz gebracht werden kann, hat aus diesem Grunde sowohl eine 3 m lange Saug- als auch eine gleich lange Druckleitung erhalten, so daß sie direkt nach außenbords (auch durch ein Fenster, eine Lüfteröffnung oder eine Decksluke) entwässern kann.
Die große Motor-Lenzpumpe ist (bisher) ebenfalls nur mit einem fliegenden Schlauch ausgestattet, der den gleichen Weg geführt werden könnte. Wahrscheinlich wird es sich jedoch nicht vermeiden lassen, daß man dieser Leitung eine eigene, ständige, durch Schieber verschließbare Bordwandöffnung gibt, die zum Oberdeck führt und im Notfall geöffnet werden muß.
Bei jeder Neuinstallation eines solchen Lenzsystems muß man auch für eine Lenzleitung durch die (abgeschotteten) Räume hindurch bis zum eigentlichen Lenzbrunnen sorgen, in dem die Pumpenkörbe der Lenzpumpen liegen, wenn wasserdichte Schotten oder Bodenwrangen ohne Nüstergatten (für den freien

Durchlauf des eingedrungenen Wassers) den Wasserfluß verhindern. Sie müssen dann natürlich Schieber erhalten, damit das Prinzip wasserdichter Schotten nicht – im wahrsten Sinne des Wortes – unterlaufen wird.

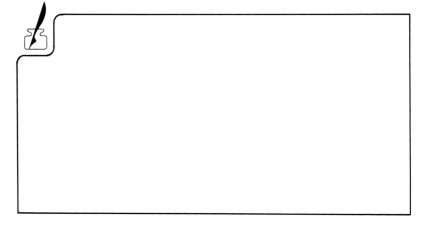

Unsinkbar durch aufblasbare Auftriebskörper binnenbords

Gefahrenlage:

Nach meinen Erfahrungen sollten Yachten, die selbst nur die Größe von Rettungsbooten der Berufsschiffahrt haben, im Falle eines Lecks nicht aufgegeben, sondern durch Auftriebskörper schwimmfähig erhalten werden. Die Fastnet-Tragödie hat nachhaltig bewiesen, wie fragwürdig die Sicherheit einer Yachtbesatzung in einer sogenannten „Rettungsinsel" ist, die man besser als „Schwimmzelt" charakterisieren sollte. – Ohnehin ist es für einen Hochseesegler ein schier unvorstellbarer Gedanke, seine mit allen Versorgungseinrichtungen, Proviant, Kocher, Wasservorräten und Reparaturmaterial gut ausgerüstete Yacht, eine wahrlich komfortable Insel des Lebens auf einem endlosen Meer oder in einer wilden See, so mir nichts dir nichts aufzugeben und dafür den kalten und nassen, gedrängten Platz in einem dünnhäutigen, verletzlichen, wild tanzenden, driftenden Gummifahrzeug einzutauschen. – Gelingt es darüber hinaus bei einem Leck, in einem verständlichen Zustand der Panik oder bei Nacht, erst einmal Zeit zu gewinnen und das Boot trotz seiner schweren Beschädigung im Unterwasserschiff mit Bordmitteln schwimmfähig zu halten, läßt sich bei Besserung von Kondition und Wetter das Loch vielleicht zuverlässig dichten.

Vorsorge:

Die Möglichkeit, einen Seekreuzer durch Anordnung fester Auftriebskörper aus Schaumkunststoffen oder ähnlich spezifisch leichten Materialien unsinkbar zu machen, schränkt gleichzeitig den Stauraum in hohem Maße ein, denn der für die Sinksicherheit erforderliche Raumbedarf von erfahrungsgemäß „Verdrängung plus 20%" bedingt bei einer Fahrtenyacht von 9,5 m Länge mit 4,5 t Verdrängung ein Auftriebsvolumen von 6 m^3. Das ist ca. ein Viertel des umbauten Raumes, wenn man mit einem Völligkeitsgrad von $\alpha = 0,5$ rechnen und ca. 24 m^3 erreichen würde. Feste Auftriebskörper lassen sich also nur mit beträchtlichen Einschränkungen des Bordlebens im Bootsrumpf unterbringen. Im Hinblick auf die Wahrscheinlichkeit „Notfall" im Verhältnis zu „normales Segeln" sind sie (auch unter strengsten Sicherheitsaspekten) nicht vertretbar. An ihrer Stelle verwende ich seit nunmehr zehn Jahren aufblasbare Auftriebskörper aus dem Gummistoff einer Rettungsinsel, die das gleiche Auftriebsvolumen von 6 m^3 in meinem Kunststoff-Seekreuzer „Cormoran II" gewährleisten, wenn sie aufgeblasen werden. In ihren Ruhepositionen unter den Kojenpolstern nehmen sie jedoch kaum 1% des umbauten Kajütraumes in Anspruch.

A

Das Bordleben schränken sie überhaupt nicht ein.
Es sind genormte Schlauchkörper von einheitlich 0,60 m Durchmesser und 2 m bzw. 1 m Länge, wenn sie voll mit Luft gefüllt sind. Ich wählte die Größe 2 x 0,60 m, weil sie genau dem Raum einer Koje entspricht, der zum Aufblasen immer frei ist, oder ungefähr der Größe eines Erwachsenen (Abb. A), für den

die Koje zugeschnitten ist. Neben acht großen Schlauchkörpern (mit einem Volumen von je 0,56 m³) haben wir vier „kleine" (mit je 0,28 m³) an Bord, so daß sich insgesamt ein Auftrieb von ca. 5500 kg oder ca. 120% der seeklaren Verdrängung ergibt. – Die Schlauchkörper sind mit Halteringen und Ventilen versehen und können wahlweise mit Preßluft oder mit Blasebalg gefüllt werden (Abb. B–E).

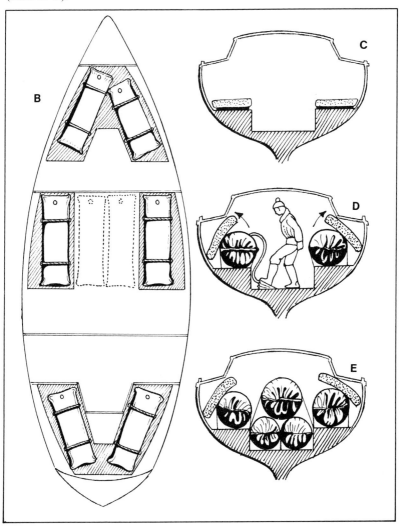

Arbeitsweise:

Da das Aufblasen mit Muskelkraft über einen Blasebalg in einem Seenotfall sicher zu lange dauern, das Mitführen der gesamten notwendigen Luft in Flaschen jedoch zu aufwendig würde, verwenden wir ein kombiniertes System: Die im Vor- und Achterschiff liegenden Luftrollenpaare sind mit Luftflaschen verbunden und können durch einen Handgriff in Sekundenschnelle aufgeblasen werden. Es sind für Tauchgeräte übliche Luftflaschen.

Die übrigen Rollen werden mit Muskelkraft aufgeblasen. In zehn Minuten schafft eine Person (wie wir es nach Zeit erprobten und in einem simulierten Notfall bereits 1976 an Bord für das Fernsehen zeigten) etwa 2 m^3 Luft. Bei einer Zweimann-Crew dauert es insgesamt also nur zwei Minuten, um die völlige Sinksicherheit herzustellen.

Die genannten Auftriebskörper liegen inzwischen acht Jahre in Bereitschaft unter den Kojenpolstern ohne irgendwelche Verschleiß- und Alterserscheinungen.

Die Grenze ihrer Anwendung dürfte bei ca. 5 t Verdrängung liegen.

Unsinkbar durch aufblasbare Auftriebskörper außenbords

Gefahrenlage:

Siehe → Unsinkbarkeit durch aufblasbare Auftriebskörper binnenbords.

Vorbeugen:

Man lasse sich aufblasbare Seenot-Auftriebsgurte fertigen, die bei einem Leck oder beim Sinken einer Yacht von den Bootsenden aus um die Yacht gelegt werden können (Abb. A). In ihrer Ruhestellung liegen die Luftkissen, zu Gurten zusammengefaltet, wie die anderen aufblasbaren Auftriebskörper unter den Kojenpolstern oder an anderen Stauplätzen unter Deck, wo sie wenig Platz wegnehmen.

Nothilfe:

In einem Notfall werden sie – auf halber Länge durch ein Gewicht oder die Luftflasche zum Aufblasen selbst beschwert – unter den Bootsboden gebracht und an beiden Seiten des Decks mit Hilfe entsprechender Leinen um Mast, Klampen, Winschen usw. festgezurrt. Erst anschließend werden sie mit der Luftflasche gefüllt oder mit dem Blasebalg aufgeblasen.
• Ihr Vorteil gegenüber inneren Auftriebskörpern: Der Raum unter Deck bleibt auch im Seenotfall frei. Der Freibord des Bootes bleibt weitgehend

erhalten. Die nahezu uneingeschränkte Segelfähigkeit ist sichergestellt, und es wird kein Stauraum beansprucht, weil diese Auftriebsbehälter (wie eine Rettungsinsel zusammengelegt) gegebenenfalls sogar an Deck gehaltert werden können. Besonders vorteilhaft ist, daß mit solchen Seenot-Luftkissen die Yacht ihre normale Schwimmlage beibehalten kann und Reparaturen am Rumpf einfacher sind, weil die Leckstelle nicht nur besser zu erreichen ist, sondern auch der Wasserdruck an ihr, der Eintauchtiefe entsprechend, geringer ist. Übrigens wurden bereits die Gemini-Raumkapseln durch ähnlich wirkende Auftriebskörper über Wasser gehalten – Beweis und Beispiel, daß sie an einer Yacht (zusammengelegt und einsatzbereit) auch außen am Bootsrumpf gut geschützt untergebracht werden könnten, wenn man sich nur die Mühe machen würde, die Möglichkeiten der Verwirklichung solcher Seenothilfen konstruktiv zu durchdenken.

Wie man die Lenzleistung einer wasserdichten Plicht für einen Notfall prüfen und erhöhen kann

Gefahrenlage:

Die sogenannten „Sicherheitsrichtlinien" verschiedener Verbände und Vereine empfehlen Abmessungen einer selbstlenzenden Plicht für Seekreuzer und insbesondere die Anzahl und den Durchmesser der Plichtabläufe, wie sie den tatsächlichen Sicherheitserfordernissen des Seesegelns nicht entsprechen: Das erlaubte Volumen ist zu groß, die Ablaufleistung ist zu gering, und so ergeben sich bei der Berechnung der Ablaufzeiten einer vollgelaufenen Fußwanne in der Plicht oft mehrere lange, gefährliche Minuten anstelle nur weniger, genau bemessener sicherer Sekunden.

Die Lenzrohre sollen nicht nur Regenwasser oder einen gelegentlichen Gischtschauer ohne allzu nasse Füße wieder ablaufen lassen. Sie müssen die Plicht auch lenzen, wenn ein größerer Schub Wasser eines nahe übergebrochenen Wellenkamms sich in die Plicht ergießt, und sie müssen vor allem noch eine ausreichende Entwässerungsleistung haben, wenn man – im Falle eines Lecks – den Ablaufschlauch einer Lenzpumpe in die Plicht legen muß.

Erfahrungsgemäß ist dies der übliche, weil kürzeste Weg, um eine zusätzliche Lenzpumpe zu betreiben, und auch die meisten fest installierten Handlenzpumpen geben ihr Wasser direkt in die Plichtabläufe oder in die Plichtwanne ein. Zahlreiche kleine Seekreuzer sind gesunken, weil sie nur über die Plicht zu lenzen waren, die Plichtabläufe aber das Wasser nicht schnell genug los wurden und somit das innen und außen wasserbeschwerte Boot seinen vermeidbaren Weg in die Tiefe dennoch antreten mußte.

Vorsorge:

Prüfen Sie, ob Ihr Boot für einen Notfall „Wassereinbruch durch Leck" und die Möglichkeit „Lenzen über die Plicht" gut eingerichtet ist, und verändern Sie gegebenenfalls die Abläufe sowohl in ihrer Zahl als auch in ihrem Durchmesser, damit eine Ablaufzeit von ca. 30–40 Sekunden für die vollgefüllte Fußwanne der Plicht erreicht wird. Das ist erfahrungsgemäß die Zeit, in der ein übergekommener Brecher dem anderen folgen könnte. Und in diesem Zeit-

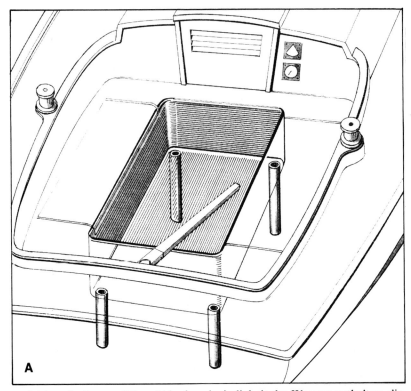

A

maß ist auch die ungefähre Ablaufgeschwindigkeit des Wassers enthalten, die für einen zusätzlichen Zulauf durch Handlenzpumpen angesetzt werden kann:
- Messen Sie die Plicht aus (Abb. A), und messen Sie das Volumen der Fußwanne allein und das Volumen der gesamten Plicht über den Sitzen einschließlich der Fußwanne. (Wir werden anschließend mit einer Fußwanne von 400 Litern als „großer Plicht" bei einem 13-m-Seekreuzer und einer Fußwanne von 300 Litern bei einer „kleinen Plicht" auf einem 9-m-Seekreuzer Beispiele rechnen. Der gesamte Rauminhalt einer Plicht bis Oberkante Süll hat erfahrungsgemäß das vierfache Volumen einer Fußwanne.)
- Messen Sie die Höhe des Plichtbodens über Wasser (Abb. B), wenn die Plicht mit mindestens vier Personen belastet ist. Insbesondere auf kleinen, leichten Seekreuzern ist dieser Höhenunterschied bei belasteter und unbelasteter Plichtwanne groß. Für einen Notfall kommt es darauf an, die mit der Besatzung belastete und gefüllte Plicht in Rechnung zu stellen.
- Zählen Sie die Abläufe aus der wasserdichten Plicht, und messen Sie ihre Rohrdurchmesser (Abb. C). Sie sehen hier bereits, daß nicht die Anzahl der

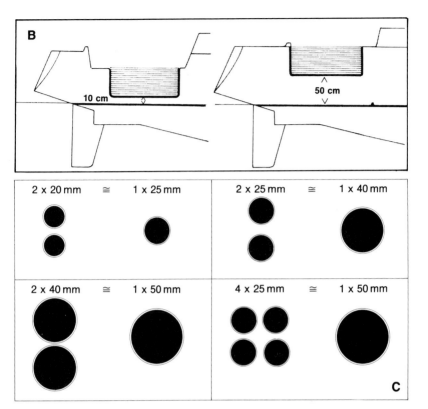

Abläufe entscheidenden Einfluß auf die Abflußleistung hat, sondern der Durchmesser viel entscheidender ist: Eine Abflußleitung von 50 mm Durchmesser leistet annähernd so viel wie zwei Abflußleitungen von 40 mm und vier Abflußleitungen von 25 mm Durchmesser – oder sogar acht Röhren von 20 mm Querschnitt.

- Ermitteln Sie dann nach Tabelle D die Zeit zum Lenzen Ihrer Plicht mit den vorhanden Lenzrohren.
- Rechnen wir für die „große Plicht" von ca. 400 Litern (Abb. E) und die „kleine Plicht" von ca. 300 Litern Rauminhalt zwei Beispiele, für die wir die in den Abb. B, C und D genannten Werte einsetzen:

Bei der „großen Plicht" von 400 Liter Inhalt, deren Boden im gemessenen Ruhezustand etwa 50 cm über der Schwimmwasserlinie liegt, dauert es bei einer Benutzung von vier Rohren je 40 mm Durchmesser insgesamt etwa 29 Sekunden, bis sie leergelaufen ist. Das ist eine sichere Zeit.
Liegt die Plichtwanne nur 10 cm über der Schwimmwasserlinie, verdoppelt sich

Abflußleistungen üblicher Rohrquerschnitte einer wasserdichten Plicht für unterschiedliche Höhendifferenzen des Wasserspiegels binnen und buten

Werte in Liter pro Sekunde

Rohrdurchmesser	20 mm ca. ³/₄ "	25 mm ca. 1 "	40 mm ca. 1 ½ "	50 mm ca. 2 "	80 mm ca. 3 "
Höhendifferenz der Wasserspiegel					
10 cm	0,39	0,60	1,55	2,42	6,20
50 cm	0,87	1,35	3,46	5,41	13,85
100 cm	1,22	1,91	4,90	7,65	19,60

Werte in Liter pro Minute

Rohrdurchmesser	20 mm ca. ³/₄ "	25 mm ca. 1 "	40 mm ca. 1 ½ "	50 mm ca. 2 "	80 mm ca. 3 "
Höhendifferenz der Wasserspiegel					
10 cm	23	36	93	145	372
50 cm	52	81	207	325	831
100 cm	73	115	294	459	1176

Tabelle D: Lenzzeiten mit unterschiedlichen Lenzrohren.

die Lenzzeit auf etwa 64 Sekunden. Fazit: Wollen wir die Lenzzeit von einer halben Minute in jedem Falle erhalten, müssen die alten Lenzrohre ausgetauscht und vier neue von 50 mm Durchmesser eingebaut werden. Wir reduzieren dadurch die Ablaufzeit auf 41 Sekunden.

Liegt der Boden unserer „kleinen Plicht" mit 300 Liter Volumen nur 10 cm über der Schwimmwasserlinie und ist sie mit vier Abläufen je 25 mm Durchmesser ausgestattet, dann dauert es etwa zwei Minuten und fünf Sekunden, bis das Wasser abgeflossen ist. Eine untragbare lange Zeit! – Fazit: Durch Austausch der Lenzrohre und Einbau von vier Rohren mit je 40 mm Durchmesser reduzieren wir die Lenzzeit auf 48 Sekunden. Bei Verwendung von 50 mm-Rohren kommen wir auf 31 Sekunden.

Liegt die „kleine Plicht" mit 300 Liter Inhalt 50 cm über dem Wasserspiegel, dann läuft sie mit vier Rohren von je 25 mm Durchmesser in 55 Sekunden leer. (Bei den Rechenvorgängen haben wir mit Annäherungswerten gearbeitet, weil physikalisch die Höhendifferenz der Wasserspiegel binnen und buten relevant ist, sich aber diese Höhendifferenz während des Ablaufvorganges selbst natürlich fortlaufend verändert, so daß auch die Geschwindigkeit der Wasserströmung nicht während des gesamten Ablaufvorgangs konstant ist.)

Beachte: Abb. F zeigt die Bemessungsgrundlage einer Plicht nach den Sicherheitsrichtlinien der Kreuzer-Abteilung. Danach darf das größte Volumen 6% aus der Summe Bootslänge x Bootsbreite x Freibord achtern nicht überschrei-

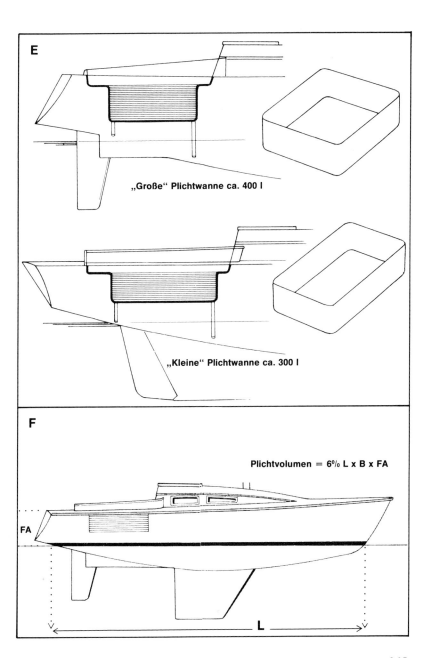

Rohrdurch- messer und Anzahl	„Große Plicht" in der Praxis (1,6 m³)			„Große" KA-Hochseeplicht Maximal erlaubtes Volumen ca. 3000 l
	Fußwanne allein 400 l	Raum über Sitzfläche 1200 l	Volumen insgesamt 1600 l	
4 x 20 mm	1 min 55 sec	5 min 46 sec	7 min 41 sec	14 min 25 sec
4 x 25 mm	1 min 14 sec	3 min 42 sec	4 min 56 sec	9 min 15 sec
4 x 40 mm	29 sec	1 min 26 sec	1 min 55 sec	3 min 37 sec
4 x 50 mm	18 sec	55 sec	1 min 13 sec	2 min 18 sec
4 x 80 mm	7 sec	22 sec	29 sec	54 sec
	Großer Seekreuzer von ca. 13 m Lüa Fußwanne 1,00 x 1,00 x 0,40 m – Raum über den Sitzflächen 2,00 x 2,00 x 0,30 m			Großer Seekreuzer v. ca. 13 m Lüa Bemessung: 6% v. LWL x B x FA (11,5 x 3,7 x 1,2 = 51 m³) 6% von 51 m³ = 3,06 m³ = 3064 l

Tabelle G

Rohrdurch- messer und Anzahl	„Kleine" KA-Küstenplicht Maximal erlaubtes Volumen ca. 2000 l	„Kleine" Plicht in der Praxis (1,2 m³)		
		Fußwanne allein 300 l	Raum über Sitzfläche 900 l	Volumen insgesamt 1200 l
4 x 20 mm	9 min 36 sec	1 min 26 sec	4 min 20 sec	5 min 46 sec
4 x 25 mm	6 min 10 sec	55 sec	2 min 46 sec	3 min 41 sec
4 x 40 mm	2 min 24 sec	22 sec	1 min 05 sec	1 min 27 sec
4 x 50 mm	1 min 32 sec	13 sec	41 sec	54 sec
4 x 80 mm	36 sec	6 sec	16 sec	24 sec
	Kleiner Seekreuzer v. ca. 9 m Lüa Bemessung: 9% v. LWL x B x FA (8,00 x 3,00 x 1,00 m = 24 m³) 9% von 24 m³ = 2,16 m³ = 2160 l	Kleiner Seekreuzer von ca. 9 m Lüa Fußwanne 1,2 x 0,5 x 0,5 m – Raum über Sitzflächen 1,9 x 1,6 x 0,3 m		

Tabelle H

ten, und der Plichtboden muß mindestens 2% der Bootslänge über der Wasserlinie liegen.

Bei einem 9-m-Seekreuzer erhält man hiernach eine rechnerische Höhendifferenz zwischen Plichtboden und Konstruktionswasserlinie von 18 cm (vergleiche Abb. D). Für das gleiche Boot von 3,00 m Breite und 1,00 m Freibord in der Mitte des Hecks ist für Transozeanfahrten ein Plichtvolumen von 1440 Litern erlaubt – ungefähr die Hälfte der Wasserverdrängung! Für Küstenfahrten darf die Plicht sogar ein Volumen von 2160 Liter haben – eine beängstigende Vorstellung für einen Notfall, insbesondere auch dann, wenn man die vier empfohlenen Lenzrohre von je 20 mm Durchmesser (siehe Abb. C) oder zwei Abflüsse von je 25 mm Durchmesser mit dieser Wassermenge konfrontiert. Theoretisch würde es über zehn Minuten dauern, um eine solche randvoll geschlagene Plicht wieder vom Wasser zu befreien. In der Praxis würde man sie niemals lenzen können, weil ständig neues Wasser in das tief abgesackte Achterschiff einbrechen würde.

Abb. G und H zeigt die Lenzzeiten für unterschiedliche Plichtgrößen bei Benutzung verschiedener Rohrquerschnitte für eine Wasserspiegeldifferenz von 50 cm. Angaben in Minuten und Sekunden.

Die Kühlwasserpumpe des Motors als Notlenzpumpe

Gefahrenlage:

Bei einem aufgetretenen Leck kommt es darauf an, das eindringende Wasser so schnell und so lange vollständig aus dem Boot zu pumpen, bis das Leck gefunden ist und Leckbekämpfungsmaßnahmen eingeleitet werden können. Damit auch der Bootsmotor mit seiner leistungsstarken, bisher nur Kühlwasser fördernden Pumpe (Abb. A) zusätzlich als Lenzmittel eingesetzt werden kann, erhält der Kühlwassereintritt für die Seewasserkühlung neben dem üblichen Absperrschieber (einem Hebelventil, 1) einen zweiten Absperrschieber, der gegen Verwechselungsgefahr zum Drehen oder Schwenken eingerichtet ist (2). Er ist an einem einfachen T-Stück befestigt (3), das in die Kühlwasserleitung zwischen Seeventil und Wasserfilter (4) an beliebiger Stelle eingebaut wird. Von hier aus läuft ein Saugschlauch gleicher Stärke (5) wie die Kühlwasserzuleitung (zum Beispiel 50 mm Durchmesser) zum Lenzen in die Bilge. An seinem Endpunkt ist ein Lenzkorb (aus engmaschigem Fliegendraht) befestigt (6), um die Mitnahme möglicher Fremdkörper zu verhindern, die durch das Leck bis in den Lenzraum gespült sein können. Ein Reserve-Impeller für die Kühlwasserpumpe muß griffbereit liegen. Auch sollte der gesamten Crew das Auswechseln dieses Impellers in einem Notfall und auch im dunklen Motorraum möglich sein. Solange jedoch – wie hier – der Kühlwasserfilter auch in der Notlenzleitung liegt, sind Verschmutzungen nahezu unmöglich.

Arbeitsweise:

Bei Wassereinbruch Motor starten, Kühlwassereintritt schließen und Notlenzventil öffnen. Der Motor saugt dann das Seewasser für die Ein- oder Zweikreiskühlung aus der Bilge und lenzt diese gleichzeitig (Abb. B). Ebenso gewinnt man im Falle von Wassereinbruch schnell und ausreichend elektrische Energie für die E-Lenzpumpen. Motor-Kühlwasserpumpen schaffen gemäß Motorleistung und -drehzahl etwa 50 bis 120 Liter/min – mehr als die Dauerleistung eines Seglers, der lange Zeit mit der Handlenzpumpe arbeiten muß. Ohne diesen zusätzlichen Absperrschieber läßt sich die Motorkühlwasserpumpe auch als Lenzpumpe einsetzen, wenn man den Schlauch nach dem Schließen des Seeventils (durch Lösen der Schelle) abzieht (Abb. C), die Öffnung durch ein engmaschiges Drahtgeflecht gegen Verstopfen sichert und auf diesem Wege das Boot zu lenzen versucht. Diese Arbeiten dauern in einem Notfall aber nicht nur zu lange, in der panischen Angst angesichts eines Wassereinbruchs sind die entsprechenden Handgriffe auch riskant.

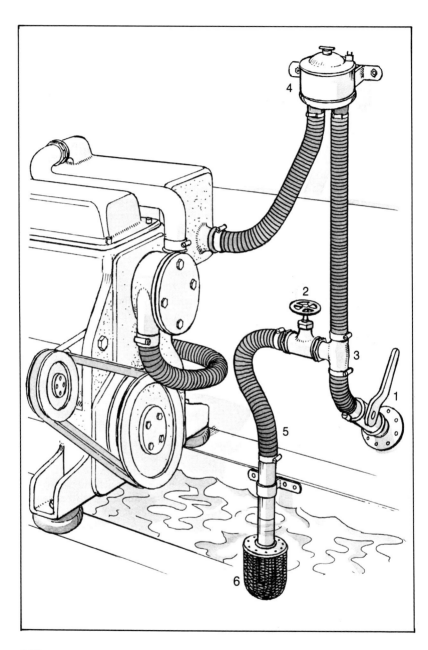

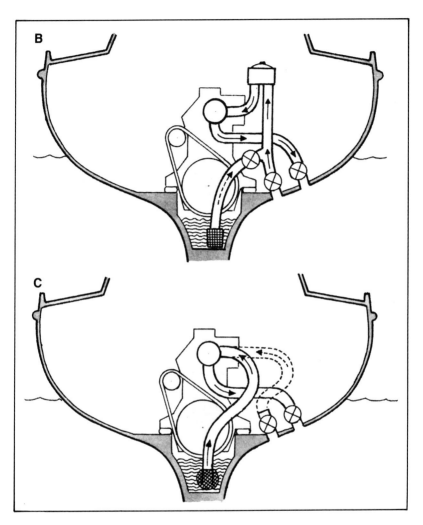

Achtung: Die Benutzung dieser Notlenzeinrichtung ist nur dann ohne Risiko, wenn tatsächlich ein Verstopfen der Kühlwasser-Bilgeleitung unmöglich gemacht wird. Andernfalls ist es besser, eine zusätzliche Lenzpumpe mit Riemenscheibe am Motor zu installieren.

Bordfenster und Lukendeckel zerschlagen – was tun?

Gefahrenlage:

Durch Treibgut ist ein Bordfenster im Rumpf gerissen, und Wasser dringt beim Überliegen ein. – Bei Arbeiten im Mast ist ein schweres Werkzeugteil auf ein Decksfenster gestürzt und hat dieses durchschlagen. – Ein Fenster im Deckshaus wurde durch losgerissene Decksausrüstung in schwerer See beschädigt und läßt Gischt wie Regenwasser eindringen. – Drei Beispiele für viele, um eindringlich zu zeigen, daß auch Sicherheitsglas den Stoßbelastungen nicht immer standhalten wird und gefährliche Öffnungen entstehen können, durch die Wasser ins Boot eindringt. Ein langdauernder Wassereinbruch kann auch bei einer kleinen Lukenbeschädigung zumindest unsympathische Wasserschäden in der Kajüte verursachen und den dauernden Einsatz einer Lenzpumpe notwendig machen.

A

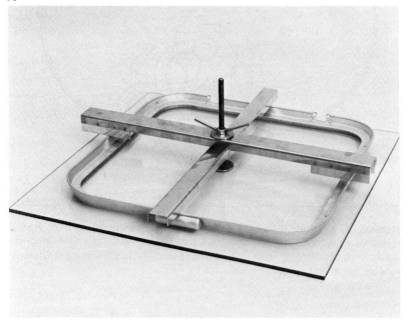

Vorsorge:

Man wählt als Sicherheitsausrüstung eine Platte Macrolon oder Acrylglas, deren Fläche etwas größer als diejenige des größten Decksluks ist (Abb. A). Sie erhält im Zentrum eine Bohrung für einen Gewindebolzen mit ausreichend großer, angeschweißter Decksplatte oder Scheibe und eine Flügelmutter mit Scheibe zum Andrehen von zwei über Kreuz zu legenden U-Profilen gleicher Kantenlänge, die am besten aus Edelstahl gefertigt werden. (Natürlich sind auch Sperrholzblenden mit Sperrholzbügeln verwendbar, doch spenden sie bei ihrem Einsatz kein Licht.)

Arbeitsweise:

In einem Notfall werden die Teile, wie in der Abbildung gezeigt, miteinander verbunden, und zwar die Acrylglasplatte außen auf dem Rahmen des beschädigten Luks, die beiden Träger an der Unterseite bzw. mit Auflage auf der Decke der Kajüte. Wenn möglich oder erwünscht, lassen sich Gummistreifen zum besseren Abdichten zwischen Glasplatte und Metallrahmen unterlegen, oder man verwendet statt dessen schmale Textilstreifen oder ein ausgebreitetes Frotteehandtuch als Dichtungsmaterial.

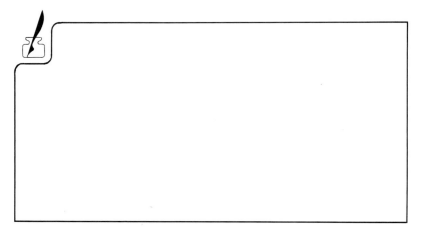

Ein Seeventil läßt sich nicht schließen

Nach Aufbau und Wirkungsweise müßte man die Seeventile bei uns an Bord korrekt als Drehschieber (nach dem Prinzip eines Wasserhahnes) oder als Kugelschieber (mit Hebelbetätigung) bezeichnen. Sie dienen dazu, die Außenborddurchbrüche je nach Bedarf offen oder geschlossen zu fahren bzw. im Notfall sicher zu schließen. An dem inneren Stutzen eines Seeventils ist ein Schlauch befestigt, der durch eine rostfreie Schlauchklemme fest und wasserdicht mit dem Rohrstutzen verbunden ist.

Einsatz:

Dreh- oder Kugelschieber sind in den Zu- und Abflußleitungen der Toiletten, in den Zuflußleitungen des Kühlwassers und in den Abflußleitungen von Waschbecken bzw. Abwaschbecken in der Kombüse eingebaut. Sie können auch anderweitig eingesetzt werden.

Arbeitsweise:

Bei Kugelschiebern verschließen die Wände einer durchbohrten Kugel die Zu- und Abflußöffnung, wenn der Hebel quer zur Fließrichtung steht. Zeigt er hingegen in Fließrichtung, dann kann Wasser durch die Bohrung inmitten der Kugel ein- oder austreten. – Wird der Hebelschieber längere Zeit nicht betätigt, kann er korrodieren. Blockiert er in offener Stellung, kann Wasser ins Boot strömen, wenn gleichzeitig die Schlauchverbindung am Rohrstutzen undicht geworden ist oder ein anderer Schaden im Wassersystem eingetreten ist, zu dem der Sperrschieber gehört. Bei langdauernder und starker Krängung kann ein Boot bei blockiertem Seeventil über ein Waschbecken oder eine Toilettenleitung sogar vollaufen und in die Gefahr des Sinkens geraten. An korrodierten Drehschiebern bricht bei dem Versuch des Schließens oftmals das äußere Handrad ab.

Abhilfe:

Man löst den Verbindungsschlauch vom Rohrstutzen (durch Entspannen der Spannbandschraube mit einem Schraubenzieher) und schlägt einen Leckstopfen ein. Ein Stück Korken steht für die üblichen Durchmesser von 25, 35 oder 50 mm (1 bis 2 Zoll) meistens nicht zur Verfügung. Er ist zum Blockieren eines Durchbruchs unterhalb der Wasserlinie auch nicht empfehlenswert. Sichere

Notverschlüsse sind nur hölzerne, konisch gedrehte Leckstopfen aus Holz (Abb. A), die zu diesem Zweck ständig in unmittelbarer Nähe des Seeventils gehaltert sein sollten. Empfehlenswert ist es, auch kleine Holzhammer zum Einschlagen neben ihnen zu befestigen. Jeder Leckstopfen sollte zwei seitliche Krampen haben, an denen er nicht nur mit Hilfe von zwei etwa 20 cm langen Enden aufgehängt ist. Diese Enden werden nach dem Einschlagen auch noch um den Rohrstutzen selbst gelegt und dienen hier zum Festzurren. Bei einer solchen Sicherung kann der Leckstopfen weder durch unbeabsichtigtes Gegenstoßen noch bei, durch Krängung bedingten, stärkerem Wasserdruck herausgedrückt werden.

Merke: Im Falle einer blockierten Offenstellung muß schnell gearbeitet werden: Bei einem Rohrstutzen von 36 mm Durchmesser (1$^{1}/_{2}$ Zoll) kommen 10 cm unter der Wasserlinie pro Minute ungefähr 100 Liter Wasser ins Boot,

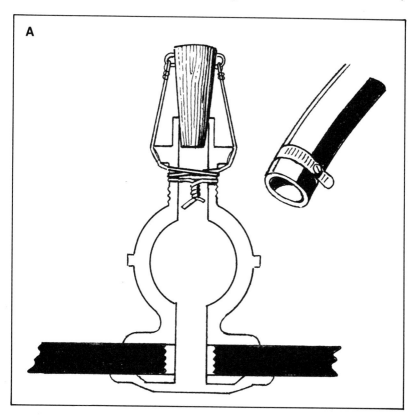

bei einem halben Meter Abstand von der Schwimmwasserlinie sogar nahezu
200 l/min. Hat der Rohrstutzen eines Seeventils einen Durchmesser von
50 mm (2 Zoll), laufen auf 50 cm Wassertiefe sogar 380 Liter Wasser pro
Minute in das Boot, bei einer Tiefe von 1 m über 500 l/min.
Solche Leckstopfen (Abb. B) sollten auch an den Durchbrüchen der Wasserabläufe aus der Plicht gehaltert werden.

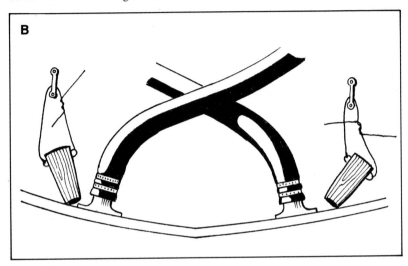

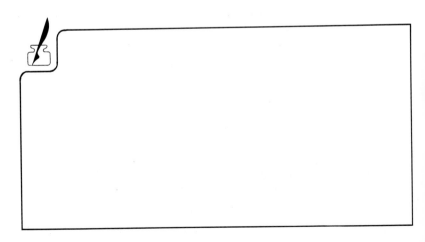

Lecksicherung mit einer Leckscheibe

Nothilfe:

Die Bundesmarine benutzte lange Zeit erfolgreich aus PVC gefertigte Leckscheiben von 10 bis 100 cm Durchmesser, die am Rand mit einem eingegossenen Drahtring versehen waren und sich wie eine Wurst zusammenrollen ließen. Im Zentrum der pilzförmig gewölbten Scheibe war ein Tampen befestigt, um sie an einer bestimmten Leckstelle zu fixieren und gleichzeitig fest von außen gegen den Bootsrumpf zu drücken. – In Verbesserung dieser Konstruktion benutze ich eine doppelflächige Leckscheibe aus Acrylglas (Abb. A), durch deren Zentrum ein Schraubbolzen führt. Er ist mit Scheibe und Flügelmutter versehen, so daß man beide Leckscheibenteile auf die dazwischenliegende Außenhaut drücken und kleine Lecks sicher verschließen kann.

Arbeitsweise:

Man steckt den Schraubbolzen mit der äußeren Leckscheibe von außen durch

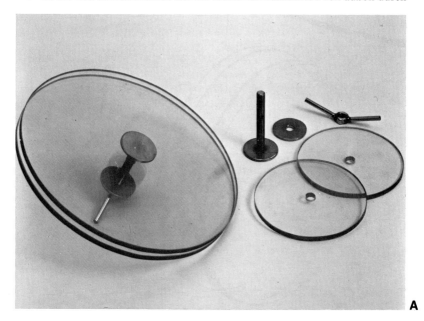

A

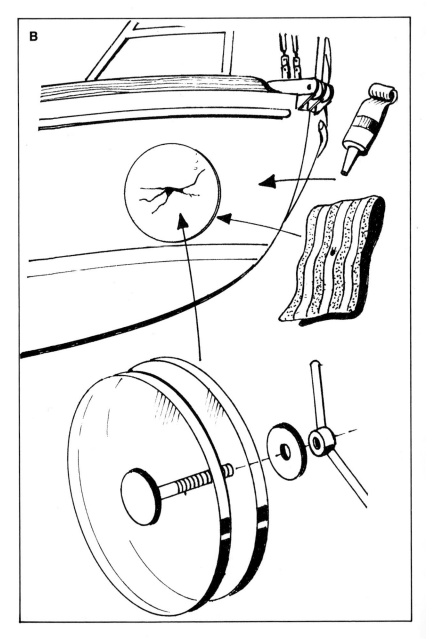

die entstandene Öffnung des Bootsrumpfes (Abb. B), schiebt die innere Scheibe auf und verschraubt beide Teile über der Leckstelle mit Hilfe der Flügelmutter sorgsam und fest miteinander. Sind dabei Wölbungen zu bedecken, können innen wie außen Gummi, Textilien oder Schaumstoff untergelegt werden. Auch leckdichtende Epoxyd-Spachtelmassen erhalten durch diese Leckscheibe einen guten Halt. Sie können (auch unter Wassereinwirkung) an der richtigen Stelle durchhärten, ohne daß sie unter Wasserdruck oder von einer Wasserströmung herausgedrückt werden. – Ich führe bei mir an Bord zwei Leckscheiben unterschiedlicher, in der Abbildung gezeigter Größe mit.

Einsatz des Lecksegelschirms

Vorbeugen:

Ausrüstung mit einem Lecksegelschirm, den es in verschiedenen Größen, je nach den erwarteten Gefahren (durch Fahrbereich) oder dem Baumaterial bzw. der Größe des Bootes gibt. Das Schirm-Gestänge besteht aus Aluminium bzw. rostfreiem Stahl, die Membrane aus reißfestem, wasserundurchlässigem Nylongewebe mit einer Belastbarkeit für den Wasserdruck bis zu 3,10 m Tiefe. Die Funktionsfähigkeit kann laufend selbst erprobt werden. Absolut korrosionsbeständig und vollkommen wartungsfrei.

Handhabung:

Bei einem Loch im Boot ist schnellste Reaktion erforderlich. Der zusammengefaltete Lecksegelschirm kann durch eine größere Öffnung von innen nach außen (Abb. A, B), bei einem kleinen Loch nur mit dem Stock auch von außen nach innen eingesteckt werden. Er wird durch eine Sicherheitsleine von hoher Reißfestigkeit auseinandergeklappt und auch auf ungleichmäßige Lecks mit konkav gewölbten Oberflächen nahezu wasserundurchlässig aufgespannt. Nach etwa 10 s kann der Wassereinbruch bis zu 98% gestoppt sein. – In der Praxis denke man immer daran, daß beim Durchstecken durch ein Leck (Abb. A) ein Wasserschwall zu überwinden ist.

A

B

Umgang mit Lecksegeln

Gefahrenlage:

Bei einem Leck muß natürlich alles versucht werden, einen starken Wassereinbruch möglichst schnell und so gut wie möglich abzustoppen. Zweifellos ist ein Lecksegel ein gutes Mittel hierzu. Es ist jedoch simpel, für einen wirklichen Notfall ein Vorsegel zu empfehlen, das als Lecksegel ausgebracht werden kann: Der Umgang mit ihm ist in der Praxis erheblich schwieriger, als erwartet. Das Heraussuchen einer kleinen Fock in der Segellast (bei Nacht) und der Transport an und über Deck (in Panik) kosten schon vor dem eigentlichen Ausbringen zu viel Zeit und Kraft. Dann kommt aber das eigentliche Überstreifen des Segels über das Leck, das Herunterziehen auf das Unterwasserschiff, die Bereitstellung von Leinen und der unvermeidliche Einsatz von Winschen und Taljen hinzu. Nein, in der Praxis kann eine Leckbekämpfung mit Lecksegel nur erfolgreich sein, wenn ein spezielles Lecksegel mit allem Zubehör jederzeit griffbereit zur Verfügung steht.

Nothilfe:

Wir benutzen hierzu ein Mehrzweck-Schutzsegel, das aus ausreichend starkem, aber genügend griffigem, wasserdichtem und wasserabweisendem Segeltuch besteht, beispielsweise Polyester-Tuch von Verseidag von $128 \, g/m^2$ mit einer Wasserdurchlässigkeit von 5% (Abb. A). Wahlweise kann man sich auch für festeres Tuch von $160 \, g/m^2$ entscheiden. Dieses Lecksegel ist bereits mit sechs Ösen versehen, und in mindestens drei von ihnen haben wir etwa 2 m lange Leinen mit Karabinerhaken für den sofortigen Einsatz eingehängt.

Arbeitsweise:

Das Herbeiholen und Überziehen des Dreieckssegels angemessener Größe kann durch die vorhandenen Leinen schnell erfolgen. In jedem Falle sind zwei Personen erforderlich, die Hand in Hand arbeiten müssen. Parallel zu dieser Arbeit muß man versuchen, die Leckstelle durch Krängen oder Gewichtstrimm (in Längsschiffsrichtung) höher an oder über die Wasseroberfläche zu bringen, weil dadurch die Einströmgeschwindigkeit des Wassers vermindert wird. Ein Lecksegel sollte tunlichst erst zusätzlich → Lecksegelschirm oder →Leckscheibe ausgebracht werden, um diese Lecksicherung äußerlich zu schützen.

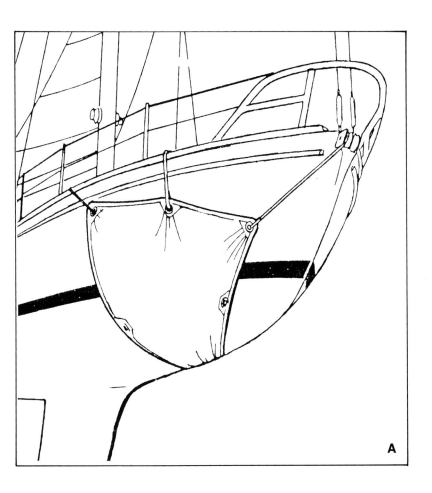

A

Leckstopper für Schlauchboot und Rettungsinsel

Gefahrenlage:

Die Schlauchkörper können bei Mastbruch oder beim Zuwasserbringen eines havarierten Bootes beschädigt werden. Es können sich auch Risse in der Gummihaut bemerkbar machen, die bei älteren Schlauchbooten an den Stellen des immer gleichen Zusammenlegens besonders häufig entstehen werden. Sie sind unter wie über Wasser gleichermaßen gefährlich, weil sich die entsprechende Schlauchkammer dann nicht mehr aufblasen läßt und Schlauchboot wie Insel nur 50% ihrer Tragfähigkeit (bei den üblichen Doppelkammer-Fabrikaten) behalten.

Nothilfe:

Man rüstet sich mit den lieferbaren Leckstoppern der Schlauchbootersteller aus (Abb. A), die wie eine Schraube rechts herum in die Schadstelle gedreht werden. Hier bindet man die herausstehenden Teile des Risses mit Takelgarn ab, das sich besonders gut in die Windungen des Leckstoppers einlegt (B), wie es Dougal Robertson empfiehlt, und sichert die Leckstelle anschließend durch mehrere Törns Selbstklebeband um Schlauchkörper und Leckstopper. Die gleiche Reparaturmöglichkeit ist auch im Unterwasserbereich gegeben.

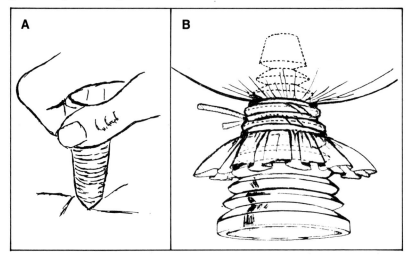

Reparaturklammer für Schlauchboot und Rettungsinsel

Nothilfe:

Läßt sich die Schadstelle nicht durch einen Leckstopper (siehe dort) abdichten oder stellt die Beschädigung einen Riß dar, setzt man eine Reparaturklammer mit Flügelmutter (Abb. A) ein. Sie besteht aus zwei Hohlhälften, die in Ruhestellung wie eine flache Dose aufeinandergelegt sind, und einem dünnen Metallstück in der Mitte.

Arbeitsweise:

Man hebt die Oberschale der Klammer ab, klappt die Unterschale am zentralen Gelenk an den Führungsdraht heran und führt sie durch die Schadstelle hindurch in den Schlauchkörper ein. Dann steckt man die Oberschale auf den Gewindeansatz und dreht sie so lange, bis sie in die Führung gleitet. Anschließend wird die Flügelmutter aufgesetzt und so lange festgezogen, bis die beiden Schalen mit ihren schützenden Gummirändern fest auf dem Schlauchkörper aufliegen.

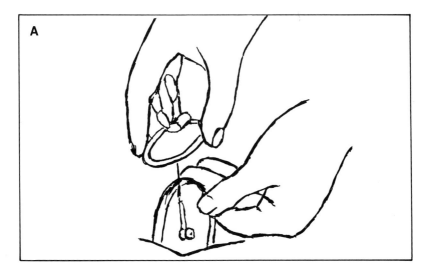

Notabdichtung mit Reparaturblase

Nothilfe:

Größere Schadstellen in den Schlauchkörpern von Rettungsinseln und Schlauchbooten werden mit Hilfe einer Reparaturblase notdürftig, aber zuverlässig abgedichtet. Die Blase selbst hat die Form eines Rugby-Balles und ist mit einem Aufblaseschlauch versehen, an dem vier Eckklemmen mit entsprechend langen Bändseln befestigt sind.

Arbeitsweise:

Man führt die Reparaturblase durch die Schadstelle in den Schlauchkörper ein (Abb. A), richtet sie aus und befestigt nacheinander die Eckklemmen, damit sie ihre Lage nicht verändern kann (Abb. B). Anschließend wird die Blase aufgepumpt, und wenn sie sich fest von innen gegen die Schlauchwandung legt, beginnt man mit dem langsamen Aufblasen der beschädigten Kammer. Zum Schluß wird die Blase verstöpselt und der Schlauchkörper mit etwas Überdruck mittelhart erneut nachgeblasen. Ist die Oberfläche trocken und faltenfrei, kann man sie mit Klebeband sichern und die Seiten der Risse entsprechend miteinander verbinden.

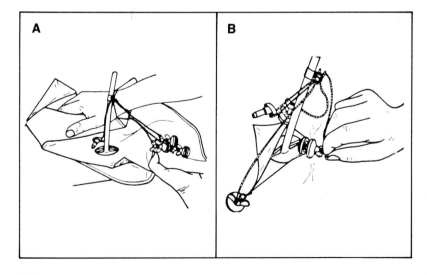

Leckbekämpfung mit Unterwasser-Spachtelmasse

Gefahrenlage:

Erfahrungsgemäß fehlt es an Füllmasse, wenn kleine Lecks provisorisch gedichtet werden müssen, und insbesondere mangelt es dabei an Stoffen, die sowohl wasserfest als auch zäh sind und von eindringendem Wasser nicht ständig wieder weggeschwemmt werden.

Nothilfe:

Ein Zweikomponenten-Epoxidspachtel, der auch unter Wasser aufgebracht werden kann und hier bereits nach Stundenfrist durchhärtet, wird von verschiedenen Firmen angeboten. Man kann hiermit einen Riß in der Außenhaut auch direkt dichten (Abb. A).

Arbeitsweise:

Man bringt die Epoxidmasse von innen oder außen auf die rissige Leckstelle und klebt gegebenenfalls ein Stück Glasmatte, Gummi, Holz oder Metall von der gleichen oder von der Gegenseite an. Im günstigen Fall sorgt der Wasserdruck selbst für das Anpressen. Der Unterwasser-Zweikomponenten-Epoxidspachtel wird in zwei Töpfen A und B geliefert, im Verhältnis 1 : 1 verarbeitet und bleibt auch in offenen Gebinden geschmeidig haltbar.

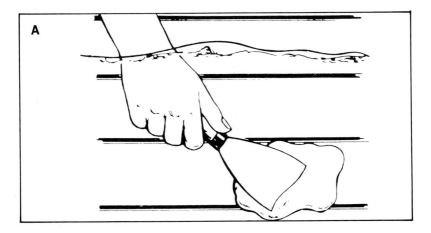

Leckdichtung mit Zweikomponenten-Kleber

Für den gleichen Zweck sowohl der Leckdichtung unter Wasser als auch der Reparatur von Leckstellen über Wasser, an Deck oder in gerissenen Fenstern gibt es einen Zweikomponenten-Kleber in einer Zwillingstube (Abb. A). In der DEV-Tube mit Automixer werden die in unterschiedlichen Spritzenteilen gehaltenen farblosen Materialien Harz und Härter gleichzeitig nebeneinander herausgedrückt und automatisch vermischt. Das Material klebt in wenigen Sekunden und härtet in einigen Minuten aus. Beim Einsatz unter Wasser muß die zähflüssige Klebemasse durch ein Stück Gewebe, Gummi oder anderes flexibles Material gegen den Wasserdruck an Ort und Stelle gehalten werden. Die Gewebeteile kleben dann gleichzeitig mit fest.

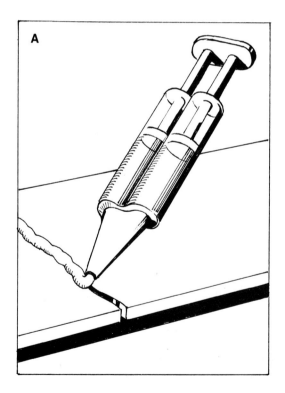

7 Feuer an Bord

Ein Feuer löschen	287
Besatzung eines brennenden Bootes übernehmen	292
Brandbekämpfung im Motorraum	293

Ein Feuer löschen

Ursachen:

Zur Brandentstehung sind drei Voraussetzungen notwendig: 1. Brennbares Material, 2. ein Zündmittel und 3. Sauerstoff.
Die meisten Einrichtungs- und Ausrüstungsgegenstände eines Bootes bestehen aus brennbarem Material. Mit Sauerstoff sind wir überall umgeben. Das Zünden entsteht durch den Umgang mit Wärmeenergie, durch Fahrlässigkeit oder auch durch Fehler an technischen Einrichtungen des Bootes. Die beste Sicherheit gegen Feuer ist daher Vorsicht und Rücksicht. –
Kommt es zu einem Brand durch Entzündung des feuergefährlichen Materials, so kann man dieses meistens nicht entfernen. Aber man kann dem Feuer den Sauerstoff nehmen und damit die dritte Voraussetzung für einen Brand beseitigen. – Feuerlöscher und Löschdecken besorgen nichts anderes, als die Flammen zuzudecken, damit kein Sauerstoff mehr als Feuernahrung heranströmen kann.

Vorsorge:

Alle Stellen an Bord, an denen Energie gespeichert ist (beispielsweise Gasflaschen, Kraftstofftanks, Batterien) oder wo Energie verbraucht wird (Motor, Kocher, elektrische und elektronische Geräte), sind mit allen Leitungen und Verbindungen richtig zu installieren und regelmäßig auf ein Brandrisiko zu überprüfen. Dies gilt insbesondere für Schad- und Scheuerstellen sowie Wackelkontakte in den elektrischen Leitungen und für undichte oder sogar tropfende Stellen im Rohrsystem gasförmiger und flüssiger Energien.
Die Kraftstoffzufuhr des Bootsmotors sollte abgestellt sein, wenn der Motor nicht läuft. Beim Verlassen des Bootes an seinem Liegeplatz für mehrere Tage sollte auch der Batterie-Hauptschalter alle elektrischen Zuleitungen (außer einer automatischen Lenzpumpe) unterbrechen. Alle Stellen an Bord, an denen man mit Energie umgeht, sollten gut belüftet sein.
Feuerlöscher müssen nicht nur in Griffweite neben allen Stellen des höchsten Brandrisikos angebracht sein. Man haltere sie auch so, daß man einen Brand von zwei Seiten bekämpfen kann. Diese Forderung bedingt je einen Feuerlöscher im Vorschiff und in der Hauptkajüte sowie zwei Feuerlöscher an unterschiedlichen Positionen des Motorraumes.
Die gefährlichste Brandstelle ist dort, wo mit offenem Feuer gearbeitet wird – in der Kombüse! Hier arbeitet meistens die Bordfrau, die in einem Notfall dann auch die erste am Brandherd ist. Auf sie müssen daher auch die Geräte zugeschnitten sein, die sie zum Eindämmen eines Feuers oder zum Löschen sofort und mit einem Handgriff einsetzen kann. Das ist bei mir an Bord eine

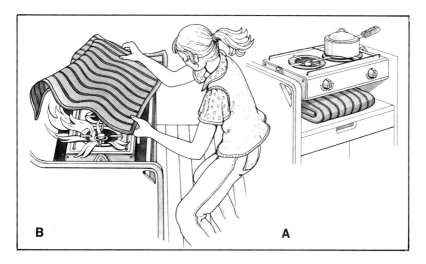

mehrfach zusammengefaltete Feuerschutzdecke, die unmittelbar unter dem Kocher liegt (Abb. A), jederzeit bereit, in einer brenzligen Situation schnellstmöglich über die Flammen geworfen zu werden (Abb. B).
Beim Umgang mit Feuerlöschern vergegenwärtige man sich immer: In panischer Angst ist es schwer, die richtigen Handgriffe zum Aufdrehen des Feuerlöschers zu machen und dem Löschstrahl gleichzeitig die beste Wirkungsrichtung zu geben. Die Füllung ist auch in erstaunlich wenigen Sekunden verbraucht.
In den Motorräumen empfehlen sich automatische CO_2-Feuerlöscher, die auf eine Auslösetemperatur von etwa 70°C eingestellt werden können. Eine Farbskala am Löschkopf deutet an, ob sie noch ausreichend gefüllt sind.

Brandbekämpfung:

Lodernde Flammen sofort mit einer Feuerschutzdecke, notfalls auch mit Schlafdecken, Jacken oder anderen Textilien zudecken und damit die Sauerstoffzufuhr zum Brandort unterbinden. Beim Einsatz von Feuerlöschern direkt auf das brennende Material spritzen und dieses gezielt mit dem Löschmittel zudecken – nicht hoch in die Flammen zielen!
Viele Bordbrände werden erst durch Rauchentwicklung entdeckt. Sie können nur dann wirkungsvoll bekämpft werden, wenn man unter den Rauchschwaden oder kurzzeitig durch sie hindurch mit einem Löscher zum Brandherd gelangen kann. Genauso wichtig wie Feuerlöscher sind daher Rauchmasken, die der Fachhandel (zum Beispiel für Hotelbrände) liefert. Sie sollten zur Sicherheitsausrüstung gehören. Notfalls schützt auch ein nasses Tuch vor Mund und Nase.

Feuerrolle:

Ähnlich wie bei „Mann über Bord" muß auch das Verhalten bei „Feuer an Bord" jedem Besatzungsmitglied vom Beginn der Reise an klar sein. Jedermann muß wissen:
- Gleichzeitig mit dem Beginn der Brandbekämpfung die übrige Besatzung durch den Ruf „Feuer" wecken bzw. alarmieren.
- Bis auf die Personen, die den Brand bekämpfen, alle Mann an Deck gehen und dort Schlauchboot oder Rettungsinsel für ein mögliches Verlassen der Yacht klarmachen.
- Einen laufenden Motor sofort abstellen und die Brennstoffleitungen schließen. Das elektrische Bordnetz sofort stillegen.
- Alle Fenster, Türen, Luken und Lüfter sofort schließen, um jede mögliche Sauerstoffzufuhr zum Brandherd zu unterbrechen.
- Das Boot auf einen Kurs bringen, auf dem der abgeschwächte Bordwind das Feuer weniger anfachen kann, der Rauch aus dem Plichtbereich weggeweht wird und die achtern untergebrachten Motor- und Tankanlagen besser geschützt werden (Abb. E).

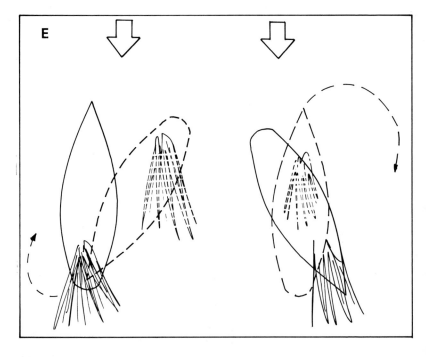

- Brennende Gegenstände aus den Innenräumen herausholen und über Bord werfen.
- Brennende Kleidungsstücke ausziehen und über Bord werfen.
- Muß eine Tür zur Brandbekämpfung geöffnet werden, dann krieche man mit vorher gut durchnäßter Kleidung auf dem Boden heran und öffne sie nur einen Spalt (Abb. C).
- Muß ein Luk zur Brandbekämpfung geöffnet werden, halte man sich auf der Scharnierseite auf und hebe es ebenfalls möglichst wenig an (Abb. D).
- Nicht zur Brandbekämpfung eingesetzte Besatzungsmitglieder gehen auf Anweisung des Schippers baldmöglichst in das klargemachte Boot. Es bleibt eine Leinenverbindung von ca. 20 m Länge zur Yacht – zum schnellen Von-Bord-Holen der Feuerwehrmänner, falls erforderlich, doch ausreichend sicher bei Explosionsgefahr.

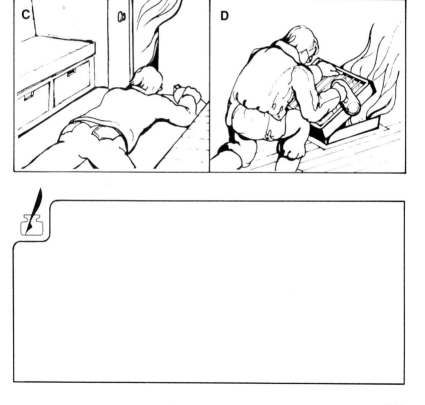

Die Besatzung eines brennenden Bootes übernehmen

Man beachte:
- Daran denken, das eigene Fahrzeug weder in Brand- noch in Explosionsgefahr zu bringen.
- Mit dem Wind an das brennende Boot heranlaufen, damit man nicht in die Rauchschwaden gelangt.
- Eine Schwimmleine oder mehrere Leinen mit Rettungsboje und Fender ausstecken und zum brennenden Fahrzeug treiben lassen, um die Besatzung nach einem Sprung über Bord sicher heranholen zu können.
- Bei ausreichend Zeit und geringerem Bergungsrisiko das Schlauchboot an eine Schwimmleine stecken, um gegebenenfalls Kinder oder Verletzte sicherer abbergen zu können.
- Nur im äußersten Notfall an das brennende Boot bis zur Berührung heranfahren und dann nur (wegen Explosionsgefahr des Bootsmotors) die Crew von Bug zu Bug übersteigen lassen.

Brandbekämpfung im Motorraum

Gefahrenlage:

Die meisten Brände an Bord entstehen im Motorraum. Die Brandbekämpfung ist erfahrungsgemäß sehr schwierig, weil Bootsmotoren entweder in einem Motorkasten gekapselt oder in eng bemessenen Motorräumen eingeschottet sind. Wenn man im Brandfalle entweder eine Klappe im Motorraum oder einen Deckel im Plichtboden oder an anderer Stelle des Motorkastens öffnen muß, um mit dem Löschstrahl den Brandherd zu erreichen, verstärkt man das Feuer: Schwelbrände bekommen neuen Sauerstoff, Stichflammen entstehen und Brände weiten sich aus. An den Öffnungen selbst werden Menschen bei der Brandbekämpfung oft schwer verletzt.

Nothilfe:

Motorkästen und Motorräume erhalten einen neuen, von der Klöckner-Sicherheits-Technik entwickelten Schottdurchlaß zur Brandbekämpfung (Abb. A). Er besteht aus einer faustgroßen Bohrung an gut zugänglicher Stelle der Motorraumwand, die mit einer Membrane aus unbrennbarem Schaumstoff (beispielsweise: Litaflex nach SBG Zulassungs-Nr. 71) abgedeckt und durch einen Metallrahmen aus rostfreiem Werkstoff angepreßt wird. Auf ihre Lage

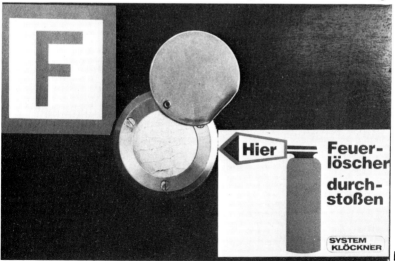

wird durch ein entsprechendes Hinweisschild (Abb. B) deutlich aufmerksam gemacht.

Arbeitsweise:

Zur Brandbekämpfung wird die Membrane mit dem Sprühkopf des Feuerlöschers durchstoßen und das Löschmittel eingeblasen (Abb. C). Das Eindringen von Sauerstoff an den Brandherd und die Gefahr einer explosionsartigen Verpuffung werden dadurch wirksam verhindert. Bei Einsatz eines CO_2-Feuerlöschers kann das Feuer wirkungsvoll erstickt und ein Bootsbrand im Motorraumbereich tatsächlich zuverlässig gelöscht werden.

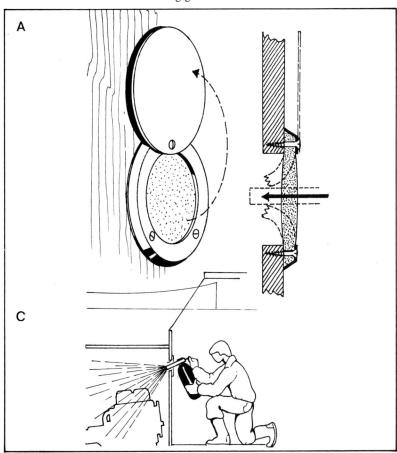

8 Motorschaden

Der Diesel steht – was tun? 296
Der Ölfilter läßt sich nicht wechseln 300
Nicht auf Ersatzteile verlassen 301
Reparatur einer leckenden Leitung 302
Der Diesel läßt sich nicht abstellen 303
Wasser im Brennstofftank – was tun? 304
Strom für den Notfall 306
Eine Doppelmotorenanlage für den Notfall 309
Notfall-Vorsorge durch Federkraftanlasser 315
Der Motor steht sich kaputt 316

Der Diesel steht – was tun?

Gefahrenlage:

Bei modernen Fahrtenyachten ist der Dieselmotor kein Flautenschieber, sondern ein alternatives Antriebsaggregat zu den Segeln, unserem „Windmotor". Das Anlaufen enger Buchten, das Passieren gefährlicher Durchfahrten, das Manövrieren zum An- und Ablegen in den engen Gassen eines Yachthafens, ein Fluchtkurs vor einem herannahenden Orkantief und eine Fahrt, wenn das Rigg beschädigt oder der Mast gebrochen ist, sind meistens nur unter Motor möglich. Beim Freihalten von einer Leeküste in Sturm und Seegang oder beim Gegenandampfen zur Entlastung eines schlierenden Ankergeschirrs ist der Motor der wichtigste Nothelfer. Die Crew einer Yacht muß nicht nur mit ihm umgehen, sie muß ihn auch in einem Notfall wieder in Gang setzen können, wenn er – aus welchen Gründen auch immer – urplötzlich seinen Dienst versagt.

Nothilfe:

Das Stoppen eines Dieselmotors kann primär nur folgende entscheidende Ursachen haben:
- Der Kraftstofftank ist leer. Oder irgend jemand hat den Kraftstoffhahn am Tank (sofern ein solcher vorhanden ist) ungewollt zugedreht. Hier genügt ein kurzer Blick und gegebenenfalls ein schneller Handgriff, um bei gefülltem Tank für neuerlichen Kraftstoffzufluß zu sorgen. Allerdings: Der Motor muß zuerst entlüftet werden.
- Der nächste mögliche Störenfried in der Treibstoffzuleitung ist das Schauglas mit dem Wasserabscheider, dem Vorfilter des Treibstoffs. Befinden sich Wasser und Leichtöl zusammen im Schauglas, kann man an der meist unterschiedlichen Farbe der verschiedenen Flüssigkeiten und dem Wasserstand erkennen, ob hier der Grund für das Stoppen des Motors liegt. Durch verunreinigtes Wasser, das man im Ausland insbesondere von fahrbaren Tankwagen aus mit dem Dieselkraftstoff vermischt erhält, kann es oft und schnell zu einem vollständigen Füllen dieses Vorfilters mit Wasser kommen, das erst einmal ausgekippt werden muß. Der Umgang mit Schauglas und Metallkappe, Dichtringen und Flügelmuttern ist insbesondere bei Dunkelheit und im Seegang an der meist notwendigen tiefen Stelle der Bilge nicht leicht, wenn es den Wasserabscheider zu reinigen gilt. Jeder Schipper sollte diese Handgriffe im Schlaf können. – Auch hier muß anschließend entlüftet werden.
- Der nächste Fehler kann in den Treibstoffleitungen selbst liegen, deren Dichtungen sich durch Vibration gelockert oder deren Verbindungen sich an einer Stelle so geringfügig gelöst haben könnten, daß der Motor statt Kraftstoff

nur noch Luft ansaugt. Hier hilft nur: Absuchen und Ableuchten des Kraftstoffweges und insbesondere Aufsuchen möglicher Naßstellen, an denen Kraftstoff aus- und Luft eingetreten sein könnte. Auch wenn hier ein Fehler lag und durch Anziehen der Dichtung beseitigt werden komnte, bleibt: Motor entlüften, bevor er weiterlaufen kann.

• Eine weitere Fehlerquelle liegt bei den Kraftstoffiltern, die meistens als Doppelfilter gebaut und mit auswechselbaren Filterpatronen bestückt sind. Wann wurden sie zuletzt ausgewechselt? Können sie verdreckt sein und Fremdkörper bis in die Düsen weitergeschickt haben? Bevor man sie jedoch auszutauschen beginnt, wird man den Handhebel an der Kraftstoff-Förderpumpe betätigen.

• Hier kann eine weitere Fehlerquelle liegen: Die Reinigung der Kraftstoff-Förderpumpe ist nach der Bedienungsanleitung nicht schwierig. Man muß dazu nur Innenraum, Membrane und Pumpe mit Dieselöl reinigen. Auch nach dieser Reparaturarbeit: Entlüften des Motors.

• Ergibt jedoch eine Durchsicht, daß der Kraftstofftank ausreichend voll, das Absperrventil geöffnet, das Schauglas des Vorfilters voller Dieselkraftstoff und die weitere Kraftstoffzuleitung ohne Leckstellen ist, genügt oft eine mehrmalige Betätigung des Handhebels an der Kraftstoff-Förderpumpe, um vielleicht eine kleine Blockierung der Brennstoffzuführung zu den Einspritzdüsen zu beseitigen. Zumindest ist diese Tätigkeit die Probe eines neuerlichen Anlassens wert.

Arbeitsweise beim Entlüften:

Diese wichtigste Aufgabe, um einen stehengebliebenen Dieselmotor nach Ausführung von Reparatur- und Wartungsarbeiten an seiner Kraftstoffanlage wieder in Gang zu setzen, muß von jedem Schipper unter allen Seebedingungen beherrscht werden. Am besten ist es, wenn er sich die entsprechenden Handgriffe in seiner Bedienungsanleitung, die bei guten Bootsdieselmotoren bildlich dargestellt sind, in einer Fotokopie herauszieht, so daß auch andere Besatzungsmitglieder die notwendigen Schritte bewältigen können. Der Nachteil einiger Bilddarstellungen: Die verschiedenen Handgriffe sind an mehreren Skizzen erklärt, die auf einigen Seiten verteilt und oft nicht in entsprechender richtiger Reihenfolge abgedruckt sind.

Bei meinem 80-PS-Ford-Dieselmotor steht beispielsweise die Entlüftung der Kraftstoffanlage auf Seite 31, die im Arbeitsablauf wichtigen Bilder „Kraftstoffilter" befinden sich aber auf Seite 28, „Kraftstoff-Förderpumpe" auf Seite 26 und „Einspritzpumpe" auf Seite 29. Nachstehende Anleitung als Muster:

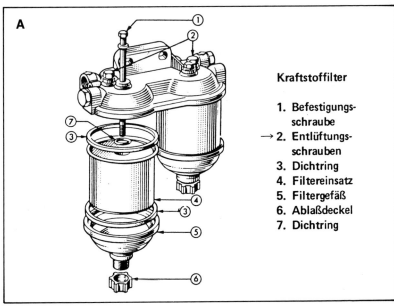

Kraftstoffilter

1. Befestigungsschraube
→ 2. Entlüftungsschrauben
3. Dichtring
4. Filtereinsatz
5. Filtergefäß
6. Ablaßdeckel
7. Dichtring

Entlüftung der Kraftstoffanlage:

1. Darauf achten, daß genügend Kraftstoff im Tank ist und der Kraftstoffzufuhrhahn aufgedreht ist.
2. Entlüftungsschraube auf der Einlaßseite des Filters abschrauben (siehe Abb. 18; hier: A).
3. Den Handhebel an der Kraftstoff-Förderpumpe betätigen (siehe Abb. 16; hier: B), bis Kraftstoff ohne Blasen aus der Entlüftungsöffnung fließt.

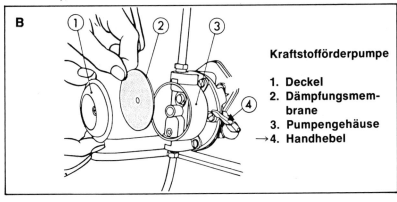

Kraftstoffförderpumpe

1. Deckel
2. Dämpfungsmembrane
3. Pumpengehäuse
→ 4. Handhebel

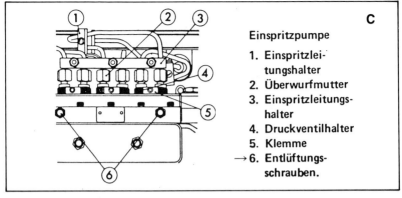

Einspritzpumpe
1. Einspritzleitungshalter
2. Überwurfmutter
3. Einspritzleitungshalter
4. Druckventilhalter
5. Klemme
→ 6. Entlüftungsschrauben.

4. Entlüftungsschraube auf der Einlaßseite des Filters schließen.
5. Entlüftungsschraube auf der Auslaufseite des Filters abschrauben.
6. Arbeitsgang Nr. 3 wiederholen.
7. Auslaß-Entlüftungsschraube schließen.
8. Eine oder beide Entlüftungsschrauben auf der Einspritzpumpe öffnen (siehe Abb. 20; hier: C).
9. Arbeitsgang Nr. 3 wiederholen.
10. Entlüftungsschrauben schließen.
11. Motor starten.

Stirnlampe für Motorreparaturen:

Motorarbeiten an unzugänglichen Stellen, noch dazu bei einem Schaden auf See und der Reparatur unter Seegangsbedingungen, sind von sich aus schon schwierig genug. Noch problematischer ist es dabei, den Arbeitsbereich mit Licht zu versorgen, ohne dabei gleichzeitig eine Hand für das Leuchten hergeben zu müssen. Eine batteriegetriebene Stirnlampe ist daher ein unverzichtbarer Helfer – auch bei anderen Notfällen in der dunklen Kajüte.
Es gibt sie für jede Kopfgröße verstellbar, mit einer Batteriehalterung am Hinterkopf und drehbarer Lichtquelle. Die Lampe ist schwenkbar, spritzwassergeschützt und kann ihren Lichtstrahl durch einfaches Verdrehen des Objektivs auch bündeln.

Der Ölfilter läßt sich nicht wechseln

Nothilfe:

Zugegeben: Wenn sich der Ölfilter nach ca. 200 Betriebsstunden nicht auswechseln läßt, weil man ihn weder richtig anfassen noch tatsächlich drehen kann, muß dieses Unvermögen nicht zu einem Notfall führen. Sicher kann der Motor nach dem Ölwechsel auch noch ein paar Dutzend Betriebsstunden länger mit dem alten Ölfilter arbeiten. Aber wenn man weitab eines Hafens, fern von einer anderen Crew, die man um Rat fragen könnte, und ohne Möglichkeit einer Werkstatthilfe auf den Motor selbst und sich allein angewiesen ist, kann solche Hilflosigkeit schon bedrückend werden.

Arbeitsweise:

Da der Filter selbst anschließend weggeworfen wird, kann man ihn beim Abnehmen beschädigen. Nur der Gewindeteil, der zum Motor gehört, muß dabei unbeschädigt bleiben. Maßnahmen:
- Man setze auf den äußeren Rand der Filteroberfläche einen Schraubenzieher im Winkel von ca 45° zu dieser Ebene und schlage zuerst mit der Hand bzw. dann leicht mit dem Hammer darauf (Abb. A). Diese Prozedur setze man an mehreren Stellen der Filteroberfläche fort, bis sich der Filter zu drehen beginnt. Eine Vorbehandlung des Gewindeteils mit Marinespray ist vorteilhaft.
- Statt dessen kann man auch einen kräftigen Gummistropp doppelt nehmen und als Schlaufe um den Filterkörper legen. Er zieht sich unter Belastung fest und wirkt gleichzeitig wie ein Drehhebel an der besten erreichbaren Stelle.
- Sollte weder die eine noch die andere Maßnahme fruchten, hilft nur, einen kräftigen und ausreichend langen Schraubenzieher durch den Filterkörper hindurchzustoßen und ihn als Hebel zum Abschrauben zu benutzen (Abb. B).
- Wer oftmals Schwierigkeiten beim Abschrauben des Ölfilters hat und keine der genannten Notmaßnahmen benutzen möchte, kann auch einen Spezialschlüssel erwerben, der (ähnlich wie beim Öffnen von Marmeladengläsern im Haushalt) um den Filter gelegt wird. Seine Anwendung setzt jedoch den (oft an Bord nicht vorhandenen) Raum neben Motor und Motorraumwand voraus, der auch bei senkrecht stehenden Filtern meistens nicht gegeben ist.

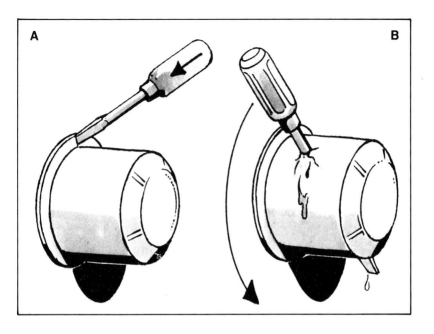

Nicht auf Ersatzteile verlassen

Bei der Ersatzteilbeschaffung beachte man:
Natürlich ist es ratsam und unerläßlich, für die wichtigsten Teile der Motorenanlage rechtzeitig und ausreichend Ersatzteile einzukaufen. Eine Garantie, daß diese Ersatzteile wirklich passen und selbst nicht bereits beschädigt sind, gibt es aber nur, wenn man die neu gekauften Ersatzteile einbaut und die ausgebauten Originalteile, die ihre Bewährungsprobe bereits bestanden haben, als Reserveteile mitnimmt. Dadurch erreicht man zweierlei:
- Einmal lernt man im ruhigen Hafen, wie die Ersatzteile wirklich eingebaut werden müssen, und man erkennt nicht nur die damit verbundenen Schwierigkeiten, sondern man gewinnt auch erste Erfahrungen, wie man sie überwinden kann.
- Zum anderen kann man sicher sein, daß bei einem Schaden tatsächlich funktionierende Ersatzteile vorhanden sind, denn es sind dann die Originalteile, die man einbaut – und sie haben nachweislich gut funktioniert.

Reparatur einer leckenden Leitung

Gefahrenlage:

Je größer eine Yacht, desto mehr Leitungen führen von außen nach innen oder von innen nach außen und desto länger sind auch die Leitungen, die im Boot selbst verlegt werden – für Frischwasser und Abwasser, Kühlwasser und Kraftstoff, als Lenzleitungen oder zum Abfluß aus der selbstlenzenden Plicht (und durch das Boot hindurch), um nur einige zu nennen. Es sind Druckschläuche und Gummischläuche, Polyrohre und Kupferrohre, und sie haben meistens (notgedrungen) unterschiedliche Durchmesser.

Vorsorge:

Man statte sich mit mindestens je einem Meter Ersatzlängen aus – aber nicht nur mit dem jeweiligen, an Bord benutzten Durchmesser, sondern besser noch in jenen Größen, die ein hautenges Ineinander- und Übereinanderstecken

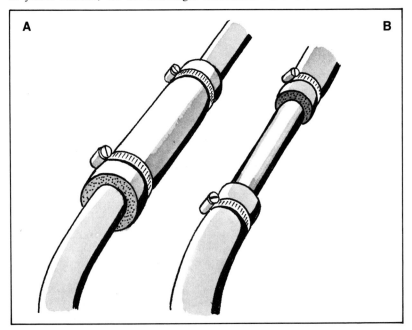

gestatten. Für diese entsprechenden Durchmesser nehme man auch mindestens je ein halbes Dutzend Schlauchschellen mit.

Arbeitsweise:

- Ist eine Schlauchleitung undicht geworden, schneidet man sie im Abstand einer Handbreite beiderseits der Schadstelle durch und setzt ein etwa doppelt so langes Zwischenstück ein, das entweder innen (Abb. A) oder außen (Abb. B) 5 cm weit ein- bzw. übergeschoben wird. Die überlappenden Bereiche werden mit einer Schlauchschelle zusammengepreßt. Gegebenenfalls wähle man zwei Schlauchschellen.
- Auch Metallrohrleitungen lassen sich in ähnlicher Form provisorisch dichten. Sie erhalten dann einen Überzug aus einem hauteng passenden Schlauch, der in gleicher Weise mit Schellen festgehalten wird.

Der Diesel läßt sich nicht abstellen

Gefahrenlage:

Man zieht den Stoppknopf, um den Motor auszuschalten, aber er läuft unverändert weiter. Läßt er sich in einem solchen Notfall dazu noch nicht auskuppeln, so setzt das Boot seine (unerwünschte) Fahrt fort. Verursacher können ein klemmendes Ventil und eine hakende, beschädigte Schaltung sein. Oft verhindert nur schnelle Abhilfe gefährliche Folgeschäden.

Abhilfe:

Man legt eine Decke über den Luftfilter und preßt sie allseitig so fest an, daß die Luftzufuhr unterbrochen wird. Man hält den Luftfilter mit einigen Blättern Papier zu oder schraubt ihn ab und drückt die Handflächen so lange fest auf den Ansaugstutzen, bis der Dieselmotor durch Luftmangel stehenbleibt.

Wasser im Brennstofftank – was tun?

Vorbeugen:

Kondenswasser läßt sich nicht verhindern, wenn unterschiedliche Lufttemperaturen im Brennstofftank herrschen und die bei Tage oder im warmen Überwasserbereich aufgeheizten Tanks sich bei Nacht oder im Bereich des kälteren Wassers wieder abkühlen. Da über die Entlüftungsleitungen ständig neue Luft zugeführt wird, bildet sich immer neues, wenn auch in geringen Mengen erzeugtes Schwitzwasser. Im Laufe einer Saison – oder auch während der langen Winterlagerzeit – sammelt sich eine beträchtliche Wassermenge im Brennstofftank an. Da Wasser schwerer ist als Dieselkraftstoff, bedeckt es nur den Tankboden.

Abhilfe:

- Je voller ein Tank ist, desto weniger ist Platz für die Luft und damit auch geringer die Möglichkeit zum Entstehen von Schwitzwasser. Man gehe daher nur mit randvollen Tanks ins Winterlager.
- Während der aktiven Segelzeit müssen Brennstofftanks ganz zwangsläufig leergefahren und wieder nachgefüllt werden. Schwitzwasserbildung läßt sich dann nicht vermeiden. Aber man muß dafür sorgen, daß man Kondenswasser gegebenenfalls entfernen kann und kein Wasser in die Brennstoffleitung gelangt. Zwar wird ein geringer Anteil noch durch den Wasserabscheider im Brennstoffsystem zurückgehalten. In einem ungünstigen Fall bleibt der Motor jedoch stehen, und wenn er dann gerade für ein wichtiges seemännisches Manöver eingesetzt war, kann hieraus schnell ein Notfall werden.
- Hochtanks oder transportable Tanks erhalten schon beim Bau (und nach Möglichkeit auch serienmäßig) eine im Bootsboden eingelassene, tiefer reichende „Warze", in der sich das Schwitzwasser sammeln kann (Abb. A). Ist sie mit kantigen Wänden ausgeführt, kann sich das Wasser auch beim Stampfen oder Krängen des Bootes nicht mit dem höher liegenden Leichtöl vermischen. Die Brennstoffentnahmeleitung führt durch diesen Wasserkasten hindurch von unten nach oben, soweit es bis zur möglichst vollen Entnahme des Tanks angebracht erscheint. Durch einen kleinen Hahn (Schnüffelventil) im Wasserkastenboden läßt sich das Schwitzwasser leicht ablassen. Treten hier die ersten Tropfen Öl aus, ist der Tank sauber.
- Bei Kieltanks mit einer Brennstoffentnahmeleitung, die vom oberen Tankdeckel bis in die Nähe des Bodens reichen muß, ist ein Sicherheitsabstand des

Rohrendes von bis zu 10 cm erforderlich. In der Praxis bedeutet dies, daß die eingetankte Brennstoffmenge nie voll ausgenutzt werden kann. Gelegentliche Kontrolle des Schwitzwassers und dessen Entnahme ist nur mit Hilfe einer kleinen Hubpumpe möglich, deren Entnahmeschlauch (Druckschlauch) bis auf den Tankboden reicht. Um das Abschrauben einer Tanköffnung zum Schwitzwasserlenzen zu ersparen, sollte man dieser „Wasserpumpe" eine eigene, druckfeste Zuleitung geben und sie selbst so hoch über dem Tanksystem haltern, daß sie ständig angeschlagen bleiben und immer betrieben werden kann. In einem solchen Falle kann die Brennstoffentnahmeleitung auch wesentlich tiefer bis in Nähe des Tankbodens reichen und die tatsächlich gebunkerte Ölmenge weiter ausgenutzt werden, weil eine Kondenswasserprüfung jederzeit möglich ist.

• Bei einem Benzinmotor kann man das Schwitzwasser im Benzintank am besten entfernen, indem man es sich mit Alkohol verbinden läßt. Hierzu gießt man 100 cm³ Brennspiritus je 50 l Benzin beim Nachfüllen der Tanks mit hinein, bei größeren Tanks also einen halben Liter auf 250 l Kraftstoff. Auf diesem Wege wird der durch Wasser verdünnte Alkohol wie normales Benzin über den Vergaser in die Zylinder befördert und über den Auspuff entfernt.

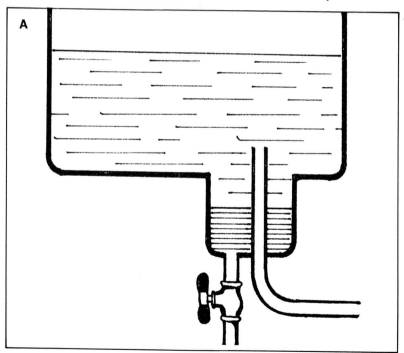

Strom für den Notfall –
Notstrom für den Alltag

Verbraucher elektrischer Energie gibt es an Bord zuhauf und in immer noch zunehmendem Maße: vom Anlasser des Motors über die Versorgung elektronischer Navigationsgeräte bis zum Betrieb eines Kühlschrankes. Manche von ihnen können mit kleinen Ersatzbatterien betrieben werden, auf einige wird man verzichten können, wenn der Strom nicht reicht – aber das Unvermögen, die Maschine starten zu können, wenn man Segelhavarie hat oder sich nur mit Motorhilfe aus einer Legerwallsituation freiholen kann, wird die Gefahr eines noch ernsteren Notfalls heraufbeschwören. Aus diesen Gründen gehört eine angemessene Ersatz-Stromerzeugung mit alternativen Bordmitteln ganz selbstverständlich zur Notfallvorsorge, und genauer betrachtet zahlt sich ein solcher Aufwand auch für den Bordalltag aus, wenn man die gesparten Gelder für den Dieselkraftstoff dagegenrechnet, mit der die Lichtmaschine oder ein zusätzlicher Generator betrieben werden muß.

Anspruchsvolle Langfahrtenskipper beziffern ihren täglichen Stromverbrauch mit durchschnittlich 140 Amperestunden (Ah), den sie mit einem ebenfalls täglich etwa 4 Stunden laufenden Dieselgenerator erzeugen – ein immenser Aufwand. Zusätzliche Verbraucher sind dabei die Entsalzungsanlage für Trinkwasser, der Autopilot, die (werblich so empfohlenen) elektrischen Winschen und Rollreffanlagen, Funk- und Radaranlagen, Wetterfax, segeltechnische Anzeigegeräte und andere Stromfresser neben den oben genannten Hauptverbrauchern. Ich empfehle in solchen Fällen als Strom für den Alltag wie den Notfall folgende Alternativen:

Der Windgenerator

Er benutzt dieselbe Energie, von der auch unsere Segel leben, und ist dazu in Fahrt, am Ankerplatz und im Hafen jederzeit verfügbar – wenn der Wind weht! Das zur Stromerzeugung benutzte Flügelrad mit seinem kleinen E-Teil wiegt nur ca. 15–25 kg und verursacht somit kein unerwünschtes zusätzliches Toppgewicht. Es kann an beliebigen Stellen montiert werden, zum Beispiel am Besanmast, frei drehend an einem Fall über dem Vorschiff oder fest montiert auf einem Edelstahlrohr über dem Heck (Abb. A).

Bei sechs Windflügeln entsprechender Flügelwölbung kann im Direktantrieb (ohne Getriebe) bei einer Windgeschwindigkeit von 15 Knoten eine Ladeleistung von 2 A erreicht werden, also ca. 50 Ah täglich. Bei 20 kn Wind kann man 4 A gewinnen. Generell darf man von der Faustregel ausgehen: Beaufort-Stärke minus 1 gleich Ladestrom in Ampere. (Hierbei ist jedoch zu bedenken,

daß es sich bei Hafen- oder Ankerplatzbetrieb natürlich um die Geschwindigkeit des wahren oder atmosphärischen Windes handelt, unterwegs jedoch um den Bordwind oder scheinbaren Wind. Auch er wird ja von unseren Bordinstrumenten angezeigt, liegt aber auf raumen Kursen um mindestens eine Beaufort-Stärke unter dem wahren Wind.)
Moderne Windgenerator-Anlagen lassen sich auch zu Schleppgeneratoren umwandeln. Qualitativ gute Windkraftwerke dieser Art sind wartungsarm und sturmsicher.

A

Der Schleppgenerator

Er wandelt in Fahrt die Wasserkraft in elektrische Energie um, wird am Heckkorb gehaltert und von einer Schleppleine mit Rotationskörper (ähnlich wie ein Schlepplog) angetrieben. Bei qualitativ guten Geräten lädt ein Schleppgenerator bei sechs Knoten Fahrt mit ca. 6 Ampere, so daß man von der Faustregel ausgehen kann: Knoten = Ampere.
Das Preis-Leistungsverhältnis ist somit bei einem Schleppgenerator günstiger als bei einem Windgenerator, doch muß man dabei bedenken, daß ein Seekreuzer immer länger im Hafen liegt – wo Notfälle nahezu ausgeschlossen sind –, als er unterwegs ist. Daher ist ein Windgenerator vorteilhafter als ein Schleppgenerator, auch wenn er Mehrkosten verursacht.

Der Wellengenerator

Er benutzt die unter Segel mitlaufende Propellerwelle zur Stromerzeugung und erfordert nicht viel Aufwand. Der Propeller, der hierbei wie eine Turbine arbeitet, sorgt bei einer Wasserlinienlänge des Bootes von beispielsweise 8 m jedoch erst ab fünf Knoten Fahrt für einen befriedigenden Ladestrom von 5 A, wenn er einen Durchmesser von 350 mm hat und als Fest- oder Drehflügelpropeller gefahren wird. (Bei einem Seekreuzer von 10 m LWL muß der Durchmesser ca. 400 mm betragen, um eine entsprechende Leistung zu erbringen.)
Als Generator können normale Drehstrom-Lichtmaschinen dienen, die über eine Keilriemenscheibe mit der Propellerwelle (Schwanzwelle) verbunden sind.

Der Solargenerator

Der Vollständigkeit halber sollen die Solarpaneele nicht vergessen werden, die heutzutage überall an Bord auf freien Flächen installiert werden können, begehbar sind und sich sogar direkt auf die (wandernde) Sonne ausrichten lassen. Zum einen arbeiten sie natürlich nur dort befriedigend, wo die Sonne ausreichend lange scheint und dabei auch (für ebene, fest installierte Paneele) hoch genug steht. Zum anderen beträgt der Nennstrom unter diesen günstigen Bedingungen beispielsweise mit den Abmessungen 750 × 500 mm, erst 2 A, so daß schon erhebliche Flächen notwendig sind, um ähnliche Dauerleistungen wie mit dem Windgenerator zu erzielen.
Solarzellen können bei Stromausfall daher nur in sonnenreichen Gewässern, und dort auch nur wenige wichtige Bordgeräte, wie den Fluxgate-Kompaß oder den Autopiloten, mit Notstrom versorgen.
Alles in allem bleibt festzuhalten: Notstromerzeuger sind nicht nur im Notfall wichtig, sondern auch im Tagesbetrieb nützlich.

Eine Doppelmotorenanlage für den Notfall

Es gibt sicher wenige Segler, die noch niemals Ärger mit ihrem Bootsmotor gehabt haben. Viele beklagen sich über den Ausfall ihrer Maschinenanlage gerade in einer kritischen Situation für Boot und Besatzung.
Wer solche Fälle kennt und um die möglichen teuren Konsequenzen eines Motorversagens weiß, möchte sich am liebsten mit einer zweiten Maschinenanlage ausrüsten – für alle Fälle! Eine solche Doppelmotorenanlage verspricht auch noch andere Vorteile:
• Ein Bootsmotor ist ja mitnichten nur ein „Flautenschieber", als der er gern bezeichnet wird, denn er kommt nicht nur bei wenig Wind oder beim Einlaufen in einen engen Yachthafen zum Einsatz. Entsprechend ist auch seine Leistung

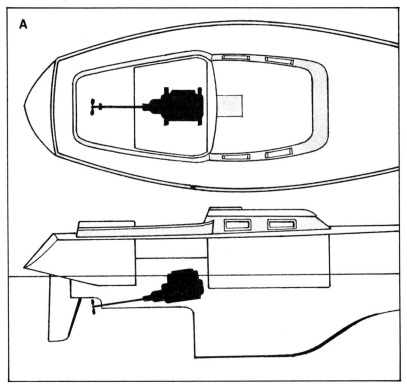

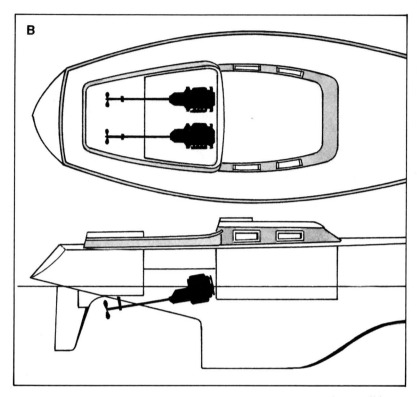

bemessen: ca. 5 PS oder 3,7 kW pro Tonne Wasserverdrängung des segelklaren Bootes (Abb. A).
• Bei herannahendem schwerem Wetter und insbesondere dann, wenn eine hohe See, starker Strom und steifer Wind der Kursrichtung entgegenstehen, stellt er eine beträchtliche Sicherheitsreserve dar. Ich habe es mit einem solchen „Flautenschieber" von 10 PS für ein 5-Tonnen-Boot oft erlebt, daß wir solch heranziehendes schweres Wetter nur wenige Dutzend Meilen vor der Küste und damit praktisch „vor der Haustür" viele Nachtstunden lang durch Beiliegen ertragen mußten, weil die Motorleistung für das Einlaufen in den nächsten Hafen unter den herrschenden widrigen Verhältnissen in der zur Verfügung stehenden Zeit einfach nicht ausreichend war. Wir gerieten dadurch in manche riskante Situation, die wir mit Motorhilfe hätten vermeiden können, und hatten dann den Wunsch, eine wesentlich höhere Motorleistung einsetzen zu können, als wir sie unter normalen Yachtbedingungen brauchten.
• Um im Hafen oder am Ankerplatz die Bordbatterie mit der Lichtmaschine des Motors zu laden oder ein modernes Kühlaggregat zu betreiben, wofür der

Motor oft bis zu zwei Stunden laufen muß, wünscht man sich wiederum eine kleinere Maschine, denn ohnehin ist diese Art der Erzeugung von elektrischer Energie sehr teuer, aber meistens unvermeidlich. Manche Yachten sind dieserhalb mit einem kleineren Dieselgenerator ausgestattet.

Wenn jedoch schon ein zweiter Dieselmotor nur zur Stromerzeugung an Bord ist, liegt natürlich auch der Gedanke nahe, ihn als Ersatzmotor zu verwenden, falls die Hauptmaschine ausfallen sollte. Eine solche Kraftübertragung auf die Schwanzwelle ist durch ein entsprechendes Getriebe und/oder durch Keilriemen möglich. Ein Handikap dabei bleibt aber: der zweite, schwache Generator-Diesel kann höchstens als Hilfs-Flautenschieber benutzt werden, aber nicht als leistungsstarker Bootsmotor im Notfall.

Viele Bootseigner haben versucht, eine solche Zwillingsmotorenanlage auf andere Art und Weise zu installieren.

• So hat beispielsweise ein bekannter Weltumsegler auf seinem stählernen Seekreuzer vom Typ „Damien III", der 14,14 m lang und als Kielschwerter gebaut ist, eine Doppelmotorenanlage von je 80 PS mit zwei seitlichen Propellerwellen eingebaut (Abb. B). Bei Ausfall eines Motors steht die gesamte Motorleistung noch einmal als Reserve zur Verfügung, und jeder Motor kann gleichzeitig auch als Generator arbeiten. Bootsbaulich ist diese Anordnung aber nicht einfach, und strömungstechnisch ist sie auch nicht günstig, wenn nur ein Motor läuft.

• In der Motiva-Werft in Kolding entstand ein Projekt (Abb. C), bei dem der Mittelmotor von 80 PS mit üblicher Wellen- und Schraubenanordnung eingebaut ist. Der Dieselgenerator von ca. 20 PS Leistung ist ebenfalls mittschiffs und vorlich vom Hauptmotor, aber tiefer eingebaut, so daß eine Welle mit zweitem Propeller unter der ersten Propelleranlage nach achtern führt. Auch hier kann das Boot also wahlweise mit dem „großen" oder „kleinen" Motor laufen bzw. den Stromerzeuger auch als Notmotor verwenden.

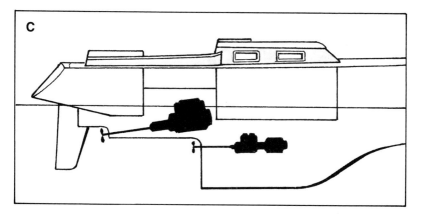

Wie wirkungsvoll diese Anlage arbeiten kann, vermag ich nicht zu beurteilen. In beiden Fällen handelt es sich durch die Doppelanlagen von Schwanzwellen und Propellern um teure Aufwendungen – erst recht, weil immer nur eine von beiden jeweils in Betrieb sein wird.

Vor einiger Zeit fiel mir nun eine Anlagenkonzeption auf, die zwar erst im unteren Leistungsbereich von Schiffsmotoren gebaut wird, aber sich in gleicher Form auch für die noch etwas kleineren Yachtmotoren eignen dürfte. Der große Vorteil der von der schwedischen Firma Scania gebauten Doppelinstallation: Sie wird seit weit über einem Jahrzehnt auf zahlreichen Arten von Fahrzeugen erfolgreich eingesetzt.

Bei diesen Mehrmotoren-Installationen wählte man einen Keilriemenantrieb für die Übertragung der Motorleistung an die Propellerwelle (Abb. D). Bei diesen Treibriemen handelt es sich um breite, leistungsfähige Gummibänder, die sogar mehrfach hintereinander angeordnet sein können. Mehrmotor-Installationen mit Keilriemenantrieb gibt es außer in Autofähren auch in Frachtern, Schleppern, Fischerbooten, Passagierfähren, Minensuchbooten und Lot-

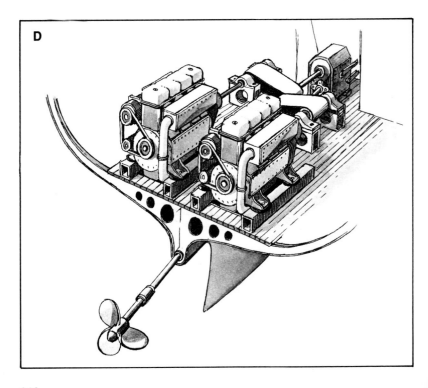

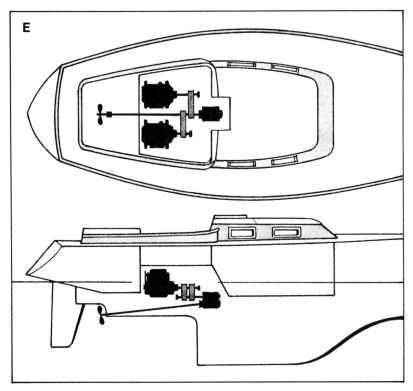

senbooten. Die benutzten Keilriemen haben nicht selten eine Lebensdauer von 25 000 bis 30 000 Stunden nachgewiesen. Den Herstellern der Keilriemen zufolge beträgt der Leistungsverlust in einem Keilriemenantrieb nur ca. 4%.
Für den Yachtbau (Abb. E) sind insbesondere die Doppelinstallationen in Fischerbooten von Interesse. So wird eine volle Motorleistung in einigen Fällen nur für die Fahrt zu den Fangplätzen bzw. zurück zum Hafen gefordert, während man beim eigentlichen Fischfang mit weniger Leistung auskommt. In anderen Fällen reicht für die Fahrt zum und vom Fangplatz eine geringere Leistung aus, während man für das eigentliche Fischen eine hohe Motorleistung benötigt, zum Beispiel beim Fischen mit Schleppnetz.
Ein anderes Beispiel für die Vorteile einer solchen Doppelinstallation in Schiffen mit schwankendem Leistungsbedarf sind auch die schwedischen Lotsenboote. Sie haben einen Keilriemenantrieb an einer gemeinsamen Propellerwelle von zwei kleineren Dieselmotoren, weil im Winter für die Fahrt im Eis zwei Motoren für den Antrieb notwendig sind, während man in der eisfreien Periode den Antrieb mit einem Motor schafft.

Für eine solche Doppelmotoren-Installation mit Keilriemenantrieb verwendet man auf Yachten die übliche Anlage von Propellerwelle auch mit dem Vorteil, daß beide, sehr niedrige Motoren beispielsweise im seitlichen Backskistenbereich der Plicht eingebaut werden können (Abb. F), in einem ohnehin unzugänglichen Raum, und der Platz im Mittelbereich besser als durch den hier doch störenden Einzelmotor ausgenutzt werden könnte.

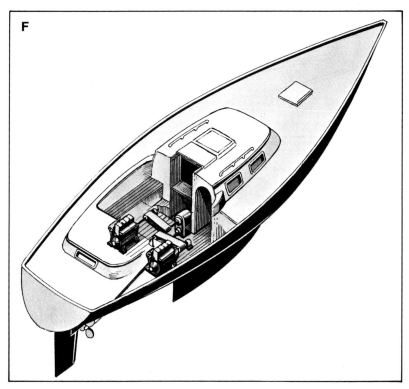

Notfall-Vorsorge durch Federkraftanlasser

Gefahrenlage:

Wenn die Batterie leer ist oder der elektrische Anlasser nicht funktioniert, wenn Nässe in elektrische Zuleitungen eingedrungen ist oder sich der Bootsmotor aus anderen Gründen nicht starten läßt, kann aus der dadurch verursachten Manövrierunfähigkeit schnell ein Notfall werden. Auch wenn kleinere Motoren meistens eine Andrehkurbel haben, läßt sich diese bei beengten Raumverhältnissen an Bord oft nicht verwenden, oder man gibt nach einigen vergeblichen Anlaßversuchen, bei denen man sich die Finger wundgeschlagen hat, das Unterfangen auf, einen Dieselmotor (mit seinen Kaltstartproblemen) von Hand anzulassen.

Abhilfe:

Wie die Rettungsboote auf Schiffen und an Stränden größtenteils mit Federkraftanlassern ausgestattet sind, lassen sich auch Bootsmotoren mit ihnen bestücken. Sie sind nahezu wartungsfrei und können entweder anstelle des elektrischen Anlassers montiert oder (noch besser!) neben ihm am Motor befestigt werden. Im Falle einer Doppelbestückung ist jedoch eine zusätzliche Zahnradscheibe am Schwungrad erforderlich, die bei Bestellung des Motors zu ordern oder vor Installation des Bootsmotors einzubauen ist. Das Nachrüsten wird teurer.

Arbeitsweise:

Der kompakte, etwa 300 mm lange und 150 mm breite, röhrenförmige Federkraftanlasser (Abb. A) wird durch eine Handkurbel mit mehrfachen Umdrehungen aufgezogen. Dabei wird ein Federpaket aus Tellerfedern vorgespannt und hiermit die notwendige Anlaßenergie gespeichert. Der Startvorgang wird dann durch einen Auslösehebel freigegeben. Der Starter dreht den Motor mit hoher Drehgeschwindigkeit durch, allerdings nur etwa eine volle Umdrehung. Sie ist bei Mehrzylinder-Motoren jedoch vollkommen ausreichend. Nur bei Einzylinder-Dieselmotoren muß der Startvorgang vielleicht einmal wiederholt werden.

Federkraftanlasser gibt es für alle handelsüblichen deutschen und ausländischen Dieselmotoren bis sechs Zylinder und mit einem Hubvolumen von maximal 1000 cm^3 pro Zylinder.

A

Der Motor steht sich kaputt

Bei Wartung und Pflege des Bootsmotors beachte man:
Man fährt einen Bootsmotor nicht kaputt, er steht sich kaputt! Wohin man auch immer auf seinen Langfahrten unter Segeln steuert – zur richtigen Motorpflege gehört nicht nur regelmäßiger Ölwechsel, gelegentlich ein neuer Filter und immer sauberer Brennstoff. Der Motor muß auch regelmäßig ausreichend viele Betriebsstunden unter Belastung laufen können. Nur unter diesen Bedingungen ist die gesamte Motorenanlage von der Starterbatterie bis zur Propellerwelle ständig einsatzklar.

9 Gefahren des Schiffsverkehrs

Das Topplicht brennt nicht – was tun? 318
Positionslaternen brennen nicht 320
Werden Yachtlichter gesehen? 320
Kollisionsgefahr und Wegerecht bei Nacht 321
Radarreflektoren – Vorbeugung gegen
Gefahrensituationen 323

Das Topplicht brennt nicht – was tun?

Situation:

Auf Fahrtenbooten ist ein weißes Rundumlicht, das so hoch wie möglich geführt wird, um möglichst weit und auch im Seegang immer deutlich sichtbar zu sein, das wichtigste Erkennungszeichen bei Nacht. Es wird im allgemeinen auf dem Masttopp geführt – unter besonderen Bedingungen das einzige Licht unter Segeln, aber auch als eine erlaubte Kombination von Dampferlicht und Hecklicht, wenn man unter Motor (mit den zusätzlich gesetzten Positionslichtern) läuft, oder auch als (im Ausland vielfach übliches) Ankerlicht. Fällt es einmal aus, ist guter Rat teuer; denn es muß in einem solchen Notfall schnell für Ersatz gesorgt werden, und auf einer angemessenen Höhe über den Seitenlaternen läßt sich eine zweite Laterne meistens nicht schnell ausbringen.

Abhilfe:

Man nimmt den Bootshaken oder eine andere, leichte Spiere entsprechender Länge und steckt sie wie an einen Standerstock an: Den Tampen mit dem Heißauge am Ende des vorderen Drittels, den Tampen des holenden Endes (das in Höhe der Fallwinsch aus dem Mast kommt) am Ende des letzten Drittels (Abb. A). Dann befestigt man an der Spitze eine Taschenlampe mit einem allseitigen Leuchtkopf (oder eine andere, kräftige Batterielampe gleicher Art) und heißt sie mit dem nun als endlose Leine geschorenen Fall an diesem Haltestock so weit wie erforderlich auf:
Bis über den Masttopp hinaus geholt ist es ein Rundumlicht, das auch die Bedingungen der vertikalen Lichtverteilung gut erfüllt und sogar eine Tragweite erreichen kann, die derjenigen einer normalen Laterne entspricht. Nur im Bereich der Mastlänge gefahren ist es ein Dampferlicht (Abb. B, Aufsicht), bei dem der rückwärtige Bereich durch die Mastabschirmung nahezu im genau vorgeschriebenen Sektor abgedunkelt ist.
Wenn beide Enden richtig durchgesetzt sind, kann diese Not-Positionslaterne auch bei den Bewegungen des Bootes im Seegang nicht beschädigt werden. Mit guten Batterien hält eine solche Taschenlampe mindestens vier Stunden. Je nach Eintritt des Laternen-Defektes muß sie also gegebenenfalls höchstens einmal in der Nacht niedergeholt und mit zwei Ersatzbatterien bestückt werden.
Merke: Taschenlampen gehören in ausreichender Zahl wegen ihrer vielfältigen Einsatzmöglichkeiten zu den wichtigsten Geräten an Bord.

In einem Seenotfall läßt sich auf diese Weise auch eine Seenot-Blitzlicht-Lampe setzen, die besonders weit reichen soll. Solche Lampen sind handlich wie Stablampen und können acht Stunden lang blitzen.

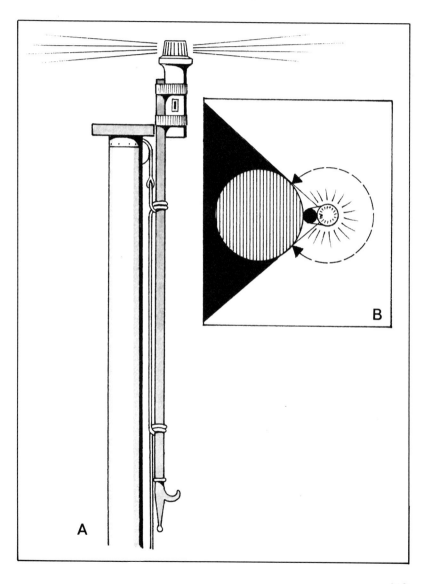

Positionslaternen brennen nicht

Gefahrenlage:

Man denke immer daran, daß bunte Lichter eine geringere Tragweite als weiße Lichter haben und Positionslaternen von Yachten ohnehin nur („bei dunkler Nacht und klarer Sicht") ca. 1 sm weit erkennbar sind. Hat die Batterie nicht genügend Spannung, wird diese Tragweite noch weiter herabgesetzt, und ein bei Nacht nur unter Segeln und somit nur durch Positonslaternen gekennzeichnetes Boot ist von einer Schiffsbrücke und aus einer Distanz, in der Ausweichmanöver eingeleitet werden könnten, nicht zu erkennen.

Nothilfe:

Man verhält sich wie im Notfall → „Kollisionsgefahr und Wegerecht bei Nacht" geschildert.
• Man segelt unter weißem Rundumlicht,
• richtet den Scheinwerfer oder eine starke Taschenlampe frühzeitig auf die Brücke des sich nähernden Schiffes
• und schaltet gegebenenfalls die Salingleuchten ein, um in einer Wegerechtsituation auf sich aufmerksam zu machen.
Merke: Alle diese Maßnahmen gelten jedoch nur, wenn sich das fremde Schiff gefährlich annähert und ausweichpflichtig ist. Kann eine Yacht durch eigenes Verschulden ihre Positionslaternen nicht setzen bzw. keine Positionslichter zeigen, muß sie sich von jedem anderen Fahrzeug freihalten, von den Schiffahrtslinien entfernen und durch Ausguck oder Kurswahl jeden Notfall vermeiden.

Werden Yachtlichter gesehen?

Die Positionslaternen von Yachten haben eine vorgeschriebene vertikale Lichtverteilung, durch die zwar die in den KVR geforderten Tragweiten der Lichter erreicht werden – aber diese Bedingungen werden tatsächlich nur geschaffen, wenn eine Yacht aufrecht segelt (Abb. A). Eine Krängung unseres Bootes, das Positionslaternen in zwei Meter Höhe über Wasser führt, um nur 5° bewirkt jedoch bereits, daß ein Schiffsoffizier auf einer Schiffsbrücke etwa fünf Meter über dem Wasser unsere Lichter nicht in dem geforderten 2-sm-Abstand, sondern erst in der gefährlichen Nähe von 1 sm Entfernung sieht. Je mehr Krängung, desto mehr nimmt die Sichtweite unserer Positionslaternen ab

(Abb. B), die im Seegang ohnehin nur hin und wieder über die Kimm gucken. Daraus folgt, daß man beim Segeln in dunkler Nacht nicht darauf vertrauen kann, daß die Positionslichter einer Yacht von einem Beobachter auf einem Großschiff gesehen werden können und es daher lebensgefährlich ist, bei einer Kollisionsgefahr auf sein Wegerecht zu vertrauen. Man sollte statt dessen durch eine frühzeitige Kursänderung jede Kollisionsgefahr vermeiden, weil man dadurch auch jede mögliche Notfallsituation von Beginn an ausschließt.

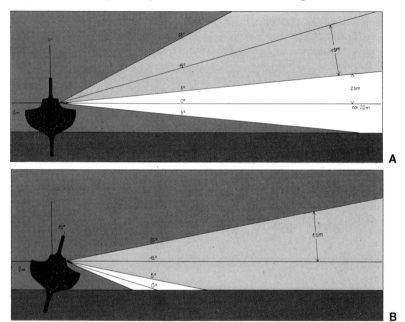

Kollisionsgefahr und Wegerecht bei Nacht
Gefahrenlage:

Auf der freien See gehe man bei Nacht den Schiffahrtslinien aus dem Wege. Beim Ansteuern eines Hafens kann es aber gelegentlich unvermeidlich sein, daß man ganz ungewollt in der Kurslinie eines Großschiffes liegt, welchen Kurs man dabei auch selbst steuern mag.

Nothilfe:

- Hält das Schiff seinen Kollisionskurs durch, weil es uns weder optisch noch auf dem Radarschirm sichtet, schalte man die Positionslaternen aus und nur das Topplicht ein, das erfahrungsgemäß weiter als die bunten Lichter zu sehen ist und auch im Seegang nicht verdeckt wird (juristisch würde man dadurch von einem schutzbedürftigen „Segelfahrzeug" zu einem nicht minder schutzbedürftigen „Kleinfahrzeug", wobei eine Meter-Differenz der Bootslänge in einer solchen Notfallsituation zu vernachlässigen wäre).
- Gleichzeitig richte man die stärkste vorhandene Taschenlampe oder den Handscheinwerfer genau auf die Brücke des fremden Fahrzeugs (Abb. A). Bei

einer Tragweite solcher transportabler Lampen von max. 1 bis 2 sm ist der Schein ohnehin nur als schwaches Lichtzeichen von der fremden Brücke aus erkennbar.
- Gegebenenfalls schalte man die Salingleuchten zusätzlich ein.
- Als letzte Möglichkeit greife man zur Stern-Signalpistole und schieße einen weißen Stern hoch über das eigene Boot, der nicht nur Aufmerksamkeit erregt, sondern auch die Situation erhellt.

Beachte: Die Erfahrung lehrt, daß das in einer solchen Notsituation oft empfohlene Anstrahlen der Segel nahezu keine Wirkung hat und aus einer Distanz von ca. 1 sm weder Aufmerksamkeit erregt noch zu erkennen ist. Es wirkt auf dem nahen Großschiff nicht anders als das Wetterleuchten am Horizont oder das Meeresleuchten in einer überbrechenden Welle in weitem Abstand.

Radarreflektoren – Vorbeugung gegen Gefahrensituationen

Gefahrenlage:

Jeder Yachteigner weiß, daß er mit seinem Boot (unabhängig vom Werkstoff, aus dem es gebaut ist) auf dem Radarschirm eines Großschiffes kein deutliches Ziel hinterläßt, wenn es nicht mit einem leistungsfähigen, möglichst hoch angebrachten und in der optimalen Stellung befestigten Radarreflektor ausgerüstet ist.

Genausogut ist ihm bekannt, daß er ungewollt nicht nur während der Nacht, sonder auch tagsüber bei unsichtigem Wetter, bei Nebel und während Regenschauern in die Nähe von Schiffahrtslinien oder an Brennpunkte des gebündelten Schiffsverkehrs geraten kann, wo ihn – trotz Wegerecht – nur der Radarreflektor vor Kollisionen mit meistens tödlichem Ausgang für die Yacht schützt.

Und letztlich ist auch durch Erfahrungsberichte jedem verantwortungsbewußten Schipper deutlich geworden, daß die unter optimalen Prüfungsbedingungen mit handelsüblichen Yacht-Radarreflektoren getesteten Reichweiten, die bei glattem Wasser und guten atmosphärischen Bedingungen erzielt wurden, in der rauhen Praxis der Schiffahrt und auf See auch nicht annähernd erreicht werden – einmal durch die Tatsache, daß eine Yacht mit ihrem Radarreflektor beim Segeln im Seegang ständig wiederkehrend unter den Horizont taucht; – zum anderen, weil auch zu einer erfolgreichen Radarbeobachtung auf der Brücke eines Großschiffes Schiffsoffiziere gehören, die dieses spezielle Handwerk gut verstehen, die bei langer Beobachtung noch nicht ermüdet sind oder die sich tatsächlich die Mühe machen, auch auf kleine Bildschirmzeichen gut zu achten. Mit einer solchen Brückenbesatzung kann man in der internationalen Schiffahrt aber durchweg nicht rechnen.

Nach solchen Erfahrungen und den beschwörenden Appellen des Deutschen Hydrographischen Institutes, jetzt Bundesamt für Seeschiffahrt und Hydrographie, des Bundesverkehrsministeriums und der Seglerverbände, jede Yacht zu ihrer persönlichen Sicherheit mit einem guten Radarreflektor auszurüsten, muß es besonders befremden, daß es noch immer zahlreiche Segler gibt, die sich dagegen wehren, „eine angebliche Widerstandsfläche von 450 mm Durchmesser und zwei Kilogramm Aluminium" im Masttopp zu montieren.

Genau betrachtet sind diese „zwei Kilogramm Aluminium im Masttopp" nicht mehr als ca. 34 cm Mastlänge, wenn ich beispielsweise von meinem 14-m-

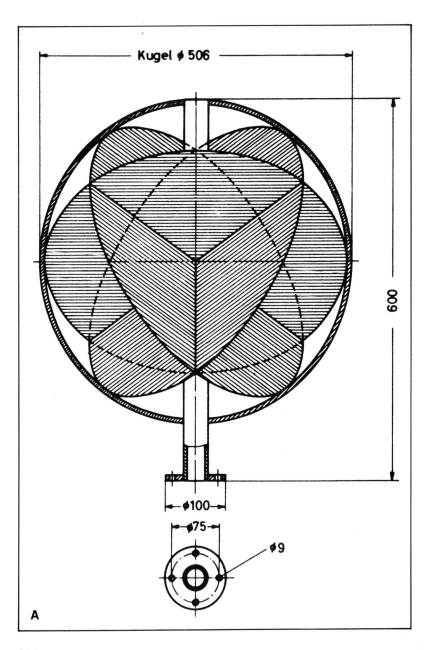

Großmast und seinem Gewicht von 6,83 kg/m ausgehe, oder es sind nur 2% des gesamten Mastgewichtes, um das hier gefeilscht wird. Setzt man den Radarreflektor anstelle dieser 34 cm Mastlänge auf den Topp und verkürzt den Mast selbst entsprechend auf 13,70 m, dann würde man natürlich – auf die gesamte Achterliekslänge des Großsegels bezogen – etwas Segelfläche verschenken. Bei meinem von 14,00 auf 13,70 m verkürzten Mast würde dies mit unveränderter 4,00 m Großbaumlänge etwa 0,5 m^2 Segelfläche ausmachen. Sie hingegen könnte ich schnell und einfach wiedergewinnen, wenn ich einfach meinen Großbaum um 9 cm verlängere.

Genauso verhält es sich mit dem Windwiderstand eines Radarreflektors (Abb. A): Der ummantelte Kugelreflektor „K 1" mit sogar 500 mm Durchmesser bringt es auf eine Windlast von 1,35 daN bei Windstärke 6 – das ist weniger als beispielsweise die einer sehr viel kleineren, aber nicht so windschlüpfrigen Topplaterne. Bei einem unverkleideten Radarreflektor gleicher Größe wurden jedoch bei gleicher Windstärke 5,25 daN gemessen – nahezu das Vierfache. Windlast und Toppgewicht sind somit keine negativen Kriterien, die gegen die Benutzung eines möglichst hoch und richtig installierten Radarreflektors angemessener Größe, optimaler Form und damit maximaler Wirkungsweise sprechen.

Vorbeugen:

Die Rückstrahlfähigkeit eines Radarreflektors wird durch seinen sogenannten „Radarquerschnitt" beschrieben. Dieser vergleicht das Rückstrahlvermögen des Reflektors mit dem einer metallischen Kugel. Der Querschnitt der Metallkugel, die genauso gut reflektiert wie der zu vergleichende Reflektor, ist dessen Radarquerschnitt. Er wird in der Einheit m^2 angegeben.

Für Yachten hatte das frühere Deutsche Hydrographische Institut (jetzt: Bundesamt für Seeschiffahrt und Hydrographie) einen Radarquerschnitt von 30 m^2 als Mindestwert in seine „Prüfungs- und Zulassungsbedingungen für Radarreflektoren" eingeführt, weil dieser Radarquerschnitt nach langjährigen praktischen Erfahrungen als Mindestschutz für Notfälle angesehen wird.

Für den Anwender bedeutete dies: Ein Yacht-Radarreflektor mit einem verbrieften Radarquerschnitt von 30 m^2 entspricht einer für den gleichen Zweck verwendbaren Kugel mit metallischer Oberfläche in einem Durchmesser von 6,18 m. Da solche Riesengeräte für Yachten nicht denkbar sind, wird diese Fläche praktisch aus vielen kleinen Teilflächen mit räumlichen Ecken, den sogenannten Tripeln, zusammengesetzt. Aus einer Vielzahl solcher Tripeln mit runden und geraden Kanten besteht ein Radarreflektor, der äußerlich unterschiedliche Formen (rund oder eckig) und verschiedene Größen (Durchmesser) haben kann.

Die nachfolgende Zusammenstellung zeigt, wie sich die tatsächlichen Radar-

querschnitte in nahezu erschreckender Weise verringern, je mehr man am Durchmesser eines (hier kugelförmigen) Reflektors spart:
- 50 cm Durchmesser = 64 m² Radarquerschnitt = 8-m-Metallkugel
- 40 cm Durchmesser = 26 m² Radarquerschnitt = 5,74-m-Kugel
- 30 cm Durchmesser = 8 m² Radarquerschnitt = 3,19-m-Kugel
- 20 cm Durchmesser = 2 m² Radarquerschnitt = 1,60-m-Kugel

Während eine normale Segelyacht ohne Radarreflektor nur einen sehr kleinen Radarquerschnitt hat, der ca. 2 m² entspricht, rückt auch die kleinste Kunststoff-Yacht mit dem größten erhältlichen Radarreflektor von 50 cm Durchmesser in den Bereich von ca. 20 m langen, stählernen Fischkuttern von über 50 t Verdrängung auf. Was diese Radar-„Beförderung" bedeutet, zeigt Abb. B, in

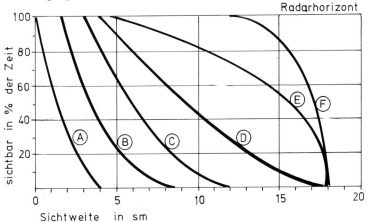

B

der nicht nur die Ortungsreichweite dargestellt wird, sondern auch die prozentuale Sichtbarkeit der entsprechenden Ziele von „gelegentlich = 20%" über „oft" und „meistens" = 80% zu „immer" = 100% dargestellt ist, auf den Umlauf der Radarkeule auf dem Bildschirm bezogen.

Wir erkennen hier, daß ein Radarreflektor von 40 cm Durchmesser (Kurve B) den maximalen Sichtbarkeitsbereich im Vergleich mit dem gleichen Boot ohne Radarreflektor (Kurve A) nicht nur von 4 sm auf 8 sm erhöht und damit verdoppelt. Wir erkennen auch, daß eine Yacht ohne Radarreflektor in drei Seemeilen Abstand nur bei jedem fünften Antennenumlauf erfaßt und dabei noch nicht einmal als Ziel deutlich aufgenommen wird. Bei einem Radarreflektor von 50 cm Durchmesser (Kurve C) wird das Ziel jedoch bei jedem Umlauf auch unter ungünstigen Verhältnissen im Nah- wie Fernbereich deutlich aufgefaßt.

Das Bundesamt für Seeschiffahrt und Hydrographie fordert daher jetzt von Radarreflektoren auf Yachten eine Reflexionsleistung, die mindestens 40 m² Radarquerschnitt (in allen Richtungen) entspricht. Das sind Reflektoren von

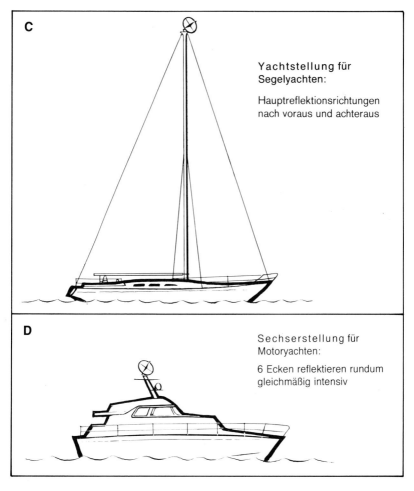

Yachtstellung für Segelyachten:

Hauptreflektionsrichtungen nach voraus und achteraus

Sechserstellung für Motoryachten:

6 Ecken reflektieren rundum gleichmäßig intensiv

etwa 45 cm Durchmessser mit der Reflexionsleistung einer Metallkugel von 7,14 m Durchmesser.

Abb. C und D zeigen die richtige, starre Befestigung an den höchsten möglichen Positionen bei einer Segelyacht in der optimalen „Regenfang"- oder „Yacht"-Stellung und die entsprechende Halterung auf einem Motorkreuzer.

Merke: Radarreflektoren sind die beste Lebensversicherung für Notfälle und Gefahrensituationen, die durch starken Schiffsverkehr auftreten und zu Kollisionen führen können. So nützlich große, richtig und starr befestigte Reflektoren sind, so unsinnig ist es, ungeprüfte Reflektoren mit falschen Kantenlängen

(Abb. E) zu verwenden oder gute Reflektoren falsch, abnehmbar, schwingend oder wie auch immer unstarr im Rigg zu haltern oder gelegentlich nur zur Saling aufzuheißen.

Die Abb. E zeigt die unterschiedlichen Sichtbarkeitsbereiche einer einfachen Metallplatte sowie eines richtig und eines falsch befestigten Kugelreflektors, wenn sie vom Radargerät eines Schiffes (Abb. F) erfaßt werden. Eingezeichnet sind auch die entsprechenden Radarquerschnitte bei der Rundum-Erfassung.

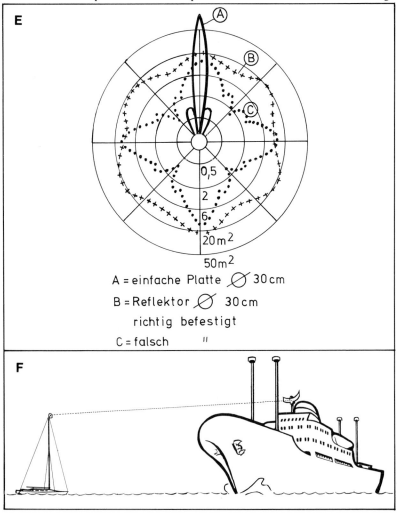

10 Grundausrüstung für den Notfall und Verschiedenes

Vielzweck-Schutzsegel	330
Bootsmannstasche am Baumniederholer	335
Notpahlstek	337
Notaugspleiß in geflochtenem Tauwerk	339
Auge für den Notfall ohne Knoten und Spleißen	341
Notstopper mit Leine	342
Notstopper mit Scheibenstropp	344
Tauchgeräte als Nothelfer	346
Das Log ist ausgefallen (I + II)	348
Aussegeln eines Gewitters	352
Blitzschutz an Bord	355

Vielzweck-Schutzsegel für mindestens sieben Aufgaben

Erfahrung:

Im Ost- und Nordsee haben wir einen Regenschutz gebraucht, um auch bei schlechtem Wetter das Vorluk zum Durchlüften des Bootes im Hafen offen zu halten. Das hierfür notwendige Stück Segeltuch war für Kondition und Stimmung an Bord gleichermaßen notwendig.

In den Tropen brauchte der Rudergänger beim hohen Stand der brennenden Sonne dringend ein schattiges Plätzchen. Hier war ein nahezu gleich großes Stück Segeltuch als Sonnensegel, nur anders zu zurren.

Am kleinen Steuerhaus meines neuen Bootes war auf See keine Spritzkappe erforderlich und auch nicht aufzurichten. Aber ein Regenschutz über dem geöffneten Schiebeluk war nützlich, um beim Weg von der Kajüte in die Plicht und zurück bei schlechtem Wetter nicht zu viel Nässe in den Innenraum zu tragen. Ein entsprechend gezurrtes Stück Segeltuch erfüllte diese Bedingungen optimal.

Bei einer Slup gibt es Schwierigkeiten, das Boot im Sturm und während des Beiliegens mit dem Vorschiff deutlich nach Luv zu bringen. Der starke Windwiderstand des nackten Riggs bewirkt, daß eine Slup lieber das Heck gegen die See stellt. Ein Stückchen Segeltuch, zwischen Achterstag und Achterschiff gezurrt, sorgt schnell für die gewünschte Lage in der See.

Es bereitet Unbehagen, für den Fall eines mit einem Treibkörper kollidierten Rumpfes oder eines leckgeschlagenen Bootes an ein Lecksegel zu denken, ohne ein entsprechend vorbereitetes Stück Segeltuch mit den richtigen Abmessungen griffbereit an Bord zu haben. Wir hatten es immer – und konnten es sogar als Regenfang benutzen, wenn wir unterwegs unseren Frischwasservorrat ergänzen wollten (und sei es nur für eine komfortable Süßwasserdusche oder zum Wäschewaschen).

Herstellung:

Im Laufe der Zeit vereinigten wir die für die oben genannten Zwecke angefertigten Segeltuchteile zu einem einzigen Mehrzweck-Schutzsegel. Wir gaben ihm eine Dreiecksform mit 2 m Kantenlänge, doch schnitten wir nur zwei Seiten vollkommen gerade. Die dritte Seite wurde in einer gleichmäßigen Kurve genäht, mit geringfügigem Überstand nach außen (Abb. A).

Der mittelschwere, griffige, imprägnierte Stoff wurde an den Seiten doppelt umsäumt. Anschließend wurden an den drei Eckpunkten und halbwegs zwischen ihnen insgesamt sechs Ösen in örtlich begrenzte Dopplungen eingestanzt

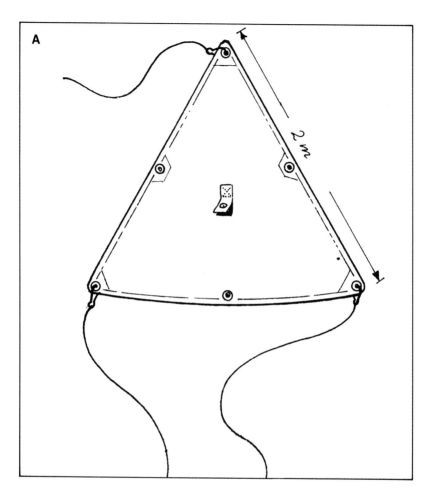

A

und sorgfältig vernäht. Weiter erhielt das gleichseitige Dreieck in seinem Mittelpunkt einen aufgenähten Segeltuchflicken, in dem ein Heißring befestigt war. Zur weiteren Ausstattung gehören drei etwa 1,50 m lange und vier etwa 1,00 m lange Enden mit eingespleißten Kauschen und kleinen Karabinerhaken auf einer Seite, die (beim verstauten Segel) ständig in den Ösen befestigt sind, beim Einsatz aber sowohl entfernt als auch in andere Ösen eingesetzt werden können. Die oben genannten Abmessungen sind Erfahrungswerte für meine Boote und unsere Verwendungszwecke; sie können natürlich auch kleiner gewählt werden, je nach Wunsch und Erfordernis.

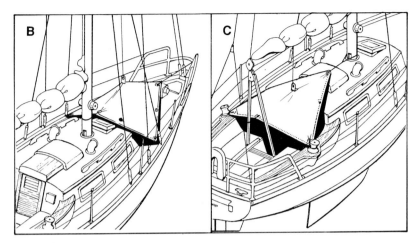

Arbeitsweise:

Mit seinen siebenfachen Befestigungsmöglichkeiten läßt sich unser Vielzweck-Schutzsegel wie folgt verwenden:
- Als Regenschutz über dem Vorluk (Abb. B). Hierzu steckt man ein Fall am Heißring in seinem Zentrum an, spannt das Schutzsegel nahezu waagerecht über das Luk und hebt nur den Mittelteil zeltförmig an, damit das Wasser allseitig abfließen kann. Darunter kann ein geöffnetes Luk für Frischluft sorgen. – Eine Alternative ist, das Fall hierzu in der Mittelöse der abgerundeten Kante zu befestigen und eine Art First zu errichten, der hauptsächlich zu einer Seite für Schutz sorgt. Dies ist unsere Schutzsegelstellung am Ankerplatz.

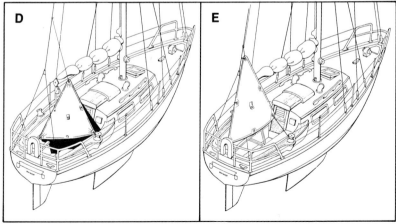

- Sinngemäß zurrt man das Schutzsegel über dem Kajütniedergang (Abb. C). Jetzt können die Schotwinschen, die Seereling und der Mastfuß als Befestigungspunkte für die Eckleinen dienen, während der First am Großbaum angeschlagen wird.
- Seitlich einfach versetzt ergibt sich ein Sonnensegel für den Rudergänger (Abb. D), das ihm auch unter Segeln Schatten spendet und für den jeweiligen Sonnenstand getrimmt werden kann. Praktisch ändert sich hierzu nur der Festpunkt für die achtere Spitze, die am Heckkorb angeschlagen wird. Die Großschotführung wird dabei nicht beeinträchtigt.
- Zum Beidrehen nimmt man zusätzlich drei Schäkel zur Hilfe, verbindet damit das Schutzsegel mit dem Achterstag, benutzt das Großfall zum Aufheißen und Halten des Kopfes und belegt den Stropp des Schothornes wiederum an einer Schotwinsch oder einem Punkt der Fußreling entweder in Luv oder in Lee, wie es am besten ist (Abb. E).
- Legt man das Schutzsegel bei Regenwetter oder einem tropischen Guß über dem Kajütdach und unter dem Großbaum nahezu waagerecht, zieht aber die Öse der rundgeschnittenen Kante und gegebenenfalls die Mittelöse etwas nach unten, dann ergibt sich ein nahezu trichterförmiger Abfluß, der das gesammelte Regenwasser in eine untergestellte Pütz- oder über einen großen Schlauch direkt in den Deckstutzen des Wassertanks leiten kann (Abb. F).
- In einem Notfall kann das Schutzsegel auch unter den Rumpf gezogen und als Lecksegel benutzt werden (Abb. G). Hierzu läßt es sich mit Hilfe der eingepickten Leinen, die gegebenenfalls durch Enden zu verlängern sind, an jeder beliebigen Position des Rumpfes festhalten und auch jeder gewünschten Rundung wirkungsvoll anpassen.
- Es läßt sich auch als Kojensegel verwenden und erhält dadurch gleichzeitig einen günstigen Stauplatz, wenn es nicht gebraucht wird. Dazu werden die drei Ösen einer Kante (im allgemeinen der abgerundeten Seite) an Haken am

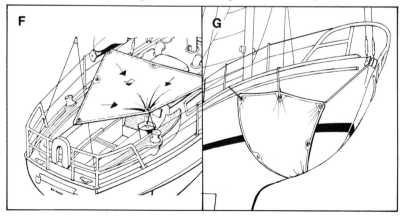

Polsterrand eingehängt, und das Segel wird auf der Kojenaußenseite so hoch wie möglich gespannt (Abb. H). Ist es für die gegebene Höhe zum Kajütdach zu lang, klappt man die Spitze des Segels ungenutzt nach innen oder außen und setzt das Leesegel nur über die Mittelösen beider Seiten zu den entsprechend angebauten Beschlägen (Augbolzen) fest. Als zusätzliche senkrechte Mittelsicherung läßt sich eine Leine von der unteren Mittelöse durch den Zentralring nach oben spannen.

Auch für andere Fälle ist dieses Schutzsegel einsatzklar, und es ergeben sich vielfältige Variationsmöglichkeiten zum Beispiel hinsichtlich der Befestigungsleinen, die auch aus Gummi gewählt werden können, und der Befestigung durch Haken aller Art.

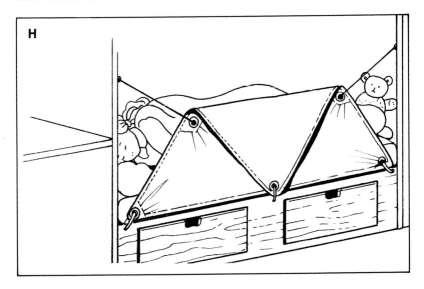

Bootsmannstasche am Baumniederholer

Wenn man unterwegs auf dem Vordeck oder am Mast arbeiten muß, bleibt es häufig nicht bei einem einzigen Gang auf das Vorschiff. Man muß diesen gefährlichen Weg oft doppelt machen, um notwendiges Handwerkszeug nachzuholen.

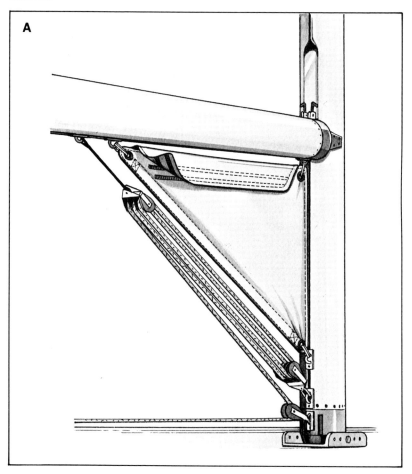

Vorschlag:

Man näht sich eine Dreieckstasche aus derbem imprägnierten oder beschichteten Segeltuch (Abb. A), die genau in den toten Raum zwischen Baumniederholer, Großbaum und Mastfuß hineinpaßt, haltert die drei Eckpunkte an vorhandenen oder (zusätzlichen) Ösen am Lümmelbeschlag, an der Grundplatte des Mastes und am Großbaum und versteift diese Tasche gegebenenfalls mit einer Segellatte oder Leiste im Bereich des Baumniederholers, damit sie diesen nicht stört. Die obere, offene Kante erhält eine Segeltuchklappe und einen doppelten Klettverschluß gegen Regen- und Spritzwasser.

Im Bootsmannsbeutel können Reffleine und Gummistropps, Winschenkurbel und Ersatzschäkel sowie andere Kleinteile Platz finden, die man bei Arbeiten auf dem Vorschiff benötigt und die hier jederzeit griffbereit hängen – ohne zusätzlichen Weg zurück in die Plicht.

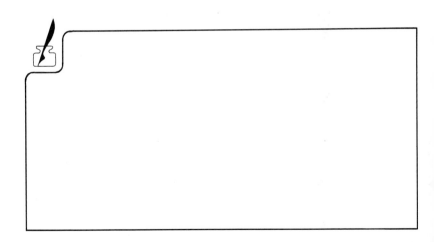

Notpahlstek

Nothilfe:

Ein wichtiger Knoten, der auch von Kindern und unerfahrenen Mitseglern schnell zu lernen und der nicht nur in einem Notfall, sondern bei üblicher seemännischer Tagesarbeit von „gestandenen" Seglern schnell und sicher zu schlagen ist – auch in völliger Dunkelheit und hinter dem Rücken, wenn es darauf ankommt.

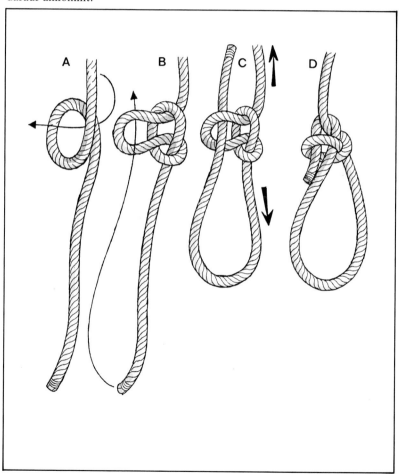

Arbeitsweise:

Man legt ein Auge möglichst weit vom Tampen entfernt und ungefähr an jener Stelle, an der später das Auge enden soll (Abb. A) und steckt zuerst eine offene Schlinge hindurch (Abb. B). Seemännisch korrekter gesagt: Man schlägt einen Marlspiekerschlag. Dann steckt man (anstelle des Marlspiekers!) den Tampen hindurch – möglichst weit und je nach Dicke der Trosse, mit der man arbeitet, mindestens etwa 15 bis 20 cm (Abb. C).
Kommt jetzt Zug auf die feste Part oder holt man die beiden aus dem Marlspiekerschlag laufenden Enden zu entgegengesetzten Seiten durch, dann zieht sich die Schlinge mit dem eingesteckten Tampen zurück, und der Tampen selbst wird dabei gleichzeitig auf die andere Seite gebracht (Abb. D). Der bisher regellos erscheinende Knoten „kentert" und formt immer einen sicheren und zuverlässigen Pahlstek. Eine Arbeit ohne Nachdenken und in Sekundenschnelle! – Achtung: Die in Abb. C genannte und gezeigte Überlänge des Tampens (15 bis 20 cm) ist dringend geboten, weil sich der Tampen beim Durchziehen und „Kentern" des Knotens auf etwa die Hälfte verkürzt.

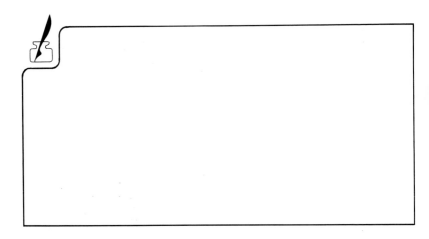

Notaugspleiß in geflochtenem Tauwerk

Nothilfe:

Ein solcher Augspleiß kann sowohl als zeitweiliger wie als Notspleiß schnell in patentgeschlagene Festmacher und Ankerleinen gesteckt werden. Er hält hier nahezu genauso fest wie ein normal verspleißtes Auge. Die entsprechenden Leinen sind meistens aus acht verschiedenen Kardelen geflochten, von denen je vier links und rechts geschlagen sind.

Arbeitsweise:

Die Fertigung erfolgt in vier Schritten:
- Man legt die ungefähre Größe des Auges fest (Abb. A) und läßt dahinter einen Tampen von 30 bis 50 cm Länge (je nach Tauwerksdicke) frei.
- Dann nimmt man einen Marlspieker, einen Schraubendreher oder einen anderen spitzen Gegenstand, schafft sich mit ihm eine Öffnung und wählt diese

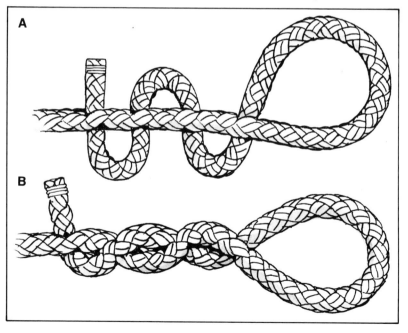

so, daß hierbei ein paar der rechtsgeschlagenen Kardele auf der einen und ein paar der links geschlagenen Kardele auf der anderen Öffnungsseite liegen. Dann steckt man den Tampen so weit durch, bis das Auge in der gewünschten Größe geformt ist.
- Man läßt jetzt ungefähr 50 mm der stehenden Part frei und wiederholt das Durchstecken in entgegengesetzter Richtung.
- Anschließend holt man den Tampen dicht an die stehende Part heran und wiederholt das Durchstecken noch einmal zu jeder Seite.
- Zum Schluß holt man das gesamte Spleißende durch, und der Notaugspleiß ist fertig (Abb. B).

Merke: Der freie, unbenutzte Tampen sollte so kurz wie möglich aus der Trosse herausgucken. Gegebenenfalls ist er bis höchstens 50 mm Überstand abzuschneiden.

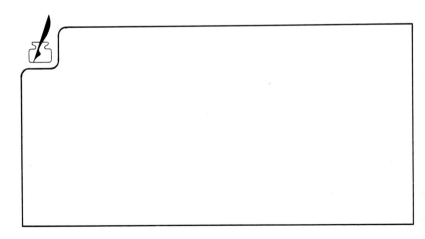

Auge für den Notfall ohne Knoten und Spleißen

Nothilfe:

Der Pahlstek kann nachteilig sein, wenn das Auge nach dem Loswerfen (von Poller oder Klampe) durch eine Lippe oder durch einen anderen, engen Durchlaß ausrauschen muß. Erfahrungsgemäß ist die Verdickung dann zu groß. Ein Augspleiß kann unpraktisch sein, weil man gelegentlich auch einen glatten Tampen an der gleichen Leine vorzieht. In solchen Fällen ist der Schleppschifferknoten vorteilhafter. Wie sein Name sagt, wird er von Schleppern und Kahnschiffern nicht nur im Notfall benutzt. Seine Herstellung dauert etwas länger als das Schlagen eines Pahlsteks, aber sie erfordert weniger Sachkenntnis:

- Man legt mit dem Tampen einen halben Schlag um die feste Part und formt somit ein Auge in der gewünschten Größe (Abb. A).
- Dann steckt man den Tampen entgegen der Schlagrichtung je nach Dicke der Leine einige Handbreit weiter unter einem Kardeel hindurch (Abb. B), holt die entsprechende Lose nach und wiederholt dieses Durchstecken noch ein zweites Mal in angemessener Entfernung (Abb. C).
- Ist das Tauwerk zu hart und sind die Kardeele (noch) zu fest aneinandergepreßt, genügt es sogar, den freien Tampen nach dem halben Schlag in Abständen zweimal kräftig beizuzeisen.

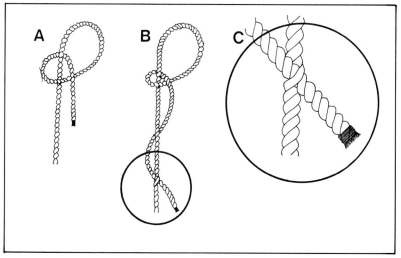

Notstopper mit Leine

Nothilfe:

Dieser Notstopper wird hauptsächlich eingesetzt, wenn eine dickere Trosse notfalls und nur kurzzeitig durch eine dünnere Leine zu halten und zu verlängern ist, beispielsweise:
- Der Anker wird mit dem Beiboot ausgefahren, und die Ankertrosse hängt zu weit durch; das Beiboot sollte noch sehr viel weiter laufen, ehe der Anker fällt. Mit einem Notstopper wird schnell eine Verlängerung angesteckt.
- Ein Boot driftet nach einem verkorksten Anlegemanöver von der Pier weg und in eine gefährliche Lage hinein. Könnte man den Festmacher kurzzeitig verlängern, würde es nicht in Schwierigkeiten kommen.

Arbeitsweise:

Man benutzt eine zweite, dünnere Leine als Notstopper, legt schnell einen Rundtörn um die Trosse, der die Part bekneift, und schlägt dann mindestens vier bis fünf, jedoch so viele Törns wie möglich um die belastete Leine (Abb. A). Selbst wenn der Festmacher sich noch zweimal um seine eigene Achse zurückdrehen sollte, reicht die Reibung der übrigen Törns erfahrungsgemäß aus, um die Verbindung festzuhalten.

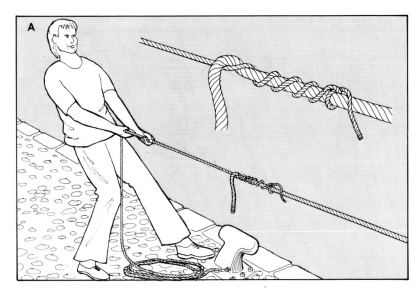

Ein solcher Notstopper ist auch hilfreich, wenn man seinen Bojenliegeplatz nur unter Schwierigkeiten erreichte und die Boje selbst nicht festhalten kann. Auch hier genügt als zeitweilige Notbefestigung das mehrmalige Umeinanderdrehen der losen um die feste Part (Abb. B), um die Verbindung aufrecht zu erhalten, bis man den Bootshaken klarmachen und eine neue Leine scheren kann oder Zeit gewinnt, den freien Tampen zum neuerlichen Durchholen zu ergreifen.

Notstopper mit Scheibenstropp

Nothilfe:

Er muß benutzt werden, wenn die Schot sich auf der Winsch vertörnt hat und weder dichtgeholt noch losgeworfen werden kann. Er ist nützlich, wenn ein Fall zu kurz ist, so daß man es weder auf einer Klampe belegen noch über eine Winsch durchsetzen kann. Er ist besonders wertvoll, wenn man eine auf Zug stehende Leine, beispielsweise einen Festmacher, bei einem abtreibenden Boot nicht mehr halten kann und vor dem Verlieren des Tampens eine sichere Verlängerung schnell angesteckt werden muß.

Vorbereitung:

Hierzu sucht man sich entweder einige unterschiedlich große Scheiben aus alten, kaputtgegangenen Blöcken, einige Abfälle, die bei der Benutzung eines Kreisschneiders übriggeblieben sind, und ähnliche Rundteile mit einer Durchbohrung im Zentrum oder läßt sich zwei bis drei unterschiedlich große Scheiben ähnlicher Art aus Holz oder Metall drehen. Durch ihr Zentrum steckt man eine Leine beliebiger Länge, je nach Verwendungszweck (zwischen 1 und 5 m), und sichert sie durch einen einfachen Achtknoten am Tampen.

Arbeitsweise:

Jetzt kann man zu jeder Zeit auf jede beliebige belastete oder unbelastete Leine die Scheibe mit der Stoppleine zwei- bis dreimal um die stehende Part drehen, jedoch immer unter der holenden Part hindurch und mit den Törns in Richtung auf die Zugkraft. Dann erhält man eine schnellere, sehr viel sicherer haltende Verbindung, als wenn man einen Stopperstek schlagen würde (Abb. A).
Mit dem Scheibenstropp läßt sich auch eine Talje verbinden (Abb. B), beispielsweise zum Durchsetzen eines Notstags bei → Vorstagbruch.
Ein weiterer Vorteil: Das Schlagen eines Stoppersteks setzt Kenntnisse im Umgang mit Tauwerk voraus sowie eine sichere Hand bei kühlem Kopf in einer Notsituation, in der es zum Herstellen einer solchen Verbindung auf Sekundenbruchteile ankommen kann. Der Umgang mit dem Scheibenstropp ist für jedermann an Bord problemlos möglich.

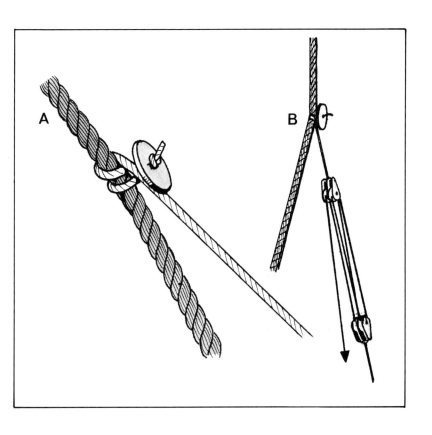

Tauchgeräte als Nothelfer

Vorsorge:

Für Reparaturen am Propeller und am Unterwasserschiff oder zum Bergen von Gegenständen, die von Bord gefallen sind und jetzt auf dem nahen Grund sichtbar vor der Nase liegen, empfehlen sich Schnorchel und Taucherbrille, gegebenenfalls auch Schwimmflossen und ein Neopren-Schutzanzug, wenigstens für den Körper (ohne Beine).

- Leinen und Fremdkörper aus dem Propeller kann man dann ohne Hast entfernen (Abb. A).
- Der Anker läßt sich notfalls im Grund eingraben oder klarieren, wenn er sich an anderen Unterwasserhindernissen verhakt hat (Abb. B).
- Bootsschlüssel, Zündschlüssel, Brillen, versunkene persönliche Utensilien und andere Gegenstände lassen sich aus sichtbaren Tiefen bis nahezu 10 m austauchen (Abb. C).
- Mit Schraubendreher, Schlüssel, Kombizange und Hammer, die an einer Leine angesteckt und ins Wasser gehängt werden, kann man am Unterwasserschiff länger arbeiten (Abb. D). Man kann die Werkzeuge auch loslassen, wenn man beide Hände gebrauchen will, und sie bleiben an Ort und Stelle hängen, wenn man zum Luftaustausch austauchen muß.
- Muß man zum Absuchen des Grundes nach versunkenen Gegenständen tief tauchen, steckt man sich ein kräftiges Gewicht (z. B. einen Lotkörper, der gegebenenfalls noch durch ein Werkzeugteil beschwert ist) an eine Leine und läßt sich in die Tiefe ziehen (Abb. E). Dabei spart man Atemluft und kann sich unten länger aufhalten.
- Für Arbeiten am Propeller und am Unterwasserschiff hat die Firma Barakuda ein spezielles Nottauchgerät entwickelt, das auch von Seglern, die keine ausgebildeten Sporttaucher sind, bis maximal 10 m Tiefe benutzt werden kann und dessen Luftvorrat für etwa 20 Minuten ausreicht.

Das Log ist ausgefallen (I): Fahrtbestimmung (in Knoten) mit dem Relingslog über eine Strecke an Bord von 5,15 bzw. 10,30 m

Bei einer Geschwindigkeit von 1 Knoten (kn) legt ein Boot in einer Stunde 1 Seemeile (sm) oder 1852 Meter (m) und somit 0,515 Meter pro Sekunde (m/s) zurück. Markiert man das Zehnfache dieser Strecke oder 5,15 m Länge an Deck (Abb. A, von A nach B), dann kann man über die Laufzeit, die ein am Bug außenbords geworfener kleiner Schwimmkörper (Holz oder Papier) zum Durchlauf dieser Strecke benötigt, die Fahrt genau ermitteln. Man muß hierzu jedoch mit einer Stoppuhr arbeiten. Genauer werden die Messungen, wenn man die doppelt lange Strecke von 10,30 m (C-D) zwischen Stützen der Seereling, Wanten, Bug oder Heck auf einem längeren Deck markieren kann. Bei wechselnder Windgeschwindigkeit oder unterschiedlichen Kursen müssen die Messungen mehrmals in jeder Stunde wiederholt werden.

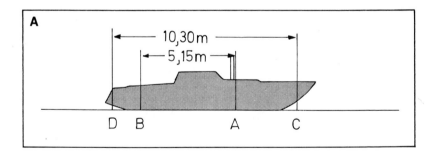

Tabelle für eine Strecke von 5,15 m (A–B).

Zeit in s	Fahrt in kn	Zeit in s	Fahrt in kn
1,00	10,0	2,75	3,6
1,25	8,0	3,00	3,3
1,50	6,7	3,25	3,1
1,75	5,7	3,50	2,8
2,00	5,0	4,00	2,5
2,25	4,5	5,00	2,0
2,50	4,0	10,00	1,0

Tabelle für eine Strecke von 10,30 m (C–D)

Zeit in s	Fahrt in kn	Zeit in s	Fahrt in kn
2,00	10,0	4,25	4,7
2,50	8,0	4,50	4,4
2,75	7,2	5,00	4,0
3,00	6,7	5,50	3,6
3,25	6,2	6,00	3,3
3,50	5,7	6,50	3,1
3,75	5,3	7,00	2,9
4,00	5,0	8,00	2,5

Das Log ist ausgefallen (II): Handlog mit Bordmitteln

Grundlage:

Früher benutzte man die Beziehung: Wenn das Boot in einer Stunde 1 sm zurücklegt, schafft es in 1 min 1852 : 60 = 30,87 m oder in 1 s 30,87 : 60 = 0,515 m. Diese Strecke wurde auch als Meridiantertie bezeichnet, und es ergab sich die Regel: Eine Yacht legt in einer Stunde ebenso viele Seemeilen zurück wie Meridiantertien in einer Sekunde.

Vorbereitung:

Man nimmt eine etwa 35 m lange, geflochtene, verwindungsfreie Schwimmleine und befestigt am Tampen einen kleinen Widerstandskörper als Logscheit: Ein mit einer Schraube beschwertes Stück Segellatte, eine handtellergroßcs Brett mit angesteckter Metallmutter, einen kleinen in Richtung zum Boot offenen Trichter oder ähnliches. Dann schlägt man einen Acht- oder Überhandknoten nach einem kurzen Vorlauf von ca. 5 m in die Leine und mißt von hier aus exakt 50 Meridiantertien oder 25,75 m ab. Am Endpunkt wird nochmals ein Knoten (gegebenenfalls mit eingebundenem Tuchstreifen) in die Leine gesteckt, und nach weiteren etwa 5 m Nachlauf wird der andere Tampen an Bord angeschlagen.

Arbeitsweise:

Man wirft den Tampen mit dem Logscheit über Bord, hält die aufgeschossene Leine klar und läßt sie durch die Fahrt des Bootes ausrauschen. Passiert der erste Knoten das Heck, drückt man auf die Stoppuhr oder beginnt die Sekunden zu zählen und stoppt die Zeit, wenn der zweite Knoten die gleiche Marke passiert. Dauert der Durchlauf der 25-m-Strecke 25 s, dann läuft unser Boot 1 m/s oder 2 kn. Dauert er 10 s, dann läuft das Boot 2,5 m/s oder 5 kn Fahrt. Die genauen Werte zeigt die Tabelle an.

Zeit in s	Fahrt in kn	Zeit in s	Fahrt in kn
50	1,0	13	3,8
25	2,0	12	4,2
20	2,5	11	4,5
19	2,6	10	5,0
18	2,8	9	5,5
17	2,9	8	6,3
16	3,1	7	7,1
15	3,3	6	8,3
14	3,6	5	10,0

Aussegeln eines Gewitters

Gefahrenlage:

Gewitter sind bekanntlich elektrische Erscheinungen in der Atmosphäre mit Blitz und Donner oder auch mit Donner allein, weil man den Blitz oft nicht sieht. Man unterscheidet Wärmegewitter und Frontgewitter. Wärmegewitter entstehen durch wasserdampfreiche, schnell aufsteigende warme Luft und deren rasche Abkühlung. Ihr Anzeichen ist die mit hoher Luftfeuchtigkeit verbundene Schwüle. Sie bewegen sich langsam. Frontgewitter sind Wirbelgewitter, die an der Grenze von kalten Luftmassen gegenüber warmen Luftmassen entstehen. Sie bewegen sich schnell und ziehen weite Distanzen über Land und Meer.

Für den Segler ist die Gefahr von Gewitterböen im allgemeinen größer als die Gefahr des Blitzschlages. Die kräftigsten Windstöße treten meistens zu Beginn des Gewitters, nach dem Beginn des Gewitterregens und beim Passieren des Böen- oder Gewitterkragens auf. Hier gilt die Seglerregel: „Kommt der Regen vor dem Wind, nimm die Segel weg geschwind."

Nothilfe:

Auf der freien See kann man sowohl der Gefahr von Blitzschlägen als auch dem Durchzug des von Starkwind und Sturmböen begleiteten Gewitterkragens durch richtige Gewitternavigation ausweichen. Man bedient sich dabei der unterschiedlichen Zeiten, in denen sich das annähernd gleichzeitige Naturereignis Blitz-Donner Auge und Ohr mitteilt: Blitze sind bekanntlich der Ausgleich elektrischer Ladungen in der Atmosphäre unter bestimmten meteorologischen Bedingungen. Ihr Schein verbreitet sich mit Lichtgeschwindigkeit und ist fofort sichtbar. Der dem Blitz folgende Donner entsteht durch die Entladung des Blitzes. (Die Luft wird dabei explosionsartig auseinandergetrieben und stürzt anschließend wieder in den Raum der Blitzbahn zurück.) Da der Donner sich sehr viel langsamer und nur mit Schallgeschwindigkeit (333 m/s) ausbreitet, kann man ihn zur Bestimmung seines Standortes und der Entfernung des Bootes von dem Gewitter benutzen.

Arbeitsweise:

Man teilt die Sekunden, die zwischen dem Aufleuchten des Blitzes und dem Vernehmen des Donners vergangen sind, durch drei und erhält dann die Entfernung in Kilometern. Der Donner selbst ist mindestens 15 km oder ca. 8 sm weit hörbar – eine ausreichende Distanz für wirksame Kursänderungen zum Schutz des Bootes. Mißt man beispielsweise durch Zählen („Einundzwan-

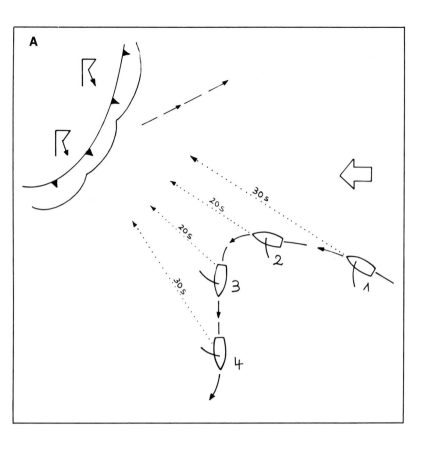

zig, zweiundzwanzig, dreiundzwanzig ...") zwischen der optischen und der akustischen Erscheinung eines Gewitters 30 Sekunden, so ist das Gewitter noch 10 km oder etwa fünf Seemeilen entfernt. Bei 20 s sind es noch gut 7 km oder genau 3,6 sm.
Ist man mit seinem Boot unter Segel oder Motor in Fahrt, so ist diese grob gemessene Entfernung der relative Abstand zum Gewitter oder die sogenannte „Auswanderung", weil ja das Gewitter zieht und seinen Standort ebenfalls verändert. Ein Fluchtkurs vor dem Gewitter oder ein Sicherheitskurs für unser Boot ist somit jeder Kurs, bei dem die einmal gemessene Entfernung nahezu konstant bleibt oder sich der Abstand vergrößert.
Optisch wird dies immer eine Kursrichtung sein, bei der die dunkle Gewitterfront mindestens querab, am besten im achteren Sektor gehalten wird. Segeltechnisch wird es ein Kurs mit halbem Wind sein, bei dem das gegen den herrschenden Wind vordringende Gewitter meistens in Lee liegt (Abb. A).

Beispiel:

In Pos. 1 der Abbildung läuft unser Boot raumschots auf Heimatkurs und mißt 30 s Zeit zwischen Donner und Blitz. Es ist also etwa 5 sm von der Gewitterfront entfernt. In Pos. 2 schrumpft der Abstand bereits auf 20 s = 3,6 sm zusammen. Durch Halsen und Kursänderung werden in Pos. 3 zwar unverändert 20 s gemessen, aber die Annäherungsgeschwindigkeit hat sich zumindest nicht weiter vergrößert. In Pos. 4 werden 30 s gemessen – ein Zeichen, daß wir uns auf unserem Fluchtkurs weiter von der Blitz- und Böengefahr entfernen. Koppelt man den Standort des Gewitters auf diesem Wege mit und stellt beispielsweise seine Zugrichtung mit NNE fest, ist bei gleichbleibendem Abstand nach einer angemessenen Zeit eine Kursänderung auf SW und später auf W in die ursprüngliche Richtung des Heimatkurses möglich.
Merke: Die Zuggeschwindigkeit von Gewittern ist unterschiedlich. Wärmegewitter „stehen" oft lange Zeit nahezu still. Man kann gut und sicher um sie herum segeln. Frontengewitter bewegen sich mit der Geschwindigkeit normaler Tiefdruckgebiete bzw. ihrer Fronten und „laufen" zwischen 10 und 30 Knoten. Da man sie weit sichtet, kann man das Ausweichen auf freier See frühzeitig einleiten. In begrenzten Revieren sind Blitzschutzmaßnahmen genauso unerläßlich wie frühzeitiges Segelbergen. Das Reffen der Segel allein ist (durch den Windsprung beim Durchzug der Böenfront bedingt) keine ausreichende Schutzmaßnahme. Man sollte (vor dem Platzregen!) alle Segel bergen.

Blitzschutz an Bord

Gefahrenlage:

Die zahlreichen Beispiele von Blitzeinschlägen auf Yachten zeigen, daß die Blitzschlaggefahr sehr viel größer ist, als man allgemein annimmt. Auch sind die Schäden erheblich folgenschwerer als erwartet. Vorsorglicher Blitzschutz ist daher nicht nur eine Pflichtübung zum Schutze des Bootes, sondern auch zur Sicherung der Besatzung und zur Vermeidung anderer, schwerwiegenderer Notfälle wie Feuer oder Leck durch Blitzschlag. – Blitzströme können unterschiedliche Stromstärke und Blitzeinschläge damit verschiedene Gefährlichkeitsgrade haben. So muß man beispielsweise in 38% der Fälle mit einer Stromstärke von 10 bis 20 kA, in etwa 10% sogar von 30 bis 50 kA rechnen. Beim Entladungsvorgang kann die Stromstärke Werte bis zu 400 kA erreichen. Blitzschutzanlagen müssen diesen Stromstärken gewachsen sein.

Vorsorge:

Blitzschutzanlagen an Bord müssen unter Berücksichtigung des Yachtbaumaterials geplant und gebaut werden. Yachten aus Stahl und Aluminium bedürfen keiner Blitzschutzanlage; sie sind mit Rumpf und Rigg und durchgehenden metallischen Verbindungen vom Masttopp bis zur Wasserlinie insgesamt gute Blitzableiter. Auch das Leben der Crew ist an Bord einer Yacht mit metallener Außenhaut sicher geschützt, weil alle Personen an Bord praktisch in einem Faradayschen Käfig sitzen: Die Entladungen können sich nur auf der Oberfläche des Metallkastens oder Drahtkäfigs konzentrieren und den Innenraum nicht erreichen.

Auf Yachten aus Holz, Kunststoff oder Beton kann man die Wirkung eines solchen Faraday-Käfigs nur schaffen, wenn Wanten und Stagen leitend mit dem Rumpf verbunden sind und den Blitz ins Wasser ableiten können oder wenn an allen Püttingeisen entsprechend kräftige Blitzableiter ausreichend tief in das Wasser gehängt werden. Dieser Schutzbereich hat die Form eines Schirmes, der allseitig in einem Winkel von etwa 30° vom Masttopp ins Wasser reicht. Bei Anderthalbmastern empfiehlt es sich, die beiden Masttoppen (durch ein Genickstag) leitend miteinander zu verbinden, damit auch der Platz des Rudergängers, der zwischen den Einzelschutzbereichen von Großmast und Besanmast liegen könnte, ausreichend abgesichert ist.

Der beste Blitzschutz, bei dessen Verwendung auch teure Innenleitungen mit großen Querschnitten von Mast und Püttingeisen zu Kielbolzen oder zu speziellen Kupferplatten entfallen können, die man bei einem Boot mit innenliegendem Ballastkiel in das Unterwasserschiff selbst einarbeiten muß, sind mobile Blitzableiter.

Arbeitsweise:

Man kaufe sich für jedes der vom Topp zum Rumpf führenden Wanten und Stagen (erfahrungsgemäß mindestens vier bis fünf Teile des stehenden Gutes) je eine spezielle Blitzschutzklemme im Fachhandel, die sich wie eine Art Schraubzwinge breitflächig mit dem Drahttauwerk oder Wantenspanner sicher verbinden läßt (Abb. A). Auch entsprechende Starkstromklemmen können hierfür benutzt werden.

Mit jeder Klemmvorrichtung leitend verbunden werden etwa 2 m lange Kupferbänder, die entweder 60 mm breit und 4 mm dick oder 30 mm breit und 8 mm dick sind. Ein entsprechender Querschnitt von mindestens 200 mm^2 ist notwendig und nicht zu unterschreiten, wenn man tatsächlich starke Blitzströme schadlos ableiten will.

Bei uns an Bord werden diese Blitzableiter in einem Beutel jederzeit griffbereit aufbewahrt. Das Ausbringen im Notfall „Gewitter" dauert nur eine Minute.

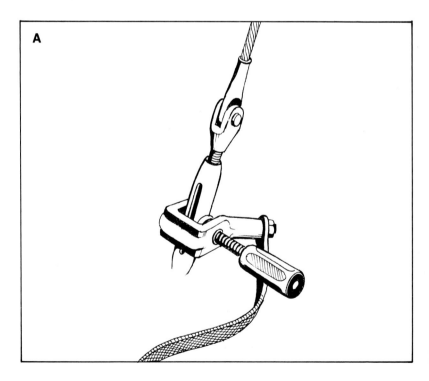

11 Gesundheit und Kondition

Sichere Krankenkoje	358
Schnitt- und Platzwunden	360
Hitzschlag, Sonnenstich, Ohnmacht – was tun?	361
Verbrühungen	361
Verbrennungen	362
Verrenkungen, Knochenbrüche	362
Unterkühlung	363
Blinddarmentzündung und innere Erkrankungen	364
Windsicheres Mückennetz für offene Luken	365
Regenschutz für den Kajüteneingang	366
Einpicken des Sicherheitsgurtes	368
Handgriffe am Süllrand der Plicht	369
Einsatz der optimalen Muskelkraft	371
Wenn die Plichtwanne zu breit ist	372
Die richtige Winschenneigung	373
Leistung im Notfall	374

Sichere Schlafkojen für Seekranke und Verletzte

Situation:

In einem Serienboot kann der Eigner auf die Gestaltung des Innenraums und damit auch auf Lage und Art der Kojen keinen Einfluß nehmen. Es ist ihm aber möglich, die Schlafplätze unabhängig von ihrer Lage auf der Luv- oder Leeseite auch bei einem längeren Törn und mehrstündiger Krängung auf einem Bug komfortabler und sicherer zu machen. Die Schlafkojen sollten hierzu – unabhängig davon, ob sie als Hundekojen ausschließlich zum Schlafen dienen oder als Sofas im Salon nur zeitweise zum Ausstrecken der Besatzung eingerichtet sind – eine optimale Breite von 50 bis 70 cm haben.

Ausrüstung:

Der ungeschützte freie Seitenraum einer Koje muß durch ein Leesegel (Abb. A) oder ein Leebord (Abb. B) gegen das Herausfallen des Schläfers gesichert sein. Nur wenn man sich im Schlaf mit absolutem Vertrauen gegen einen solchen Leeschutz legen kann, ist ein Tiefschlaf und damit das Wiedergewinnen verbrauchter Körperenergie bzw. die Erhaltung der Kondition gewährleistet.

Hölzerne Leebretter können aufgeklappt oder eingesteckt werden (Abb. B). In beiden Fällen liegen sie unter dem Kojenpolster, sofern sie nicht gebraucht werden. Praktischer sind in vielen Fällen Leesegel. Sie müssen jedoch ebenfalls über die volle offene Kojenlänge reichen, damit sich der Schläfer ganz entspan-

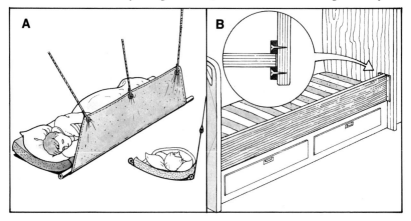

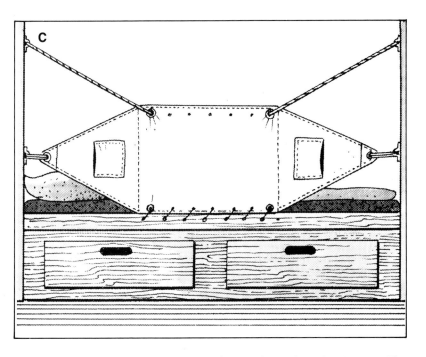

nen kann. Zu kurze Leesegel führen zu einer Verkrampfung des Körpers. Ein erholsamer Tiefschlaf ist dann nicht möglich.
Ein Leesegel läßt sich auch oft als Mehrzweckgerät benutzen, beispielsweise als Bootsmannsstuhl (Abb. C). Auch dessen Abmessungen können ja (unter Beachtung bestimmter Bedingungen für die Praxis) willkürlich gewählt werden. Hier hat das Segeltuch des Bootsmannsstuhls eine Länge von ca. 2,00 m und eine Breite von ca. 50 cm. Die spitz zulaufenden Schmalseiten, die in zugfesten Kauschen oder Ösen enden, werden mit einer Lasching zu einem auf entsprechender Höhe an den Kojenenden befestigten Beschlag gezurrt. Die aufgesetzten Taschen des Bootsmannsstuhls stören beim Schlafen nicht. Zusätzlich erhalten die langen Ketten etwa fünf Ösen, damit die jeweilige untere Kante mit einer Reihleine (an entsprechenden Bohrungen oder Augschrauben) am Kojenrand zuverlässig befestigt werden kann. Gegebenenfalls lassen sich durch die äußeren Ösen dieser Reihe zusätzliche Stropps weiter nach oben scheren, um auch dem oberen Rand beim Gegenrollen des Schläfers gegen dieses Leesegel größere Festigkeit zu geben.
Als Leesegel für eine Sofakoje läßt sich auch das → Vielzweck-Schutzsegel benutzen (Abb. D).

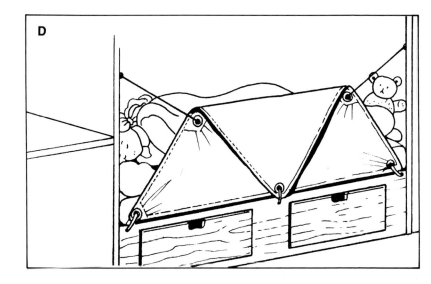

Schnitt- und Platzwunden

Verletzungsursachen:

Wunden aller Art entstehen durch Verletzungen der Haut. Sie verursachen Blutverlust und können zu Wundinfektionen führen. Am häufigsten sind Schnittwunden und Platzwunden, die zuerst stark bluten und gefährlicher aussehen als sie sind. Demgegenüber bluten Stichwunden wenig, aber sie können tiefer gehen und andere Organe in Mitleidenschaft gezogen haben.

Erste Nothilfe:

Einen Druckverband aus mehreren Lagen sterilen Verbandmulls anlegen, der gleichzeitig für die erwünschte Polsterung sorgt. Er wird mit Heftpflaster gehalten oder mit Binden umwickelt. Blutet er durch, ihn durch einen zweiten oder dritten Verband ersetzen. Verfärbt sich das verletzte Glied blaurot, führt der Druckverband zu Stauungen, die die Blutung verstärken. Ein lebensbedrohlicher Zustand tritt nach Verlust von ca. 1 Liter Blut ein, doch kann die Situation unter Schockeinwirkung schon frühzeitiger kritischer werden. Bei stark blutenden Wunden beachte man, daß sich in vollgesogenen Verbänden oder Kleidungsstücken mehr Blut als in einer offenliegenden Blutlache befinden kann.

Hitzschlag, Sonnenstich, Ohnmacht – was tun?

Erkrankungsgrund:

Ein Hitzschlag entsteht an Tagen mit hoher Luftfeuchtigkeit und hohen Temperaturen, an denen der Körper nicht genügend Wärme abgeben kann. Der ihm verwandte Sonnenstich entsteht durch zu lange und direkte Sonnenstrahleinwirkung auf den ungeschützten Kopf. Ohnmacht entsteht durch eine augenblickliche Blutleere im Gehirn entweder durch Überanstrengung bei zu langem Stehen oder beim Anblick von Blut in einer Unfallsituation bedingt. In allen Fällen ist das Gesicht meistens blaß, der Puls aber regelmäßig und kräftig.

Erste Nothilfe:

In allen drei Fällen ist die Bewußtlosigkeit durch Störung der Hirntätigkeit eingetreten.
- Man bringt das Besatzungsmitglied bei Sonnenstich und Hitzschlag an einen kühlen, aber geschützten Ort, öffnet beengende Kleidungsstücke und legt den Kopf bei gerötetem Gesicht hoch. Dann fächelt man ihm frische Luft zu.
- Bei einer Ohnmacht wird er flach gelegt. Die Kleidungsstücke werden ebenfalls geöffnet.
- Bei älteren Besatzungsmitgliedern kann eine solche Bewußtslosigkeit auch einen Schlaganfall bedeuten. In diesem Fall hole man eine funkärztliche Beratung (siehe Seite 439) ein.

Verbrühungen

Verletzungsursachen:

Sie können häufig in der Kombüse auftreten, wenn im Seegang gekocht wird, und werden nicht nur durch heißes Wasser, sondern auch durch spritzende Fette oder kochende Speisen verursacht.

Erste Nothilfe:

Die heiße Flüssigkeit sofort mit kaltem Wasser abspülen. Die mit kochendem Wasser getränkte Kleidung sofort ausziehen oder schnellstens abreißen, da sie dem Körper viel Flüssigkeit entziehen kann.

Verbrennungen

Verletzungserscheinungen:

Rötung, Blasenbildung und Gewebeverlust sind die Anzeichen für die Verletzung der oberen oder tiefer gehenden Körperschichten. Die Ausdehnung bestimmt jedoch die Gefährlichkeit der Verletzung, die lebensbedrohlich ist, wenn bei Kindern 10 bis 15% und bei Erwachsenen 25% der Körperoberfläche betroffen sind.

Erste Nothilfe:

Die Gefahr der Wundinfektion ist zunächst gering, so daß die Bekleidung nicht entfernt werden muß, auch wenn sie Verbrühungen bedeckt. Offene Wunden müssen mit sterilen Tüchern, beispielsweise den Innenteilen zusammengelegter Plättwäsche, abgedeckt werden. Den Wärmeverlust durch loses Zudecken verhindern. Als Flüssigkeitsersatz körperwarmes Wasser (am besten drei Eßlöffel Traubenzucker auf 1 Liter Wasser) anbieten. Unter keinen Umständen Fette, Salben, Puder oder ähnliches auf frische Brandwunden bringen.

Verrenkungen, Knochenbrüche

Verletzungserscheinung:

Ein Laie kann kaum richtig zwischen Bruch und Verrenkung oder Prellung und Verstauchung unterscheiden, wenn er den Unfall nicht selbst miterlebt hat.

Erste Nothilfe:

Besonnen und ohne Zeitdruck handeln! Den Verletzten bzw. die verletzten Gliedmaße nicht unnötig bewegen. Bei offenen Knochenbrüchen die Wunde zuerst steril abdecken, ehe eine Schiene angelegt wird. Die Schienung sollte mit mehreren Helfern zügig erfolgen, damit keine zusätzlichen Schmerzen entstehen. Muß man hierzu die Gliedmaßen bewegen, unterstütze man die Bruchenden leicht von unten und übe geringen Zug auf das gebrochene Glied aus. Als Armschienen eignen sich dicke Zeitschriften, als Beinschienen enggerollte Decken ohne zusätzlich starre Innenteile. Damit die Schiene gut paßt, muß sie vorher am gesunden Glied anprobiert werden. Sie soll ausreichend fest anliegen und gut gepolstert sein. Sie ist so lang zu wählen, daß auch die beiden benachbarten Gelenke ruhiggestellt werden.

Unterkühlung

Gefahrenlage:

Die Gefahren der Unterkühlung bestehen nicht nur nach einem Sturz ins Wasser, sondern auch nach langem Aufenthalt in Wind und Wetter an Deck ohne ausreichende Kleidung. Leichte Unterkühlung macht sich durch Schüttelfrost, Muskelzittern, Müdigkeit, Gähnreiz, große Unruhe und starke Erregung sowie Schmerzen im Körper, in den Kniegelenken und an den Gechlechtsteilen bemerkbar. Die rektal meßbaren Temperaturen von 36° bis 34°C geben praktisch die Herztemperatur an. Der medizinisch „Zweite Grad der Unterkühlung" tritt bei weniger als 33°C Körpertemperatur, auf 30 Schläge pro Minute vermindertem Puls, verlangsamter Atmung, Muskelkrämpfen sowie beginnender Bewußtlosigkeit ein.

Erste Nothilfe:

Den Unterkühlten so schnell wie möglich vom nassen und windigen Oberdeck in die trockene und geschützte Kajüte bringen. Gegebenenfalls nur Schwimmweste abnehmen und Ölzeug ausziehen, die übrige (auch nasse!) Kleidung nicht entfernen. Auf allen Kochplatten Wasser warm machen und auf ca. 45° erhitzen. Diese Temperatur als gerade noch erträgliches Wärmegefühl mit dem Ellbogen prüfen, wenn man sie nicht messen kann, und über den auf dem Kajütboden liegenden Geretteten schütten. Bei solch schneller Erwärmung wird ein Schock vermieden. Besonders die Nackengegend schnell erwärmen, damit das Gehirn wieder kräftig durchblutet wird. Einen leicht bekleideten Geretteten wickele man vor der Warmwasserbehandlung in Handtücher ein. Ein Unterkühlter darf in keinem Falle massiert oder mit Handtüchern abgerubbelt werden! Ist der Gerettete bei vollem Bewußtsein, lasse man ihn heißen und stark gesüßten Tee trinken, aber niemals (verdünnten) Alkohol. Nach der Warmwasserbehandlung heißes Wasser in mehrere leere Flaschen füllen, den Geretteten in die Koje legen und die Wärmflaschen zum Anwärmen der Decken benutzen. Besteht keine Möglichkeit, Wasser zu erwärmen oder nimmt das Kochen übermäßig lange Zeit in Anspruch, ziehen sich zwei Crewmitglieder nackend aus, entkleiden auch den Geretteten und legen sich mit ihm zusammen in eine Koje, über der alle Decken, Segelsäcke oder andere isolierende Textilien aufgeschichtet werden. Sie müssen jetzt den Verunglückten durch ihre eigene Körperwärme aufwärmen und ihre Körperwärme gegebenenfalls durch heiße Getränke wieder ergänzen.

Blinddarmentzündung und innere Erkrankungen – was tun?

Gefahrenlage:

Innere Erkrankungen können zwar plötzlich und unerwartet auftreten. Die hiervon betroffenen Besatzungsmitglieder haben aber die entsprechenden Beschwerden, die jetzt zu einem sichtbaren Krankheitsbild führen, oft schon längere Zeit gehabt. Eine Hilfeleistung ist mit Bordmitteln meistens nur möglich, wenn man eine funkärztliche Beratung (siehe Seite 439) eingeholt hat. Die nachstehend genannten Krankheitserscheinungen sollen nur beim Ausfüllen unseres funkärztlichen Beratungsbogens helfen.

Krankheitserscheinungen:

Ein Druckschmerz im rechten Unterbauch, eine belegte zunge und gelegentliches Erbrechen deuten auf Blinddarmentzündung. Falls die im After gemessene Temperatur über 37°C liegt und die Differenz zu der unter der Achsel gemessenen Fiebertemperatur größer als 0,5°C ist, erhärtet sich der Verdacht.

Erste Nothilfe:

Bequeme Körperlagerung mit einer Eisblase oder kalten Umschlägen auf dem rechten Unterbauch. Nichts essen oder trinken. Keine schmerzstillenden Medikamente verabreichen. Beengende Kleidungsstücke öffnen.

Andere Krankheitserscheinungen:

Auf Herzinfarkt deuten bei älteren Personen Schmerzen in der Herzgegend, die in den Rücken, hinter das Brustbein und in den linken Arm ausstrahlen. Starke Ausbrüche von kaltem Schweiß, unwillkürlicher Stuhl- und Uringang sowie Erbrechen sind Zeichen eines bedrohlichen Zustandes.
Kolikartige Schmerzen in der Magengegend, die in ihrer Stärke wechseln, und häufiges Erbrechen sind Anzeichen von Magenkrämpfen. Erbricht der Kranke eine schwärzliche Masse, die wie Kaffeesatz aussieht, besteht der Verdacht auf Magenblutungen. Heftige, kolikartige Schmerzen in der Nierengegend deuten auf eine Nierenkolik hin.

Windsicheres Mückennetz für offene Luken

Situation:

Die Quälgeister kommen meistens bei Nacht, wenn man mit offenen Luken schläft, und sie sind als Moskitos in tropischen Gewässern genauso gefährlich, wie sie an Ankerplätzen der Ostseeküste als Mücken lästig sind. Beide Alternativen sind ungünstig: Wehrt man sie mit geschlossenen Luken ab, dann herrschen Hitze und dicke Luft an Bord. Stellt man die Luken auf, dann öffnet man den Quälgeistern Tür und Tor.

Abhilfe:

Wir haben zuerst mit Gazeflächen gearbeitet, die allseitig etwa 10 cm über die Lukenränder reichten und mit kleinen Magnetplättchen versehen waren, damit das Mückennetz an Deck festgehalten und nicht vom Winde verweht werden konnte. Jetzt machen wir es einfacher: Wir nähen in den Saum eine Bleischnur ein, wie man sie als Meterware in Gardinengeschäften kaufen kann, und fassen alle Kanten des Mückennetzes damit ein. Jetzt kann es noch weniger aufflie-

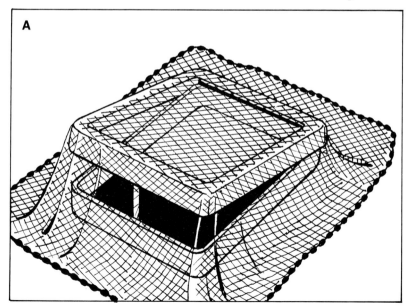

A

gen, und man kann das Netz über das nur einen Spalt geöffnete Vorluk (Abb. A) legen, wenn man im Hafen oder am Ankerplatz zur Koje geht. Wir haben für jedes Luk ein solches Moskitonetz unterschiedlicher Größe an Bord, und wir legen diese Moskitonetze auch über die Windhutzen unserer Dorade-Lüfter, wenn die Moskitogefahr besonders groß ist. (Sicher ist sicher!) Als wir monatelang in tropischen Gewässern segelten, hatten wir das Moskitonetz für den Kajüteingang mit Klettband und einem Leinenbügel immer auf der Lukengarage gehaltert – jederzeit klar zum Ausbringen. Gegebenenfalls läßt sich auch ein Teil des Steckschottes mit Rahmen und Netz bauen, wenn man besonders viel Frischluft braucht.

Maßgeschneiderte Mückennetze (Moskitonetze) gibt es jetzt für Luken (78 × 91 cm, mit 3-m-Klettband) und Niedergänge (78 × 182 cm, 5 m Klettband) mit Kleber in Plastikbehältern (zum Aufbewahren, wenn sie nicht gebraucht werden) im Handel. Das Maschengewebe aus Nylon läßt sich auf die gewünschte Größe zuschneiden.

Regenschutz für den offenen Kajüteingang

Gefahrenlage:

Eine Spritzkappe (spray hood) ist nicht auf jedem Seekreuzer empfehlenswert, weil sie viel Windwiderstand bietet und ungünstigenfalls auch Seeschlag bei überkommender Gischt ausgesetzt ist. Ohne Spritzkappe kann aber das Steckschott im Seegang und bei nassem Wetter nicht offen bleiben, weil sonst Regenwasser und Gischt gleichermaßen den Innenraum erreichen können. – Insbesondere bei viel Seegang, bei einer seekranken Besatzung in der Kajüte und bei nicht ausreichender Luftversorgung durch Dorade- oder andere Lüfter wird das Offenhalten des Kajüteinstiegs aus Sicherheitsgründen erwünscht oder psychologisch unerläßlich sein.

Nothilfe:

Zu diesem Zweck empfiehlt sich die Ausrüstung mit einer trapezförmigen Schutzpersenning (Abb. A), deren Seiten in Ruhestellung nach innen geklappt und dann in Richtung auf die Schiebekappe zusammengerollt werden (Abb. B). Sie hat ihren ständigen Platz auf dem Zugrand des Schiebeluks, wo sie mit Klettband abnehmbar befestigt ist. Bei Bedarf wird sie durch seitliche Stropps von zwei Ösen am Rande des Klettverschlusses nach vorn sowie durch zwei weitere Ösen an den verbleibenden Ecken mit Stropps zu Befestigungspunkten auf dem Plichtsüllrand gehalten.

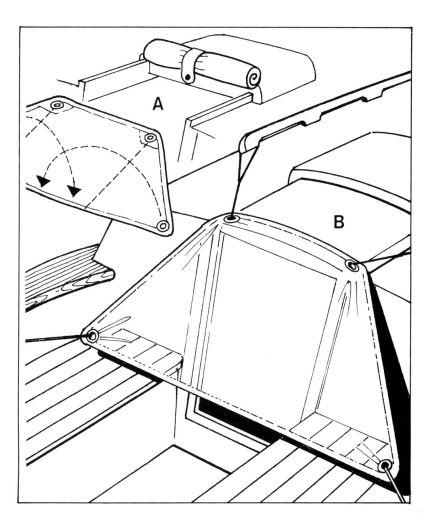

Bei Benutzung dieser Regenpersenning kann auch seitlich kein Regen eindringen. Fertigt man sie ganz oder mit einem Fenster aus durchsichtiger Folie, dann kann die Crew im Innenraum (insbesondere die hier in hartem Wetter lebenden Kinder) bei frischer Luft die Ereignisse in der Plicht verfolgen, ohne daß sie selbst dabei die Plicht bevölkern müssen. Auch unfallträchtige Situationen bei einer Überfüllung der Plicht mit „Badegästen" werden so nicht entstehen können.

Universalbeschlag zum Einpicken des Sicherheitsgurtes

Tatsachen:

Auf den meisten Serien-Seekreuzern mangelt es an sicher verankerten Beschlägen zum Einpicken des Sicherheitsgurtes für die Wache in der Plicht. Handläufe (auf dem Kajütdach), Stützen der Seereling und ihre Durchzüge sowie ähnliche Decksbeschläge sind zu weit entfernt und bedingen daher zu lange Leinen für die Wache, die auf den Plichtbänken sitzt. Und drängt sich hier gar die gesamte Besatzung – weil niemand es in hartem Wetter in der Kajüte aushält, mancher Angst hat und viele unter Seekrankheit leiden –, dann können sich die Leinen von zu vielen Personen, die an wenigen Befestigungspunkten eingepickt sind, beim Platzwechsel gefährlich vertörnen.

Ausrüstung:

Abhilfe schaffen nur zusätzliche und sehr zuverlässige Beschläge, die dort an der Plichtseitenwand im Bereich von Rücken und Unterschenkel befestigt sind, wo sie nicht stören, beispielsweise in den Ecken. Sie lassen sich aber auch oben auf oder außen an den Süllrändern gleichermaßen anbringen. Der flache Haltebügel sollte etwa 100 mm lang sein, damit sich mehrere Personen mit ihren Karabinerhaken hierin einpicken können, und er muß vom Material und nach Art der Verankerung die dafür notwendige Festigkeit besitzen.

Empfehlenswert sind mindestens vier solcher Laschbügel für die Plicht, je zwei an der Steuerbord- und Backbordseite und nach Möglichkeit auch so angeordnet, daß zwei von ihnen achtern (für den Rudergänger und Schotmann) und zwei vorn (für die Freiwache in der Plicht) angebracht sind.

Sicherheit durch Handgriffe am Süllrand der Plicht

Situation:

Auf meinen „Cormoran"-Seekreuzern aus Kunststoff und Stahl störten mich immer die nackten Oberflächen des rings um die Plicht laufenden Sülls, die (wie üblich) 10 bis 20 cm breit und mit den nach außen vorspringenden Windenfundamenten (bootsbautechnisch bedingt) eigenwillig geformt waren.

Außerdem brauchte ich Plätze, an denen ich meine kleinen Augbeschläge montieren konnte, die für die Haltebänder meiner Plichtpolster erforderlich waren. Man sollte sie weder sehen noch sich an ihnen stoßen können.

Weiter war mir an einer nicht nur nützlichen, sondern auch gut aussehenden Ergänzung des letztlich auch von der Farbe her recht eintönigen Decksbereiches gelegen.

Das schließlich verwirklichte Ergebnis dieser Überlegungen ergab noch ein anderes, für Komfort und Sicherheit beim vielstündigen Aufenthalt mehrerer Personen sehr viel wichtigeres Hilfsmittel: eine rundum verlaufende Handleiste zum Festhalten vieler Hände bei allen Bootsbewegungen und insbesondere bei Krängung (Abb. A).

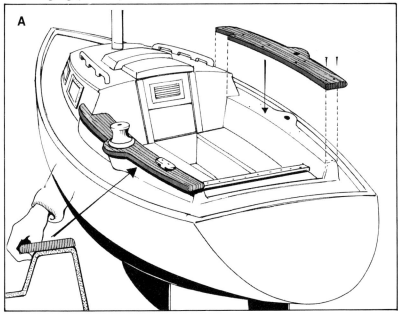

Arbeitsweise:

Man macht sich eine Papierschablone von der Oberfläche, die mit Holz zu bedecken ist, ganz einfach durch Auflegen, Anzeichnen (von unten am Rand) und Ausschneiden entsprechend großer, derber Stücken Packpapier. Die beiden Seitenteile müssen dabei nicht unbedingt symmetrisch sein! Ist das Boot bereits in Dienst gestellt, müssen zuerst Schotwinden, Schotklemmen und andere Beschläge abmontiert werden. Sie nehmen ihre Position aber nach Beendigung der Arbeit wieder ein.

Dann beschaffe man sich ein entsprechend großes Stück Teak- oder Mahagoni-Massivholz von mindestens 20 bis 30 mm Dicke. Unnötiger Verschnitt kann durch entgegengesetztes Auflegen der Schablonen verhindert werden. Zum Anzeichnen der Schnittkante gebe man an der Außenlinie der Schablone durchgehend 50 mm zu, so daß später ein Überstand von annähernder Fingerlänge als Handgriff entsteht. Ein Stückeln dieser Deckplatte ist möglich, aber nicht empfehlenswert.

Anschließend bestimme man die Positionen, an denen die Abdeckplanke durch Bolzenschrauben mit dem Plichtsüll verbunden werden soll. Abhängig von den Schotwinden und Beschlägen, die mit ihrer Verankerung ja ebenfalls zum Festhalten dieser Schutzplatte sorgen, werden je zwei Bolzen an den vorderen und achteren Enden und gegebenenfalls nur zwei Mittelbolzen vollkommen ausreichen.

Die entsprechenden Kanten der Planke werden mit Schleifpapier abgerundet, und dann bohrt man von unten durch die vorhandenen Bolzenlöcher der Beschläge hindurch die notwendigen Ausnehmungen für deren Haltebolzen, die gegebenenfalls gegen entsprechend längere Stücke auszutauschen sind. Vor dem Aufschrauben der Schutzplanke wird die Süll-Oberfläche mit Silikon oder einem Kunststoffspachtel leicht eingestrichen, damit sich durch Unebenheiten keine Hohlräume mit Korrosions- oder Verrottungsgefahr bei Wassereintritt bilden können.

Vorteile:

Sichere Handgriffe für jedermann, auch für Reflexhandlungen bei unerwarteten Bewegungen. Schutz der erfahrungsgemäß am meisten strapazierten Trittflächen und gute Befestigungsmöglichkeit für kleine Zusatzbeschläge, die nicht zu sehen sind und an denen man sich nicht verletzen kann. – Auch ein achterer Überstand ist empfehlenswert, wenn die seitlichen Sülls nicht querschiffs und auf gleicher Höhe miteinander verbunden sind.

Einsatz der optimalen Muskelkraft

Situation:

Die Armkraft eines Menschen beträgt etwa 300 Watt oder 0,4 PS. Sie wird aber nur erreicht, wenn man sie auf der richtigen Griffhöhe einsetzen kann. Diese liegt ungefähr in Höhe des Körper-Schwerpunktes, wenn gleichzeitig Oberarm und Unterarm im rechten Winkel zueinander stehen. Es ist die Höhe von ca. 0,90 bis 1,00 m (je nach Körpergröße), wie man es in jeder Werkstatt ungefähr in der Ebene eines Schraubstockes nachmessen kann.

Vorsorge:

Das Diagramm zeigt, wie schnell die maximale Leistung abnimmt, falls das Bedienungselement für die Hand über oder unter der optimalen Höhe liegt. Für den Bordgebrauch – nicht nur im Notfall – bedeutet dies: Alle handbedienten Winden sollten in einer Höhe von etwa 90 cm über der Standfläche der Füße liegen, damit man jederzeit alle mögliche Muskelkraft einsetzen kann.

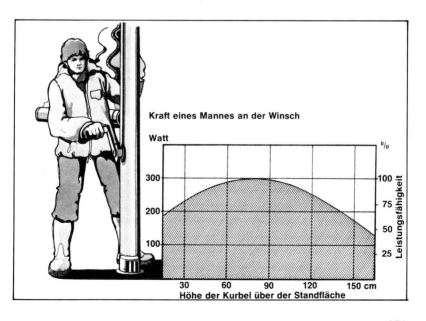

Arbeitsweise:

Fallwinden am Mast lassen sich ohne Schwierigkeiten in dieser Höhe anbringen. Auch bei Schotwinschen auf dem Süllrand ist diese optimale Arbeitshöhe erreichbar. Handhebel von Ankerwinden sind meistens vom Hersteller zu kurz bemessen. Man kann sich jedoch ohne Schwierigkeiten entsprechende längere Edelstahlhebel mit oder ohne Handgriff, in jedem Falle mit dem richtig bemessenen ursprünglichen Endstück, selbst fertigen lassen.

Wenn die Plichtwanne zu breit ist

Situation:

Auf den meisten Serienbooten wurden die Abmessungen der Plicht so gewählt, daß man nicht nur längere Zeit bequem auf den Bänken sitzen und dabei die Füße zur Gegenseite abstützen kann, sondern auch in der Plichtwanne genügend Standfläche für die Füße zum Platzwechseln (beim Wenden des Bootes), zum Bewegen oder zum Zugang zur Kajüte hat. – Oft gelten diese optimalen Abmessungen jedoch nicht für die kleinen Leute an Bord, und bei größeren Yachten muß ganz notgedrungen der Abstand der Sitzbänke voneinander größer sein. Insbesondere bei krängendem Boot ist es dann nicht möglich, den Füßen einen sicheren Halt auf der gegenüberliegenden Seite des Cockpitsitzes zu geben. Längeres Sitzen kann dann körperlich anstrengend werden, und Sturzgefahren beim Überholen im Seegang bestehen ständig.

Abhilfe:

Man zurrt einen Langfender parallel zur Sitzkante der gegenüberliegenden Seite, der als Fußlager dienen kann. Die Plichtbreite wird dadurch günstig verkürzt, und die Trittfläche ist bei längerem Gegendrücken der Füße angenehmer als eine harte, scharfe Kante. Fender entsprechender Länge und Dicke gibt es im Fachhandel. Sie müssen ja nicht immer nur nach dem Gesichtspunkt eines Bordwandschutzes im Hafen ausgesucht werden. Ihre hier genannte Zweitfunktion in der Plicht kann ja auch die Erstfunktion bei der Auswahl sein. Als Beschlag für die üblichen Halteleinen des Fenders kann ein safegrip dienen, der in seiner ursprünglichen Position ausgenutzt oder zusätzlich angebracht wird.

Die richtige Winschen-Neigung verhindert unklare Schoten

Vorsorge:

Schotwinden sollten auf dem Plichtsüll nicht waagerecht, sondern seitlich nach außen geneigt befestigt sein. Wenn das Winschenfundament diese Neigung nicht von der Konstruktion her bereits hat, empfehlen sich entsprechende solide Keilstücke aus Teakholz, die man auch nachträglich unterlegen und festbolzen kann.

Diese seitliche Neigung von ca. 10 bis 20° ist im Detail von der Richtung abhängig, in der die Schoten auf den Winschenkopf zulaufen. Empfehlenswert sind solche Winkel zwischen 90° und 110° zur Vertikalachse der verankerten Winsch. Nur in diesem Bereich spult sich das Schotmaterial richtig auf und schamfilt nicht an den unteren oder oberen Trommelteilen. Anders zulaufende Schoten können sich bekneifen, und blockierte, unlösbare Schoten können zu einer Notfall-Kettenraktion führen.

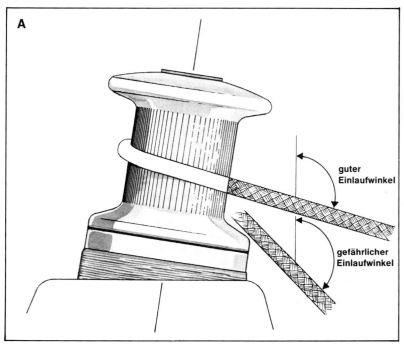

Leistung im Notfall

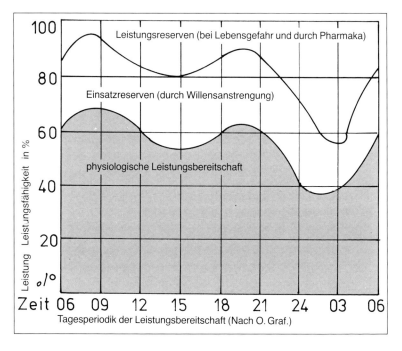

Tagesperiodik der Leistungsbereitschaft (Nach O. Graf.)

Die körperliche Leistungsfähigkeit der Crew muß in einem Notfall vom verantwortlichen Skipper richtig eingeschätzt werden. Die Abb. zeigt die Kurve der Leistungsbereitschaft eines Menschen im Tageslauf und die möglichen zusätzlichen Einsatzreserven, die entweder nur durch Willensanstrengung bzw. bei Lebensgefahr und durch Pharmaka zusätzlich eingesetzt werden können. Bei Notfällen (z.B. Mast- oder Ruderbruch) beginne man daher nicht in der Dunkelheit mit Rettungs- oder Aufräumungsarbeiten, die auch mit Verspätung einiger Stunden am nächsten Morgen ausgeführt werden könnten, sondern verschiebe diese auf jene Zeiten des folgenden Tages, an denen (z.B. zwischen 0700 und 0900 Uhr) nicht nur schwierige Arbeiten mit der vorhandenen Kondition besser ausgeführt, sondern alle übrigen Einsatz-Reserven auch mit dem Willen allein und auf ganz natürlichem Wege ausgeschöpft werden können.

12 Seenot und Rettung

Notsignale, Art und Einsatz 376
Seenotsignalmittel – einsatzklare Aufbewahrung . . 380
Notausrüstung im Reling-Schutzkleid 382
Radarreflektoren für Rettungsflöße 383
Das Schlauchboot als Rettungsinsel 384
Seenot-Persenning für ein Zweitschlauchboot 387
Proviant für den Seenotfall 389
Notstand Trinkwassermangel 390
Trinkwasser für den Seenotfall 392
Regenwasser als Trinkwasser sammeln 394
Trinkwasser aus dem Meer 396
Trinkwasser mit Solarquell 400
Trinkwassergewinnung durch Umkehr-Osmose . . 401
Aufgeben einer sinkenden oder brennenden Yacht . 403
Besetzen einer Rettungsinsel 405
Notstand durch Haiangriffe gegen Schlauchboote . 407
Notstand durch Haiangriffe im Wasser 409
Rettung durch Hubschrauber 411
Rettung durch ein Großschiff 413

Notsignale

Einsatz:

Sie dürfen nur in einem wirklichen Notfall gegeben werden. Dies kann auch ein Fall gewünschter Hilfeleistung sein, in dem ein manövrierunfähiges Boot Schlepphilfe anfordert, ein Boot mit leergelaufenem Tank um die Übergabe neuen Kraftstoffes bittet, ein Besatzungsmitglied erkrankt ist und das Abbringen vom Grunde unterstützt werden soll. Ein Notsignal kann aber auch das Sinken einer Yacht und die Gefahr des Ertrinkens seiner Crew in einem lebensgefährlichen Seenotfall bedeuten.

Prinzipiell sind es drei Aufgaben, die Notsignale erfüllen und die ein Yachtsegler kennen muß, gibt er sie nun selbst ab oder sichtet er sie nur:

- Sie werden benutzt, um jedermann auf See **zur Hilfeleistung herbeizurufen** und zu alarmieren, daß ein Fahrzeug oder Personen in Schwierigkeiten sind.
- Sie werden gezeigt, **um den Ort zu markieren,** an dem sich der Notfall ereignet hat und dienen auch dazu, Helfern oder Rettern den Weg zu zeigen.
- Sie müssen bei jedem Wetter **weit und deutlich sichtbar sein.** Nicht alle Arten von Notsignalen sind bei Tag und Nacht, bei jedem Wetter und allen Sichtigkeitsbedingungen gleich gut geeignet und gleich wirksam.

Signalarten, Verwendung und Reichweite

- Rote Handfackeln (Abb. A) sind nur 2 bis 3 sm weit sichtbar. Bei Nacht ist die Alarmwirkung erheblich besser als am Tage. Ihre Verwendung ist an Bord und in einer Rettungsinsel jedoch nicht ungefährlich, weil brennende Rückstände an Bord fallen können. Man halte sie daher am ausgestreckten Arm mit ungefähr 45° zum Körper und möglichst genau nach Lee. Besonders gefährlich ist ihre Benutzung in der Nähe von Benzinkanistern und Gasflaschen. Handfackeln dürfen nicht naß werden. Man entzünde sie daher unmittelbar, nachdem sie aus ihrer wasserdichten Verpackung genommen worden sind. Empfehlenswerte Anzahl im Notpaket: drei Stück.
- Rote Leuchtkugeln (Abb. B) haben den Vorteil, daß sie aus der Stern-Signalpistole abgefeuert werden können. Sie verlöschen nach Erreichen der größten Höhe relativ schnell, werden jedoch durch ihren schnellen Aufstieg nicht vom Wind beeinträchtigt. Sie sind mindestens 5 sm weit sichtbar. Die ersten beiden Notsignale sollten im Abstand von etwa 15 Sekunden, spätestens einer Minute abgefeuert werden. – Empfehlenswert ist die Ausrüstung mit mindestens sechs Signalpatronen.
- Die größte Sichtweite erreichen Fallschirmraketen (Abb. C) sowohl bei Tage als auch bei Nacht. Sie leuchten am längsten, treiben mit dem Wind und werden bei Starkwind sehr viel schneller als sonst nach unten gedrückt. Bei tiefhängenden Wolkendecken sind sie aber nahezu nutzlos. Abhängig von ihrer Steighöhe können sie bis zu zehn Seemeilen weit sichtbar sein. – Empfehlenswert ist die Ausrüstung mit drei Raketen, wenn man sich auf Hochseefahrt begibt oder weiter als ca. 8 sm von der Küste entfernt.
- Orangefarbige Handrauchsignale können entweder in der Hand gehalten oder auf die Wasseroberfläche geworfen werden. Sie sind jedoch nur bei windstillem Wetter (bis Bft 2) etwa 2 sm weit sichtbar. Bei mehr Wind wird der Rauch schnell zerstäubt. – Empfehlenswert: drei Signale.
- Ohne diese Notzeichen benutze man bei Sichtung fremder Fahrzeuge das langsame und wiederholte Heben und Senken der ausgestreckten Arme (Abb. D) als einfachstes, in der Schiffahrt übliches Notzeichen. Man stelle sich dabei an Bord so hoch wie möglich und nehme zusätzlich leuchtend bunte Tücher, bei Sonnenschein auch reflektierende Plastikfolien zur Verbesserung der Sichtungsmöglichkeit in die Hand.
- Notsignal-Farbbeutel, die beim Ausschütten aus einem havarierten Boot auf der offenen, meist blau-weißen See auffällige gelbgrüne oder orangefarbene Flecken hinterlassen, sind insbesondere zur Kennzeichnung einer Unfallstelle für Flugzeuge geeignet.
- Bei Nacht ist ein Handscheinwerfer nützlich, mit dem man durch Knopfdruck die internationalen Seenotbuchstaben SOS (drei kurze Blinke, drei lange Scheine und drei kurze Blinke) abgeben kann. Man signalisiere langsam und deutlich und richte dabei den Scheinwerfer genau auf das angesprochene

Fahrzeug, weil die Sichtweite eines Handscheinwerfers erfahrungsgemäß nur knapp 1 sm beträgt.

● Sollten sich nach dem ersten Notsignal, das man außer Sicht von Land oder anderen Fahrzeugen abgegeben hat, keine Schiffe melden, dann gebe man weitere der ja zahlenmäßig begrenzten Signalmittel erst, wenn ein Schiff gesichtet wird.

Seenotsignale auf dem Funkwege siehe Seite 432. – Seenotsignale wie das internationale Flaggen-Notzeichen (ein schwarzer Kreis und ein schwarzes Quadrat auf einem leuchtend orangefarbenen Untergrund), Arbeit mit dem Signalspiegel bei Sonnenlicht und andere Notzeichen sollen hier nur erwähnt werden, da ihre Wirkung begrenzt ist. Man entnehme sie der Abb. E.

E

Knallsignale im Abstand von ca. 1 Minute	Dauerton eines Nebelsignalgerätes	Rote Handfackel	SOS d. Telegraphiefunk, Licht- oder Schallsignale
Flaggensignal NC des int. Signalbuches	Langsames u. wiederholtes Heben und Senken der seitl. ausgestreckten Arme	Ball über oder unter einer viereckigen Flagge	Rote Fallschirmleuchtrakete
Flammen- oder orangefarbenes Rauchsignal	„Mayday" ü. Sprechfunk	Orangefarbenes Segeltuch, schwarze Mitte, z. Erkennen a. d. Luft	Signale einer Seenotfunkboje

Tip:

„Nico-Signal" nennt sich ein Signalgeber, der ohne Sachkundeprüfung und Waffenschein erworben werden kann. Der handliche, seewasserbeständige, pflegefreie und robuste kleine Signalgeber enthält sechs rote Leuchtsterne (zwei Schuß als Notsignal, zwei Schuß als Orientierungshilfe, zwei Schuß als Reserve), die ca. 100 m hoch steigen und ca. 6 sm weit sichtbar sind. Sie werden einfach mit der Hand ausgelöst und zeigen bei Dunkelheit, Nebel und Sturm eine Unfallstelle genau an (Abb. F).

F

Seenotsignalmittel – einsatzklare Aufbewahrung

Ich bedaure, daß der Erwerb von Seenotsignalmitteln in Deutschland in jüngster Zeit von einer Eignungsprüfung abhängig gemacht wird. Denn Seenotsignale sind im Prinzip nichts anderes als Raketen und andere Knallkörper, die zu Silvester jeden Jahres (und einige Tage zuvor) von jedem „mündigen Bürger" ohne Eignungsprüfung gekauft werden können und in Millionen-Stückzahl abgefeuert werden. Viele Segler kaufen daher (bei Auslandsreise ohnehin ganz selbstverständlich) in anderen Ländern ein. Manche rüsten sich auch gar nicht mehr damit aus.

Zum Einsatz von Seenotsignalmitteln muß die Gebrauchsanweisung ohnehin genau beachtet werden, die auf der Packung mit einfachen Handskizzen aufgedruckt ist. Das informative Lesen ist bereits beim Kauf nützlich. Auch wenn jedes einzelne Seenotsignal in eine wasserdichte Folie eingeschweißt ist, muß es dadurch nicht für alle Zeit wassergeschützt bleiben.

Der beste und billigste Aufbewahrungsort ist ein Kunststoffkanister mit großflächiger Schrauböffnung (Abb. A), in den ein Mischsortiment eingepackt werden kann. Er hängt griffbereit in der Nähe des Kajütniedergangs. Ein zweiter Behälter mit dem Rest der Seenotsignale kann weiter entfernt verstaut sein. Auch wenn dieser Behälter im Notfall in die Rettungsinsel geworfen wird (und dabei ins Wasser fällt), geht er nicht unter, und sein Inhalt bleibt trocken.

Eine Halterung aus Holz oder Plexiglas, in die einige (unterschiedliche) Seenotsignalmittel in die entsprechenden Öffnungen eingesteckt sind, hat den Vorteil, daß man sie an einem günstigen Aufhängeplatz jederzeit sieht und wahlweise entnehmen kann. Ihre Übergabe in ein Rettungsboot ist aber schwierig; das Verlustrisiko ist groß.

Notausrüstung im Relings-Schutzkleid

Ein Relingskleid im Bereich der Plicht dient nicht nur dazu, die Wache gegen Spritzwasser, Wind, Regen und schlechtes Wetter überhaupt zu schützen. Es stellt auch eine nützliche Fläche dar, den Bootsnamen und/oder Unterscheidungszeichen der Yacht in großen Buchstaben und/oder Ziffern auf seiner Außenseite deutlich erkennbar zu machen – auf weite Sicht sowohl auf See als auch im Hafen.

Möglichkeiten:

An der Innenseite des Relingskleides lassen sich ohne Schwierigkeiten Halterungen aufnähen, in denen für den Rudergänger und den Schotmann wichtige Ausrüstungsteile jederzeit griffbereit lagern (Abb. A): Das eigentliche Relingskleid zwischen zwei Relingsfächern vorlich vom Heckkorb ist außen an der Seereling gezurrt und erhält gegebenenfalls zwei bis drei Folienfenster, falls es für die Sicht des Rudergängers nötig ist. Alle Halterungen sind aus Segeltuch innen aufgenäht, und hier sind notwendige und nützliche, aber nicht unbedingt wertvolle Geräte untergebracht; denn man muß ja damit rechnen, daß sie in hartem Wetter herausrutschen können oder das ganze Relingskleid davon-

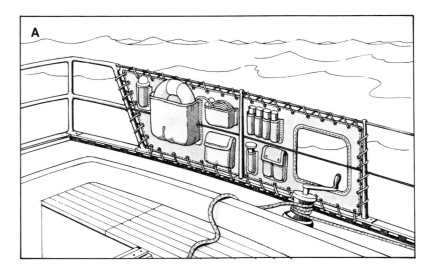

weht. Beispielsweise die Rettungsboje in einer oben offenen Tasche (die innen allerdings über den Relingsdurchzug verläuft), mit zwei als Ösen gearbeiteten Entwässerungsöffnungen im Boden. In einer Nebentasche das Nachtlicht und die mit der Boje verbundene Leine. Eine Tasche (mit Klettverschluß) für Gummistropps und Zeisinge, Reserveschäkel u. ä. Aufgenähte Halterungen für einige Rauchsignale und Handfackeln oder weiße Raketen, um sich notfalls einem nicht ausweichenden Frachter bemerkbar machen zu können. Und in einer weiteren Tasche mit Klapp- und Klettverschluß Taschenlampe, Handschuhe, Feuerzeug und andere persönliche Utensilien.

Radarreflektoren für Rettungsflöße

Im Seegang treibende Rettungsflöße sind optisch nicht nur schwer auszumachen, sondern auch mit Radargeräten kaum zu orten, weil sie nur aus Gummistoffen bestehen. Es gibt jetzt jedoch auch faltbare Reflektoren, die an Rettungsflößen befestigt und im Container untergebracht werden können und die sich in einem Notfall automatisch entfalten. Sie sind aus Baymetex gefertigt, einem metallisierten textilen Gewebe der Bayer AG. Von einem Großschiff aus gemessen sind sie auf freier See bis zu einer Entfernung von etwa 5 sm ortbar. Gegebenenfalls kann man auch vorhandene Rettungsflöße mit diesen neuen faltbaren Radarreflektoren nachrüsten.

Das Schlauchboot als Rettungsinsel

Situation:

Rettungsinseln sind teuer, und sie müssen jährlich gewartet werden. Da sie nur für einen Seenotfall an Bord sind und auf der überwiegenden Mehrzahl von Yachten praktisch niemals eingesetzt werden, schmerzen die nicht endenden Aufwendungen ganz besonders. Außerdem bereitet es Mühe, den unhandlichen und schweren Behälter der verpackten Insel jährlich von Bord zur Durchsicht und wieder von der Wartungsfirma zurück an Bord zu bewegen. Rettungsinseln nehmen (ob in Packtasche oder Container) darüber hinaus noch kostbaren Stauraum weg, und sie lassen sich, wenn einmal eingesetzt, durch ihre kreisrunde Form nicht in eine gewünschte Richtung bewegen. Überdies ist der Name ,,Schwimmzelt" oder ,,Seenotfloß" für die tatsächliche Sicherheit, die sie nach Aufgabe einer Yacht in hartem Wetter bieten, besser angebracht.

Alternative:

Das Schlauchboot durch Zusatzausrüstung notfalls zur Rettungsinsel machen (Abb. A) – mit dem Vorteil, daß es sich besser in Richtung auf die rettende Küste bewegen läßt, jedermann schon vorher mit ihm umzugehen gelernt hat, und man sicher sein kann, daß es in einem Seenotfall tatsächlich einsatzklar ist.

Zusatzausrüstung:

Zwei gebogene Bügel aus Edelstahl- oder Kunststoffrohr, die in Ruhestellung rund um den Einlegeboden unter den Schlauchkörpern liegen und im Notfall als Dachträger aufgestellt werden und (mit einem Rohrverbindungsstück) als Zeltträger dienen können. Eine passende zeltartige Plane über diese Bügel, die am unteren Rand mit Ösen und Reihleine versehen ist und an den Beschlägen der äußeren Sicherheitsleine oder anderswo rund um das Boot angeschlagen werden kann. (Bei vielen Schlauchbooten sind solche Zusatzbeschläge bereits aufvulkanisiert, und einige Hersteller liefern Haltebügel und Zeltplane – in Gelb oder Orange als auffälliger Signalfarbe – bereits als mögliche Zusatzausrüstung.) Notfalls lassen sich auch zwei Paar Riemen als Dachsparren verwenden. Die zum Öffnen notwendigen Teile des Zeltdaches erhalten doppelte Klettverschlüsse, so daß der gesamte Innenraum regen- und spritzwassergeschützt ist.

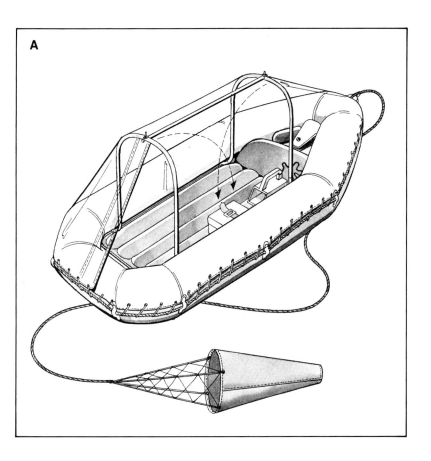

A

Seenot-Zusatzausrüstung:

Eine Luftflasche, die das sofortige Aufblasen des zusammengerollt und meistens teilaufgeblasen an Deck liegenden Schlauchbootes in der gleichen Zeit wie das Klarmachen einer Rettungsinsel erlaubt. Dazu Blasebalg, aufblasbare Luftmatratzen (als Ersatz für den Doppelboden), Ösfaß, Seenotsignale, Seenotproviant, Trinkwasser usw. in einem zusätzlichen Notpaket, das jederzeit griffbereit in der Nähe des Niedergangs hängt.

Muß ein längerer Aufenthalt in der Schlauchboot-Insel befürchtet werden, sollten neben persönlichen Rettungsgeräten und wärmender Kleidung einige Fender an die Notinsel gebunden werden. Mit ihrem Auftrieb von (je nach Größe) 200 bis 300 daN können sie gegebenenfalls als Reserveauftrieb dienen.

Achtung!

Besonders wichtiges Ausrüstungs-Zusatzteil ist ein Treibanker. Er besteht aus einem ca. 800 mm langen Segeltuchkegel mit einer durch einen Ring gehaltenen Öffnung von 400 mm Durchmesser und einer Öffnung von ca. 150 mm auf der anderen Seite. Von der großen Wassereintrittsöffnung laufen vier etwa 800 mm lange Zugleinen zu einer Hahnepot, die an einer etwa 30 m langen Schleppleine mit dem Schlauchboot verbunden ist. Die vier Zugleinen sind durch ein grobmaschiges Netz miteinander verbunden. Die Netzverbindung sorgt dafür, daß der Treibanker unter allen Bedingungen Schlauchboot (oder Rettungsinsel) sicher auf der noch so turbulenten Wasseroberfläche hält und ein Hochfliegen wie Kentern gleichermaßen verhindert.

Merke: Die Kreuzer-Abteilung des DSV empfiehlt, über die internationale Sicherheitsnorm hinaus Rettungsinsel **und** Schlauchboot an Bord zu haben. Diese Empfehlung ist aber nur für große Yachten sinnvoll. Dem oben genannten Vorschlag entsprechend bedeutet dies je ein (umgerüstetes) Schlauchboot entsprechender Größe für drei bis vier Personen als Seenotaufenthalt.

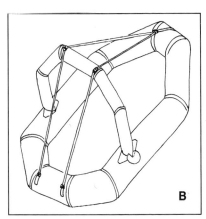

Beiboot als Rettungsboot

Wenn man in einem Seenotfall das Beiboot in ein überdachtes Rettungsfloß verwandeln kann, spart man entweder das (zusätzliche) teure Rettungsfloß oder man hat – in Furcht, das Container-Gerät könnte sich nicht zuverlässig aufblasen – im ungünstigen Fall einen Ersatz, im günstigen Fall ein sicheres Zweitfloß für eine zahlenmäßig größere Besatzung zur Verfügung.

Eine eigentlich für jedes serienmäßige Schlauchboot selbstverständliche Zusatzausrüstung mit Stabilisatoren unter dem Rumpf, aufblasbarer Dachstütze (Abb. B) und windsicherem Zeltdach bietet die Firma Dacon für ihre Schlauchboot-Typen an. Für Fahrtensegler wird hier eine Bedarfslücke geschlossen. Druckgasflasche und anderes Seenot-Zubehör gibt es als Extras.

Seenot-Persenning für ein Zweitschlauchboot

Gefahrenlage:

Schlauchboote können und müssen als Seenotboote dienen. Sie können auch selbst – beim Transport der Besatzung vom Ufer zum Boot und umgekehrt – durch Havarie eines Außenborders oder Verlust eines Riemens in Not geraten. Oder sie können in einem Notfall nicht mehr gegen die See und nach Luv zur eigenen Yacht oder zum Ufer zurückgebracht werden. – Für diese Fälle müssen sie eine einfache Notausrüstung besitzen.

Vorsorge:

Eine dreieckige Persenning aus leichtem Segeltuch, eine Dublette zum → Mehrzweck-Schutzsegel in Signalfarben (rot, orange, gelb) mit einer Kantenlänge von ca. 2 m, allseitig eingefaßt und am Rand mit mehreren Ösen versehen (Abb. A), ist ein nützliches Mehrzweck-Seenot-Ausrüstungsteil, wenn die Säume gleichzeitig zum Anstecken von Riemen gefertigt sind.
• Man kann es als Notsignalfläche aufrichten, indem man die Riemen als seitliche Stützen benutzt und diese durch die Crew hochhalten läßt.
• Man kann es wie ein Segel riggen, indem man einen Riemen als Notbaum und den anderen als Mast riggt (Abb. B).
• Gegen überkommendes Wasser kann man es unterwegs als Spritzverdeck zurren, das bei Verwendung der Riemen oder Paddel nahezu das gesamte Vor- und Mittelschiff schützt (Abb. C).
• Und man kann diese Persenningfläche auch als Wasserfänger benutzen, wenn man bei Regen Trinkwasser auffangen will oder muß (Abb. D).
• Damit diese Persenning nicht nur eine Notfallaufgabe hat, kann man sie von Anfang an so zuschneiden, daß sie straff über den gesamten offenen Raum des Schlauchbootes gezurrt werden und das unsympathische Vollaufen des Innenraumes verhindern kann, wenn das Schlauchboot am Ankerplatz während starker Regenfälle am Heck festgemacht ist.
• Natürlich lassen sich auch größere Schlauchboote in der hier für die bewährten Einmann-Rettungsschlauchboote beschriebenen Art und Weise (und dann natürlich noch wesentlich sicherer) mit Notsegel und Seenotpersenning ausstatten. Aber selbst kleinste Yachttender, können zu sicheren Rettungsflößen werden, wenn sie (zum Beispiel im Angebot renommierter Hersteller) aus nicht reißbarem, hochfest beschichtetem Polyester-Gewebe gefertigt, UV-beständig und abriebfest sind und die üblichen zwei Kammern mit zwei eingebauten Handpumpen sowie Rundum-Rettungsleinen haben.

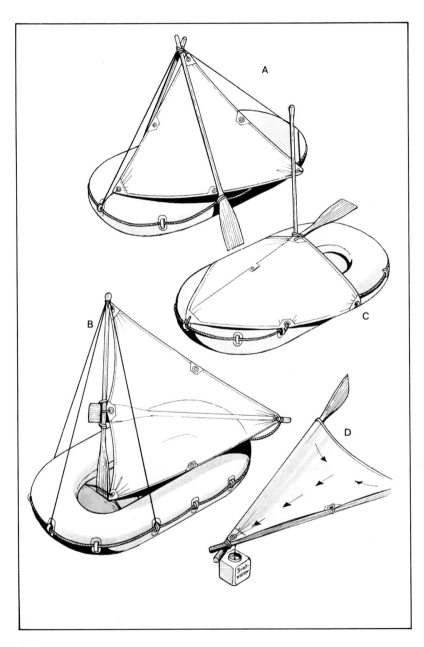

Proviant für den Seenotfall

Die Seenotpakete der Rettungsinseln enthalten nur wenige Tropfen in Folie verpacktes Wasser, die von mehreren durstigen Kehlen in Stundenfrist aufgezehrt sind, und keinen Hartproviant für den Hunger. Auch wenn ein perfektes Rettungssystem entlang der europäischen Küsten gewährleisten könnte, daß eine schiffbrüchige Yachtbesatzung in wenigen Stunden gefunden und gerettet wird, ist das kein Grund, nicht für einen möglicherweise längeren Aufenthalt in einer Rettungsinsel, in einem Schlauchboot oder einem starren Beiboot Vorsorge zu treffen. Je größer die Personenzahl in einem Rettungsboot ist, und je mehr Kinder zu seiner Besatzung gehören, desto mehr ist für ausreichenden Seenotproviant zu sorgen.

- Man bewahrt ihn in einem zusätzlichen Seenotpaket auf, das griffbereit am Niedergang der Yacht hängt und in dem (als handlicher, tragbarer Segeltuchsack gezurrt) auch andere Seenotausrüstung enthalten ist.
- Als Seenot-Festproviant werden international bewährte Produkte der holländischen Firma Verkade hergestellt. Sie sind auch durch die entsprechenden internationalen und nationalen Sicherheitsbestimmungen der Seeschiffahrt vorgeschrieben. Verkade-Kekse werden mit ca. 20 bis 30 Stück in wasserfesten 1-kg-Dosen geliefert. Sie enthalten alle lebenswichtigen Bestandteile der üblichen Nahrung in konzentrierter Form sowie viele Vitamine und haben einen Nährwert von 5500 Kalorien (23 010 kJ) per 1 kg Gewicht. Die Notration „Gold" enthält beispielsweise zwölf Kleinpackungen von je drei Keksen.

Wenn man diese Kekse einmal probiert hat, erhält man ein beträchtliches Völlegefühl im Magen, das auch den Hunger stillt und jeden Drang zu weiterer Nahrungsaufnahme stoppt. Da eine einzige 1-kg-Dose für die Ernährung einer Person während einer Woche ausreicht, kann man bei der Ausstattung des Seenotpaketes mit je einer Dose pro Kopf der Crew nicht nur Notnahrung für die entsprechende Zeit in konzentrierter Form mitnehmen. Man trägt dadurch auch zur Erhaltung von Kondition und Moral einer schiffbrüchigen Crew beträchtlich bei.

Notstand Trinkwassermangel

Gefahrenlage:

Trotz der perfekten Seenotfunkanlagen, des weltweiten Überwachungssystems von Seenotfunkmeldungen und der Einsatzmöglichkeit von Seenotrettungsflugzeugen ist nicht gewährleistet, daß ein Schiffbrüchiger in wenigen Stunden aufgefunden und gerettet werden kann. Insbesondere Yachtsegler, die erfahrungsgemäß fernab von Schiffahrtsrouten ihre Kurse über die Ozeane segeln – beispielsweise auf der Passatroute über den Atlantik und um die Welt – oder die abgelegenen Reviere hoher Breiten befahren, müssen im Notfall mit allen Risiken des Wassermangels für das Leben der Besatzung rechnen.

Trinkwassermangel kann auch auf seetüchtigen Yachten eintreten, deren Wasservorrat in den Tanks ungenießbar geworden ist, weil im letzten Hafen aus hygienisch nicht einwandfreien Hähnen oder Leitungen gebunkert wurde.

Die Gefahr des Wassermangels besteht somit für alle Segler, die sich aus dem Küstengebiet entfernen.

Man beachte:

Bekanntlich besteht der menschliche Körper zu 60% aus Wasser. Ist ein Prozent des Wassers verbraucht und ausgeschieden, stellt sich ein Durstgefühl ein. Sind 5% Wasser verbraucht, ist erfahrungsgemäß die Grenze des Überlebenswillens erreicht, und der körperliche wie geistige Zusammenbruch eines Menschen beginnt. Bei einem Wasserverlust von 8–10% treten Halluzinationen hinzu. Der Lebenswille des Menschen zerbricht. Bei 20% Wasserverlust tritt der Tod ein.

Individuell betrachtet heißt dies: Ein Mann von 75 kg Gewicht hat 45 Liter Wasser in allen Organen seines Körpers. Verliert er gut 2 Liter Flüssigkeit (5% von 45 Liter = 2,25 Liter), dann sind Kondition und geistige Leistungsfähigkeit bedroht. Dieser Zustand muß in jedem Notfall verhindert werden.

Unter normalen Lebensbedingungen verbraucht der menschliche Körper im Laufe von 24 Stunden etwa 2,6 Liter Wasser. Diese Flüssigkeitsmenge nimmt er durch Getränke (ca. 1,3 Liter) und durch die Wasseranteile in fester Nahrung (ca. 1 Liter) auf, während er ca. 0,3 Liter durch den Stoffwechsel in seinem Körper selbst herstellt.

Da der Körper von sich aus den Flüssigkeitsbedarf bei Wassermangel reduziert, kann er notfalls auch mit etwa 0,8 Liter pro Tag auskommen. Abzüglich der bei den Stoffwechselvorgängen im Körper selbst erzeugten 0,3 Liter Wasser ist bei Wassermangel eine Tagesration von 0,5 Liter sogar über eine längere Durstzeit hinweg ausreichend, ohne daß unmittelbare gesundheitliche Nachteile oder spätere Folgeschäden zu befürchten sind.

In einem solchen Notfall darf jedoch kein zusätzlicher Wasserbedarf erzeugt werden, und jeder selbst herbeigeführte Wasserverlust ist zu vermeiden. Zusätzlichen Wasserverlust bedeutet beispielsweise der Aufenthalt in der See. Er ist hauptsächlich bedingt durch den Druck des umgebenden Wassers auf den eingetauchten Körper, in dem ein geringerer Druck herrscht, und die dadurch veränderte Steuerung des Wasserhaushaltes.

Auch starke körperliche Tätigkeit, bei der der sichtbare Schweiß den Verlust von Flüssigkeit kennzeichnet, ist im Notstand Wassermangel zu vermeiden.

Einem Seekranken gebe man so lange keine Wasserration, bis sich das Erbrechen, bei dem Wasser nicht aufgenommen, sondern nur ausgeschieden wird, wieder gegeben hat. Anschließend muß man den Flüssigkeitsverlust in seinem Körper durch entsprechend größere Rationen ausgleichen.

Der Genuß von Seewasser muß aus folgenden Überlegungen zwangsläufig zu qualvollem Tod führen: Unsere Körperflüssigkeit hat einen Salzgehalt von ca. 1%. Unsere Nieren sind gegebenenfalls in der Lage, Flüssigkeiten mit einem Salzgehalt von max. 2% auszuscheiden. Seewasser könnte also nur dort zum Trinken benutzt werden, wo sein Salzgehalt unter 2% liegt. (Die im Seewasser enthaltenen körperfremden Salze können jedoch Funktionsstörungen der Organe verursachen, die zu unmittelbaren negativen Folgeschäden und einem größeren Wasserbedarf führen, so daß auch diese Möglichkeit in der Praxis entfällt.) Das übliche Wasser der Weltmeere mit einem Salzgehalt von 3,5% ist ungenießbar: Es muß nämlich auf 2% verdünnt werden, damit es die Nieren ausscheiden können, und das hierfür benötigte Wasser würde der Körper seinen Organen und Geweben entziehen, so daß der Wassermangel vergrößert und die Überlebenszeit verkürzt wird.

Verhaltensregeln:

Zusammengefaßt bedeutet dies im Notstand Wassermangel:
- Im Falle des Verlassens einer Yacht noch einmal so viel wie möglich trinken – aber nur Wasser oder Fruchtsäfte.
- Anschließend 24 Stunden lang nichts trinken (außer Personen, die verletzt oder erkrankt sind).
- Danach beträgt die tägliche Wasserration 0,5 Liter pro Kopf.
- Diese tägliche Ration nicht auf einmal, sondern zu je einem Drittel morgens, mittags und abends (entsprechend der Mahlzeitengewohnheiten) verteilen, um dadurch auch die Monotonie des Tageslaufes in einem Seenotfall mehrfach unterbrechen zu können.
- Sind die Rationen verbraucht, wird die letzte Tagesration auf fünf Tage mit je 0,1 Liter verteilt.
- Unter keinen Umständen Seewasser trinken!

Trinkwasser für den Seenotfall

A

Mediziner haben festgestellt, daß der Mensch in Notsituationen mindestens 20 Tage, in Extremfällen sogar bis zu 40 Tagen ohne feste Nahrungsmittel auskommen könnte, wenn er genügend Wasser oder andere Flüssigkeiten zu trinken hat. Fehlt ihm aber Wasser, und hat er auch keine anderen Nahrungsmittel, deren Wassergehalt ihm eine gewisse Flüssigkeitszufuhr gibt, so hält er es auch unter günstigsten äußeren Bedingungen nur vier bis fünf Tage aus.
Die in Rettungsinseln mitgegebenen Trinkwasser-Konserven sind kleine Plastik-Portionsbeutel mit je 100 ml Trinkwasser, die in der Praxis keinen nennenswerten Wasservorrat darstellen. Denn der Mensch braucht unter normalen Lebensbedingungen pro Tag etwa 2,5 Liter Wasser – und das ist mehr, als in den 20 Minipackungen der vorgeschriebenen Seenotausrüstung enthalten ist. Bei einer mehrköpfigen Crew und bei einer möglichen mehrtägigen Drift in Rettungsinsel oder Rettungsboot muß man daher eine andere Vorsorge treffen:
Bei unseren Atlantiküberquerungen dienten mehr als zwanzig 5-Liter-Wasserkanister für die Aufnahme eines Teils unseres Trinkwasservorrates, der sowohl für den normalen Verbrauch als auch für einen möglichen Seenotfall vorgesehen war. Mehrere dieser kleinen, handlichen Kunststoffkanister mit Metall-Tragegriff (Abb. A: beim Befüllen) standen in Halterungen neben dem Kajütniedergang, so daß sie in einem Seenotfall schnell an Deck gegeben werden konnten. Sie waren mit je einem Karabinerhaken im Abstand von ca. 1 m mit einer Leine verbunden, die wiederum an den Seenotbeutel angesteckt war. Ergriff man diesen, riß man automatisch die Wasserkanister aus ihrer Halterung und zog sie mit an Deck.
Die Kanister waren nicht randvoll gefüllt, sondern besaßen ein kleines Luftpolster, durch das sie schwimmfähig waren. Sie mußten somit auch nicht in die Rettungsinsel gepackt werden, wo sie Gewicht verursacht und Raum gebraucht hätten, sondern konnten selbst schwimmen und mit unserer Rettungsinsel driften, wenn es darauf ankam. Zehn Kanister hätten somit den Wasserbedarf von zwei Personen für zehn Tage oder von vier Personen über fünf Tage optimal decken können.
Weniger Umstand würde ein Seewasser-Entsalzer machen: Der zusammengelegt nur faustgroße Seewasser-Entsalzer vom Typ SEG 521 läßt sich zu einem Behälter von 0,5 Liter Inhalt auseinanderfalten. In den Filterkopf werden dann Entsalzungstabletten (mit Silberzeolith) eingelegt.
Zur Herstellung von Trinkwasser füllt man den Kunststoff-Faltenbalg mit Seewasser, legt eine Entsalzungstablette ein und löst diese durch etwa 20 Minuten langes Schütteln. Anschließend kann man das ausreagierte Wasser in einen Trinkbecher schütten. Der Bodenschlamm mit dem Seewasser wird ausgespült.
Der Nachteil dieses Seewasser-Entsalzungsgerätes für Yachtsegler: Die sechs Tabletten, mit denen man kaum die Tagesration einer Person gewinnt, sind nicht gerade billig. Somit wird es eine sehr teure Vorsorge – verglichen mit den Folien-Konserven.

Regenwasser als Trinkwasser sammeln

Gefahrenlage:

Siehe: → „Notstand Trinkwassermangel"

Nothilfe:

Abhängig von der Regenmenge und dem Einfallsreichtum der Besatzung sowie den Mitteln, die sie zum Wassersammeln einsetzen kann:
• Bei starken Regenschauern ist der Großbaum am gesetzten Segel eine brauchbare Regenrinne. Man fängt das Wasser in Eimern auf, die man am Lümmelbeschlag aufstellt und beim Segeln am Mast mit einem Gummistropp festzurrt. Dirkt man den Großbaum dabei etwas an, verbreitert man die Regenrinne und vergrößert das Gefälle (Abb. A).
• Läßt man das oft salzverkrustete Großsegel zuerst einige Minuten abregnen und will oder muß man auf diese Weise größere Wassermengen direkt in die Tanks leiten, befestigt man am Lümmelbeschlag einen Trichter und läßt das Wasser über eine Schlauchleitung in die Tanköffnung der Wassertanks auf dem Seitendeck laufen (Abb. B). In ausländischen Revieren auch aus gesundheitlichen Gründen eine empfehlenswerte Vorratsergänzung.
• Hat man ein → Mehrzweck-Schutzsegel an Bord (Abb. C), kann man dies an geeigneter Stelle aufspannen und in ähnlicher Weise als Wassersammler (auch zum Befüllen der Tanks) benutzen.

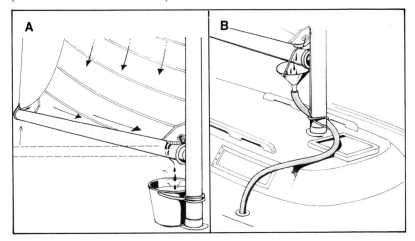

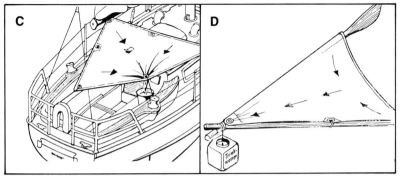

- In einem Seenotfall, im Schlauchboot oder in der Rettungsinsel dient die Schlauchboot-Mehrzweck-Persenning mit zwei Riemen (Abb. D) als brauchbarer Wassersammler.
- Bei begrenztem Raum in einer Rettungsinsel empfiehlt sich eine schirmartige Konstruktion, wie sie Douglas Robertson erfolgreich einsetzte (Abb. E). Bei Benutzung einer Plastikfolie wird jeder Tropfen schnell in den Sammler gelenkt.

Wie man Trinkwasser aus Seewasser gewinnt, siehe Seite 396.

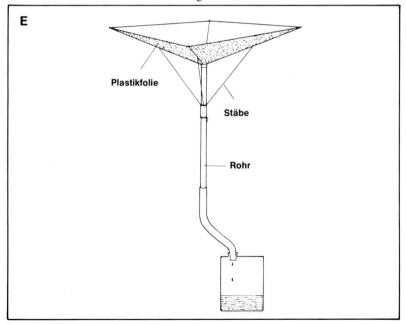

Trinkwasser aus dem Meer

Situation:

Zur Ausrüstung von Rettungsinseln gehören Frischwasserrationen, die in Plastikfolien eingeschweißt sind. Bei einer mehrköpfigen Crew reichen sie jedoch nur für sehr wenige Tage → Entsalzungstabletten sind zu teuer, um auf Yachten benutzt zu werden. Das → Sammeln von Regenwasser wird daher hauptsächlich zur Deckung des notwendigen Frischwasserbedarfes dienen können. In tropischen Gebieten und bei längerem Aufenthalt in Rettungsboot oder Rettungsinsel wird die notwendige Trinkwassermenge jedoch nur aus dem Meer selbst zu gewinnen sein.

Möglichkeit I:

Handelsüblicher Destillierapparat zur Herstellung von Frischwasser aus Seewasser mit Hilfe der Sonnenenergie
Er besteht aus einem zusammengelegt verstauten Kunststoffbeutel, der mit Mund oder Blasebalg in einen etwa 60 cm großen Luftballon aufgeblasen werden kann (Abb. A). Dabei bilden sich innen vier kreuzweise ineinandergestellte Querwände aus einem schwarzen, wasseraufnehmenden Tuchmaterial, die mit ihren Spitzen seitlich am Innenmantel festgehalten werden.
Wenn man Salzwasser in die schornsteinförmige obere Öffnung gießt, füllt man damit einen stabilisierenden Bodenschlauch und tränkt gleichzeitig das Innenmaterial. Der Solarverdunster wird dann neben der Rettungsinsel ins Wasser gesetzt und gut belegt.
Durch die Sonnenenergie verdunstet jetzt das Seewasser im Inneren des Ballons. Der Niederschlag rinnt an der Innenseite des Kunststoffballons nach unten und wird hier von einem Frischwasserbehälter am Boden aufgefangen. Über den Schlauch, der vorher zum Aufblasen diente, kann man das destillierte Trinkwasser absaugen. Die zurückgebliebenen Salzkristalle müssen von Zeit zu Zeit aus dem getrennten Bodenbehälter ausgeschüttet werden.
Ein solcher Solar-Destillator erzeugt an einem Sonnentag in sechs Stunden etwa 0,5 Liter Trinkwasser. Selbst an einem bewölkten Tag ist eine Seewasseraufbereitung noch gut möglich.

Möglichkeit II:

Solar-Destillierapparat aus einfachen Bordmitteln
Nach dem gleichen Prinzip kann man Trinkwasser einfacher und zuverlässiger erzeugen; denn das beschriebene, im Handel erhältliche Gerät für die Schiffahrt hat sich in der Yachtpraxis nicht immer bewährt.

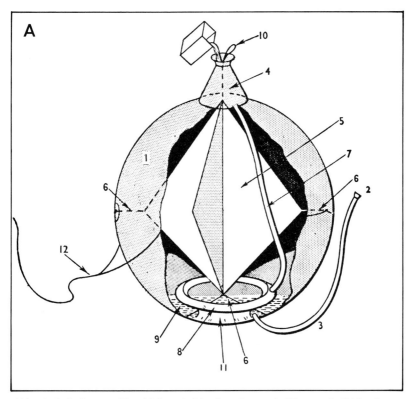

Abb. A: 1. Ballon aus Plastikfolie – 2. Mundventil zum Aufblasen – 3. Schlauch zum Aufblasen und gleichzeitig Absaugen des Trinkwassers – 4. Behälter für Seewasser – 5. Wasseraufnehmende Innenseiten aus Segeltuch – 6. Befestigungsbänder – 7. Schlauch zum Füllen des unteren Seewasserringes – 8. Seewasserballastring am Boden – 9. Sammelbereich für kondensiertes Frischwasser – 10. Halteschlaufe – 11. Sammelbehälter für Salzkristalle – 12. Festmacheleine zum Rettungsboot

Man nimmt eine Pütz, eine möglichst breite, flache Schüssel (Abb. B), das für diesen Zweck besonders gut geeignete → Unterwasser-Sichtgerät oder einen anderen Behälter und stellt (entsprechend seiner Seitenhöhe) eine Tasse, einen Milchtopf, ein Glas oder einen anderen Sammelbehälter in die Mitte. Dann füllt man den Boden so hoch mit Seewasser, daß der leere Sammelbehälter noch sicher steht, und spannt eine Plastikfolie so über die Ränder, daß der Innenraum möglichst luftdicht abgeschlossen ist. Mitten auf die Folie (und genau über dem inneren Sammelbehälter) legt man einen Schäkel, eine Kugel

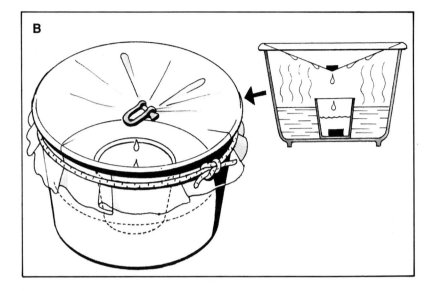

oder ein anderes kompaktes Gewicht, so daß der Boden hier ein wenig durchhängt und eine Art Trichter gebildet wird.
Unter Sonneneinstrahlung kann sich jetzt das verdunstete Wasser an der trichterförmigen Innenfläche der Folie niederschlagen, zum Mittelpunkt ablaufen und hier in den Sammelbehälter tropfen. Dunkle Folien sind nützlicher als helle. Mit einer Pütz, die im allgemeinen eine Bodenfläche von 25 bis 30 cm Durchmesser hat, gewinnt man bereits in subtropischen Gewässern etwa einen Liter pro Tag. Mit einer breiteren Wanne von etwa 40 cm Durchmesser (nahezu der doppelten Bodenfläche) läßt sich somit auch die doppelte Trinkwassermenge von 2 l/d erzeugen. Mehrere solcher Hilfsgeräte zusammen können bei Wassermangel auch auf einer Langfahrt den Wasserbedarf einer mehrköpfigen Crew decken – vorausgestzt, daß die Verdunstungsbehälter selbst schlingersicher gehalten werden können und sich überschwappendes Seewasser in ihnen nicht mit dem destillierten Trinkwasser vermischt.

Möglichkeit III:

Eigendestillation

Steht Sonnenenergie bei Wassermangel an Bord einer Yacht insbesondere in nördlichen Revieren nicht zur Verfügung, ist aber der Petroleum- oder Dieseltank für den Betrieb eines Kochers noch ausreichend gefüllt, kann man auch gekochtes Seewasser durch Destillation in Trinkwasser verwandeln.
Man füllt den Topf mit Seewasser, schließt ihn oben durch einen (notgedrun-

gen genau) passenden, über Kopf gesetzten Metalltrichter ab und setzt auf die
noch verbleibende Kaminöffnung einen wärmefesten Gummischlauch oder ein

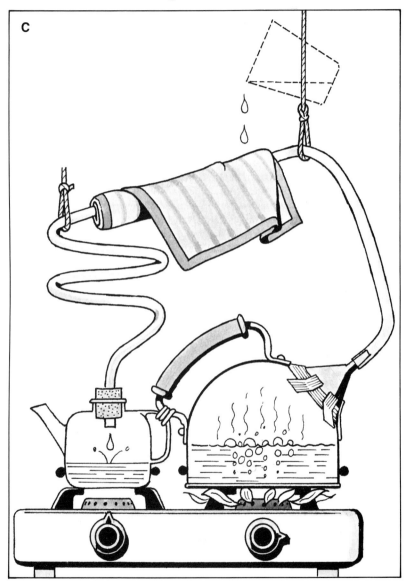

entsprechend großes Metallrohr, das so kurz wie möglich zuerst waagerecht und nach ca. 50 cm senkrecht nach unten umgebogen wird.
Der Dampf des kochenden Wassers tritt jetzt in das Dampfrohr ein. Damit er sich niederschlagen kann, muß er gegebenenfalls gekühlt werden. Hierzu umwickelt man den querlaufenden Schlauchteil mit einem Feudel und hält diesen Wickel durch Tränken mit kaltem Seewasser kühl. Das destillierte Wasser tropft am anderen Ende des Schlauches in einen anderen Kochtopf, Milchtopf oder ähnlichen Behälter (Abb. C).
Das ist nichts anderes als das Kaffeemaschinenprinzip – nur fehlt über dem Frischwassersammler der Filter mit gemahlenem Kaffee. Wenn man sich schon bei Trinkwassermangel diese Mühe machen muß, kann man also gleich Kaffee zubereiten. Das kostet nicht mehr Energie als die Destillation von Trinkwasser allein.
Der Arbeitsaufwand lohnt sich eigentlich nur, wenn man zwei Töpfe nebeneinander auf beiden Flammen erhitzt und dementsprechend auch zwei Kühlwickel bedienen kann. Die mögliche Mitnahme von Salzkristallen in den Wasserdampf verhindert man am besten, wenn man die Kochtöpfe nur höchstens halb voll Wasser füllt und die Füllung mehrfach erneuert. (Aber eine Prise Salz gehört ja sogar zu einem guten Kaffee!) Je nach Höhe der Flamme und Leistung des Kochers ist die Destillation ergiebig. Man kann stündlich etwa einen Liter Trinkwasser gewinnen.

Trinkwasser mit Solarquell

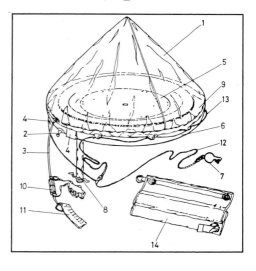

Es gibt ein international bewährtes Destilliergerät für Aufbereitung von trinkbarem Wasser aus Seewasser mit dem Produktnamen „Solarquell". Das nur 900 g schwere Gerät benötigt in verpacktem Zustand wenig Platz und soll unter günstigen Witterungsverhältnissen ca. 175 ml trinkbares Wasser pro Stunde erzeugen. Die Produktion kann nicht nur bei direkter Sonneneinstrahlung, sondern auch bei bedecktem Himmel erfolgen. Man entnimmt das Gerät der Aufbewahrungstasche (14) und befestigt die Verbindungsleine (12) am Rettungsfloß. Dann Auftriebskammer (6) über das Aufblasventil (2) und das Kunststoffdach über den Füllschlauch (8) mit dem Mund aufblasen. Solarquell nach dem Inswassersetzen am Füllschlauch hochhalten und durch ihn mit ca. 4 l Seewasser füllen. Dann Schlauch durch Verknoten verschließen, ins Wasser hängen und Gerät schwimmen lassen. Der Beginn des Destillierens ist am feuchten Niederschlag an der Innenseite des Kunststoffdaches (1) zu erkennen. Das trinkbare Wasser tropft in den Frischwasser-Sammelring (9) und läuft in den Sammelbeutel (11). Ein Schlauch (3) dient zum Abzapfen des destillierten Wassers. 4. Haltelaschen, 5. Salzwasserabsorptionsring, 6. Auftriebskammer, 7. Haltekammer.

Trinkwassergewinnung durch Umkehr-Osmose

In den ersten Auflagen hatte ich noch ein Gerät zur Trinkwassergewinnung aus Seewasser vorgestellt, das vom GKSS-Forschungszentrum in Geesthacht für den Rettungsbootbetrieb in der Berufsschiffahrt entwickelt wurde und dementsprechend nicht nur große Energie für die Entsalzung verbrauchte, sondern auch sehr unförmig war und letztlich zu viel Geld für die Verwendung auf Yachten kostete. Jetzt wird das gleiche Prinzip der Trinkwassergewinnung durch Umkehr-Osmose auch bei kleineren Anlagen vorteilhaft verwirklicht, so daß es bei üblichen Langfahrten und im möglichen Seenotfall keine Probleme gibt, die Crew auch für längere Zeit mit Trinkwasser zu versorgen.
Die Wasserentsalzung erfolgt auf der Basis der Membranfiltration, einer Wasserreinigung, bei der das vorgefilterte Rohwasser (Seewasser) bei einem Betriebsdruck von ca. 55 bar durch ein dickes, vielschichtiges Membranmodul gepreßt wird. Für diesen hohen Druck benötigt man viel Kraft, die bislang nur durch Pumpen mit hoher Leistung, die im Pedalbetrieb arbeiteten, erreicht wurde. Aber auch wenn man mit einer Muskelkraftleistung von 100 Watt 10 Minuten auf dem Fahrradsitz strampelte, gewann man mit aufwendigen Großanlagen nur ca. 4 Liter pro Stunde.
Durch eine neue patentierte Energie-Rückgewinnung, bei der eine Hydraulikverstärkung angewandt wird, wurde diese erforderliche Leistung nicht nur wesentlich reduziert, die Anlagen selbst konnten auch in handlichem Format hergestellt werden. Bei den handbetriebenen Modellen (Abb. A) erreicht man

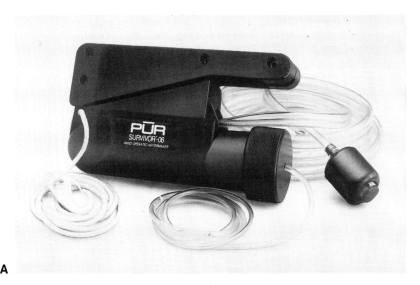

A

mit leichtem Hebeldruck und 30 Hebelbewegungen pro Minute 1–4,5 Liter Trinkwasser in der Stunde – eine leichte Zusatzarbeit für die Wache, wenn die Selbststeueranlage arbeitet, oder eine Tätigkeit im Rettungsfloß.

Die batteriegetriebenen Survivor-Anlagen (Abb. B) liefern mit 12 Volt und 4 Ampere 5 Liter Trinkwasser pro Stunde bzw. mit 12 V und 8 A 14,5 l/h. Ein zusätzlicher elektrischer Generator ist also nicht erforderlich.

Übrigens hatten alle am Whitbread Round the World Race 1993/94 teilnehmenden Yachten die größte Powersurvivor-Anlage an Bord. Ohne einen solchen „Watermaker" sind solche Langfahrtrennen, bei denen ja auch Trinkwasser für die 12köpfige Crew ein vermeidbarer Ballast sein muß, nicht denkbar.

B

Aufgeben einer sinkenden oder brennenden Yacht

Gefahrenlage:

Die Erfahrung lehrt, daß Yachten viel zu früh von ihrer Besatzung aufgegeben werden. So überstanden beispielsweise 19 Yachten den Fastnet-Orkan ohne Besatzung, und in einigen Fällen überlebten die von ihrer Crew aufgegebenen Yachten, und die Crew selbst kam in der Rettungsinsel oder der tobenden See ums Leben. Es gibt zahlreiche andere Fälle, in denen von der Besatzung aufgegebene Yachten oft noch tausend Meilen weit über den Atlantik drifteten, nachdem die Yachtsegler in vermeintlicher Seenot und der vermuteten Gefahr des Sinkens ihre Schiffe aufgegeben hatten.

Im Vergleich mit der Beengtheit in einer Rettungsinsel, der Nässe in einem solchen „Schwimmzelt" und den geringen Mengen von Wasser und Proviant, die sich in ein Rettungsboot mitnehmen lassen, stellt die – wenn auch havariert schwimmende – Yacht eine komfortable Insel des Lebens dar. Sie sollte mit Hilfe von → Auftriebskörpern innen und außen nach Möglichkeit auch unsinkbar gemacht werden, damit sie als „verkorkte Flasche" selbst unter noch so ungünstigen Bedingungen niemals aufgegeben werden muß. Selbst ein Brand an Bord kann eine Stahlyacht nicht zum Sinken bringen.

Verhalten:

Man halte sich auch im Zustand scheinbarer hoffnungsloser Seenot und panischer Angst an das seit Jahrhunderten gültige Schifferwort
Never leave the ship until the ship leaves you!
Verlasse niemals das Schiff, ehe es nicht dich verläßt!
Dennoch muß man, wo auch immer eine Yacht unterwegs ist, darauf vorbereitet sein, daß in einem Seenotfall die Zeit, die zum Verlassen einer Yacht zur Verfügung steht, unter ungünstigen Bedingungen – beispielsweise beim Auflaufen auf einen Fremdkörper auf hoher See – nur wenige Minuten dauern kann, auch wenn erfahrungsgemäß ein längerer Zeitraum zum Aufgeben der Yacht zur Verfügung stehen wird. Entsprechende Notpakete mit → Notsignalen, → Seenotproviant und → Trinkwasser müssen nicht nur griffbereit zur Verfügung sein, sondern auch zuverlässig mit in die Rettungsinsel genommen werden können.

• Die Entscheidung zum Aufgeben der Yacht trifft der Schipper. Er allein trägt auch die Verantwortung in einem hierbei vielleicht auch → rechtlichen Notstand. Grundsätzlich darf in einem Seenotfall niemand an Bord einer

Yacht, ohne Anordnung des Schippers, die Rettungsmittel klarmachen und die Yacht auf eigene Faust verlassen. Handelt jemand nach dem Motto: „Rette sich, wer kann!", so werden die Überlebenschancen der gesamten Besatzung in Frage gestellt, und im Zustand kopfloser Panik unterbleiben die wichtigsten Maßnahmen.

• Das Aufblasen der Rettungsinsel geschieht nur auf Anordnung des Yachtschippers. Dabei muß gewährleistet sein, daß die Insel duch eine kräftige Leine mit der Yacht verbunden ist und bleibt. In jedem Falle sollte man versuchen, direkt überzusteigen – ohne den Umweg durch das Wasser. Und man sollte auch nicht in die Rettungsinsel springen, weil gerade beim → Besetzen der Insel Schäden an den Schlauchkörpern entstehen können, die sich bei der späteren Drift als lebensgefährlich und irreparabel erweisen könnten.

• Vor dem Verlassen einer sinkenden oder brennenden Yacht sollte jedermann an Bord – auch wenn die Aufgabe bei strahlendem Sonnenschein und warmem Wetter erfolgt – möglichst viele zusätzliche und die richtigen Kleidungsstücke anziehen. Die der Aufgabe folgenden Nächte werden lang, kalt und naß sein! Zur Kleidung im Seenotfall gehören (von innen nach außen angezogen) Pullover, Hemd und Pullover, Unterhose, Tuchhose und Regenhose, dazu Regenjacke mit Pudelmütze und Kapuze, ein Schal um den Hals, dicke Socken und Gummistiefel sowie schließlich die Schwimmweste. Die Mitnahme weiterer Kleidung in einem wasserdichten Beutel ist empfehlenswert.

• Man nehme auch warme Decken zum Auslegen des Bootsbodens und als Isolation gegen das kalte Wasser, Verbandszeug und Seekrankheitsmittel sowie andere Medikamente aus der Bordapotheke mit, dazu Wasserkanister und ein Transistor-Radio, um einen Kontakt zur Außenwelt zu behalten. Natürlich müssen (in wasserdichten Beuteln) Logbuch und Schiffsdokumente, Ausweise und wichtige private Dinge mit von Bord, wenn es möglich ist.

• Man muß unter allen Bedingungen versuchen, möglichst trockenen Fußes in die Rettungsinsel zu kommen; denn es wird später schwierig sein, nasse Kleidung in der Enge des Rettungsfloßes zu trocknen.

Besetzen einer Rettungsinsel

Gefahrenlage:

Das Besetzen einer Rettungsinsel, die sich im allgemeinen erst nach dem Überbordwerfen automatisch aufbläst, kann im Seenotfall beträchtliche Schwierigkeiten bereiten, weil erfahrungsgemäß kaum jemand vorher das Einsteigen geübt hatte.

Die nur leichtgewichtige Gummihaut der beiden Schlauchkörper, aus denen die Insel besteht, sind nicht nur sehr empfindlich, sondern können durch scharfkantige Gegenstände, die (beispielsweise nach einem Mastbruch) an der Bordwand hängen oder (als Werkzeug) mit an Bord genommen werden, irreparablen Schaden nehmen.

Verhalten:

- Man versuche immer, die Rettungsinsel beim → Aufgeben einer sinkenden oder brennenden Yacht direkt zu besteigen. Hierzu setze man die Füße am Einstieg der Insel vorsichtig auf den oberen Schlauch und krieche anschließend im Inneren zur gegenüberliegenden Seite, damit die Insel beim Einstieg weiterer Personen nicht kentert.
- Andere Besatzungsmitglieder versuchen in dieser Zeit, die Insel entweder von der Yacht oder vom Rettungsboot aus an der Bordwand festzuhalten und hier gegen Beschädigungen zu schützen.
- In jedem Falle vermeide man, in die Rettungsinsel hineinzuspringen. Einmal würde durch den Sprung mit den Füßen voran eine punktförmige Belastung der entsprechenden Gummiteile erfolgen, die zu einer Beschädigung von Dach oder Schlauchteilen führen könnten. Zum anderen kann ein solcher Sprung für den Springer und die Personen, die bereits im Inneren der Insel sitzen, zu unnötigen Verletzungen führen.
- Sollte ein Sprung unvermeidlich sein (beispielsweise für den letzten Mann an Bord der aufgegebenen Yacht), dann sollte er waagerecht sowie mit ausgebreiteten Armen und Beinen auf das Inseldach erfolgen, so daß sich der Aufprall auf eine größere, nachgiebige Gummifläche verteilen kann (Abb. A).
- Das Besteigen der Insel von einer Yacht aus wird auch empfohlen, weil der Einstieg aus dem Wasser mit den größten Schwierigkeiten verbunden ist. Insbesondere eine Einzelperson ist trotz Einsatz von Kraft und Geschicklichkeit (in den begrenzten, durch Nässe, Kälte und Angst gegebenen Einsatzmöglichkeiten) kaum in der Lage, in den Einstieg zu klettern. Die einseitig belastete Insel kann kentern. Die Benutzung der Tauleiter ist schwierig. Der Verschluß der Insel sollte als Kletterhilfe nicht angefaßt werden, weil er für solche Zugebelastung ungeeignet ist und als späterer Wärmeschutz auf keinen Fall abgerissen werden darf (Abb. B).

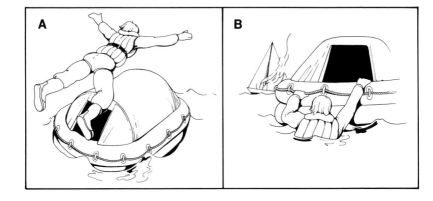

- Wollen zwei Personen aus dem Wasser in die Insel klettern, wird empfohlen, daß eine von ihnen sich mit beiden Händen an der Sicherheitsleine festhält und dann kurz untertaucht, damit die andere Person sich mit den Füßen auf die Schultern des Tauchers stützen und sie als höhergelegenes Trittbrett benutzen kann. In jedem Falle ist es hinterher einfacher, vom Inneren der Rettungsinsel aus einer noch im Wasser schwimmenden Person zu helfen, in die Insel zu gelangen.
- Von Anfang an muß versucht werden, die Rettungsinsel trocken zu halten und beim Einstieg übergekommenes Wasser schnell wieder zu lenzen. Nasse Kleidung ist umgehend abzulegen und gegen trockenes Zeug umzutauschen. Steht trockenes Zeug zum Wechseln nicht zur Verfügung, lege man die nassen Sachen ab, wringe sie kräftig aus und ziehe sie dann wieder an, damit sie am Körper resttrocknen können. Durch Verdunstung von viel Feuchtigkeit aus der nassen Kleidung wird nämlich Verdunstungskälte erzeugt, die die Auskühlung des Körpers verstärkt.
- Die ungewohnten und im Vergleich mit einer Yacht ganz andersartigen Bewegungen einer Rettungsinsel im Seegang werden dazu führen können, daß auch bislang seefeste Personen seekrank werden. Medikamente gegen die Seekrankheit sollten daher eingenommen werden. Damit diejenigen Insassen einer Insel, die nicht unter Seekrankheit leiden oder erfolgreich dagegen ankämpfen konnten, schließlich nicht auch zum Erbrechen kommen, sollten Seekranke sich zwingen, nur durch das Einstiegsluk und nach außen zu opfern. Ist es ihnen nicht mehr möglich, sich rechtzeitig über Bord zu beugen, und wird das Innere der Insel verschmutzt, dann muß diese Stelle schnell und gründlich gesäubert werden, weil der Anblick und der Geruch des Erbrochenen sonst andere, noch seefeste Insassen ebenfalls zum ,,Opfern" bringen könnte.
- Das Verlassen der Rettungsinsel ist bei → Rettung durch Hubschrauber und → Rettung durch ein Großschiff beschrieben.

Notstand durch Haiangriffe gegen Schlauchboote

Gefahrenlage:

In tropischen Gebieten und in warmen Gewässern, in denen Haie leben, muß man mit Haiangriffen rechnen. Insbesondere Schiffbrüchige, die tagelang in ihren Rettungsinseln drifteten, und Yachtbesatzungen, die mit ihren Schlauchbooten vom Strand zur verankerten Yacht pullten, berichten von solchen Angriffen: Werner Friedrich beispielsweise, der 1979 in der Bucht von Manamenu auf Hiva Oa in den Marquesas in der hereinbrechenden Dämmerung vor

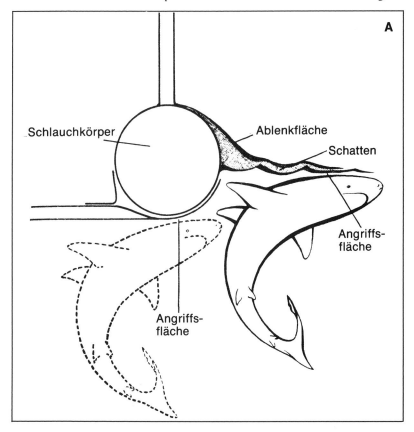

Anker lag. Ein Hai griff die Schlauchbootbesatzung an, biß ein großes Loch in einen Schlauchkörper, der dadurch schnell seine Luft verlor, und versuchte auch in den Schlauchboden hineinzupacken.

Nothilfe:

- Schlauchboote sollten in diesen Gebieten mit einem Holzboden versehen sein, um die Bodenbeschädigung und eine Gefährdung der Füße zu vermeiden. Die Schlauchkörper sollten seitliche Tarnflächen (Abb. A) erhalten, damit der Hai diese vermeintliche Schlauchbootwand und nicht den eigentlichen tragenden Schlauchkörper angreifen kann. – Feste Beiboote sind gegen Biß und Schlag mit dem Schwanz (auch durch Killerwale) erfahrungsgemäß noch mehr gefährdet.
- Besonders sicher ist man, wenn man mit zwei Schlauchbooten vom Boot zum Ufer und zurück fährt und eines gegebenenfalls die Besatzung des beschädigten Bootes aufnehmen kann. – Haie stellen sich insbesondere dann ein, wenn Fische gefangen worden sind, an Bord ausgenommen werden und das Blut ins Wasser gegeben wird.

Notstand durch Haiangriffe im Wasser

Gefahrenlage:

Es gilt als eherne Regel, in tropischen und subtropischen Gewässern niemals bei Nacht am Ankerplatz vom Boot aus zu schwimmen, und es ist auch bei Tage ratsam, in haifischverseuchten Gebieten einen Beobachter an Deck aufzustellen, um Schwimmer rund um das Boot gegen Haiangriffe zu sichern. Bekannt geworden sind Haiangriffe gegen schiffbrüchige Yachtbesatzungen, die sich ohne Rettungsinsel mehrere Stunden lang im Wasser aufhalten mußten, und von Yachtbesatzungen, die von Haien angegriffen wurden, obwohl sie sich zu einer schützenden Traube umarmt hatten.

Verhaltensweise:

Nur wenige der vielen Arten von Haien werden dem Menschen gefährlich. Alle Arten zeigen jedoch ein unterschiedliches Verhalten, und auch einzelne Exemplare einer Art benehmen sich nicht immer so, wie man es nach der Regel annehmen müßte. Allgemeingültige Aussagen lassen sich daher nur schwer machen:
- Ein Hai orientiert sich durch hochempfindliche Fühler, die an der Seitenlinie entlang direkt unter der Haut verlaufen und durch Druck oder Schlag erzeugte Wasservibrationen über beträchtliche Distanzen auffangen können. Das Unterlassen von Schwimmbewegungen ist eine erste Schutzmaßnahme gegen Haie, die in beträchtlicher Entfernung gesichtet werden.
- In mittlerer Entfernung orientiert sich der Hai durch einen Geschmackssinn, der insbesondere auf fremde Reizstoffe im Wasser (wie Blut) anspricht. Verletzungen eines schiffbrüchigen Schwimmers sind daher gut gegen Blutverlust durch einen Verband zu sichern. Fischblut sollte weder vergossen noch angeschwommen werden.
- Beim Nahabstand ist das Auge das Orientierungsorgan des Hais, mit dem er sowohl Bewegungen als auch Farbkontraste wahrnehmen kann. In diesem Falle gilt, sich bewegungslos zu verhalten.
- Mit Geschmackszellen, die in kleinen Gruben der Körperseite eingebettet sind, prüft der Hai als letztes die Genießbarkeit einer Beute. Man ziehe deshalb niemals Kleidungsstücke aus, wenn man sich in gefährdeten Gebieten schwimmend in Seenot befindet.
- Nicht ratsam ist es, bei Annäherung eines Hais kopflos und schnell davonzuschwimmen. Denn solche überhasteten Schwimmbewegungen des Menschen

ähneln den unregelmäßigen und ruckartigen Bewegungen von alten oder verletzten Fischen, die dem Hai als Nahrung dienen.

• Nach Ansicht von Meeresforschern werden Haie durch Schreien unter Wasser oder durch klatschende Schläge auf die Wasseroberfläche nicht verscheucht, sondern eher zu rascherem Angriff veranlaßt. Als wichtigste Verhaltensregel für den Schwimmer in Seenot empfehlen sie demgegenüber: Ruhige und gleichmäßige Schwimmbewegungen, ohne das Wasser mehr als notwendig dabei aufzuwühlen.

• Nach ihren Verhaltensregeln soll man einen Hai, der sich in immer engeren Kreisen um einen Schwimmer nähert, im Auge behalten und mit gleichmäßigen Bewegungen auf ihn zuschwimmen. Er kann beim Angriff abgewehrt werden, wenn man ihm mit einem harten Gegenstand auf die Schnauzenspitze schlägt – aber die blanke Faust wird hierzu nicht als geeignet angesehen.

Rettung durch Hubschrauber

Gefahrenlage:

Wenn Kranke oder Verletzte von einer segelklaren Yacht abgegeben werden sollen, kann sich der Hubschrauber nicht über dem Rigg einer Yacht aufhalten, die in der See rollt. Die hilflose Person und ihr Begleiter müssen daher im Schlauchboot ausgesetzt werden, das an einer langen Schwimmleine achteraus gefiert wird. Zur gemeinsamen Sicherheit von Yacht und Hubschrauber während des Bergungsmanövers sollte die Schleppleine so lang wie möglich und mindestens 30 bis 50 m lang sein.

Verhalten:

- Am besten ist es, wenn die Yacht alle Segel birgt und unter Motor mit sicherer Fahrt etwa 20 bis 30° gegen Wind und See andampft. Je geringer die Fahrt, desto größer ist die nachteilige Wirkung des abwärts gerichteten Rotorstrahls. Sie erreicht nahezu 9 Windstärken, und die Luftströmung wirkt sich dementsprechend wie eine gefährliche Sturmbö auf die begrenzte Wasseroberfläche aus.
- Ist der Motor nicht einsatzklar, drehe man das Boot unter kleinen Segeln bei und halte es etwa unter doppelt gerefftem Großsegel und Fock II wegen der genannten Hubschrauber-Windwirkung auf der Stelle.
- Der Verletzte wird mit einem Begleiter in das Schlauchboot gesetzt und erhält ein Begleitpapier in wasserfestem Behältnis (Plastikhülle) zugesteckt, auf dem die Einzelheiten des Unfalls und die Zeiten vermerkt sind, an denen vorhandene Verbände angelegt wurden oder Medikamente gegeben worden sind.
- Der Hubschrauber wird das Rettungsgerät (Schlinge oder Netz) nach Möglichkeit durch das Wasser zum Beiboot ziehen, um die elektrische Spannung des Flugkörpers praktisch zu erden. Sollte das Rettungsgerät dennoch direkt über die Winsch auf das Beiboot herabgelassen werden und man es dann ergreifen müssen, erhält man durch die Entladung statischer Elektrizität einen starken Schlag. Er ist aber – wenn man von der Schreckwirkung absieht – absolut harmlos, das Gerät kann trotzdem ohne Gefahr umgelegt werden.
- Die erkrankte oder verletzte Person wird meistens in eine Rettungsschlinge gehängt. Man führt sie so über den Kopf und unter die Arme, daß sie unmittelbar unter den Achseln anliegt. Beim Anheben und Hochwinden zum Hubschrauber müssen die Arme am Körper entlanggestreckt und die Hände eng an die Oberschenkel gelegt werden. Schwerverletzte werden durch ein Rettungs-

netz geborgen. Es ist möglich, daß ein zusätzlicher Helfer vom Hubschrauber abgeseilt wird.

- Ist das verletzte Bordmitglied nach dem Anlegen der Rettungsschlinge klar zum Hieven, gibt man dies dem Bordmechaniker des Hubschraubers durch ein Handzeichen bekannt: Man streckt einen Arm mit geballter Faust und nach oben gerichtetem Daumen aus.
- Der Helfer im Schlauchboot, der anschließend wieder an Bord der Yacht geholt werden soll, muß mit einem Sicherheitsgurt am Beiboot befestigt sein, denn es besteht die Gefahr, daß der Hubschrauber nach dem Beginn der Bergung durch die eingangs genannten niederfallenden Sturmböen das Schlauchboot umwirft.
- Die Leitung des Rettungsmanövers hat die Hubschrauberbesatzung. Man sollte ihr schnell und genau folgen.

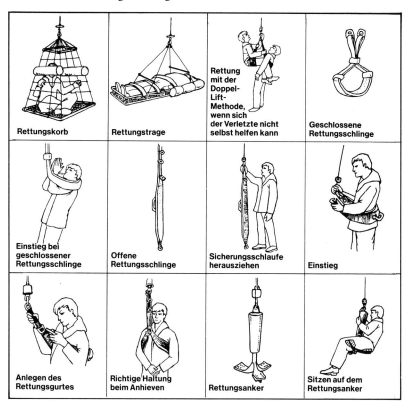

Rettung durch ein Großschiff

Gefahrenlage:

Die Übernahme einer Yachtbesatzung durch ein Großschiff stellt eine riskante Rettung dar. Ein Handelsschiffskapitän schätzt die Situation bei Annäherung an die havarierte Yacht von seiner Warte ein: Die Höhe der See wirkt von einer Schiffsbrücke anders als von dem Yachtdeck aus, und ein an stählerne Schiffswände gewöhnter Handelsschiffsoffizier denkt selten daran, wie verletzlich der dünne Rumpf einer Yacht tatsächlich ist. Dazu kommt, daß eine Verständigung zwischen Yacht und Schiff nahezu unmöglich ist, obwohl sie zur Übernahme durch das Großschiff eigentlich unerläßlich ist.
Wenn eine Abstimmung der Rettungsmaßnahmen nicht über das Seefunktelefon möglich ist, kann sie durch Zuruf oder Handzeichen nur unvollkommen erfolgen. Man muß daher abwägen, ob in einem wirklichen oder vermeintlichen Seenotfall das Risiko des Überlebens in der havarierten Yacht nicht tatsächlich geringer ist als das Übersteigen übermüdeter, verängstigter und nur auf ihre Rettung bedachter Segler auf ein Großschiff.

Ratschläge für das Verhalten:

Da niemand bei Abgabe einer Seenotmeldung weiß, ob das zur Rettung bereitstehende Schiff ein großer Tanker oder ein kleiner Frachter ist, ob seine Bordwand hoch aus dem Wasser ragt und sich das Fahrzeug schwer manövrieren läßt oder als Passagierschiff, Kriegsschiff oder Kleinfahrzeug für Rettungsaktionen gut geeignet ist, überdenke man seine Entscheidung zum Übersteigen noch einmal nach dem tatsächlichen Risiko. Bleibt man bei seinem Vorsatz oder ist die Aufgabe einer havarierten, sinkenden Yacht unerläßlich, verfahre man wie folgt:
- Muß die Yacht aufgegeben werden, kappe man nach Erreichen des Rettungsschiffes vorsorglich den Mast, weil er sonst beim Übersteigen die größte Gefahr darstellt und erfahrungsgemäß durch die Bewegungen an der Bordwand Schaden nehmen wird. Soll nur ein verletztes Besatzungsmitglied übergeben werden, schlage man den Großbaum ab und lasche ihn an Deck, damit er das Rettungsmanöver nicht gefährdet.
- Man steuere dann die Leeseite des Schiffes an, das für diesen Zweck meistens „Lee gemacht hat", d. h. sich schützend gegen den Seegang vor die Yacht gelegt hat (Abb. A). In schwerem Wetter wird ein erfahrener Kapitän vom Vorschiff Öl zur Beruhigung der Wellen ausgeben. Man halte sich beim Anlaufen genau in diesem Ölteppich.
- Alle verfügbaren Fender und → Notfender werden zum Schutz der Bordwand außenbords gehängt. Die entsprechenden Leinen zum Festmachen erhält

die Yacht von der Schiffsbesatzung. Die Vorleine sollte möglichst lang bis zum Vorschiff des Großschiffes verlaufen. Die Achterleine hat hauptsächlich die Aufgabe einer Querleine und hält die Yacht neben der Bordwand.
- Es kann lebensgefährlich sein, die Yacht mit den Händen an den Stößen

gegen das Rettungsschiff und seine mit Miesmuscheln bewachsene Bordwand zu hindern. Die Crew konzentriere sich ausschließlich auf die Rettung.
• Das Herablassen von Jakobsleitern reicht erfahrungsgemäß zum sicheren Übergang von der Yacht auf das Schiff nicht aus. Viele tragische Unfälle sind entstanden, weil die übersteigenden Personen zwischen Yacht und Schiffswand fielen und dort zerquetscht wurden, ohne daß man es verhindern konnte. Nur ein Kletternetz, das alle Schiffe zur Übernahme von Schiffbrüchigen an Bord haben und das zuerst heruntergelassen und an Deck der Yacht befestigt wird, beugt dieser Gefahr vor (Abb. B).
• Sicherheitsleitern sollten gegebenenfalls über diesem Rettungsnetz herabgelassen werden, weil man im Rettungsnetz selbst nicht gut klettern kann und die Höhenunterschiede der Yacht zwischen Wellenberg und Wellental am Anfang des Aufstiegs gefährlich sind (Abb. C).
• Man beginne den Weg nach oben daher nur, wenn sich die Yacht auf einem Wellenberg befindet. Lassen es Zeit und Verhältnisse zu, sollte jedermann an Bord an einer zugeworfenen Sicherheitsleine aufentern. Man macht sie unter den Achseln mit einem → Not-Pahlstek fest.

Man beachte:

Bei der Rettung durch ein Großschiff kann es nur um das Abbergen einer Crew und um die Sicherung von Menschenleben, nicht aber um die Erhaltung des teuren Bootseigentums gehen. Darauf vertraue niemand. Die Aufnahme einer Yacht auf das Deck eines Schiffes ist in schwerem Wetter unmöglich. Und auch bei leichtem Wetter fehlt den in Liniendienste eingebundenen Frachtern die Zeit. Die meisten Schiffe vom Supertanker bis zu Containerfrachtern sind darüber hinaus gar nicht mehr mit Ladegeschirren ausgerüstet, die das Aufheißen einer Yacht möglich machen könnten.

13 Seenot-Funkausrüstung (Empfehlungen und Prioritäten)

Seenot-Funkverkehr (Notmeldungen und Arbeitsweise)

UKW-Sprechfunkanlage als Seenot-Funkgerät	418
Empfehlenswert: UKW-Not- und Ersatzantenne	419
Tragbares UKW-Sprechfunkgerät für den Notfall	421
Peilmöglichkeit eines Notrufes auf UKW	421
Seenot-Funkboje für UKW-Seenotfrequenzen	423
Persönlicher Notsender	424
Das neue UKW-Seenot-Satellitensystem	425
Wie man die Einsatzfähigkeit einer Seenot-Funkboje prüfen kann	427
Neue Seenotfunksysteme	430
Yacht in Seenot! Notmeldung über UKW	432
Besatzungsmitglied in Lebensgefahr! Dringlichkeitsmeldung auf UKW	437
Besatzungsmitglied schwer verletzt! Benötigte Funkarztberatung auf UKW	439
Schiffsicherheit gefährdet! Sicherheitsmeldung auf UKW	441
Beistand oder Rücksichtnahme über UKW erbeten	445
Funkärztlicher Beratungsbogen für den medizinischen Notfall	447
Internationale Seefunk-Buchstabiertafel	449

Die auf den folgenden Seiten abgedruckten Empfehlungen können nur mit den entsprechenden technischen und juristischen Vorbehalten gegeben werden. Denn mit der auf diesem Gebiet der Funktechnik schnell fortschreitenden Entwicklung ändern sich nicht nur die Geräte in ihrer Arbeitsweise, sondern mit ihnen auch die sie begleitenden gesetzlichen Bestimmungen und Verordnungen. Man beachte daher, daß alle benutzten Geräte vom
Bundesamt für Zulassungen in der Telekommunikation (BZT, früher FTZ bzw. ZZF) mit Sitz in der Talstraße 34–42, 66119 Saarbrücken, Telefon 0681-5980,
zugelassen sein und ein dementsprechendes Zulassungszeichen tragen müssen, wenn sie auf deutschen Schiffen betrieben werden.
Die Genehmigungsbehörde für den Betrieb dieser Geräte ist das
Bundesamt für Post- und Telekommunikation (BAPT) mit Sitz in Mainz sowie Außenstellen in Berlin, Bremen, Freiburg, Hamburg, Kiel, Koblenz, München, Münster und

Rostock, die auch den Prüf- und Abnahmedienst im Seefunk vornehmen. Die Hoheitsaufgabe „Erteilen von Genehmigungen im Seefunkdienst" wird zentral von der BAPT-Außenstelle Hamburg, Sachsenstraße 12, 20097 Hamburg, Telefon 0 40-2 36 55-0 vorgenommen.
Bei Erwerb oder/und Betrieb aller Seenotfunkgeräte sind diese beiden Bundesbehörden in jedem Falle einzuschalten bzw. vorher zu konsultieren.

UKW-Sprechfunkanlage als Seenot-Funkgerät

In heimischen Gewässern, in der gesamten Ostsee und Nordsee, in der ortsnahen europäischen Küstenfahrt und im Küstenbereich des Mittelmeers hat die UKW-Sprechfunkanlage Priorität auch als Seenot-Funkgerät. Ihr besonderer Vorteil: Sie ist während der gesamten Segelsaison für den Schiff-Schiff-, den Schiff-Land- und den Telefonverkehr zwischen Seefunkstelle und jedem Landanschluß einsetzbar und erfüllt den Seenot-Funkdienst als ganz selbstverständliche Zusatzaufgabe.

Mit einer UKW-Sprechfunkanlage kann man eine → Notmeldung abgeben, wenn unmittelbare Gefahr für das Schiff und die Besatzung vorliegt, aus der eine Befreiung mit eigenen Mitteln nicht möglich ist. Man kann eine → Dringlichkeitsmeldung senden, wenn sich ein Besatzungsmitglied in Lebensgefahr befindet. Man kann in einem solchen Falle ein → Funkarztgespräch führen und eine fachärztliche Beratung erhalten, und man kann eine → Sicherheitsmeldung verbreiten, wenn man sich selbst oder andere Schiffe in eine Gefahrenlage gebracht hat. Solange man bei einem solchen UKW-Sprechfunkverkehr die Sendetaste drückt, kann man darüber hinaus noch von Schiffen, die mit einer automatischen UKW-Empfangsfunkanlage ausgestattet sind, gepeilt und nach einem Notruf gegebenenfalls angesteuert werden.

Es gibt zahlreiche, in der Qualität und im Preis unterschiedliche UKW-Sprechfunkanlagen, die an Bord fest installierbar oder als tragbare Geräte lieferbar sind. Sie müssen in Deutschland vom BZT zugelassen sein und eine entsprechende BZT-Nummer tragen. Die Sendeleistung läßt sich von max. 25 W auf weniger als 1 W reduzieren. Sie haben 65 verschiedene Kanäle in den Betriebsarten Simplex und Duplex, mit eingebauter Zwei-Kanal-Überwachung, fest installiert für 12 V Betriebsspannung.

Zum Errichten und Betreiben einer Seefunkstelle erhält der Yachteigner eine Genehmigungsurkunde des BAPT. Eine UKW-Seefunkanlage darf nur von Personen bedient werden, die ein „Beschränkt gültiges Sprechfunkzeugnis für Ultrakurzwellen (UKW-Sprechfunkzeugnis)" oder ein „Allgemeines Sprechfunkzeugnis für den Seefunkdienst" besitzen.

Empfehlenswert:
UKW-Not- und Ersatzantenne

Wenn ein UKW-Sprechfunkgerät als einziges oder wichtiges Seenotfunkgerät benutzt wird, gehört auch eine Notantenne zur Funkausrüstung. Die Industrie liefert UKW-Ersatzantennen einschließlich Antennenschalter, fertig konfektioniert, mit 8 m langem Anschlußkabel und einer Schnellschußhalterung, die ständig einsatzbereit am Heckkorb gefahren werden kann. Hier muß die Notantenne bei Bedarf nur eingesteckt werden. Diese Arbeit kann sowohl in stürmischer See als auch in der verständlichen Panik eines Notfalles jedermann jederzeit, auch bei Nacht, vornehmen.

Der Vorteil dieser kompletten Notantenne (Abb. A): Sie hat die gleiche Leistungsabstrahlung wie eine normale Antenne, so daß auch bei Ausfall der eigentlichen UKW-Antenne ein leistungsfähiger UKW-Notverkehr möglich ist. Insbesondere bei Mastbruch wird nicht nur die normale Antenne ausgefallen sein und aus diesem Grunde eine Ersatzantenne schnell befestigt werden müssen, ihre schnelle Installation auf der vorbereiteten Halterung muß auch jedem Besatzungsmitglied in Panik oder Angst, bei Dunkelheit oder Kälte problemlos möglich sein.

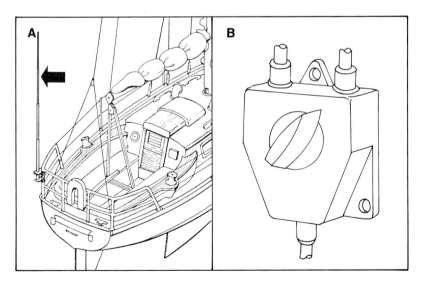

Die UKW-Reichweite wird sich durch die geringere Antennenhöhe kaum ändern, denn die Empfangsantennen der Küstenfunkstellen reichen im allgemeinen so hoch, daß eine ungestörte Verkehrsabwicklung von Bord aus selbst im Wellental noch möglich ist. So kann beispielsweise die auf dem Hochufer gelegene Küstenfunkstelle Rönne/Radio (auf Bornholm) einen Umkreis von 100 Seemeilen überwachen. Kiel Radio bringt es mit seinen Antennenanlagen auf eine Empfangsreichweite von 30 sm.

Das Einstecken des Antennensteckers der Notantenne in die entsprechende Buchse der Sprechfunkanlage wird vielfach schwierig sein, weil die Steckdose meistens an der schlecht zugänglichen Rückseite des Gerätes liegt, der alte Antennenstecker zuerst gelöst werden muß und der neue, mehrpolige Stecker anschließend (bei Seegangsbewegungen oder in Dunkelheit) nicht einfach richtig zu befestigen ist.

Aus diesem Grunde gibt es ein Zubehörteil mit zwei Antennenbuchsen und Umschalter. In einer Buchse ist das normale Antennenkabel befestigt. Die andere Buchse ist zur Aufnahme des Steckers der Notantenne frei. Betriebsbereit ist diese, wenn man den Umschalter entsprechend betätigt (Abb. B).

Damit sowohl der offene Antenneneingang geschützt als auch Beschädigungen der inneren Teile der Anlage durch fahrlässiges Umschalten ausgeschlossen sind, empfiehlt sich der Abschluß des Notantenneneingangs in diesem Zubehörteil durch einen Stecker mit Abschlußwiderstand, weltweit mit der Bezeichnung PL 259 genormt und international als ,,Dummy Load" oder ,,Antennenatrappe" bezeichnet.

Eine solche Not- oder Ersatzantenne ist für alle Sprechwege geeignet. Man kann also unbedenklich vom Kanal 16 auf jeden anderen, beliebigen Kanal umschalten. Einfache Drahtantennen, die statt dessen benutzt werden könnten und für den gleichen Zweck gelegentlich im Handel angeboten werden, sind im allgemeinen nur auf Kanal 16 abgestimmt und insoweit zwar Not-, aber keine vollgültigen Ersatzantennen. Versuchte man, sie auf anderen Sendefrequenzen zu benutzen, könnte man die gesamte Sprechfunkanlage zerstören.

Für den gleichen Preis einer solchen Notantenne mit 8-m-Kabel erhält man auch eine nur ca. 150 mm lange Miniflex-Antenne mit Stecker (PL 259), die direkt im Gerät bzw. dem Antennenumschalter befestigt werden kann.

Tragbares UKW-Sprechfunkgerät für den Notfall

An Bord sowohl als jederzeit dienstbereite Sprechfunkanlage als auch als UKW-Seenotfunkgerät sind tragbare UKW-Sprechfunkgeräte zu verwenden. Sie haben Taschenformat, können auf mindestens zehn Betriebskanälen wechselsprechen und haben eine Sendeleistung von max. 2,5 W. Sie arbeiten im Frequenzbereich 146 MHz bis 174 MHz mit einer kleinen Batteriekassette. Als Antenne dient die Miniflex.
Ein solches Gerät kann meines Erachtens aber nur ein Zusatzgerät sein, das auch als Seenotfunkausrüstung für die Rettungsinsel dienen kann. Im normalen Bordbetrieb läßt es sich natürlich auch noch zwischen Yacht und Beiboot oder der Crew an Land und der Wache an Bord verwenden. Ob diese Nutzungsmöglichkeit dem nötigen finanziellen Aufwand gerecht wird, muß jeder Eigner selbst entscheiden.

Peilmöglichkeit eines Notrufes auf UKW

Etwa seit 1982 gibt es automatische UKW-Peilfunkanlagen, mit denen alle internationalen UKW-Seefunkkanäle und die internationale Flugnotfrequenz 121,5 MHz empfangen und automatisch gepeilt werden können. Neu entwickelte, hochempfindliche Goniometer gewährleisten, in Verbindung mit einer speziellen vierteiligen Peilantenne, eine genaue seitenrichtige Peilanzeige. Mit einem Gerät kann man natürlich nur die Richtung der empfangenen UKW-Sendeimpulse bestimmen. Mit zwei Beobachtern, die von verschiedenen Seefunkstationen aus peilen und ihre Peilrichtungen über UKW austauschen, läßt sich ein Funkstandort ermitteln.
Mit automatischen UKW-Peilfunkanlagen sind derzeit alle Seenotkreuzer ausgerüstet. Diese Fahrzeuge können somit jeden gesprochenen Notruf einpeilen. Sie können (nach Aufforderung) auch peilen, wenn in einem Notfall an Bord

nur die Sendetaste gedrückt und die Trägerfrequenz ausgestrahlt, aber nicht das Mikrofon benutzt wird. Insoweit tragen diese UKW-Peilfunkempfänger auf den Seenotkreuzern nicht nur zur schnelleren Hilfeleistung bei, sie manifestieren auch die erste Priorität einer normalen UKW-Sprechfunkanlage als wichtigsten Teil einer Seenotfunkausrüstung.

Aus beruflichen Gründen sind neben den oben genannten Seenotkreuzern auch alle größeren Fischereifahrzeuge mit derartigen UKW-Peilfunkanlagen ausgestattet. Sie wollen damit die Fangplätze der Konkurrenz orten und einpeilen und benutzen ihre Geräte insbesondere dann, wenn Informationen über reiche Fangerträge auf UKW-Wegen übermittelt werden. Der Vorteil für Hochseeyachten, die außerhalb der UKW-Reichweiten von Küstenfunkstellen einen Notruf absetzen müssen: Sie könnten auch von Fischerbooten gehört werden, die den internationalen Anruf- und Sicherheitskanal 16 geschaltet und die Richtung der sendenden Seefunkstelle mitbestimmt haben. Bei einer Einzelpeilung ist im Notfall jedoch nur eine Zielfahrt möglich.

Diese UKW-Peilfunkgeräte haben die Reichweite eines üblichen Schiff-Schiff-Verkehrs, der von der Antennenhöhe beider Fahrzeuge abhängt und der optischen Sichtweite von Antennenspitze zu Antennenspitze entspricht. Diese Distanz wird maximal 20 Seemeilen betragen.

Als Peilfunkempfänger für die Sportschiffahrt sind diese Geräte nicht zu empfehlen, weil die entsprechenden vierteiligen Peilantennen wegen ihres Platzbedarfes an Bord nicht zu installieren sind. Die Gewißheit jedoch, daß andere Fahrzeuge einen Notruf über UKW einpeilen können, ist für manchen Küsten- und Seesegler sicher wertvoll, insbesondere wenn eine neue Seefunkanlage installiert und der entsprechende Frequenzbereich ausgewählt werden soll oder andere Entscheidungen für eine Seenotfunkausrüstung getroffen werden müssen.

Seenot-Funkboje für UKW-Seenotfrequenzen

Die erste Priorität für die Meldung eines Seenotfalles in küstenferner und weltweiter Fahrt haben auf allen Fahrtenyachten die Seenotfunkbojen, die simultan auf den Seenotfrequenzen der zivilen Luftfahrt = 121,5 MHz und der militärischen Luftfahrt = 243 MHz senden und künftig auch auf der neuen Satelliten-Seenotfrequenz 406 MHz arbeiten werden.

Vorteile und Arbeitsweise:

- Sie sind wasserdicht und schwimmfähig und beginnen zu senden, wenn man die Teleskopantenne herausgezogen und das Gerät von Hand eingeschaltet hat.
- Sie sind die preiswertesten wie leistungsfähigsten Teile einer Seenotfunkausrüstung.
- Sie senden einen Dauerträger mit einem eingelagerten Alarmton von 3000 bis 300 Hz, der Seenot- und Peilzeichen gleichermaßen darstellt.
- Sie arbeiten entweder auf beiden Frequenzen (121,5 und 243 MHz) gleichzeitig, oder sie senden alternativ und schalten die Frequenzen in bestimmten Zeitabständen selbsttätig um.
- Sie haben eine handliche Größe, die nicht wesentlich über der dieses Buches liegt, so daß sie nur wenig Stauraum beanspruchen, und wiegen nur ca. 2 kg.
- Einmal aktiviert, können sie mindestens ca. 48 Stunden ununterbrochen Seenotsignale senden.
- Ihre Notsignale haben in Richtung auf den Luftraum eine unbegrenzte Reichweite und erreichen alle Flugzeuge im Umkreis von ca. 200 sm (oder mehr), je nach ihrer Flughöhe und ihrem dadurch gegebenen UKW-Horizont.
- Die Funksignale können auch von allen Handelsschiffen geortet werden, die nach den neuen SOLAS-Bestimmungen (der internationalen Schiffssicherheit) mit einem entsprechenden Wachempfänger für diese beiden Seenotfrequenzen ausgestattet sein müssen.
- Die Notsignale werden ganz automatisch auch vom COSPAS-SARSAT-Seenot-Satelliten-System empfangen und können auf diesem Wege nicht nur registriert, sondern – mit Hilfe mehrerer Satelliten – genau eingepeilt werden, so daß sich ein Unfallstandort auf jedem Punkt der Weltmeere auf eine Seemeile genau bestimmen läßt.
- Mit Wachempfängern ausgestattet und auf Dauerwache geschaltet sind auch alle Fahrzeuge der NATO, wo auch immer sie im transatlantischen Raum, in den Küstengewässern oder weltweit operieren – nicht zum Schutze der Schiff-

fahrt oder gar nur der Yachtsegelei, sondern zur Sicherung der eigenen Militärfahrzeuge, wann und wo auch immer sie unterwegs sind.
- Nach den Bestimmungen der internationalen Luftsicherheit müssen alle Flugzeuge (und insbesondere auf den internationalen Transatlantikstrecken) ständig die zivile Seenotfrequenz 121,5 MHz empfangsseitig geschaltet haben und überwachen.
- Auf dem unübersichtlichen Gerätemarkt mit ständig verbesserten und immer kleineren Handgeräten wird eine Vielzahl von brauchbaren Produkten angeboten. So gibt es beispielsweise Geräte in der Größe eines Handsprechfunkgerätes, die trotzdem die Sicherheit für weltweite Alarmierung von Such- und Rettungsdiensten durch das COSPAS-SARSAT-Satellitensystem bieten. Durch individuell codierte und registrierte Signale wird automatisch genau die Person oder das Schiff übermittelt, die sich in Seenot befinden. Die empfangenen Satelliten begrenzen den Suchbereich auf einen Kreis mit etwa 4500 Metern. Das ständig mitgesendete Homing-Signal erlaubt es dann, daß sich die Suchmannschaften im Nahbereich direkt auf die Seenotposition einpeilen können. Der Sendebetrieb wird, wie üblich, durch eine rote Leuchtdiode angezeigt.

Das UKW-Seenot-Satelliten-System

Betreiber des internationalen COSPAS-SARSAT-Systems sind die USA, Rußland, Kanada, Frankreich, Japan und Norwegen (Abb. A). Im Gegensatz zu den hochstehenden Nachrichtensatelliten sind es tiefliegende, umlaufende Satelliten, die mit Wachempfängern ausgerüstet sind.
Insgesamt neun Bodenstationen empfangen die Satelliten-Signale und werten sie aus, so daß, je nach Umlaufphase des Satelliten und Seegebiet des Seenotfalles weltweit innerhalb von wenigen Minuten bis maximal drei Stunden jede Seenotposition auf die Seemeile genau zu bestimmen ist. Die Satelliten selbst benötigen nur vier einzelne Alarmton-Signale, um mit Hilfe des Doppler-Effektes die Richtung bzw. den Standort der Seenotfunkboje zu bestimmen.
Nach den 1982 bis 1983 ermittelten Alarmmeldungen betrug die Zahl der Fehlalarme jedoch über 98%. Das bedeutet: Künftig muß mit Seenotfunkbojen

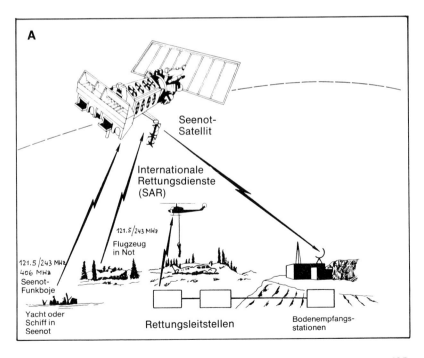

(und gerade bei einer leichtfertigen Funktionsprüfung) sorgfältiger umgegangen werden. Um insbesondere die Frequenz 121,5 MHz von Überlastungen durch Fehlalarme freizuhalten, wurde die Frequenz 406 MHz zusätzlich eingeführt. Welche Geräte künftig damit ausgestattet werden, und ob es sich hier um eine allgemeine Seenotfrequenz oder eine Sonderfrequenz handelt, muß die Zukunft zeigen.

Nur Handflächenformat hat ein persönlicher Notsender, den man bei gefährlichen Decksarbeiten mit der Gefahr „Mann über Bord" an einem Band um den Hals tragen kann (Abb. B). Er ist wasserdicht und löst automatisch Alarm aus, wenn er 20 Sekunden im Seewasser gelegen hat. Das Signal kann von einem SAR-Hubschrauber auf der Notfrequenz 121,5 MHz angepeilt werden. Im allgemeinen wird dieser persönliche Notsender jedoch mit einem passenden Bordempfänger benutzt, der in einem unbeobachteten Fall des Trägers über Bord die Crew durch ein akustisches Signal alarmiert.

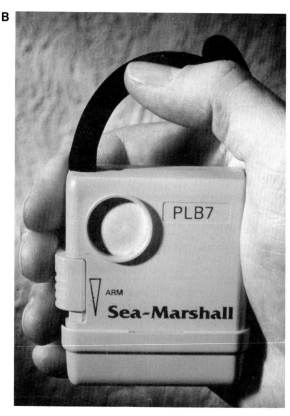

Wie man die Einsatzfähigkeit einer Seenot-Funkboje prüfen kann

Meine Seenot-Funkboje eines bekannten amerikanischen Herstellers hat eine Sendeleistung von 75 bis 400 mW und arbeitet auf den Frequenzen 121,5 MHz der zivilen und 243 MHz der militärischen Luftfahrt. Betriebsdauer der eingebauten Batterie: 200 Stunden bei ununterbrochener Sendung. Haltbarkeit der Batterie: 18 Monate. Das Gerät hat eine ausziehbare Teleskopantenne, einen Ein-Aus-Schalter mit Kontrollampe, einen kleinen Auftriebskörper in Form eines Schwimmringes sowie eine Schlinge zur Befestigung an der Hand. Alles zusammen ist nicht größer als dieses Handbuch und wiegt 1,5 kg.
In der außen aufgedruckten, wasserfesten Bedienungsanweisung wird man angewiesen, von Zeit zu Zeit den Einschaltknopf zu bedienen und am Aufleuchten der Kontrollampe zu prüfen, ob die Batterie noch voll geladen ist. Eine volle Batterie bedeutet aber noch nicht, daß die Seenot-Funkboje tatsächlich über ihre Antenne Seenotsignale ausstrahlt. Dies will natürlich nicht nur der Käufer nach dem Erwerb eines neuen Gerätes wissen. Auch an Bord muß ich diese Sendefähigkeit gelegentlich und noch nach Jahr und Tag der Bereitschaft prüfen, wenn das Gerät monatelang unter den unterschiedlichen Bedingungen von Hitze, Kälte, Nässe und wechselnder Luftfeuchtigkeit in seinem Schapp gelegen und dabei noch verschiedenen Stoßbelastungen beim Krängen und Stampfen ausgesetzt gewesen ist.
Hierbei kommt es nicht nur auf die Kontrolle der Batterieleistung, sondern auf eine kurzzeitige Erprobung der Sendeleistung selbst an. Sie gehört zum Beweis der Sicherheit, wenn der Erwerb eines solchen Seenotfunkgerätes überhaupt sinnvoll sein soll. Bedauerlicherweise gibt es zahlreiche Beispiele, daß eine jahrelang gelagerte Seenot-Funkboje im Notfall tatsächlich keine Seenotsignale ausstrahlte. Angesichts dieser Tatsache hat die amerikanische Coast Guard in ihren „Proceedings of the Marine Safety Council" Volume 39, Nr. 6 vom Juni 1982, folgende Empfehlung für eine regelmäßige Prüfung der Sendeleistung einer Seenot-Funkboje weitergegeben, die offenbar in der Schiffahrt schon längere Zeit üblich ist:
„Um wirklich zuverlässig prüfen zu können, daß die Seenot-Funkboje (EPIRB) auf Ihrem Boot tatsächlich mit maximaler Leistung ein Seenotsignal gibt, wenn es darauf ankommt, mache man folgendes:
1. Man nehme die Seenotfunkboje, einen kleinen UKW-Rundfunkempfänger, einen halb mit Wasser gefüllten Eimer und eine Uhr.

2. Dann überprüfe man die Batterie des Gerätes, indem man den Einschalthebel legt, bis die rote Kontrollampe aufleuchtet.
3. Man schalte das Rundfunkgerät ein und stelle die Frequenz von ca. 98 MHz in der Mitte des UKW-Bereiches ein.
4. Dann nehme man die Uhr zur Hand. Ein Test mit voller Sendeleistung darf nur während der Zeit der internationalen Seenotpause erfolgen, d. h. von 00 bis 05 Minuten jeder Stunde.
5. Ist diese Sendezeit herangekommen, setze man die Seenotfunkboje mit der nur etwa 10 cm herausgezogenen Teleskopantenne in den Wassereimer, beobachte die Kontrollampe und höre in das Radio hinein.

Wenn die Seenot-Funkboje ordnungsgemäß arbeitet und tatsächlich Seenotsignale aussendet, wird die Kontrollampe brennen, und Sie werden das EPIRB-Signal, einen schwingenden, klickenden Ton, aus dem Lautsprecher hören. Nehmen Sie die Seenotfunkboje sofort aus dem Wasser heraus, sobald dies der Fall ist.

Dieser Test mit voller Sendeleistung darf unter keinen Umständen länger als eine Sekunde oder drei hörbare Töne dauern.

Hören Sie dieses Signal im Rundfunk nicht, dann arbeitet die Seenotfunkboje nicht ordentlich und muß in einer Werkstatt überprüft werden. Führen Sie einen solchen Versuch jeden Monat durch und vermerken Sie die Ergebnisse im Funktagebuch oder im Logbuch."

Der Rundfunk-UKW-Bereich liegt bei uns zwischen 88 und 108 MHz. Der knackende Ton, den wir bei intaktem Seenotsender in unserem Rundfunkgerät hören, ist im Prinzip nichts anderes als ein ähnliches Geräusch, wie man es in seinem Autoradio vernimmt, wenn man von einem Radarwagen der Polizei geortet wird und das wohl auf einem Übersteuerungseffekt beruhen könnte. Auch in diesem Falle sind die von Radar und Rundfunk benutzten Frequenzen nicht identisch.

Ich gebe diese Empfehlung hier mit allen Vorbehalten weiter. Aber die Notwendigkeit einer solchen Funktionsprüfung in regelmäßigen Abständen von ca. sechs Monaten steht aus Gründen der Sicherheit auf Yachten für mich außer Zweifel. Ein Fahrtensegler braucht Gewißheit, daß seine Seenot-Funkboje unverändert sendefähig ist. Vielleicht könnte ein Behördenvertreter in unserer so perfekt reglementierten Gesellschaft Einwände gegen eine solche Kurzzeitprobe erheben und hierzu auch die entsprechenden Pragraphen zitieren. Aber letztlich hat ja die staatliche amerikanische Küstenwache dieses Verfahren empfohlen – mit dem mehr oder weniger deutlichen Hinweis, daß durch einen solchen Kurzzeittest Yachteigner einen Beitrag für ihre persönliche Sicherheit leisten können, der auch im Sinne des amerikanischen Seenotdienstes ist.

Eine Gefahr für die Flugsicherheit oder die Seenotbereitschaft stellt die Verwirklichung dieser Empfehlung ohnehin nicht dar, wenn man eine solche Prüfung zum Beispiel in jedem Frühjahr im Garten seines Hauses in einer Küstenstadt oder tief im Binnenland vornimmt und sie an gleicher Stelle nach dem Einwintern des Bootes wiederholt. In jedem Falle gilt es abzuwägen zwischen den berechtigten Sicherheitsinteressen des Bootes, die einen solchen Kurzzeittest rechtfertigen, und den Bestimmungen des Gesetzgebers, die einen längeren und unberechtigten Notruf verbieten. Eine richtig vorgenommene Kurzzeitprüfung dient den Sicherheitsinteressen beider Teile.

Neue Seenotfunksysteme

Über weitere Seenot-Funkdienste, die Yachten auf weltweiten Fahrten oder beim Hochseesegeln benutzen können, hier eine Kurzcharakteristik:
Ein **Argos-Sender** wird in und von Frankreich aus betreut. Mit ihm sind Transatlantik- und Transozeanyachten auf ihren Regatten auf den Weltmeeren ausgestattet. Das meistens auf dem Kajütdach gehalterte Gerät wird mit Solarzellen bzw. einem Solargenerator betrieben und sendet unterwegs fortlaufend ein konstantes Signal, das über Satelliten an eine zentrale Bodenstation übertragen wird und somit der Landstelle jederzeit einen Standort der Yacht vermittelt. Über einen Alarmknopf kann im Seenotfall der exakte Standort in Sekundenschnelle mitgeteilt werden.
Das **GMDSS-System,** englisch Global Maritime Distress and Safety System, zu deutsch Weltweites maritimes Seenot- und Sicherheitssystem, ist das neue Seenotsystem der Berufsschiffahrt, an dem aber auch Yachten unter bestimmten Bedingungen teilnehmen können. Es ist ein Satelliten-Kommunikationssystem für den Kontakt Schiff–Land, mit dem an Bord Alarm- und Sicherheitsmeldungen abgegeben oder ausgelöst werden können. Sie erreichen in wenigen Sekunden ihren Empfänger, so daß über das digitale Selektivrufsystem weltweite Seenotrettungsmaßnahmen eingeleitet werden können. Das GMDSS-System ist seit dem 1. 2. 1992 zugelassen. Die entsprechenden Bestimmungen sind in der Neufassung des Kapitels IV (Funkverkehr) der SOLAS-Bestimmungen enthalten.
Das digitale **Selektivrufsystem** ist als Bestandteil des GMDSS-Systems auch ein Seenotmeldesystem. Die Teilnehmer am DSC-System (Digital Selective Calling), bei dem die Kennungsnummer der Seefunkstelle (d. h. des betreffenden Schiffes) aus 9 Ziffern besteht, können im Notfall einen DSC-Notalarm auslösen und sich automatisch ausweisen. Position und Uhrzeit des Notfalls werden anschließend mit Hand eingegeben. Der DSC-Notkanal ist der Kanal 70 auf UKW und die Frequenz 2187 kHz auf Grenzwelle.
Empfehlenswert ist auch ein UKW-Seefunkgerät mit SOS-Alarmtaste. Wer an Bord eine GPS-Anlage benutzt, die mit anderen Navigationsgeräten vernetzbar ist, kann sich mit einem modernen UKW-Seefunkgerät ausstatten, das diese Vernetzung ebenfalls ermöglicht. Wenn die UKW-Anlage gleichzeitig über das erforderliche DSC-C-Modul für das digitale Selektivrufsystem verfügt, läßt sich nicht nur per Knopfdruck (mit einer SOS-Taste) ein Seenotalarm auslösen, man kann auf dem Gerät auch anschließend seine Schiffs-Identifizierungsdaten, die Position und die Zeit eingeben, falls diese Angaben zusätzlich erforderlich oder wünschenswert sind.

Einen kleinen, einfachen Notsender (EPIRB), der nach einer manuellen Aktivierung Notsignale auf 121,5 und 243 MHz ausstrahlt und von den COSPAS-SARSAT-Satelliten empfangen werden kann, zeigt die Abb. A. Er eignet sich zum Verstauen in der Tasche oder im Rettungspack.

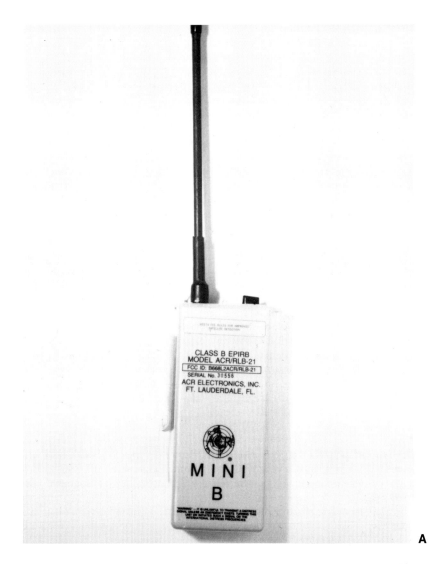

A

Yacht in Seenot! Notmeldung über UKW

Gefahrenlage:

Liegt bei Feuer an Bord, bei starkem Wassereinbruch durch ein Leck, bei einer Kollision oder einer anderen Gelegenheit eine unmittelbare Gefahr für das Schiff und die Besatzung vor, aus der eine Befreiung mit eigenen Mitteln nicht möglich ist, kann auf Anordnung des Kapitäns eine Notmeldung auf der Notfrequenz abgegeben werden. Bei einer Yachtbesatzung muß jedes Crewmitglied in der Lage sein, diesen Notverkehr abzuwickeln, weil der Yachtkapitän selbst (und insbesondere bei einer Familiencrew) in einem solchen Notfall oft durch wichtigere, lebensrettende seemännische Arbeiten an Bord gebunden sein kann.

Nothilfe:

Wir geben einen Notruf auf UKW in einer international vorgeschriebenen Form, damit gewährleistet ist, daß unsere Notmeldung in allen Einzelheiten von den Schiffen aller Flaggen und von allen Küstenfunkstellen richtig verstanden wird. Im küstennahen Seegebiet von Ost- und Nordsee genügt ein Notruf in deutscher Sprache. In anderen Seegebieten und auf der hohen See wird nur eine Notmeldung in englischer Sprache richtig verstanden werden können. Bei aller unvermeidlichen Erregung des Notfunkers müssen alle Aussendungen langsam und deutlich gesprochen werden. Jedes Wort ist so klar auszusprechen, daß das Mitschreiben unmißverständlich möglich ist. Die allgemeingültige Bestimmung der Telekom, daß eine Seefunkstelle nur von dem Inhaber eines Seefunkzeugnisses bedient werden darf, muß der Ordnung halber hier zitiert werden. Sie wird aber meines Erachtens in einem solchen Notfall nicht verletzt, wenn ein anderes Besatzungsmitglied Anruf und Meldung in der hier exakt genannten und genau vorgeschriebenen Form abgibt.

Arbeitsweise:

Der Yachtkapitän ordnet den Notruf an. Er selbst, der Navigator oder ein anderes, hierfür verantwortliches Besatzungsmitglied notieren die Position der Yacht in der Gefahrenlage deutlich auf der Seekarte oder im Logbuch, beispielsweise
　„17 Seemeilen nordwestlich von Helgoland"
oder
　„54° 20' Nord; 8° 10' Ost".

Der Erfolg der erbetenen Rettungsmaßnahmen hängt nicht nur von einer möglichst genauen Position, sondern auch von ihrer richtigen Übermittlung im Notruf ab. Die Übermittlung der anderen Tatsachen und Entscheidungen erfolgt nach diesem Textbuch und gestützt auf das auf jeder Yacht für jedermann deutlich neben dem Seefunkgerät vermerkte Rufzeichen:
Wir schalten den Kanal 16 als internationalen Anruf- und Sicherheitskanal ein, der überall abgehört wird und mit 156,8 MHz als internationale Notfrequenz dient.

Notanruf:
MAYDAY – MAYDAY – MAYDAY
(gesprochen: „mehdeh")
HIER IST
WINDSPIEL – WINDSPIEL – WINDSPIEL
(eigener Bootsname:..... ....) (3 x)
DB 3314 (gesprochen: Delta – Bravo – drei – drei – eins – vier)
(eigenes Rufzeichen: .....)

Notmeldung:
MAYDAY
WINDSPIEL (Bootsname .....) (1 x)
DB 3314 (Rufzeichen: .....)
POSITION 54° 20' Nord; 8° 10' Ost
IN ZIFFERN FÜNF VIER GRAD ZWEI NULL MINUTEN NORD
ACHT GRAD EINS NULL MINUTEN OST
WASSEREINBRUCH DURCH RAMMING EINES TREIBENDEN GEGENSTANDES
DIE YACHT SINKT
BESATZUNG GEHT MIT VIER PERSONEN IN DIE RETTUNGSINSEL
WINDSPIEL
(Bootsname: .....) (1 x)
DELTA BRAVO 3314
(Rufzeichen: .....)
OVER

Der Empfang dieser Notmeldung wird dann von einer anderen Seefunkstelle wie folgt bestätigt: (Der Notfunker muß gut mitschreiben.)

Anruf:
MAYDAY
WINDSPIEL – WINDSPIEL – WINDSPIEL
DB 3314

```
HIER IST
CORMORAN – CORMORAN – CORMORAN
DIGX
(gesprochen: delta – india – golf – x-ray)
ERHALTEN MAYDAY
OVER
```

Die in Not befindliche Yacht „Windspiel" muß dann wie folgt antworten:

```
Antwort:
MAYDAY
CORMORAN
HIER IST
WINDSPIEL
VERSTANDEN
OVER
```

(Bis hierher sollte jedes Besatzungsmitglied anhand des Notfall-Textbuches den Notverkehr senden und empfangen können. Ist dann noch genügend Zeit für einen ergänzenden Seenotverkehr, wird ihn der ausgebildete Sprechfunker am besten selbst führen.)
Wird unser Notruf auf Sprechweg 16 nicht gehört, kann er auf jedem anderen Sprechweg wiederholt werden.

Textbuch für den gleichen Notruf in englischer Sprache:

```
Notanruf:
MAYDAY – MAYDAY – MAYDAY
HERE IS
WINDSPIEL – WINDSPIEL – WINDSPIEL
DELTA BRAVO THREE – THREE – ONE – FOUR

Notmeldung:
MAYDAY
WINDSPIEL
DELTA BRAVO THREE – THREE – ONE – FOUR
POSITION 54 DEGREES 20 MINUTES NORTH,
          8 DEGREES 10 MINUTES EAST
IN FIGURES FIVE FOUR DEGREES TWO O MINUTES
                NORTH
                EIGHT DEGREES ONE O MINUTES EAST
HULL BADLY DAMAGED BY DRIFTING OBJECT
YACHT IS SINKING
```

CREW OF FOUR PERSONS IS GOING INTO LIFE RAFT
WINDSPIEL
DELTA BRAVO THREE – THREE – ONE – FOUR
OVER

Die Bestätigung durch eine andere Seefunkstelle würde in englischer Sprache so lauten und mitzuschreiben sein:

Anruf:
MAYDAY
WINDSPIEL – WINDSPIEL – WINDSPIEL
DELTA BRAVO THREE – THREE – ONE – FOUR
THIS IS
CORMORAN – CORMORAN – CORMORAN
DELTA INDIA GOLF X-RAY
RECEIVED MAYDAY
OVER

und die in Not geratene Yacht müßte jetzt antworten:

Antwort:
MAYDAY
CORMORAN
THIS IS
WINDSPIEL
ROGER
OVER

Abb. A zeigt jenen ca. 500-sm-Radius, den ein Linienflugzeug auf seinem Weg über den Nordatlantik mit UKW-Kanal 16 in einem Seenotfall überwachen kann – nachgewiesen bei der Hilfeleistung für Einhandsegler Wolfgang Quix nach Mastbruch und Aufgabe der „Jeantex" am 15. 9. 1980. Die UKW-Reichweite von Schiff zu Schiff und von einer Yacht zu einer Küstenfunkstelle, abhängig von den Antennenhöhen, beträgt nur etwa 25 bis 50 sm. Der Verkehr in der Höhe zu einem Empfänger ist hingegen unbegrenzt, und daher lassen sich mit wenigen Satelliten alle Meere der Erde überwachen.

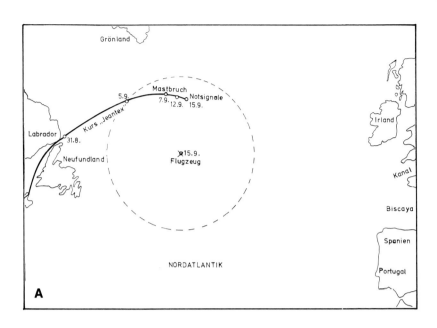

Besatzungsmitglied in Lebensgefahr! Dringlichkeitsmeldung auf UKW

Gefahrenlage:

Wenn Gefahr für die Yacht und die gesamte Besatzung oder Lebensgefahr für ein Besatzungsmitglied besteht, kann eine Dringlichkeitsmeldung auf UKW ausgestrahlt werden. Zu einer Notsituation gehört: Ein Besatzungsmitglied ist über Bord gefallen und wird nicht wiedergefunden bzw. kann nicht an Bord genommen werden. Ein Besatzungsmitglied hat sich bei einer Patenthalse eine schwere Kopfverletzung zugezogen, für deren Behandlung sofortige ärztliche Hilfe erforderlich ist. Die Yacht ist manövrierunfähig und treibt mit der Gefahr der Strandung auf die Küste, auf Riffe oder Untiefen zu. Sie kann nur durch Fremdhilfe (Seenotkreuzer, Schlepper, andere Fahrzeuge in der Nähe) aus der Gefahrenlage gerettet werden. Die Yacht liegt nach Ausfall ihres Motors manövrierunfähig am Rande eines Verkehrstrennungsgebietes und wird durch Wind, Strom oder Seegang in das Gebiet starken Schiffsverkehrs hineingetrieben. Unsere Yacht sichtet eine andere Yacht, deren Besatzungsmitglieder in Lebensgefahr sind.

Nothilfe:

Mit dem Dringlichkeitszeichen, das aus den dreimal gesprochenen Wörtern PAN PAN besteht, kann sich die Yacht auf Kanal 16 einschalten und eine Dringlichkeitsmeldung abgeben, die Vorrang vor allen anderen Sendungen mit Ausnahme der auf den vorhergehenden Seiten erläuterten Notsendung hat. Sie kann wahlweise „an alle" oder an eine bestimmte Funkstelle (beispielsweise KIEL RADIO) gerichtet werden. Bei einer Yachtbesatzung muß jedes Crewmitglied in der Lage sein, diesen Dringlichkeitsverkehr abzuwickeln, weil der Yachtkapitän selbst (und insbesondere bei einer Familiencrew) in Lebensgefahr geraten oder durch wichtige lebensrettende seemännische Arbeit an Bord gebunden sein kann. Die allgemeingültige Bestimmung der Deutschen Bundespost, daß eine Seefunkstelle nur von dem Inhaber eines Seefunkzeugnisses bedient werden darf, muß der Ordnung halber hier zitiert werden. Sie wird aber meines Erachtens in einem solchen Dringlichkeitsfall nicht verletzt, wenn ein anderes Besatzungsmitglied Anruf und Meldung in der hier exakt genannten und genau vorgeschriebenen Form abgibt.

Arbeitsweise:

Einschalten des Kanals 16 und Abgabe folgender Texte:

Dringlichkeitszeichen:
PAN PAN – PAN PAN – PAN PAN
(gesprochen: pann pann)

Anruf:
AN ALLE – AN ALLE – AN ALLE
HIER IST
CORMORAN – CORMORAN – CORMORAN
(Bootsname: ....) (3 x)
DIGX (gesprochen: Delta – India – Golf – X-ray)
(Rufzeichen: .....)

Meldung:
PAN PAN
CORMORAN
(Bootsname: ....) (1 x)
DELTA – INDIA – GOLF – X-RAY
(Rufzeichen: .....)
SICHTEN FÜNF SEEMEILEN NÖRDLICH BORKUM RIFF FEUERSCHIFF TREIBENDE YACHT MIT GEBROCHENEM MAST OHNE BESATZUNG
ALLE SCHIFFE WERDEN GEBETEN NACH ÜBERLEBENDEN IN RETTUNGSINSELN ODER IM WASSER SCHARFEN AUSGUCK ZU HALTEN
HIER IST
CORMORAN
(Bootsname: .....) (1 x)
DELTA – INDIA – GOLF – X-RAY
(Rufzeichen: .....)
OVER

Andere Dringlichkeitsmeldungen könnten beispielsweise lauten:

POSITION FÜNF SEEMEILEN NÖRDLICH KIEL LEUCHTTURM SCHIPPER ÜBER BORD UND IM SEEGANG AUSSER SICHT. ALLE FAHRZEUGE WERDEN UM SCHARFEN AUSGUCK UND HILFELEISTUNG BEIM WIEDERFINDEN GEBETEN.

Oder beispielsweise:

POSITION FÜNF SEEMEILEN NÖRDLICH ELBE-EINS-FEUERSCHIFF AUF DER FAHRT VON HELGOLAND NACH CUXHAVEN SCHWERVERLETZTER AN BORD. SOFORTIGE ÄRZTLICHE HILFE ERBETEN.

Besatzungsmitglied schwer verletzt! Benötige Funkarztberatung auf UKW

Gefahrenlage:

Bei Verletzungen oder plötzlichen Erkrankungen von Besatzungsmitgliedern oder in anderen medizinischen Notfällen kann eine ärztliche Beratung mit einer Dringlichkeitsmeldung angefordert werden. Kopfverletzungen bei einer Patenthalse, gefährliche Körperverletzung bei Kollision oder Havarie, Stürze an Bord sowie Symptome von Vergiftungserscheinungen, akuten Blinddarmentzündungen u. a. sind solche medizinischen Notfälle.

Nothilfe:

Die Art der Verletzung bzw. Erkrankung in ihren wesentlichen Erscheinungsmerkmalen feststellen und aufschreiben. Gegebenenfalls Fieber messen, damit der richtige Facharzt als medizinischer Gesprächspartner des Krankenhauses ausgewählt werden kann. Der Adressat des Funkarztgespräches ist die nächsterreichbare Küstenfunkstelle. Solange das Gespräch mit dem Facharzt, das kostenlos ist, auf Kanal 16 abgewickelt wird, ruht hier der übrige Funkverkehr. Es gelten im Prinzip die gleichen Bedingungen wie für eine Dringlichkeitsmeldung.

Arbeitsweise:

Einschalten des Kanals 16 und folgende Verkehrsabwicklung:

Anruf:
PAN PAN – PAN PAN – PAN PAN

HELGOLAND RADIO – HELGOLAND RADIO – HELGOLAND RADIO
HIER IST
CORMORAN – CORMORAN – CORMORAN
(Bootsname: . . . .) (3 x)
DELTA – INDIA – GOLF – X-RAY
(Rufzeichen: . . . . .)

Meldung:
PAN PAN
CORMORAN (Bootsname . . . . .)
DIGX (Rufzeichen . . . . .)
POSITION 30 SEEMEILEN NORDWESTLICH HELGOLAND
BESATZUNGSMITGLIED HAT PLÖTZLICHES HOHES FIE-
BER MIT MAGENKRÄMPFEN
BENÖTIGE DRINGEND RADIOMEDICAL
HIER IST
CORMORAN (Bootsname . . . . .)
DIGX (Rufzeichen . . . . .)
OVER

Die weitere Verkehrsabwicklung übernimmt dann die angesprochene Küstenfunkstelle.
Eine alternative Meldung für ein Funkarztgespräch könnte lauten:

Meldung:
BESATZUNGSMITGLIED DURCH SCHLAG DES GROSSBAU-
MES GEGEN DEN KOPF BEI EINER PATENTHALSE OHNE
BESINNUNG
BENÖTIGE DRINGEND RADIOMEDICAL

Oder:

Meldung:
ZWEI BESATZUNGSMITGLIEDER VON GESUNKENER
YACHT NACH LÄNGEREM TREIBEN IM WASSER OFFEN-
BAR STARK UNTERKÜHLT AUFGENOMMEN. PULSTÄTIG-
KEIT NUR SCHWACH FESTSTELLBAR. BENÖTIGE DRIN-
GEND RADIOMEDICAL.

In jedem Falle versuche man, vor einer RADIOMEDICAL-Anforderung den → Funkärztlichen Beratungsbogen (siehe Seite 447) auszufüllen und als Gesprächsunterlage zu benutzen.

Schiffssicherheit gefährdet! Sicherheitsmeldung auf UKW

Gefahrenlage:

Wenn an Bord Notsituationen eingetreten sind, die nicht Gefahr für das eigene Boot, aber Gefahren für die übrige Schiffahrt bedeuten können, und wenn auf See Beobachtungen gemacht werden, die das eigene Boot gefährdet haben und weitere Schiffe gefährden können, wird eine Sicherheitsmeldung auf UKW abgegeben. Solche Situationen können sein: Mastbruch und/oder Ausfall des Motors und dadurch verursachte Manövrierunfähigkeit in der Nähe von Schifffahrtswegen sowie andere Schäden, die sich zwar mit Bordmitteln beseitigen lassen, während ihrer Reparaturzeit aber insbesondere bei Nacht oder bei unsichtigem Wetter eine Warnnachricht an die Schiffahrt notwendig machen. Auftreten von Nebel auf der freien See. Sichten von Schiffahrtshindernissen wie Teilen verlorener Ladung, Baumstämmen und anderen Fremdkörpern sowie Feststellen von vertriebenen Tonnen.

Nothilfe:

Eine entsprechende Sicherheitsmeldung wird durch das Sicherheitszeichen SÉ-CURITÉ (ausgesprochen: ßehküriteh) eingeleitet. Auf der internationalen Anruf- und Notfrequenz (auf UKW: Kanal 16) wird jedoch nur die Ankündigung ausgestrahlt. Die eigentliche Sicherheitsmeldung folgt auf einem anderen Arbeitskanal, den der Yachtfunker selbst wählt. Üblicherweise ist es der Sprechweg 6, wenn Verbindung zur Berufsschiffahrt gesucht wird.
In internationalen Gewässern ist die Benutzung der englischen Sprache unabdingbar.

Arbeitsweise:

Aussendung auf Kanal 16:

Anruf:
SÉCURITÉ – SÉCURITÉ – SÉCURITÉ
HALLO ALL SHIPS – HALLO ALL SHIPS – HALLO ALL SHIPS
THIS IS
CORMORAN – CORMORAN – CORMORAN
(Bootsname: . . . .)   (3 x)
DIGX (Gesprochen: Delta – India – Golf – X-ray)
(Rufzeichen: . . . . .)

LISTEN CHANNEL SIX
OVER

Nach Aussendung dieses Anrufs auf Kanal 16 schaltet der Yachtfunker auf Kanal 6 um und beginnt noch einmal wie folgt:

Anruf:
SÉCURITÉ – SÉCURITÉ – SÉCURITÉ
HALLO ALL SHIPS – HALLO ALL SHIPS – HALLO ALL SHIPS
THIS IS
CORMORAN – CORMORAN – CORMORAN
(Bootsname: ....)   (3 x)
DIGX
(Rufzeichen: .....)

Meldung:
SÉCURITÉ
CORMORAN (Bootsname .....)
DIGX (Rufzeichen .....)
APPROXIMATE POSITION 57 DEGREES 17 MINUTES NORTH
53 DEGREES 28 MINUTES WEST
PROCEEDING UNDER SAILS IN DENSE FOG.
COURSE 42 DEGREES
SPEED FIVE KNOTS
NO RADAR EQUIPMENT ON BOARD
ALL SHIPS ARE REQUESTED TO KEEP SHARP LOOKOUT AND INDICATE
THIS IS
CORMORAN (Bootsname .....)
DIGX (Rufzeichen: .....)
OVER

In Revieren vor den deutschen Küsten würde Anruf und Meldung sinngemäß wie folgt lauten müssen:
Aussendung auf Kanal 16:

Anruf:
SÉCURITÉ – SÉCURITÉ – SÉCURITÉ
AN ALLE – AN ALLE – AN ALLE
HIER IST
CORMORAN – CORMORAN – CORMORAN

(Bootsname: ....) (3 x)
DIGX (Gesprochen: Delta India Golf X-ray)
(Rufzeichen .....)
ICH SENDE AUF KANAL SECHS
OVER

Nach Aussendung dieses Anrufs auf Kanal 16 schaltet der Yachtfunker auf Kanal 6 um und beginnt noch einmal wie folgt:

Anruf:
SÉCURITÉ – SÉCURITÉ – SÉCURITÉ
AN ALLE – AN ALLE – AN ALLE
HIER IST
CORMORAN – CORMORAN – CORMORAN
(Bootsname: ....) (3 x)
DIGX
(Rufzeichen: 7

Meldung:
SÉCURITÉ
CORMORAN (Bootsname .....) (1 x)
DIGX (Rufzeichen .....)
UNGEFÄHRE POSITION 54 GRAD 39 MINUTEN NORD
                    10 GRAD 28 MINUTEN OST
ICH SEGLE IN DICHTEM NEBEL OHNE RADARGERÄT.
KURS 42 GRAD, FAHRT FÜNF KNOTEN. ALLE SCHIFFE WERDEN UM GUTEN AUSGUCK UND BEI GEFÄHRLICHER NÄHE UM MELDUNG GEBETEN.
HIER IST
CORMORAN (Bootsname .....)
DIGX (Rufzeichen .....)
OVER

Erhält man auf eine solche Sécurité-Meldung keine Antwort, so kann man davon ausgehen, daß sich kein anderes Fahrzeug im Umkreis von 30 Seemeilen bzw. nicht in gefährlicher Nähe auf Kollisionskurs befindet.
Anderenfalls würde auf dem vereinbarten Kanal 6 von unserer Yacht folgende Antwort (auf den als Beispiel zuerst genannten englischen Anruf) erfolgen und mitgeschrieben werden müssen:

Anruf:
CORMORAN
THIS IS

BARBARA
DELTA FOXTROTT TANGO LIMA (DFTL)

Meldung:
BARBARA
POSITION 57 DEGREES 19 MINUTES NORTH
53 DEGREES 31 MINUTES WEST
COURSE 135 DEGREES
SPEED 15 KNOTS
SEEING THREE MILES AHEAD AN OBJECT
PLEASE INDICATE
OVER

Mit Hilfe der beiden, jetzt ausgetauschten geographischen Positionen lassen sich die Standorte beider Fahrzeuge zeichnen und mit Hilfe von Kursen und Geschwindigkeiten nicht nur die Annäherungen ermitteln, sondern auch die Richtung feststellen, in der (von uns an Bord aus) das andere Fahrzeug gesichtet werden muß. Insbesondere auf der hohen See und nach einer vielleicht schon mehrstündigen oder sogar mehrtägigen Nebelfahrt wird man dem Schiffsort eines Frachtschiffes immer die größere Genauigkeit zubilligen.
Andere Sicherheitsmeldungen „An alle" könnten beispielsweise wie folgt lauten:

Meldung:
POSITION VIER SEEMEILEN ÖSTLICH BORKUM RIFF FEUERSCHIFF ZEHN TREIBENDE PALETTEN GESICHTET. DIE SCHIFFAHRT UND INSBESONDERE KLEINERE FAHRZEUGE WERDEN GEWARNT.

Oder:
Meldung:
LIEGEN MIT FREMDKÖRPER IM PROPELLER EINE SEEMEILE NÖRDLICH TONNE 2 DES KIEL-OSTSEEWEGES UND TREIBEN MIT WESTWIND MANÖVRIERUNFÄHIG IN DEN SCHIFFAHRTSWEG HINEIN, WÄHREND DER ERFORDERLICHEN EINSTÜNDIGEN REPARATUR MIT BORDMITTELN WIRD DIE BERUFSSCHIFFAHRT UM RECHTZEITIGES AUSWEICHEN GEBETEN.

Beistand oder Rücksichtnahme über UKW erbeten

Gefahrenlage:

Insbesondere auf der hohen See können Notlagen durch die Kettenreaktion von Schadensfällen entstehen, beispielsweise:
- Ein Mastbruch hat gleichzeitig zu einer Rumpfbeschädigung geführt, durch die ein Leck entstanden ist, das sich mit Bordmitteln dauerhaft nur schwer dichten läßt.
- Nach Mastbruch konnte zwar ein Notrigg aufgerichtet werden, aber durch die notgedrungen geringere Fahrt mit ihm hat sich die Reisezeit so verlängert, daß an Bord Proviant- und Wassermangel eingetreten sind.
- Für die Behandlung von Kranken reicht die Bordapotheke nicht aus; es werden mehr Medikamente benötigt.
- Eine Yacht braucht Ersatzteile, um den stehengebliebenen Motor wieder betriebsklar zu machen oder elektronische Navigationsgeräte zu reparieren.

Nothilfe:

Man sucht über UKW Kontakt zu einem gesichteten Schiff, von dem man sich die nötigen Hilfsmittel zur Reparatur bzw. zusätzlichen Proviant erbitten kann.

Arbeitsweise:

Man benutzt hierzu folgendes Anrufverfahren auf Kanal 16 zu einem gesichteten Schiff:

(Anruf:)
THIS IS
THE GERMAN YACHT
CORMORAN – CORMORAN – CORMORAN (Bootsname... ... ...) (3 x)
DIGX (DELTA INDIA GOLF X-RAY)
(Rufzeichen...)

(Inhalt):
I AM CALLING A FREIGHTER IN A DISTANCE OF THREE MILES TO MY POSITION
YOUR TRUE BEARING TO MY POSITION 190 DEGREES COME IN, PLEASE, CHANNEL 6
OVER

Das fremde Schiff würde diese Meldung bestätigen und beispielsweise wie folgt antworten:

(Anruf:)
CORMORAN
THIS IS
CASTOR
UIHL (UNIFORM INDIA HOTEL LIMA)
CHANNEL 6
OVER

Die weitere Verkehrsabwicklung würde sich jetzt auf dem Schiff-Schiff-Sprechweg 6 abspielen, und hier könnten wir unsere Wünsche und Sorgen mit der Bitte um Nothilfe bekanntgeben.
Sollten wir diese Hilfe gegenüber einem Schiff äußern wollen, das wir nicht sichten, wenn wir also auf gut Glück ein erwartetes Fahrzeug in der Nähe, aber außerhalb unserer optischen Sichtweite ansprechen wollen, dann verfahren wir beim Anruf wie folgt:

(Anruf:)
SHIP IN THE VICINITY
THIS IS
CORMORAN – CORMORAN – CORMORAN
(Bootsname . . .)
DIGX (DELTA INDIA GOLF X-RAY)
(Rufzeichen . . .)
MY APPROXIMATE POSITION IS 57 DEGREES 17 MINUTES NORTH
53 DEGREES 28 MINUTES WEST
PROCEEDING UNDER SAILS ON THE WAY FROM NEWFOUNDLAND TO SCOTLAND UNDER SAILS I NEED SOME SPARE PARTS FOR REPAIRING RIGG AND ENGINE
PLEASE INDICATE CHANNEL 16
THIS IS
CORMORAN
DIGX
OVER

Dies ist keine Notmeldung, aber ein Ersuchen um Beistand, und ein Schiff, das zwar außerhalb der optischen, aber innerhalb der UKW-Reichweite auf einem

Kurs liegt, von dem aus es ohne Verlust kostbarer Reisezeit einen geringfügigen Umweg machen könnte, wird sich mit Sicherheit melden, den Sprechfunkverkehr aufnehmen und über den Schiff-Schiff-Sprechweg 6 oder einen anderen Kanal führen.

Funkärztlicher Beratungsbogen für den medizinischen Notfall

Wenn der Funkarzt bei Verletzung oder Erkrankung eines Besatzungsmitgliedes zu Rate gezogen werden soll, muß ihm das Krankheitsbild möglichst genau beschrieben werden, damit er auch von Land aus die richtige Diagnose stellen und eine wirkungsvolle Therapie verordnen kann. Je mehr Daten und Fakten vor dem Beginn der funkärztlichen Beratung festgehalten sind, desto besser kann man Rückfragen beantworten und Zeit sparen. Diesen Fragebogen sollte der Yachtfunker bestmöglich ausfüllen:

1. **Alter des Erkrankten oder Verletzten** . . . . .
2. **Vorgeschichte des Unfalls** . . . .
   a) Angaben über das Unfallereignis mit Höhe eines Sturzes, Dauer einer Unterkühlung usw. . . . .
   b) Angaben über Beginn der jetzigen Erkrankung mit Nennung früherer ähnlicher Erkrankungen . . . .
3. **Befund mit Bordmitteln** . . . .
   a) Pulsfrequenz (Schläge pro Minute) . . . . .
   b) Atemfrequenz (Atemzüge pro Minute) . .
   c) Geisteszustand (ängstlich, heiter, ruhig, unklar, klar, benommen, verwirrt, bewußtlos) . . . .
4. **Wann wurde der letzte Alkohol getrunken (und wieviel)?** . . . .
5. **Welche Medikamente wurden vorher eingenommen bzw. nach dem Ereignis gegeben?** . .
6. **Mit dem Fieberthermometer gemessene Körpertemperatur** . . . .
   a) rektal (d. h. im After gemessen) . . . . . .
   b) bei Verdacht auf Blinddarmentzündumg auch axial (d. h. unter der Achselhöhle gemessen) . . . .

7. **Beschwerden**
   a) Welches sind die hauptsächlichsten Beschwerden?
   b) Wo treten sie auf?
   c) Seit wieviel Tagen, Stunden oder Minuten treten sie auf?
   d) Äußern sie sich als Dauerschmerz, als Druckschmerz oder kolikartig?
8. **Verletzungen**
   a) Welche Gliedmaßen sind verletzt?
   b) Handelt es sich um Schnitt- oder Bruchverletzung?
   c) Haben sich Gliedmaßen verformt?
   d) Wie hoch ist der Blutverlust?
   e) Wie stark sind die Schmerzen?
9. **Wie groß ist das Ausmaß von Verbrennungen** (in Prozent der Körperoberfläche)?
10. **Wie ist das Aussehen?**
    a) Normal
    b) Blasses Gesicht
    c) Gerötetes Gesicht
    d) Rote Lippen
    e) Fahle Lippen
    f) Schweißausbrüche
11. **Ist die Zunge trocken, feucht, belegt?**
12. **Wie ist die Farbe des Urins?**
    a) Wann wurde er zuletzt entleert?
    b) Wie ist die Farbe des Stuhls?
    c) Wann war zuletzt Stuhlgang?
    d) Herrscht Durchfall?
13. **Hat es Erbrechen gegeben?**
14. **Welche Nothilfemaßnahmen sind bisher an Bord angewandt worden?**
15. **Ist eine Bordapotheke vorhanden?**
    a) Wie ist sie ausgestattet?
    b) Welche Medikamente sind vorhanden und könnten verabreicht werden?
    c) Welche Medikamente sind bereits eingesetzt worden?

Internationale Seefunk-Buchstabiertafel

Werden im Rahmen eines Seenotfunkgespräches der Name der Yacht, Namen von Personen oder andere Bezeichnungen von fremden Funkern gewünscht, deren Schreibweise anders nicht bekanntgemacht werden kann, so bediene man sich der internationalen Kennwörter für Buchstaben und Ziffern. Die Lautschrift ist in Klammern gesetzt. Die Betonung der Buchstaben ist durch Unterstreichung angedeutet. Bei Ziffern und Zeichen werden die Silben gleichstark betont:

Buchstaben

A = Alfa (Alfah)
B = Bravo (Brawo)
C = Charlie (Tschali)
D = Delta (Delta)
E = Echo (Ekko)
F = Foxtrott (Foxtrott)
G = Golf (Golf)
H = Hotel (Hotell)
I = India (Indiah)
J = Juliett (Juhliett)
K = Kilo (Kilo)
L = Lima (Limah)
M = Mike (Meik)
N = November (Nowemmber)
O = Oskar (Osskar)
P = Papa (Papah)
Q = Quebec (Kibeck)
R = Romeo (Romio)
S = Sierra (Ssierrah)
T = Tango (Tango)
U = Uniform (Juniform)
V = Victor (Wicktor)
W = Whiskey (Wisski)
X = X-ray (Exreh)
Y = Yankee (Jengki)
Z = Zoulou (Suhluh)

Ziffern und Zeichen

0 = Nadazero (Nahdahsehro)
1 = Unaone (Uhnahwann)
2 = Bissotwo (Bissotuh)
3 = Terrathree (Terratrih)
4 = Kartefour (Kartefauer)
5 = Pantafive (Panntafaif)
6 = Soxisix (Ssockssissix)
7 = Setteseven (Settehssäwn)
8 = Oktoeight (Ocktoäit)
9 = Novenine (Nowehnainer)
Komma = Decimal (Dehssimal)
Punkt = Stop (Sstopp)

14 Einbruch und Überfall

Notruf bei Einbruch an Bord	452
Abwehr eines Einbrechers durch aktive Alarmanlage	460
Notruf bei Überfall an Bord	462
Sicherheit beim Schlafen mit offenen Luken	463
Abwehr und Selbstverteidigung gegen Überfall	464
Notruf bei Leck (im Hafen)	465
Notruf bei Bootsdiebstahl	466
Innenverriegelung gegen Überfall	468

Notruf bei Einbruch an Bord

Gefahrenlage:

Im Jahre 1982 mußte ein bekannter deutscher Yachtversicherer 142 Einbruchdiebstähle regulieren, die sich an Bord von Yachten ereignet hatten. Sie erforderten über 20% Einsatz von der Gesamtschadenssumme, die er aufwenden mußte. Mein Seekreuzer „Cormoran III" gehörte zu jenen Yachten, auf denen eingebrochen wurde. Begleiterscheinungen der traurigen Materialverluste waren Zerstörungen und Verwüstungen an Bord. Einbruch an Bord ist ein somit für jeden Eigner nicht nur finanziell schmerzlicher Notfall, gegen den man Vorsorge treffen kann und muß.

Vorsorge:

Beim Einbau einer Alarmanlage (Abb. A) auf meinem Boot habe ich mich mit den Möglichkeiten der Einbruchssicherung umfassend beschäftigen müssen. Die entsprechenden Überlegungen, die zur Konstruktion und zum Bau einer Alarmanlage bei mir an Bord führten, werden hier so kurz wie möglich zusammengefaßt:

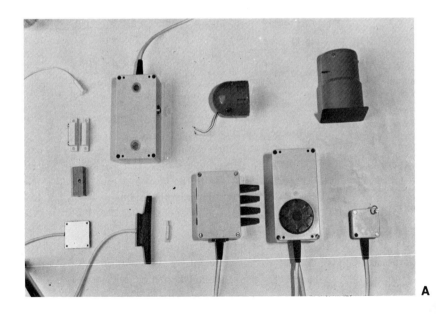

A

Forderungen an Aufbau und Wirkungsweise einer Alarmanlage
● Die Anlage muß jederzeit durch Einstecken eines einfachen Schlüssels an- und abschaltbar sein, so daß sie nicht nur das Boot im Winter monatelang oder zwischen den Segelwochenenden tagelang überwachen kann, sondern auch bei Mißtrauen gegenüber den Bewohnern fremder Länder oder den Besatzungen umliegender Boote an jedem Liege- oder Ankerplatz stundenweise einschaltbar ist.
● Sie muß mit einem „Voralarm" ausgestattet sein, der den Eigner bei Rückkehr an das Ausschalten der Alarmanlage erinnert und gleichzeitig einen Einbrecher verunsichert, erschreckt, stört und ihn dadurch auch letztlich psychologisch darauf hinweist, daß er nicht nur ein Alarmsystem ausgelöst hat, sondern ihn vielleicht noch andere, unangenehme Überraschungen erwarten.
● Das Alarmgeben selbst sollte nicht nur mit Hilfe üblicher, sondern auch unüblicher Melder erfolgen und nicht nur in der Schaltung optischer und akustischer, sondern auch durch funktechnische Alarmgeber. Alarmmelder sollten sich gegebenenfalls auch erst nach Stundenfrist einschalten, wenn ein Dieb nicht nur eingebrochen, sondern die Yacht selbst gestohlen hat oder stehlen will.
● Eine Alarmanlage sollte auch Abwehrmaßnahmen ermöglichen, die gegen einen besonders penetranten Dieb eingeleitet werden können, der sich völlig sicher fühlt und trotz Alarmgeben – aus welchen Gründen auch immer – sein Werk fortsetzt. Sie sind für einen Eindringling nicht lebensgefährlich, werden jedoch sein körperliches Wohlbefinden einige Zeit lang stören. Im Rahmen eines Notwehr-Zustandes sind sie sowohl vertretbar als auch steigerungsfähig.
● Eine Alarmanlage auf Yachten muß mögliche Fehlalarme ausschalten. Das Boot schwimmt ja nicht immer unbewegt und waagerecht an seinem Liegeplatz. Es dümpelt im Schwell vorbeifahrender Boote, krängt unter Winddruck auch bei nacktem Rigg und zerrt an seinen Leinen. Dabei bewegen sich Jacken und Handtücher, die vielleicht im Sichtbereich der Sensoren aufgehängt sind, oder es wird auch einmal eine Fliege erfaßt, die von einer Bootsseite zur anderen fliegt.
● Eine gute Alarmanlage auf Yachten muß daher ein elektronisches Gerät besitzen, das zuerst einmal alle Einzelmeldungen registriert und bewertet, ehe tatsächlich die Auslösung des geeigneten Alarms freigegeben wird. Kein Stegnachbar würde mehr hinhören oder gar helfen, wenn eine Anlage häufig Fehlalarme ausstrahlt.
● Man muß auch bedenken, daß starke Funk- und Radarsignale oder gar Blitzeinschläge in der Nähe des Bootes auf den Leitungen einer Alarmanlage Störimpulse erzeugen können, die ebenfalls verhindert werden müssen. Mit einfachen Schaltungen ist es in einem solchen Notfall also nicht getan.
Eine Alarmanlage muß sich etwa so verhalten wie ein guter Wachhund: Eine erste, verdächtige Meldung eines „Sensors" läßt ihn wie bei einem Geräusch hochfahren und die Ohren spitzen. Bestätigt sich der Verdacht durch weitere

„Meldungen", gibt er als Warnung einen „Laut". Wird die Bedrohung intensiver, verstärkt sich das „Bellen", und wenn es ganz ernst wird, muß auch einmal „gebissen" werden.

Die notwendigen Teile einer yachtspezifischen Alarmanlage

Unsere yachtspezifische, programmierbare Anlage besteht
- aus einer Alarmzentrale (Abb. B), zu der die verschiedenen Sensoren ihre Beobachtungen melden, und einem Anschlußkasten (Abb. C), wo auch die Alarmgeber eingeschaltet werden,

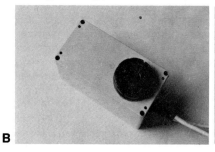
B

C

- den unterschiedlichen Sensoren und
- den verschiedenen Alarmgebern selbst.
- Sie ist auch mit dem eigentlichen Schalter verbunden, über den sie der Eigner beim Verlassen des Bootes „scharf" macht oder während des Segelns außer Betrieb setzt (Abb. D).
- Sie enthält außerdem den Integrationsschalter zur Verhinderung von Fehlalarmen und betätigt die Piezo-elektronische Kleinsirene des oben genannten Vorwarnsystems.

D

Sowohl die Alarmzentrale als auch die Sensoren können nach den Wünschen des Eigners und den besonderen Bedingungen des Bootsbaus überall so sicher und wirkungsvoll eingebaut werden, daß sie weder auffallen noch die Inneneinrichtung des Bootes gestört oder gar beschädigt wird. Alle Arten von Sensoren sind nicht größer als eine Streichholzschachtel, und die Alarmzentrale hat die Größe einer Zigarrenkiste. Ihr Platz an Bord soll mit Bedacht so ausgewählt werden, daß ein Eindringling ihn weder erahnen noch erreichen kann, so daß auch eine besonders abgebrühte Diebstahlsgang nicht in der Lage ist, die Anlage außer Betrieb zu setzen.

Den Strom für die wochenlange Einschaltung der Sensoren liefert eine kleine Blockbatterie im Zentralekasten. Die stärksten Alarmgeber werden bei einem Einbruch über die Bordbatterie gespeist.

Spezielle Melder registrieren den Notfall

Die unterschiedlichen Melder haben die Aufgabe, einen Einbruchsversuch zu erkennen und ihn mit einem spezifischen Signal an die Zentrale zu melden. Erst bei Überschreiten bestimmter Schwellenwerte (zur Verhinderung von Fehlalarmen) löst die Zentrale die eigentlichen Alarmgeber aus.

Alle Melder müssen dagegen geschützt werden, daß sie ein Dieb erkennen und außer Betrieb setzen kann. Sie müssen auch gegen Überlistung durch den Einbrecher gefeit sein, weil dieser natürlich oft ein spezielles Fachwissen hinsichtlich Alarmanlagen besitzen könnte.

Darüber hinaus müssen jedoch alle Arten von Meldern den gesetzlichen Vorschriften und technischen Richtlinien entsprechen, die sowohl in Deutschland als auch im Lande des Gastliegeplatzes gelten. Leider verbieten insbesondere die deutschen BZT-Bestimmungen einige wichtige, interessante und besonders wirkungsvolle Anlageteile, die nach nahezu allen ausländischen Vorschriften ganz selbstverständlich benutzt und eingesetzt werden können. Dies gilt hauptsächlich für handelsübliche Funkalarmsysteme.

Alle Melder müssen auch den besonderen Bedingungen hinsichtlich der Unempfindlichkeit gegen Witterungseinflüsse genügen. Schon aus diesem Grunde sind Teile von handelsüblichen Alarmanlagen für Haus, Auto oder Caravan nicht einfach in yachtspezifischen Einrichtungen zu verwenden.

Sensoren mit Kabelverbindungen

Es ist am einfachsten und betriebssichersten, die Sensoren durch Kabelverbindungen mit der Alarmzentrale zu koppeln (Abb. E). Dies ist insbesondere bei folgenden Arten von Meldern nicht schwierig:
- Öffnungsmelder (Abb. E, Pos. 1) zur Überwachung der verschließbaren Fenster, Türen, Backskisten, Schiebeluken, Steckschotten, des Ankerkastens und ähnlicher Behälter. Sie arbeiten mit Magnetkontakten, die beim Einbruch getrennt werden und dadurch einen Alarm auslösen.

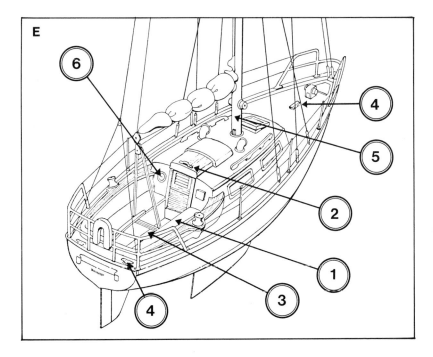

- Rüttelkontakte und mechanische Erschütterungsmelder, die aus einem Feder-Gewichts-System bestehen, reagieren noch früher. Sie können auf das Steckschott, auf das Schiebeluk (Abb. E, Pos. 2) oder auf ein gläsernes Luk montiert werden. Sie melden die erste unbefugte Handarbeit an diesen Eingängen sofort.
- Drucksensoren (Abb. F) werden durch Gewichtskraft betätigt und können überall dort unter Matten, Teppich oder Fußboden ausgelegt werden, wo sie

ein Einbrecher ganz zwangsläufig betreten muß (Abb. E, Pos. 3). Sie können in der Plicht genausogut liegen wie unter der Niedergangstreppe der Kajüte.
• Lichtsensoren und andere, bereits patentierte automatische Melder können das Abnehmen einer Leine (Abb. E, Pos. 4 und Abb. G) von einer Klampe (beispielsweise beim Diebstahlsversuch eines Beibootes), das Berühren der Rettungsinsel oder anderer Teile der Decksausrüstung anzeigen und so geschaltet werden, daß hierbei nur bestimmte Alarmgeber in Tätigkeit treten, ohne daß die gesamte normale Alarmanlage eingeschaltet werden muß.
• Als Sensoren können auch einfache Schalter dienen, die man (z. B. bei einem Überfall) von Hand tätigt oder die (bei einem entsprechenden Wasserstand in der Bilge) durch einen Schwimmer eingeschaltet werden.

Sensoren ohne Kabelverbindung

Wo Kabelverbindungen zwischen Sensoren und Alarmzentrale nicht möglich oder nicht erwünscht sind, lassen sich die entsprechenden Einbruchsmeldungen auch ohne Kabelverbindung drahtlos weitergeben. Solche installationsfreien Sensoren geben ihre kodierten Signale entweder über kleine Ultraschallsender oder die entsprechenden Infrarotsender an die Alarmzentrale weiter. Ein sympathisches System insbesondere dort, wo es lange Wege vom Melder zur Zentrale zu überbrücken gilt und man die Außenhaut oder das Deck nicht wegen einer Alarmanlage durchbrechen will.

Raumüberwachung durch spezielle Bewegungsmelder

Bewegungsmelder können sowohl den Decksbereich als auch den Kajütraum überwachen. Man unterscheidet hier zwischen
• Mikrowellen-Bewegungsmeldern auf Radarbasis, die im Giga-Hertz-Bereich arbeiten und (je nach Montage) einen Alarmbereich von 15 m Länge und 6 m Breite absichern (Abb. E, Pos. 5).
• Infrarot-Bewegungsmeldern, die auf die Körperwärme eines Eindringlings ansprechen und einen ähnlich großen Überwachungsbereich haben. Beide genannten Arten von Bewegungsmeldern haben sich unter Bordbedingungen gut bewährt (Abb. E, Pos. 6).
• Ultraschall-Bewegungsmelder (Abb. H) haben sich demgegenüber als Decksmelder nicht bewährt. Sie sind zu windsensibel. Wir verzichten auf ihren Einsatz, weil bei uns an Bord alle Bewegungsmelder wahlweise an Deck wie im Innenraum eingesetzt werden können.

Die unterschiedlichen Arten der Alarmgeber

Alarme werden erst ausgelöst, wenn die erwähnte „Vorwarnzeit" abgelaufen ist und ein „Voralarm" keinen Erfolg hatte. Außerdem werden Alarmgeber erst betätigt, wenn sie der Integrationsschalter zur Verhinderung von Fehlalarmen freigegeben hat. Im einzelnen bieten sich folgende sichtbare und hörbare Alarmzeichen an:

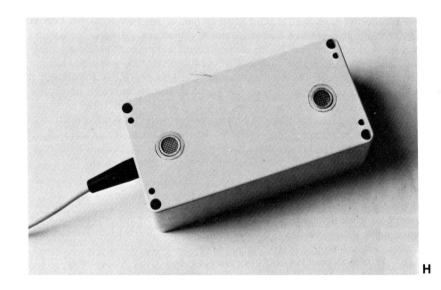

H

- Ertönen einer Sirene, die außer Reichweite von Deck hoch am Mast montiert ist, damit sie der Einbrecher nicht schon vorher außer Betrieb setzen kann.
- Lichtsignale, die am wirkungsvollsten durch periodisches Einschalten der Salingleuchten gegeben werden.

Strahlendes Licht, in das das Deck mit seinen Personen urplötzlich und unerwartet getaucht ist, und dazu ein durchdringender Heulton (mit einem Schalldruck von etwa 130 dB) sind wirkungsvolle Alarmzeichen.

Ob sie jedoch in einer stürmischen Nacht die Besatzungen umliegender Boote wecken und zur Hilfe veranlassen könnten, bleibt zweifelhaft. Ebenso fraglich ist, ob Einbrecher bei solchen Alarmzeichen tatsächlich ihr Werk abbrechen oder ob sie es nur beschleunigen werden.

Weiterleitung des Alarms auf dem Funkwege

Als zusätzlicher Alarmgeber kann eine bewährte Autoalarmanlage der neuesten Generation installiert werden, die den Einbruchalarm auf dem Funkwege in einem Umkreis von (nach meinen praktischen Erfahrungen) 1000 bis 4000 m (je nach Antennenhöhe) zuverlässig überträgt. (In Deutschland ist sie – noch – nicht zugelassen.) Sie besteht aus
- einem kleinen, an Bord installierten und quarzgesteuerten Sender, der die von den genannten Sensoren ausgelösten und über die Alarmzentrale an ihn weitergegebenen Meldungen an einen kleinen Empfänger übermittelt und

- dem Empfänger selbst, der sich in der Jackentasche des Eigners in einem nahegelegenen Restaurant, an Bord eines besetzten Nachbarbootes oder im Wachraum der Marina befinden und mobil sowie beliebig überall eingesetzt werden kann.

Der Sender wiegt nur ca. 400 g, der Empfänger einschließlich Batterie nur ca. 350 g. Vom Hauptgerät an Bord wird ein kodierter Selektivton ausgesendet, der vom Taschenempfänger empfangen wird. Das Gerät kann ganz individuell programmiert werden.

Ein Notruf über Funk wird durch eine übliche CB-Antenne ausgestrahlt. Man kann auch Antennenmodelle benutzen, die für UKW- und CB-Funk gleichermaßen arbeiten und die für die speziellen Bedingungen auf Segel- und Motoryachten unter allen Wetterverhältnissen bestmöglich geeignet sind. Ihre Länge beträgt 6,1 m, die maximale Eingangsleistung 100 Watt.

Auf Zweimastern (Yawl, Ketsch, Schuner) kann man auch eine Antenne zwischen den beiden Masttoppen spannen. Die wichtigen, in der Mitte durch die Zuleitung für ein Koax-Kabel getrennten und an den Seiten bis zu entsprechenden Isolierungen führenden „aktiven Teile" müssen dann je 2,56 m lang sein.

Eine möglichst hohe Antenne hat den Vorteil, daß sie eine größere Sendereichweite besitzt und (bei einer Antennenzuführung im Mastinneren) von den Dieben nicht erreichbar ist.

Spurensicherung durch Tonbandgerät

Im Winterlager kommt noch eine Sicherung besonderer Art zum Einsatz: Von der Alarmzentrale wird beim wiederholten Ansprechen der Sensoren ein verstecktes Tonbandgerät eingeschaltet, welches über einen längeren Zeitraum alle Gespräche aufzeichnet. Ein solches „Portrait" eines Einbrechers dürfte mehr Informationen enthalten als das unscharfe Foto bei einem Bankeinbruch. (Bei unserem Einbruch an Bord hat das Einbrechertrio gemütlich in der Kajüte Bier getrunken und sich dort längere Zeit aufgewärmt. Die Aufzeichnung der dabei wohl ganz selbstverständlich geführten Gespräche hätte mit Sicherheit einigen Aufschluß über ihre Identität gegeben.)

Eine Alarmanlage auf Yachten, wie wir sie auf unserem „Cormoran III" installierten, hat gegenüber Haus-Alarmanlagen einen gewichtigen Vorteil: Sie überwacht einen sowohl in Länge und Breite als auch in bezug auf den Raum relativ kompakten Bereich mit einem meist einzigen Haupteingang. Auch wenn der Einbrecher einen anderen Weg durch ein Decksluk in den Innenraum wählt, liegen diejenigen Wertsachen und Ausrüstungsteile, die er begehrt, immer relativ nahe beieinander. Sie sind daher sehr viel leichter zu überwachen als ein Haus mit mehreren Zimmern, mehreren Eingangstüren und zahlreichen Fenstern, so daß ein Notruf, wenn er richtig adressiert und empfangen wird, zum Ertappen der Diebe auf frischer Tat führen kann.

Abwehr eines Einbrechers durch aktive Alarmanlage

Gefahrenlage:

Eine professionelle Diebstahlsgang, wie ich sie an der amerikanischen Ostküste in einem Bojenfeld von über 50 Yachten und mit allen technischen Hilfsmitteln erleben konnte, wird sich durch Alarmgeber nicht so leicht ins Bockshorn jagen lassen, zumal wenn sie noch weiß, daß ein Wächter oder Eigner bzw. andere Yachtsegler weit entfernt sind. So muß man die Anlage selbst zur Eigenverteidigung im Notfall einrichten.

Vorsorge:

Entsprechende Vorsorge-Ratschläge gebe ich hier nur mit beträchtlichen Gewissenskonflikten und sehr zurückhaltend: Einerseits will ich den Yachteignern und Lesern dieses Buches eine Notfallhilfe geben, um einen Einbrecher erfolgreich abzuwehren. Andererseits erhalten mögliche Diebe und Einbrecher aber auf dem gleichen Wege auch technische Informationen, durch die sie zu noch mehr trickreichem Vorgehen angeregt werden. Betrachten wir daher nur einen Teil möglicher Abwehrmaßnahmen und diese auch mit angemessener Zurückhaltung:

Schmerzfeld-Generatoren

Sie werden von der Alarmzentrale an Bord (siehe Seite 452) wie andere Alarmgeber betätigt, aus Sicherheitsgründen jedoch mit einer Zeitverzögerung von mindestens fünf Minuten für einen hartnäckigen Dieb, der sich durch den sichtbaren oder lauten Notruf nicht hat einschüchtern lassen.

- Ein Schmerzfeld-Generator („Trompete von Jericho") ist eine nahezu un-

A

B

hörbare Sirene (Abb. A), die auf der Frequenz von 15 kHz mit einem Schalldruck von 130 dB arbeitet, tunlichst an mehreren Stellen zu installieren ist und dem Eindringling so beträchtliche Ohrenschmerzen (auch bei Ohrenschutz!) bereitet, daß er schon nach wenigen Sekunden den Strahlbereich verlassen muß.

Kanonenschläge

Sie lassen sich in gleicher Weise auslösen und können insbesondere als Vorwarnung vor weiteren gesundheitsschädlichen Maßnahmen gezündet werden, wenn die „Trompete von Jericho" noch nicht genug Wirkung gezeigt hat. Kanonenschläge erschrecken und alarmieren gleichzeitig.

Einsatz von Reizstoffen

Sie können mit einer weiteren Zeitverzögerung von etwa 10 bis 15 Minuten eingesetzt werden und haben bei uns besondere Auslöser (Abb. B), Sicherheitsschalter und Einsatzplätze, um ganz gezielt spezielle Tätigkeiten unmöglich zu machen, beispielsweise die Arbeit am ausgeschalteten und stillgelegten Bootsmotor während eines Diebstahlsversuches des gesamten Fahrzeugs.

• Ein CS-Reizstoffgerät zur Selbstverteidigung in der Patrone TW 1000 ist unter der BKA-Bezeichnung 1 r 2 zugelassen. Die kleine Sprühflasche hat 63 ml Inhalt und ist fingerlang. „Bei Druck auf das Ventil strömt Reizgas sofort aus. In Entfernungen unter 1 m besteht die Gefahr gesundheitlicher Schädigungen! Anwendung auf eigene Gefahr." So steht es auf der Bedienungsanweisung.

• Ein Atemholen im Reizstoffbereich ist nicht möglich. Ein normaler Kajütraum ist mit einer Patrone in Sekundenschnelle so penetrant zu füllen, daß einem Menschen der Aufenthalt in der nächsten halben Stunde unmöglich ist. Für größere Räume sind zwei Patronen empfehlenswert. Eine Schaltung, daß (mit der entsprechenden technischen Auslöse-Anlage) zuerst etwa nur ein Drittel des Gases abgelassen werden kann (und der Rest bei neuerlichem Alarm), ist möglich. Rückstände des Reizgases im Innenraum sind bei Durchlüftung nach ca. drei Stunden verflogen.

Notruf bei Überfall an Bord

Gefahrenlage:

Im November 1980 wurde der britische Langfahrtensegler Peter Tangvald auf seinem Ankerplatz vor der tunesischen Küste von mehreren Männern überfallen. Seine Frau und er wurden mißhandelt und erpreßt. Die Frau wurde zu vergewaltigen versucht. Die Diebe raubten alle Geld- und Wertsachen, deren Verstecke durch brutale Folterung verraten wurden.
Im September 1981 stoppten Banditen in den Uniformen von italienischen Zollbeamten eine deutsche Yacht vor der Küste von Capri, betraten das Boot und raubten das Eignerehepaar aus. – Ähnliche Überfälle sind heute auch an anderen Küsten – nicht nur des Mittelmeeres – gang und gäbe. Vielerorts erhielten sie durch Verletzungen und Todesfälle unter den betroffenen Yachtbesatzungen auch einen tragischen Ausgang. Eine Vorsorge für einen solchen Notfall an Bord ist daher unumgänglich.

Vorsorge:

Sie besteht im erstgenannten Fall in einer Alarmanlage (siehe Seite 452) während des „Schlafens mit offenen Luken" und im zweiten Fall in geeigneten Abwehrmaßnahmen.

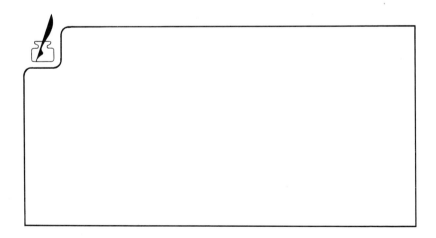

Sicherheit beim Schlafen mit offenen Luken

Im Mittelmeer oder in anderen südlichen Revieren schläft man nach Möglichkeit während der gesamten Saison mit offenen Luken. Aber vielfach nutzt man diese schöne Möglichkeit wegen der Gefahr von Einbruch und Überfall nur mit Unbehagen aus. Wir schützen unseren Tiefschlaf
• durch den Einsatz einer Warnanlage, die aus den auf Seite 457 genannten Mikrowellen-Bewegungsmeldern (auf Radarbasis) besteht. Sie hat sich unter derartigen Witterungsbedingungen am besten bewährt. Die entsprechenden Sensoren sind im Kajüt-Steckschott mobil (d. h. auch andere Einsatzplätze sind möglich) untergebracht.
• Außerdem sind Rüttelmelder in der Nähe der offenen Luken angebracht sowie die genannten Trittkontakte eingesetzt.
Als Alarmgeber fungieren wahlweise die auch bei Einbruchsalarm eingesetzten Sirenen und Salingleuchten. Außerdem wird ein Wecker betätigt, der sich unmittelbar am Schlafplatz des Schippers befindet und diesen bereits beim Betreten des Decks einer fremden Person und spätestens bei Annäherung an offene Luken oder Kajüteingänge wachrüttelt.
Ist die Crew nicht an Bord, dann läßt sich die Alarmmeldung auch auf dem Funkwege übertragen, wie es auf Seite 458 beschrieben ist.

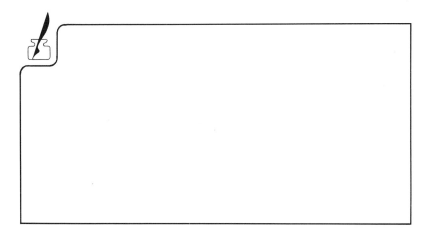

Abwehr und Selbstverteidigung bei Überfall

Gefahrenlage:

Schußwaffen an Bord sind erfahrungsgemäß schlechte Verteidigungsmittel. Wie tragische Überfälle zeigen, schießen Eindringlinge, die mit unlauteren Absichten gekommen sind, bei bewaffnetem Widerstand schneller. Und dort, wo ein Yachtsegler zuerst (und vielleicht allein!) von der Schußwaffe Gebrauch gemacht hat, muß er (insbesondere in fremden Ländern) mit empfindlichen Strafen rechnen, weil eine entsprechende Notwehrsituation meistens nicht zu beweisen ist. Es sollten also nur andere Mittel eingesetzt werden.

Vorsorge:

Der Einsatz der unter → Notruf empfohlenen Sensoren und Alarmgeber nimmt den Eindringlingen den Vorteil eines Überraschungsmomentes sowie jeden Grad der ungestörten, ungesehenen Arbeit. Meine Erfahrungen zeigen:
- Die entsprechenden Alarmgeber werden sie in vielen Fällen bereits beim Anbordkommen vertreiben.
- Eine Reizgaspatrone, wie auf Seite 461 beschrieben, ist eine wirksame Verteidigungswaffe. Sie gibt es auch in einem kleineren, nicht weniger wirksamen Format in Daumengröße, so daß sie sich ganz unsichtbar in der Faust zumindest derjenigen Besatzungsmitglieder verbergen läßt, die zuerst den Eindringlingen entgegentreten müssen.

Das Auslösen kann auf ein Stichwort erfolgen und wird eine spontane Gegenreaktion der Eindringlinge oft verzögern.

Als zweiter Schritt kann dann die Bedrohung der Eindringlinge mit der Sternsignal-Pistole erfolgen, einer (zumindest dem Aussehen nach) durch das entsprechende Kaliber furchtbaren Waffe, die auch hartgesottene Verbrecher erschrecken wird.

In jedem Falle sollte man eine Überreaktion der Crew und insbesondere eine zu frühe und zu harte Reaktion vermeiden. Notwehr ist bekanntlich die Verteidigung gegen einen rechtswidrigen Angriff. Ein Angriff muß der Verteidigung vorausgehen. Alle Verteidigungsmaßnahmen der Crew müssen notgedrungen – der Notlage entsprechend – „angemessen" sein.

Notruf bei Leck (im Hafen)

Gefahrenlage:

Bei mehrmonatigem Aufenthalt eines Bootes an seinem Winterliegeplatz im Wasser ist die Fernmeldung gefährlich hohen Wasserstandes in der Bilge notwendig und nützlich. Sie erspart das regelmäßige Prüfen der Bilge (insbesondere bei einem sorgfältig verzurrten Deck) durch einen Wachmann und schützt vor allem bei unerwartetem Wassereinbruch, wie er durch Korrosion von Außenhautdurchbrüchen möglich ist, und durch die Ansammlung von Schwitzwasser, wenn das Boot mit vollen Tanks längere Zeit unter warmen klimatischen Bedingungen überliegen muß, vor schweren Folgeschäden.

Nothilfe:

Die Bilge erhält als Sensor einen Kippschalter, der durch einen Schwimmer betätigt wird und sich bei einem bestimmten, gefährlich hohen Wasserstand in der Bilge oder über den Bodenbrettern einschaltet.

Die Alarmmeldung wird nicht über die gesamte (optische und akustische) Alarmanlage, sondern nur über das Funkalarmgerät abgegeben. Der entsprechende Empfänger wird (während der gesamten Zeit der Winterlagerung) im Wachraum der Marina gehalten, wenn die Eignerwohnung nicht in der Nähe liegt.

Natürlich kann dieser Funknotruf auch mit den übrigen Alarmgebern verbunden sein, damit er (im Falle der Überwinterung in einer Marina) auch bei Einbruchsversuchen einen Funkalarm sofort an den Taschenempfänger in der Marina-Wachstube weitergibt.

Einige Marinas sind bereits dazu übergegangen, allen Bootseignern die Ausstattung mit einem solchen „stillen Alarmsystem" zu empfehlen, und eine Vielzahl von Eignern hat diesem Vorschlag schon Folge geleistet. In einem Steckregal sind die kleinen Empfänger als „sprechende Visitenkarten" beim Hafenmeister gehalten. Jeder Empfänger enthält außerdem eine deutliche Aufschrift mit Bootsnamen und Liegeplatz sowie (in kleinerer Schrift) mit Namen und Adresse des Eigners, so daß eine sofortige Notfallinformation möglich ist.

Gleichzeitig kann man mit Hilfe dieser (wie an der Zeituhr eines Betriebseinganges befestigten) Steckkarten sehen, ob der Eigner an Bord ist und man Besucher für ihn, die am Marinator Einlaß begehren, empfangen kann, oder ob diese Personen abzuweisen sind, weil das Boot unbesetzt ist.

Notruf bei Bootsdiebstahl

Gefahrenlage:

Die Zahl der Bootsdiebstähle aus Yachthäfen mehrt sich in erschreckendem Maße, und die Aufklärungsquote bleibt gering, weil der Zeit- und Distanzvorsprung der Diebe selten einzuholen ist.

Vorsorge:

Nur eine Alarmanlage, die einen „Notruf bei Einbruch an Bord" abgeben kann, der rechtzeitig aufgefangen wird, oder die „einen Einbrecher mit einer aktiven Alarmanlage abwehren" kann (siehe Seite 460), sind bisher geeignete Hilfsmaßnahmen. Empfehlenswert ist noch eine zusätzliche Maßnahme:

Nothilfe:

Über den genannten „Notruf bei Leck" (siehe Seite 465) hinaus läßt sich für den Dieb eines ganzen Bootes eine nahezu teuflische Alarmanlage installieren: Ein Funkalarmgeber, der in einem Seefunkgerät arbeitet.

Seefunkalarmgeber

Hierbei genügt man den einschlägigen Richtlinien und BZT-Vorschriften, weil der entsprechende UKW-Sender auch in deutschen Gewässern zugelassen ist. Im Aufbau dieses Notrufes handelt es sich um eine Art Telefon-Notruf-Computer, der den Alarm auf dem Seefunkwege als „Sicherheitsmeldung" (siehe Seite 441) überträgt.

Arbeitsweise:

Das Boot kann selbsttätig in einem Zeitabschnitt, in dem der Anruf- und Sicherheitskanal 16 keinen Verkehr hat, eine Dringlichkeitsmeldung ausstrahlen und gleichzeitig bekanntgeben, wann und wo auf welcher Frequenz von der gestohlenen Yacht eine weitere Notmeldung abgesetzt wird.
Vorbereitet sind hierzu (bei uns an Bord) programmierte Texte, die mit einer Zeitverzögerung von 30 Minuten (oder später in Stundenintervallen) ausgestrahlt werden können, wenn (mit den entsprechenden Meldern am Bootsmotor) dieser unerlaubt angesprungen ist oder Melder an den Klampen bekanntgegeben haben, daß die Vorleinen widerrechtlich gelöst wurden.
Das Boot kann dann ca. 30 Minuten nach dem Auslaufen (und nachdem die Anlage überprüft hat, daß kein Funkverkehr auf dem entsprechenden Sprechwege abläuft) auf Kanal 16 sinngemäß folgende Meldung ausstrahlen (die genaue Formulierung muß den Bedingungen auf Seite 441 entsprechen):

SÉCURITÉ... HIER IST DIE DEUTSCHE SEGELYACHT COR-
MORAN, (Rufzeichen), ICH BIN VOR EINER HALBEN STUNDE
AUS DER MARINA XYZ, GEOGRAPHISCHE BREITE... GE-
OGRAPHISCHE LÄNGE..., OHNE WISSEN VON EIGNER UND
STAMMBESATZUNG VON UNBEKANNTEN PERSONEN GE-
STOHLEN WORDEN UND BEFINDE MICH JETZT ETWA DREI
SEEMEILEN VON DIESER POSITION ENTFERNT. ALLE SEE-
UND KÜSTENFUNKSTELLEN WERDEN GEBETEN, DIE NÄCH-
STE POLIZEIDIENSTSTELLE ZU UNTERRICHTEN. FÜR MEINE
WIEDERBESCHAFFUNG IST EIN FINDERLOHN AUSGESETZT.
DIE NÄCHSTE SICHERHEITSMELDUNG ERFOLGT NACH 30
MINUTEN.

Und nach weiteren 30 Minuten ist die nächste Notmeldung wie folgt programmiert:

HIER IST DIE DEUTSCHE SEGELYACHT CORMORAN. ICH BE-
FINDE MICH JETZT SECHS MEILEN VON DER MARINA XYZ,
GEOGRAPHISCHE BREITE..., GEOGRAPHISCHE LÄNGE...
ENTFERNT IN DER HAND VON BOOTSDIEBEN...

Natürlich muß die Abwicklung dieses Diebstahl-Notrufes so erfolgen, daß ein Mithören dieser Notmeldung durch die Diebescrew nicht möglich und auch ihr mögliches Gegensprechen mit einem anderen Gerät auf der gleichen Frequenz zum gleichen Zeitpunkt nicht erfolgen kann.

Innenverriegelung gegen Überfall

Gefahrenlage:

Hat man in einem Hafen oder vor Anker Angst vor einem Überfall, wird man nicht mit offenen Luken schlafen, sondern diese von innen verriegeln. Der Kajüteingang ist aber im allgemeinen nur von außen verschließbar. Natürlich kann man auch bei bewohntem Schiff zur Nacht die Kajüte von außen abschließen und über das Vorluk, das sich von innen blockieren läßt, an seinen

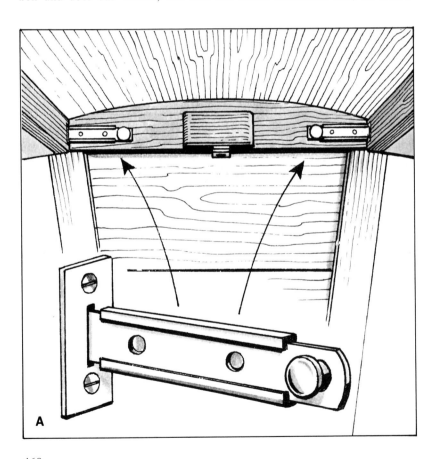

Schlafplatz gehen. Damit versperrt man aber gleichzeitig den selbstverständlichen, im Gefahrenfall immer zuerst benutzten Ausgang.

Nothilfe:

Bei uns an Bord gibt es daher seit vielen Jahren die in Abb. A gezeigte Einbruchsicherung: Innen an der Zugkante des Schiebeluks sind zwei kräftige Vorreiber angeschraubt, deren Riegel in entsprechende Ausnehmungen des festen Rahmens am Kajütdach fassen. Mit einer winzigen Bewegung ist der Vorreiber vorgeschoben und das Luk beidseitig fest verriegelt – wesentlich fester und sicherer, als wenn man von außen das Steckschott mit dem Bart seines Schlosses zur Verriegelung heranzieht. Das eingesetzte Steckschott bedarf dabei keiner weiteren Sicherung, weil es nicht nach oben herausgezogen werden kann.

Wir setzen diese Sicherung nicht nur zur Nacht und nahezu in jedem Hafen in Betrieb, sondern verwenden sie auch auf See, wenn wir im Sturm beigedreht haben und alle Luken gegen Seeschlag sicher verrammeln mußten.

Übrigens entspricht man mit diesen beiden Vorreibern auch den Sicherheitsvorschriften der Hochseesegler, die nach dem Fastnet-Desaster 1979 entsprechend erweitert wurden: „Lukendeckel und Steckschotten müssen in ihrer Position gesichert werden können, wenn sie geöffnet oder geschlossen sind."

Mit einem Augbolzen auf jeder Seite des Steckschotts kann man gegebenenfalls jene gewünschte zusätzliche Verlustsicherung (über einen Stropp zu einer Stufe des Kajütniedergangs oder einem anderen Befestigungspunkt an der Innenwand) anschlagen, wenn man in schwerem Wetter auf See zum Wachwechsel das Schiebeluk zurückziehen muß und das Steckschott selbst noch einmal zusätzlich gegen Herausrutschen sichern will.

Merke: Schiebt man die Riegel bei einem plötzlichen Überfall am Tage oder beim Besuch ungebetener und unsympathischer Gäste von innen vor, kann man Unterhaltungen von einer sicheren Position aus führen und gewinnt notfalls Zeit, die Reizstoffpatrone zur Verteidigung bereitzuhalten oder über UKW die persönliche Gefahrenlage „An Alle" zu übermitteln.

15 Rechtlicher Notstand

Personeller Notstand: Meuterei 471
Behandlung von Notfällen in Gesetzen
und Verordnungen 476

Personeller Notstand: Meuterei

Gefahrenlage:

In jüngster Zeit mehren sich die Fälle, daß Besatzungsmitglieder den Eigner oder verantwortlichen Schipper einer Yacht und andere Besatzungsmitglieder auf See töteten oder mit der Waffe bedrohten und erpreßten. Ich erinnere hier an den Fall „Apollonia", in dem der Segler Paul Termann wegen Ermordung des Yachteigners zu einer lebenslangen Freiheitsstrafe verurteilt wurde, und den Fall „Pan Tau", in dem wegen Unstimmigkeit in der Strafverfolgung, die im internationalen Recht begründet liegt, bisher kaum zuverlässige Ermittlungen gegen die vermutliche Mörderin des Yachtkapitäns eingeleitet werden konnten.

Insbesondere bei der Berichterstattung und Kommentierung im „Fall Termann", in dem ein Besatzungsmitglied unter Beihilfe einer Mitseglerin den Eigner und Schipper der Yacht sowie eine andere Mitseglerin auf hoher See erschoß, mußten viele Passagen als „Plädoyer für einen Mörder" gewertet werden, weil die Sympathien der Kommentatoren bei dem vor ihnen sitzenden Angeklagten lagen, das Bild der Toten aber außerhalb ihres Bewußtseins blieb. Das beklemmende Fazit des Chefreporters einer angesehenen Yachtzeitschrift drückt das Verkennen des personellen Notstands an Bord am deutlichsten aus: „Haben wir Erbarmen! Denn wer will uns sagen, ob vielleicht nicht auch die Opfer zu Tätern und die Täter zu Opfern hätten werden können?" Er meint damit den Umkehrfall: Wenn im Falle eines solchen personellen Notstands an Bord der Eigner und Schipper von der Waffe Gebrauch gemacht hätte und ein Mitsegler den Tod gefunden hätte.

Aber gerade darin liegt wohl der rechtlich relevante und eindeutige Unterschied: Ob in einer (seemännischen oder menschlichen) Gefahrenlage der verantwortliche Schiffsführer oder Kapitän mit den ihm zugebilligten Zwangsmitteln gegen eine Person vorgeht, mag sie nun als Crew oder Fahrgast mitsegeln – mit dem gleichen tragischen Ergebnis eines Todes. Oder ob ein Mann an Bord, egal ob er als Anhalter zur See eingestiegen ist, unentgeltlich mitsegelt oder seine Passage bezahlt hat, seinen Willen an Bord nur durchsetzen zu können glaubt, wenn er den Eigentümer der Yacht beseitigt – und andere Mitsegler dazu.

Handlungen eines Mitgliedes der Besatzung gegen einen Schiffsführer können auch auf Yachten in sinngemäßer Anwendung der (international) geltenden Gesetze nur als „Meuterei" angesehen und dementsprechend geahndet werden, insbesondere wenn es sich um Vorfälle mit Todesfolgen für den Eigner oder Schiffsführer handelt. Die im gleichen Vorfall, der ein Notfall für Boot und Besatzung ist, hingegen vom Schiffsführer ergriffenen Zwangsmaßnahmen können – bei gleichem Ausgang mit Todesfolge für ein Besatzungsmitglied –

nach den international gültigen Seemannsgesetzen juristisch jedoch gebilligt werden und völlig straffrei bleiben.
Dem verantwortlichen Schiffsführer erwächst im Notfall nicht nur die Berechtigung, sondern die Verpflichtung (auch gegenüber den anderen Mitseglern), klare Anordnungen zu treffen und die Befolgung der von ihm getroffenen Maßnahmen auch durchzusetzen.

Der Yachteigner hat eine unbestrittene Befehlsgewalt

Die Befehlsgewalt an Bord einer Yacht, die Berechtigung des Schiffsführers, Maßnahmen (nicht nur im Notfall) anzuordnen, und die Verpflichtung, dieses zu tun, ergibt sich aus den „Yachtgebräuchen", die unbestritten auch gegenwärtig noch in der jahrzehntelang üblichen Fassung von 1958 gelten müssen, auch wenn in jüngsten Modifizierungen (aus mir unverständlichen Gründen) insbesondere die Passagen über die Verantwortung des Yachtkapitäns ersatzlos gestrichen wurden und der Imperativ „Muß" durch die Empfehlung „Sollte" ersetzt wurde. Insbesondere im Hinblick auf einen Notfall empfehle ich die Fassung von 1958 zur Grundlage einvernehmlicher Bordkameradschaft zu machen:
„Jeder Segler, der als Gast die Fahrt einer Yacht mitmacht, setze seinen Ehrgeiz darein, ein sportlich vollwertiges Mitglied der Besatzung zu sein. Er muß nicht nur gelegentlich, sondern rollenmäßig, d. h. fest eingeteilt, an der Bedienung des Bootes teilnehmen, muß sich vollkommen der Borddisziplin unterordnen und muß sich auch als Teil der Mannschaft mitverantwortlich fühlen dafür, daß das Aussehen und die Handhabung des Bootes zu jeder Zeit tadellos sind. Er muß es aber vermeiden, in die Führung der Yacht irgendwie hineinzureden oder von sich aus Anweisungen zu geben. Die Befehlsgewalt hat allein der Eigner oder der von ihm mit der Schiffsführung Beauftragte."
Diese sowohl bedingungslose wie verpflichtende Verantwortung des Eigners wird auch seither nicht bestritten. Sie kommt beispielsweise in den freiwilligen IOR-Bestimmungen zum Ausdruck, wo es unter 2.0 *„Verantwortlichkeit des Eigners bzw. Schiffsführers"* und 2.1 heißt: *„Die Verantwortung für die Sicherheit einer Yacht und ihrer Besatzung liegt ausschließlich und bedingungslos in der Hand des Eigners/Schiffsführers."*
Sowohl letztere, vor allem materiell verstandene Passage wie erstere, allgemein und absolut formulierte Forderung sind zumindest ein Bindeglied auf dem Wege, die Verantwortung des Eigners für die Schiffssicherheit und das ausschließliche Recht des Eigentümers einer Yacht zum Bestellen eines verantwortlichen Schiffsführers – analog zu den üblichen Schiffahrtsgebräuchen – herzustellen.

Nur der Eigner bestellt den Schiffer seiner Yacht

Zweifel an der Entscheidungsbefugnis eines Eigners für die Bestallung eines Schiffsführers können nämlich dem Neuling auf dem Wasser kommen, wenn er

zum Erwerb des „Amtlichen Sportbootführerscheins" in Frage und Antwort folgende „Gesetzeskunde" lernen muß:
Dort heißt es beispielsweise in Frage 5: *„Was ist zu tun, wenn vor Antritt der Fahrt nicht feststeht, wer der Fahrzeugführer ist?"*, und als richtige Antwort wird vom Gesetzgeber verlangt: *„Vor Antrtitt der Fahrt ist zu bestimmen, wer verantwortlicher Fahrzeugführer ist."*
Diese Formulierung „ist zu bestimmen" muß einem Mitsegler den Eindruck vermitteln, an Bord einer Yacht könnte die Besatzung ohne Beachtung des Eigners oder vielleicht sogar gegen seinen Willen durch demokratische Mehrheitsentscheidung und vielleicht mit den Auswahlkriterien „Erfahrung" und „Lebensalter" einen Fahrzeugführer „bestimmen".
Rechtlich einwandfrei müßte die Antwort lauten: *„Der verantwortliche Schiffsführer ist der Bootseigner. Will oder kann er die Aufgaben der Schiffsführung selbst nicht wahrnehmen, dann ist er allein berechtigt, den verantwortlichen Fahrzeugführer zu bestimmen."* Und auf größeren Yachten oder für längere Reisen, auf denen ein Logbuch geführt wird, müßte man hinzusetzen: *„Der vom Eigner ernannte Schiffsführer wird mit einem entsprechenden Vermerk des Eigners in das Logbuch eingetragen."*
Das Recht auf Eigentum ist eines der wichtigsten Grundrechte unserer Gesellschaft, und über die uneingeschränkte Verfügungsgewalt, die jedermann auch über sein Bootseigentum besitzt, bedarf es keiner Worte. Ohnehin kann nur der Eigentümer einer Yacht einem anderen die – meistens sach- und zeitbegrenzte – Verantwortung daran übertragen, wenn er sie selbst nicht übernehmen kann.

Der Yachtschiffer hat die gleichen Rechte und Pflichten wie ein Schiffskapitän

Mit einer so selbstverständlichen, aber notwendigerweise nicht nur für einen Notfall deutlichen Bekundung lehnen wir Segler uns sinngemäß auch an das „Seemannsgesetz" vom 26. 7. 1957 an, in dessen § 2 es heißt: „Kapitän ist der vom Reeder/Eigner bestellte Führer des Schiffes." Gegen den Willen des Yachteigners kann also niemand Kaptän spielen. Jeder vorsätzliche Widerstand oder tätliche Angriff gegen die Schiffsführung (auch auf Yachten und in einem personellen Notstand wie im Falle Termann, siehe oben) kann eben nur als Meuterei behandelt werden.
Hieran ändert auch das System der freiwilligen Führerscheine des DSV oder anderer Sportverbände nichts. Ob der Eigner und/oder Schiffsführer ein (freiwilliges) Papier minderer Qualität besitzt als seine Mitsegler, ist dabei ohne Belang. Der Eigner und/oder Schiffsführer entscheidet außerhalb der deutschen Hoheitsgewässer allein, ob die nachgewiesene praktische Erfahrung eines Seglers oder ein Papier, das vorrangig auf theoretischen Kenntnissen beruht, für die Aufgabenverteilung an Bord herangezogen wird oder wie die eine oder andere Qualifikation von Mitseglern zu bewerten ist.
Auch diese Klarstellung gilt insbesondere für den Notfall, in dem alle Repara-

tur- und Hilfsmaßnahmen bei einem panikartigen „Hü und Hott" zum Scheitern verurteilt sein müssen. Sie gilt insbesondere bei den gewichtigen Notstandsentscheidungen, wann eine Yacht zu verlassen ist, wann die Rettungsinsel aufgeblasen wird, wann eine sinkende Yacht aufgegeben werden muß, wann man Notsignale zeigt, und wann im Havariefall Schlepphilfe angenommen werden soll, um nur einige dieser Notfälle zu nennen.
Personelle Notstände an Bord können verschlimmert werden, wenn Waffen an Bord sind. Ob der Eigner eine Waffe mitführt, kann er nur allein entscheiden, wenn er hierzu auch die an Land gültigen Gesetze beachtet. Da der Eigner und Schipper auch den Stil und Ton an Bord, die Aufgabenverteilung und besondere Verhaltensweisen seiner Mitsegler selbst bestimmt, kann er ihnen auch das Mitführen von Waffen untersagen. Dies sollte er, falls erforderlich, auch tun. Im Zweifelsfalle muß man von vornherein jedem Crewmitglied, das mit einer Waffe an Bord gekommen ist, unlautere Absichten unterstellen. Gegebenenfalls sollten Eigner und Yachtkapitän vor Antritt einer Reise alle Mitsegler schriftlich im Logbuch erklären lassen, daß Waffen nicht zu ihrer persönlichen Bordausrüstung gehören. Und wenn auch nur der geringste Verdacht besteht, daß ein Mitsegler dieses Verbot zu umgehen trachtet, sollte der Eigner oder Schipper ihn zur Offenlegung seines Gepäcks und gegebenenfalls zum Verlassen des Bootes auffordern. Nur auf diese Weise wird ein personeller Notstand mit möglichen tragischen Folgen vermieden.

Die Befugnisse eines Yachtschippers im Notfall

Es bedarf keiner Sondervorschriften für Yachtkapitäne, sondern nur der sinngemäßen Anwendung des Seemannsgesetzes, um diese weitreichenden Befugnisse des Schiffsführers als notwendig und selbstverständlich darzustellen. Da heißt es beispielsweise im § 106, Stellung des Kapitäns:

„**1. Der Kapitän ist der Vorgesetzte aller Besatzungsmitglieder und der sonstigen an Bord tätigen Personen. Ihm steht die oberste Anordnungsbefugnis zu.**
2. Der Kapitän hat für die Erhaltung der Ordnung und Sicherheit an Bord zu sorgen und ist im Rahmen der nachfolgenden Vorschriften und der sonst geltenden Gesetze berechtigt, die dazu notwendigen Maßnahmen zu treffen.
3. Droht Menschen oder dem Schiff eine unmittelbare Gefahr, so kann der Kapitän die zur Abwendung der Gefahr gegebenen Anordnungen notfalls mit den erforderlichen Zwangsmitteln durchsetzen; die vorübergehende Festnahme ist zulässig. Die Grundrechte . . . des Grundgesetzes werden in soweit eingeschränkt.
4. Die Anwendung körperlicher Gewalt oder die vorübergehende Festnahme sind nur zulässig, wenn andere Mittel von vornherein unzulänglich erscheinen oder sich als unzulänglich erwiesen haben.

5. Der Kapitän hat Maßnahmen nach den Absätzen 3 und 4 unter Darstellung des Sachverhaltes in das Schiffstagebuch einzutragen."

Diese Klarstellung der unterschiedlichen Rechtsposition eines verantwortlichen Schippers und Eigners gegenüber einem Besatzungsmitglied, das unter seinem Kommando und auf seiner Yacht mitsegelt, ist nötig, um die eingangs zur Entschuldigung eines Mörders genannte Rollenumkehr: „Wenn die Opfer zu Tätern geworden wären" mit allen gravierenden Unterschieden zu verdeutlichen: Kommt es zu einer (bewaffneten) Auseinandersetzung über seemännische Maßnahmen, nautische Entscheidungen oder andere Meinungsverschiedenheiten an Bord, dann handelt der Yachteigner immer aus dieser zitierten Position verbrieften Rechts. Er kann im Falle offener Meuterei niemals zum „Mörder" und sicher nicht einmal zum „Täter" werden, wenn er in einer solchen personellen Notlage an Bord ein aufsässiges, erpresserisches Besatzungsmitglied erschießt, das sein eigenes Leben mit der Waffe bedrohte. Denn er würde nur die ihm zugebilligten „Zwangsmittel zur Abwendung der Gefahr" einsetzen, auch im Namen und in Vollmacht der übrigen Besatzung.

Jedermann an Bord oder jeder Beteiligte an einem Unfall hat das Recht, das Verhalten eines Yachtkapitäns in einem Notfall auf See im nächsten Hafen anzuzeigen und später gerichtlich klären zu lassen. Ein Gericht wird dann entscheiden müssen, ob die angewandten Maßnahmen in einem Notfall „erforderlich" und „zulässig" gewesen sind, ob der Schiffsführer „in Notwehr", ob er „richtig", „angemessen" oder ob er „falsch" gehandelt hat. Und im letzteren Falle muß er sich dann vor anderen Gerichten verantworten oder zwecks Haftung verklagt werden.

Der Yachtkapitän hat (wie der Schiffskapitän) eine autoritäre Position an Bord nicht zuletzt aus Gründen möglicher Notfälle auf See, in denen der schnelle, geistesgegenwärtige Einsatz mehrerer Personen an verschiedenen Stellen auf Geheiß eines einzelnen zu aller Sicherheit nach wie vor dringend geboten ist. Ein Segler unterstellt sich jedoch freiwillig einer solchen Befehlsgewalt. Er kann sich sein Schiff aussuchen. Und seinen Schiffsführer! Er muß nicht segeln um des Broterwerbs willen, wie ein Berufsseemann.

Man sehe sich daher seinen Yachtkapitän gut an, bevor man an Bord geht – und auch seine Mitsegler, mit denen man vielleicht eine Notlage oder Gefahrenlage teilen muß. Es sollten für die schönsten Stunden des Jahres, für die man sich seinen Segelurlaub wählt, überall nur Gleichgesinnte sein.

Seenotfälle in Gesetzen
Das See-Unfalluntersuchungsgesetz
Es regelt die Untersuchung von Seeunfällen durch die Seeämter der Wasser- und Schiffahrtsdirektionen. Es beschränkt sich keineswegs nur auf die Berufsschiffahrt, sondern ihm unterliegen ausdrücklich auch „Sportboote". Eine Seeamtsuntersuchung ist erforderlich, wenn „durch das Verhalten, den Zustand oder den Betrieb eines Schiffes eine erhebliche Beeinträchtigung oder Gefährdung seiner Sicherheit, insbesondere der Sicherheit der an Bord befindlichen Personen, der Sicherheit des Schiffsverkehrs oder des Zustandes eines Gewässers eingetreten ist; ein Schiff gesunken, verschollen oder aufgegeben worden ist; beim Betrieb eines Schiffes eine Person getötet worden oder verschollen ist". Auch unterlassene Hilfe- oder Beistandsleistung durch die Schiffsführung wird als zu untersuchender Seeunfall gewertet.

Die Seeämter fällen kein Urteil, sondern einen „Spruch", in dem es nur um die Feststellung fehlerhaften Verhaltens geht. Sie sind jedoch befugt, nautische Patente und auch die Sportbootführerscheine befristet oder endgültig einzuziehen.

Handelsgesetzbuch
Als See-Privatrecht regelt es von den §§ 474 bis 905 in Verbindung mit anderen Gesetzen und Verordnungen insbesondere die Rechtsinhalte der Begriffe „Seenot", „Hilfeleistung" und „Bergung" auch in möglicher finanzieller Hinsicht.

In Seenot ist eine Yacht, wenn sich ihre Besatzung nicht mit eigenen Mitteln aus einer tatsächlich bestehenden oder wirklich drohenden Gefahr befreien kann, so daß Rettungsmaßnahmen zur Vermeidung des Untergangs oder zur sofortigen Aufnahme der Besatzung zwingend geboten sind.

Eine **Hilfeleistung** liegt nur vor, wenn zuvor eine Seenotlage gegeben ist und die Yacht oder Teile ihrer Ausrüstung nur durch die Hilfe eines anderen Fahrzeugs aus dieser Seenotlage befreit werden kann. Im Gegensatz zur „Bergung" liegt „Hilfeleistung" immer vor, so lange sich Personen auf der Yacht aufhalten und bei der Hilfeleistung selbst Hand anlegen. Das Abschleppen einer aufgelaufenen Yacht, die sich mit eigenen Mitteln nicht freiholen konnte, die Übernahme von gefährdeten oder erkrankten Besatzungsmitgliedern einer Yacht, Hilfe beim Feuerlöschen an Bord eines anderen Fahrzeuges, das Herbeiholen von Hilfe oder die Begleitung einer havarierten Yacht zu einem Hafen oder Ankerplatz können als Hilfeleistung mit entsprechenden finanziellen Ansprüchen geltend gemacht werden.

Demgegenüber liegt **Bergung** nur vor, wenn die Besatzung die Verfügungsgewalt über ihre Yacht verloren oder diese freiwillig aufgegeben hatte und Personen von anderen Fahrzeugen oder von Land aus die Yacht oder ihre

Ausrüstungsteile in Besitz genommen und in Sicherheit gebracht haben. Zur Bergung gehören beispielsweise das Einschleppen einer Yacht, deren Besatzung in die Rettungsinsel gegangen ist, Bergen eines nach Mastbruch gekappten und aufgegebenen Riggs einschließlich seiner Segel, Heben einer gesunkenen Yacht oder gekappte Ankergeschirre sowie ähnliche Vorfälle.
Unterschiedlich hoch ist dementsprechend der **Bergelohn** bzw. die **Entschädigung, die bei Hilfeleistung** gewährt werden kann. Der Betrag ist von den Sachwerten abhängig, die in solchen Fällen gerettet wurden. Die Festsetzung der entsprechenden Geldbeträge erfolgt entweder vorher durch eine Vereinbarung zwischen den beteiligten Schiffsführern oder nachträglich durch ein Schiedsgericht oder ein ordentliches Gericht. Im allgemeinen sind hieran hauptsächlich die Versicherer interessiert und beteiligt. Nach internationalem Brauch gibt es keinen Lohn, wenn die geleisteten Dienste bei einer Bergung oder Hilfeleistung ohne Erfolg geblieben sind.
Besteht die **Hilfeleistung im Abschleppen** einer Yacht, dann entsteht bei der Übergabe der Schlepptrosse ein sogenannter „open contract", ein Vertrag also, der auf der Basis „no cure, no pay" („Kein Erfolg, keine Bezahlung") geschlossen gilt. Es ist dabei im Prinzip unbedeutend, ob die Schleppleine vom Schleppboot oder vom abgeschleppten Boot zur Verfügung gestellt wird, solange auf dem geschleppten Boot mindestens ein Besatzungsmitglied geblieben und seemännisch mit tätig ist.
Erfolgt das Abschleppen und die Übergabe der Schlepptrosse vom Schlepper auf die zu schleppende Yacht aber, nachdem alle Yachtsegler von Bord gegangen sind, ist der Tatbestand der Bergung erfüllt, und die gleiche Leistung des Abschleppens wird in gleicher Situation teurer.
Durch eine Bergung oder eine Hilfeleistung wird von den Helfern kein Eigentum an dem geretteten Fahrzeug erworben. Der Berger oder Helfer hat lediglich ein Pfandrecht an der geborgenen Sache bis zur Höhe des von ihm geforderten Lohnes.
Auch **gestrandete oder an der Küste angetriebene Yachten** gehen nach gültiger Rechtsprechung nicht in das Eigentum desjenigen über, der sie findet oder in Besitz nimmt. In allen solchen Fällen kann nur der Strandvogt den Besitz über die Yacht ausüben. Nur er kann sie entweder an den Eigentümer zurückgeben, wenn dieser sie nach Erstattung der entstandenen Kosten wiederhaben will, oder er kann für den Verkauf bzw. die Versteigerung der Yacht sorgen, wenn der ursprüngliche Eigner nicht mehr an ihr interessiert ist.
Eine Haftung des Eigners für die **Wrackbeseitigung** einer gestrandeten Yacht besteht nur bis zur Höhe des Wertes, den die havarierte Yacht noch darstellt. Sind die Kosten für die Wrackbeseitigung größer als der Wert der gestrandeten Yacht, muß entweder die Gemeinde, zu der der Strand gehört, oder der entsprechende Staat für die Kosten aufkommen. Wichtig ist in diesem Falle nur, daß der Yachteigner durch eine schriftliche Erklärung an den Strandvogt sein Eigentum an der gestrandeten Yacht rechtzeitig aufgibt.

Die **YACHT-BÜCHEREI** ist die preiswerte Bibliothek für eingehendes Fachwissen auf vielerlei Spezialgebieten. Diese Bände sind lieferbar:

1 **Das kleine Sternenbuch**
von W. Stein
8 **Wetterkunde**
von W. Stein/H. Schultz
9 **Knoten, Spleißen, Takeln**
von E. Sondheim
27 **Medizin an Bord**
von Dr. K. Bandtlow
28 **Kleines Signalbuch**
von E. O. Braasch
29 **Allgemeines Sprechfunkzeugnis**
von H. Overschmidt/C. Johann
32 **Bootspflege selbst gemacht**
von J. Schult
33 **Bootsreparaturen selbst gemacht**
von J. Schult
39 **So arbeitet das Segel**
von J. Schult
40 **Segeltechnik leicht gemacht**
von J. Schult
41 **Richtig ankern**
von J. Schult
50 **Spinnakersegeln**
von B. Aarre
52 **Kleine Boote selbst gebaut**
von H. Donat
54 **Die Wettsegelbestimmungen 1993–1996** von E. Twiname
55 **Bootsmotoren – Diesel u. Benzin**
von H. Donat
57 **Seeschiffahrtsstraßen-Ordnung**
von A. Bark
59 **Segler-Lexikon** (Doppelband)
von J. Schult
60 **Hafenmanöver**
von B. Schenk
62 **Radar auf Yachten**
von Hans G. Strepp
66 **UKW-Sprechfunkzeugnis**
von G. Hommer
67 **Kompaß-ABC**
von A. Heine
68 **Wie baue ich meine Yacht?**
von K. Reinke
70 **Chartern ohne Risiko**
von J. Herrmann/U. v. Hintzenstern
72 **Notfälle an Bord – was tun?**
von J. Schult (Doppelband)
74 **Psychologie an Bord**
von M. Stadler

79 **Yachtelektronik** von J. F. Muhs
81 **Schiffe aus zweiter Hand**
von H. Donat
84 **Yachtelektrik** von J. F. Muhs
86 **Das optimal getrimmte Rigg**
von P. Schweer
88 **Astronomische Navigation**
von W. Stein/W. Kumm
91 **Navigation leicht gemacht**
von W. Stein/ W. Kumm
92 **Kollisionsverhütungsregeln**
von A. Bark
93 **Wolken und Wetter**
von D. Karnetzki
95 **Wie beurteile ich eine Yacht**
von J. F. Muhs
96 **Festkommen und abbringen, stranden und bergen**
von J. Schult
97 **Luftdruck und Wetter**
von D. Karnetzki
98 **Osmose-Behandlung**
von T. Staton-Bevan
99 **Wetterkarten mit PC-Software**
von D. Karnetzki
100 **Sturm – was tun?**
von D. von Haeften
101 **Gezeitenkunde**
von W. Kumm
102 **GPS Global Positioning System**
von W. Kumm
103 **Segler-Wörterbuch**
von J. Schult
104 **Außenbordmotoren**
von K. Henderson
105 **Wetterregeln für Segler**
von D. Karnetzki
106 **Mittelmeerwetter**
von L. Kaufeld/K. Dittmer/R. Doberitz

Die Bibliothek wird laufend erweitert. Fragen Sie bitte Ihren Buchhändler, und beachten Sie unsere Ankündigungen.

Delius Klasing Verlag